中国汽车EVI及高强度钢氢致延迟断裂研究

CHINA AUTOMOTIVE EVI AND HYDROGEN INDUCED DELAYED CRACKING

中信微合金化技术中心
中国汽车工程研究院股份有限公司 编

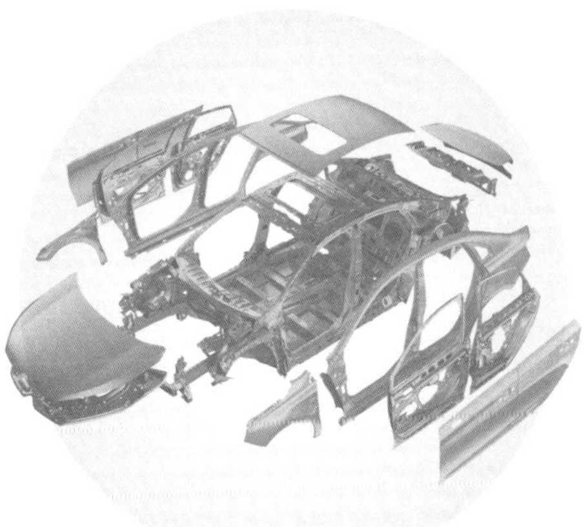

北京理工大学出版社
BEIJING INSTITUTE OF TECHNOLOGY PRESS

图书在版编目（CIP）数据

中国汽车 EVI 及高强度钢氢致延迟断裂研究／中信微合金化技术中心，中国汽车工程研究院股份有限公司编．—北京：北京理工大学出版社，2018.1

ISBN 978－7－5682－5001－6

Ⅰ．①中…　Ⅱ．①中…②中…　Ⅲ．①汽车－金属材料－延性断裂－研究　Ⅳ．①U465

中国版本图书馆 CIP 数据核字（2017）第 282074 号

出版发行／北京理工大学出版社有限责任公司
社　　址／北京市海淀区中关村南大街 5 号
邮　　编／100081
电　　话／（010）68914775（总编室）
　　　　　（010）82562903（教材售后服务热线）
　　　　　（010）68948351（其他图书服务热线）
网　　址／http：//www. bitpress. com. cn
经　　销／全国各地新华书店
印　　刷／北京地大天成印务有限公司
开　　本／710 毫米 ×1000 毫米　1/16
印　　张／21.5
字　　数／368 千字
版　　次／2018 年 1 月第 1 版　2018 年 1 月第 1 次印刷
定　　价／168.00 元

责任编辑／王玲玲
文案编辑／王玲玲
责任校对／周瑞红
责任印制／王美丽

《中国汽车EVI及高强度钢氢致延迟断裂研究》编委会

第一届中国汽车EVI及
高强度钢氢致延迟断裂会议
组　委　会

大会顾问： 翁宇庆　付俊岩　陈一龙　Marcos Stuart

大会主席： 郭爱民　马鸣图

学术委员会（按姓氏字母排名）：

Jian Bian　Yi - sheng Chen　陈云霞
陈一龙　陈　宇　褚东宁　崔　阳
单智伟　董　瀚　郭爱民　付俊岩
韩志勇　胡　军　黄　健　惠卫军
江社明　蒋浩民　金建伟　金学军
康　明　李守华　李书瑞　李彦波
李志伟　林建平　刘　波　刘春海
刘仁东　刘献栋　刘永刚　刘正东
鲁后国　陆匠心　陆　博　路洪洲
罗兴宏　Hardy Mohrbacher　马芳武
马鸣图　缪心雷　任　鹏　唐玉刚
田杰平　王　利　王　勇　王登峰
王建锋　王毛球　王文军　王昭东
王智文　韦　旋　韦富高　翁宇庆
熊　飞　易红亮　张　建　张永青
张　跃　赵　岩　周　佳

第一届中国汽车EVI及高强度钢氢致延迟断裂会议

组织机构

主办单位：

中信微合金化技术中心

中国汽车工程研究院股份有限公司

合办单位：

中国科学院金属研究所

宝钢股份中央研究院

宝钢汽车用钢开发与应用技术国家重点实验室

鞍钢蒂森克虏伯汽车钢有限公司（TAGAL）

北京钢铁研究总院

中信戴卡股份有限公司

支持单位：

中国汽车工程学会材料分会

中国机械工程学会材料分会

通用汽车中国科学研究院

北汽集团新技术研究院

前　言

汽车轻量化和安全性等的提升，致使高强度钢和超高强度钢及先进成形技术的应用迅速增长，也要求原材料企业及零部件企业能够具有 EVI 能力并为主机厂提供解决方案。EVI，即 Early Vendor Involvement，是指上游材料和零部件供应商对下游客户的新产品开发先期介入模式，充分了解下游客户对上游产品性能的要求，从而为下游客户新产品开发提供更优的产品和个性化服务。同时，随着高强度钢的大量应用，与高强度钢应用相关的氢致断裂问题时有发生，给汽车、桥梁、轨道等其他下游行业带来安全隐患。正是在这种形式下，中信微合金化技术中心和中国汽车工程研究院决定联合组织第一届中国汽车 EVI 及高强度钢氢致延迟断裂学术会议，并邀请业内专家撰写研究报告以出版成集，旨在增进上下游企业的技术沟通和相互了解，推动汽车整车企业、零部件企业、钢厂、高等院校、研究院所之间的紧密合作，以期上下游一道推进我国汽车产品结构调整、品质提升和竞争力的提高，缩短新产品的开发周期，深入认识高强度钢氢致延迟断裂的本质，进一步明确其在汽车中应用时的影响。本次会议及本书的出版得到了翁宇庆院士及业内专家学者的大力支持，同时得到了中国汽车工程学会材料分会、中国机械工程学会材料分会、通用汽车中国科学研究院、北汽集团新技术研究院等的大力支持，特代表主办单位表示感谢！

本书即为本次大会的优秀论文结集，同时也是近年业内汽车 EVI 技术及氢致延迟断裂技术最新进展的研究性著作。本书的深度研究报告的征集得到了汽车行业及钢铁行业上下游单位和广大科技人员的广泛响应和积极支持，包括主机厂、钢铁企业、零部件企业、科研院所的稿件，同时邀请并收到了英国、日本和新加坡的学者的稿件，在此表示诚挚的感谢。由于出版印刷周期及论文审稿等时间有限，经学术委员会专家评审，仅将会议前期征集的部分优秀论文进行结集出版，共计 36 篇，合计约 36 万字，主要涉及 EVI 模式合作、EVI 解决方案、氢致延迟断裂等内容。

由于时间较紧，疏漏之处在所难免，恳请读者批评指正。

中信微合金化技术中心

中国汽车工程研究院股份有限公司

2017 年 10 月

目　录

EVI 技术篇

氢致延迟断裂技术篇

EVI技术篇

EVI 和先进高强度钢的发展

马鸣图[1]　赵　岩[1]　路洪洲[2]　宋磊峰[1]

1. 中国汽车工程研究院股份有限公司，重庆，401122

2. 中信微合金化技术中心，北京，100004

【摘　要】本文概述了 EVI 的意义和发展，介绍了世界上一些典型钢铁企业的 EVI 活动的内容，分析了 EVI 活动和高强度钢、先进高强度钢的发展关系，对钢铁企业进行 EVI 活动的条件提出了建议，同时分析、认识了开展 EVI 活动的重要意义。

【关键词】EVI　高强度钢和先进高强度钢　EVI 活动条件和要求

EVI and Development of AHSS

Ma Mingtu[1]　Zhao Yan[1]　Lu Hongzhou[2]　Song Leifeng[1]

1. China Automotive Engineering Research Institute CO.，LTD，Chongqing 401122

2. CITIC Microalloying Center，Beijing，100004

Abstract：Significance and development of EVI are reviewed. EVI activity contents of the typical iron and steel enterprises in world are introduced. It is analysis that relationship between EVI activity and development of HSS and AHSS. The condition and requirements for iron and steel enterprises are suggested in order to carry out EVI activity. Meanwhile，The important significance for developing EVI activity was analyzed and cognized.

Keywords：EVI；HSS and AHSS；Condition and requirement of EVI activity

1　概述

EVI 英文为 Early Vendor Involvement，原意为供应商对用户开发新产品的先期介入模式，它来源于对材料生产企业的质量服务体系和对客户应用的支持系统，进一步发展成为通过技术合作支持用户新车型的开发，逐步形成了 EVI 的工作流程和模式[1]。对汽车材料供应商和汽车生产单位来说，通过技术合作材料供应商支持汽车公司新车型的开发，这一过程首先材料供应商进行技术展示，然后进行新工艺、新技术的展示，并了解用户对新材料的需要，通过材料供应商的质量服务团队和用户研究实验室的相关活动，提出零件用材的建议、材料的成形性分析和模拟、正确的设计规定和说明，并确定新材料的开发计划，并通过不断地更新开发计划，最终通过用户工程师认可，使材料得到最终应用。目前EVI已形成的工程流程是参与新车型开发的材料的建议，进行零部件的优化设计和成形性的模拟分析，零部件的原型制造，再经过有关的试验和性能测试后，进行批量生产；现已成为对用户的新型服务模式——EVI的流程的材料开发和供应。因此，EVI取得的结果就是材料供应商和用户新产品开发的双赢模式。

目前，EVI已经发展成为在新车开发过程中，一整套的集成解决方案。汽车用户新车开发的程序通常为制订新车开发的计划，进行优化设计，典型零件的原型制造，性能检测和进行批量生产。EVI活动介入这个过程时，包括为用户提供新车开发所需用的各类材料和先进成形工艺的相关信息，从而根据用户的设计需求，提出材料选择的方案，并对典型零件给用户提供优化设计和分析模拟等方面的支持；在零件试制过程中，支持用户新技术的应用，包括先进的成形技术、连接试验等；在用户批量生产的过程中，给予用户产品质量的保证，并和用户加强合作，进行新产品的市场开拓和给予营销方面的支持。EVI活动起源于汽车用钢和汽车新车型开发之间的合作关系，但目前EVI的概念已经拓展到工程建设、能源、重型机械、电力电子等领域。

2 EVI活动的发展

EVI活动先后经历了四个阶段[2]。第一阶段是开发用户所需要的产品，包括普通高强度钢和一、二、三代先进高强度钢，即第一代先进高强度钢有双相钢、复相钢、TRIP钢、马氏体基钢和热冲压成形钢，其强塑积为15 000 ~ 20 000 MPa＊%；第二代先进高强度钢为高锰钢和不锈钢，为孪生诱发塑性钢，强塑积为60 000 MPa＊%；第三代先进高强度钢，为马氏体级或回火马氏体级的TRIP钢，有Q&P、BCC + FCC（中锰钢）、Q&PT钢、纳米贝氏体钢、δ－TRIP钢，其强塑积为30 000 ~40 000 MPa＊%，各钢类的强度和延性的关系如图1所示[3]；发展的第二阶段是在汽车企业零件制造中，如何对用户进行帮助，即产品开发的先期介入模式（EVI），材料供应商对汽车企业新开发的零件提出用材的建议，并和汽车企业一起对零件进行优化设计、计算机模拟和分析，同时提出零件制造时应采用的先进的成形工艺，并通过材料性能对零部件的使用功能进行预测和评估，达到既优化设计、轻量化，又取得零件高的性价比，用材和工艺均能达到批量生产的要求；EVI 发展的第三阶段是钢铁企业如何使用户快速地应用新的钢铁产品，将钢产品的开发与汽车产品的开发有机地融合在一起，这会使钢铁企业产品的目的性更强，所开发的产品可针对用户的需求，双方达到 EVI 的深度合作和发展共赢；第四阶段是由钢材的供应商转变为解决问题的合作伙伴。解决问题的营销模式包含以下几个方面，首先是两个大的方面，其一为硬件，提供各种合适的钢材，其二是软件，包括应用技术（成形技术、油漆技术、焊接技术、零件评价）、商业支持（即时供货、便宜的物流成本、下游商务、金融支持）。在全球各地设立研发中心，为用户进行互联网服务（成形模拟、材料建议、技术服务、用户工艺支持）。以 980 MPa 级别钢板为例，说明应用技术（设计、焊接）到超高强度零件在新车型上的应用；设立合资公司，浦项将提供解决问题的研发部、全球网络、限额投资，零件生产部门将提供零件的开发、零件生产和工艺、工业信息。另一种模式是高强度钢汽车零件制造的合作商业模式：浦项的剪裁配送中心 + 零件的供应商。这样就非常密切地融合了材料生产者或技术提供者与用户的关系。浦项这种为用户服务的营销模式，值得我们思考和借鉴。

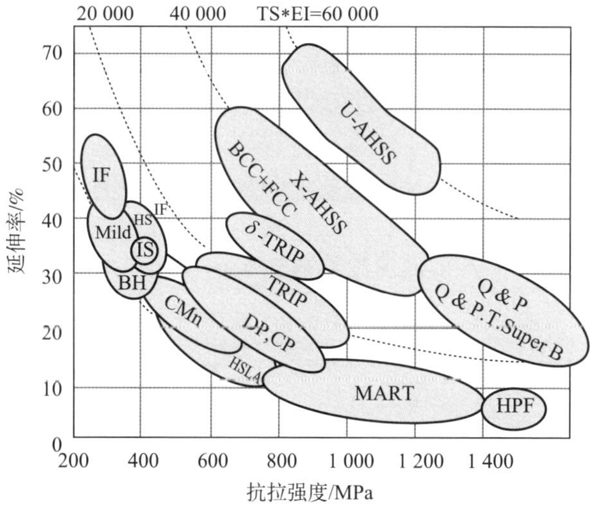

图 1　典型高强度钢强度和延伸率的关系

3　在新车开发中的 EVI 活动

新车的开发流程和各阶段的 EVI 活动的示意如图 2 所示[4]。

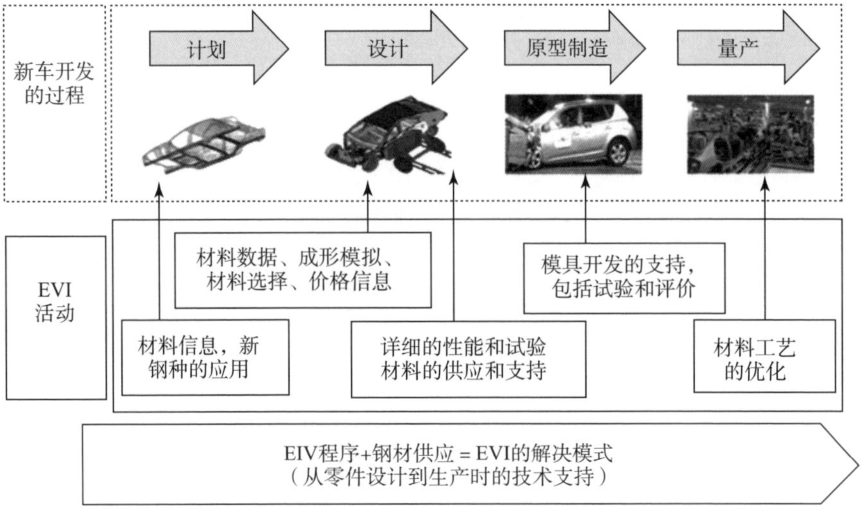

图 2　新车的开发流程和各阶段的 EVI 活动的示意

图 2 形象地指出了用户新车开发时各个阶段材料供应商相关的 EVI 活动。浦项公司进一步将 EVI 活动组成部分细化[1]，包括同时工程（CE—Concurrent Engineering，优化材料的建议和新钢类的开发）、价值工程（VE—Value Engineering，运输系统的改进使材料的供应成本下降）、价值创新（VI—Value Innovation，材料的改变减少成本）、零件和用材的建议（PP—Part Proposal，在车辆运行条件改变时，及时对零件的用材提出建议）。

未来钢制车身开发的 EVI 活动的流程如下：首先是开发计划和定位，包括减重效果、绿色环保、满足法规要求和材料的回收利用、可持续的生产增长、成本与原标杆车相比持平或降低。然后进行概念设计，包括确定总体方案、外观造型优化，重点考虑风阻和流场影响，进一步进行多目标静态拓扑优化，包括白车身的刚度、强度、模态和简化碰撞性能，并通过 CAE 分析，驱动 CAD 的优化设计。在详细设计阶段，要进行多种拓扑优化设计方案，并根据性能的目标，对拓扑方案进行优选，同时对车辆的动态性能，包括 NVH 性能、动态刚度、疲劳、传力载荷、碰撞等性能进行拓扑优化，最终确定拓扑优化的设计方案。在材料与工艺设计阶段，通过深入分析每个子系统的零部件，以及和减重目标的融合，达到或实现合适的材料、合适的工艺用在合适的地方。在性能验证阶段，包括测定白车身的刚度、白车身的模态、白车身的强度、白车身的疲劳，进行前撞、后撞、侧撞、柱撞、顶部压溃和翻滚等试验项目。在检测之后进行评定，如各项指标均符合要求，则可以进行批量试制和量产。

4 国内外典型企业的 EVI 活动

韩国浦项公司是最早提出 EVI 的概念，并开展相应的 EVI 的活动的企业，从 2008 年至今，已召开过 5 次全球 EVI 论坛（POSCO Global EVI Forum），每年都有不同的主题，参加人员过千人。

2008 年的主题是开发用户需要的产品，其 EVI 的理念是用户第一。如浦项公司曾开发了多相烘烤硬化钢（MP – BH 钢）[5]，这类钢比一般烘烤硬化钢的强度更高，抗拉强度达到 590 MPa，用于前翼子板和其他覆盖件可达到减重效果，翼子板可从 0.65 mm 减到 5 mm，减重率为 23%。烘烤硬化性能大于 80 MPa，从而提高了凹痕抗力，快速冷却时，可以应用氢。这类钢的性能和 DP590 的比较如图 3 所示。

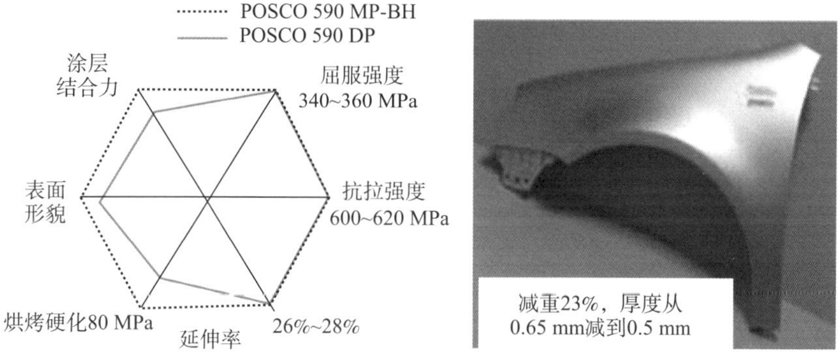

图 3 MP – BH 钢与 DP590 性能比较

为了满足用户对涂层板性能的要求，对 GI 板的涂层性能进行了改进，开发了 GI – ACE 镀层板，同时开发了耐腐蚀性更好的 Zn – Mg 涂层板，它们的性能和 GI 板的对比如图 4 所示。

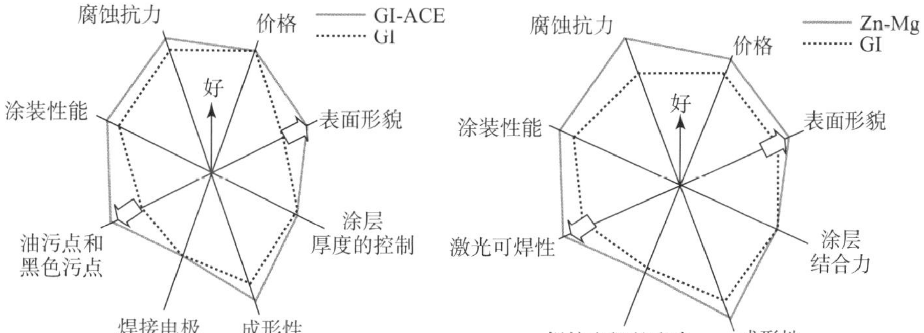

图 4 GI ACE 镀层板、Zn – Mg 涂层板与 GI 板的性能对比

为了满足热冲压成形发展的需要，浦项优化了热冲压成形板的 C、Mn 含量，得到了抗拉强度 1 470、1 800 和 2 000 MPa 的热冲压成形钢，其相关性能对比见表 1[6]。为了解决热冲压成形钢加热时的氧化问题，浦项公司开发了室温变形性能好、抗氧化、具有薄涂层进而具有良好点焊性能的纳米热冲压涂层板；浦项和意大利的菲亚特公司合作，开发了 TWIP 钢，用于制作菲亚特车辆的保险杠；开发了良好翻边延性的 TRIP 钢，用于制造车轮，均取得了良好的效果。

表 1　浦项热冲压成形钢系列的性能

级别	HPF（900 ℃，6 min）			HPF + BH（170 ℃，20 min）		
	YS/MPa	TS/MPa	El/%	YS/MPa	TS/MPa	El/%
1 470	1 080	1 490	7.4	1 270	1 520	7.1
1 800	1 240	1 830	6.8	1 440	1 770	6.2
2 000	1 320	2 060	5.7	1 560	1 950	5.4

2010 年的主题是研究在零件制造中如何采用先进技术对用户进行帮助，开发用户满意的汽车零部件，包括热冲压成形、液压成形、辊压成形、激光拼焊板，以及提供先进的焊接技术和工艺参量等[7]。

2012 年的主题是如何使用户快速地应用新的钢铁产品，将钢种开发与汽车产品的开发融合在一起（EVI 深度合作）。在新产品开发中，将材料的成形性、焊接性、油漆性、疲劳性能全面展示给用户[4]。

2014 年的主题是由钢材的供应商转变为解决问题的合作伙伴，营销和技术的融合支撑解决问题的营销策略，从而使用户取得成功。完整的市场解决方案是硬件支持提供用户所需要的钢材 + 软件支持，包括钢材的应用技术（成形技术、焊接工艺、涂装技术、零件评价）和商用支持（快速反应的供货系统、廉价的物流成本、下游的商务活动和资金的支持），直到建立合资公司。借助于浦项的解决问题的开发部门，全球的网络和配额投资、零件的开发、零件产品的操作与生产、工艺信息等，都支持合资公司的建设和运行[2]。

2016 年的主题是：浦项，你未来的合作伙伴。全面展示浦项公司的实力和在全球的地位，并用新能源汽车、轻量化白车身、轻量化皮卡车的研究成果展示了浦项 EVI 活动的新进展[8]。

Thyssen 公司的 Incar 项目是该公司进行 EVI 活动的成功展示项目[9]，该项目的一个重要特点是同一个零件给出多种解决方案的比较，展示出多种方案的成本、重量和 CO_2 排放。该公司还提出根据用户的典型构件改进的需求，进行相关的 EVI 活动，并取得良好效果。以 B 柱为例，多种方案的比较如图 5 所示。用户可根据自身的需要，选择实施的方案。

B柱	
序号	解决方案
原始方案	DP-W® 600 激光拼焊板，冷冲压
_01	TPN®-W 900，冷冲压
_02	DP-K® 60/98 + RA-K® 40/70 激光拼焊板，冷冲压
_03	MBW® 1500 + MHZ 340 等厚激光拼焊板，热成形
_04	MBW® 1500 + MHZ 340 不等厚激光拼焊板，热成形
_05	MBW® 1500 不等温热成形
_06	MBW® 1900 不等温热成形

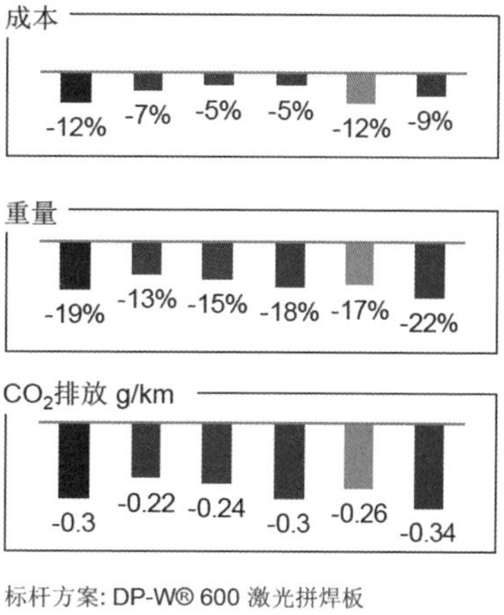

图 5 B 柱的多种实施方案的比较

安塞乐米塔尔公司在展示实力和进行 EVI 活动时，也选定了制造轻量化白车身的项目，对标杆车的选定做了十分细致的工作，区分了欧洲和北美标杆车的不同要求和细微差别，并形成了轻量化白车身 S – in motion 的解决方案和方法论[10]，提出了创新设计的建议和白车身主要模块的解决方案，包括前端模块、后端模块、侧边和门等，使减重效果优化，并展示出五星级的 ENCAP 的碰撞效果、Benchmark 的水平，以及 NVH 的功能。和原标杆车相比，在不增加成本的条件下实现了减重，并对 LCA 进行了评估。该公司在热冲压成形用钢方面，Al – Si 涂层具有专利垄断，因此在白车身的展示中，特意展示了热冲压成形门圈技术和解决方案，并扩大应用的各类零件，取得了更好的轻量化效果和安全性，其中热冲压的门圈技术如图 6 所示。

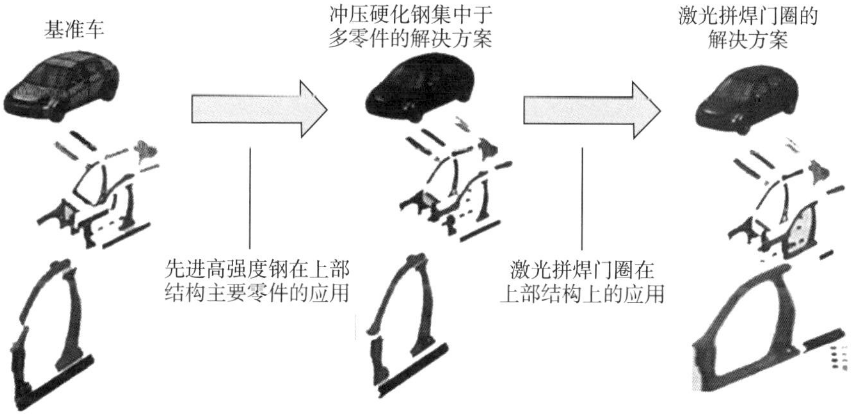

图 6 热冲压的上部结构件和激光拼焊门圈技术

上海宝钢在开展 EVI 活动时，也进行了白车身的制造，并展示出宝钢材料研发的最新成果和先进的工艺技术，其白车身的各项指标见表2[11]，白车身应用的高强度钢比例与其他车型的比较见表3。

表2 白车身的各项指标

指标	项目目标	设计值
质量/kg	300	297.3
高强度钢比例/%	70	77
零件数/个	350	309
轻量化系数	3	2.59
被动安全	五星	五星

表3 BCB与其他车型的比较

车型	质量/kg	轻量化系数	高强度钢比例/%
BCB	297.3	2.83	76.7
BMW3 *	301.3	2.66	70.0
Mondeo *	317	3.62	66.6
S60 *	321.5	3.13	58.4
Saab 95 *	395.4	4.33	62.65
E class *	408	2.95	76.8

宝钢开展EVI的流程和全程系统化、个性化对用户开发新产品的支持如图7所示。

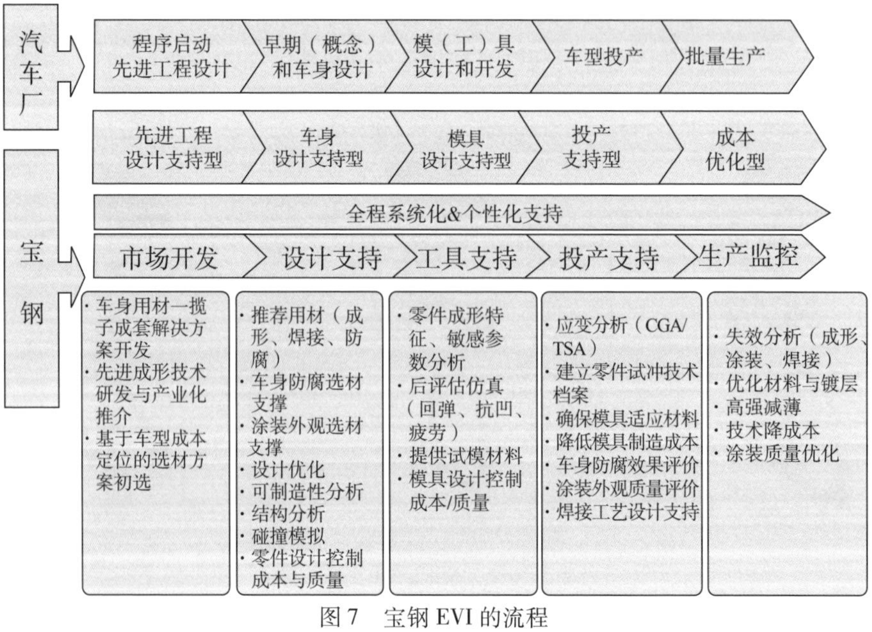

图7 宝钢EVI的流程

5 EVI促进新材料的开发和应用

汽车工业的发展，新车型的开发，汽车轻量化的发展，特别是新能源汽车的发展，对汽车轻量化提出了更高的要求，轻量化的实施是各种材料、各种成形工艺优势的集成，是各种专业设计、分析、模拟、评价等优势的集成，是一项系统工程。实现轻量化的材料有钢铁材料、铝合金、镁合金和塑料复合材料，钢铁材料在目前直至若干年以后仍然是汽车制造的基本材料，它是既轻量化，又提升安全性能、性价比高的材料，尤其作为白车身的制造材料，是其他材料难以代替的。正因为如此，需要更多高强塑积的先进汽车用钢。轻量化的需要，用于白车身的钢铁材料的强度越来越高。近几年，汽车用材的屈服强度变化一直有上升的趋势，特别是作为汽车碰撞的安全件，其屈服强度已经提升到1 200～1 400 MPa，既有效地轻量化，又有效地保证汽车碰撞时乘员的安全。EVI的模式就是原材料生产厂家满足客户的需求，并和客户一起解决客户新零件、新车型相关的应用技术，因此，EVI可以有效地促进新钢种的开发、新材料的应用和轻量化安全技术的提升。有关汽车用新钢种包括普通高强度钢到一代、二代、三代先进高强度钢的发展情况如图1所示。

6 钢铁（材料企业）进行EVI活动的条件

第一，具有满足用户需求的各类性能优良的可以稳定批量生产的钢铁材料。第二，材料企业具有本企业所产各类材料的性能，包括基本力学性能、成形性、成形零件的功能、材料的疲劳性能、构件的疲劳性能、构件成形的先进的成形工艺、各类材料各种应用的实际事例，即具备完整的材料数据库，数据库的基本结构如图8所示；浦项公司2011年编写了汽车钢的数据手册，2012年在全球EVI大会上免费提供给用户，2012年以后浦项公司更进一步完善数据库，并将其融入有关设计软件中，这无疑扩大了浦项公司的影响和钢材推广应用的效果[12]；SSAB公司在1996年就出版了钢板手册，全面介绍了材料选用的逻辑、产品的范围和性能、设计的实际应用和实践、高强度构件的结构设计和制造等，具有重要的参考价值和应用高强度钢的指导意义[13]。第三，材料企业具有相关的材料研发和应用方面的技术人才和物力方面的实力。第四，材料企业应对材料研发的全过程有充分的认识和理解，特别是认识应用研究的重要性。材料研发的全过程示于图9[14]，相关的四个方面示于立体四边形的四个角，同时，研发的材料和零部件的功能具有合理的性价比。第五，是对材料应用企业和生产企业合作关系有深刻的认识，牢固树立用户第一，用户的成功就是材料生产企业的明天的理念。有条件的企业可以建立起材料的应用研究中心，浦项的全球研发中心就是典型的例子，目前采用产学研用相结合的模式，可以弥补材料生产企业应用研究的不足。

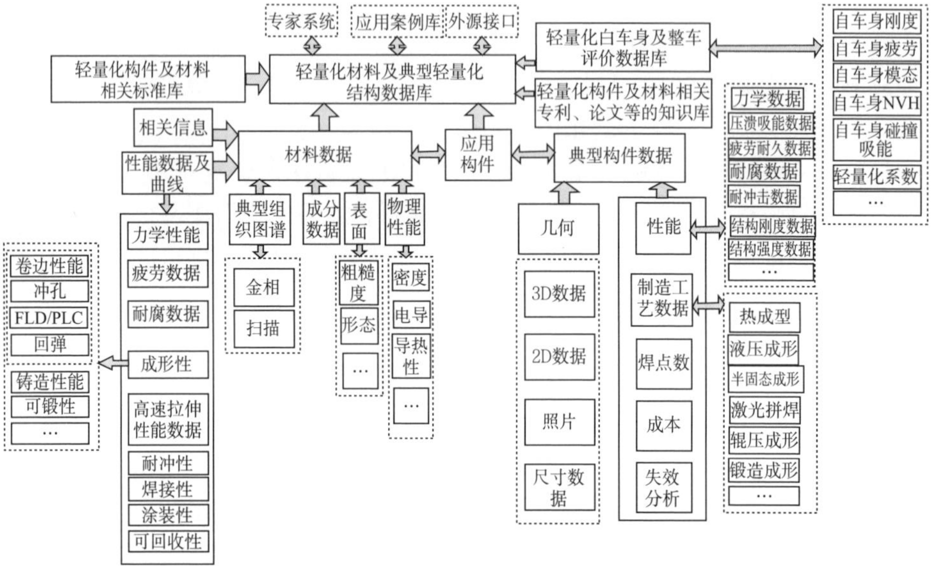

图8 数据库的基本结构

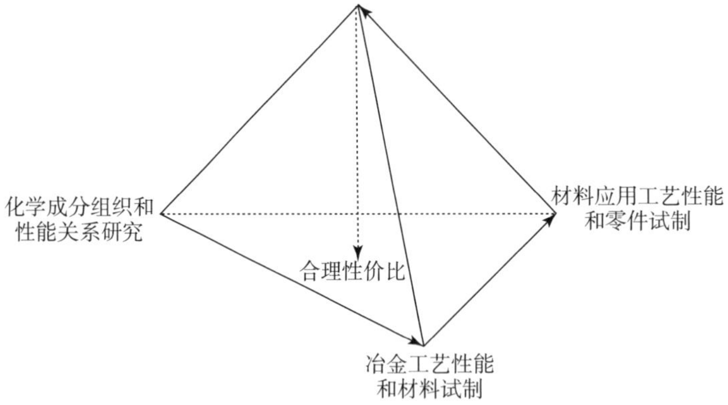

图9 材料研发的全过程

7 开展EVI活动的重要意义

①EVI是材料生产企业的产品销售、理念方法的重大变化和更新，由简

单的产品推销转变为技术合作和最终产品性能的提升。浦项四次 EVI 活动的主题就表明这种模式的变化，从开发满足用户需求的产品到采用先进的技术协助用户生产出高性能的零部件，通过系统的应用研究，使用户对材料企业新开发的产品尽快得到应用，直到从材料的供应商到解决各种问题的合作伙伴，甚至是共同建立合资公司，即从产品技术、资金到最终产品的共同销售的亲密的合作关系。

②EVI 活动是材料生产企业实力和技术进步的展示。

③EVI 活动推动了材料企业新产品的开发和材料应用行业产品的技术进步及更新换代。

④EVI 活动体现了各种专业、各种先进技术、各种材料及应用研究成果的高度融合，最终推动制造业的技术进步和产品的提升。

8 结语

EVI 是材料企业对相关下游企业产品开发的先期介入模式，充分体现了材料生产企业和应用企业之间全新的关系和双赢的合作模式。

EVI 活动不仅推动材料生产企业新产品的开发，同时也促进了材料应用企业的产品的技术进步和更新换代。

EVI 活动不仅体现了材料生产企业的技术水平、研发能力，同时也体现了材料企业和制造业相结合，多种技术、多种专业相互融合，推动产品提升的新的先进的理念。

EVI 活动的开展，将会给我国材料产业和制造业带来新的发展机遇和动力。

参考文献：

[1] Baik S C. POSCO EVI Partnership [R]. Sour. POSCO Global EVI Forum, 2008.

[2] Ohjoon Kwon. From Steel Supplier to Solution Partner [R]. Inchon, POSCO Global EVI Forum, 2014.

[3] 马鸣图，吴娥梅. 高强度钢在汽车轻量化和安全器件上的应用 [J]. 新材料产业，2014 (7): 15 - 19.

[4] Ohjoon Kwon. New Product Development and EVI Activity at POSCO [R]. Inchon, POSCO Global EVI Forum, 2012.

[5] Park S H. POSCO Application Technology & EVI [R]. Sour. POSCO Global EVI Forum, 2008.

[6] Kyooyoung Lee. Introduction to Development and Application of Automotive Steels of POSCO [R]. Inchon, POSCO Global EVI Forum, 2014.
[7] Cees ten Broek. Eco – friendly Automotive Industry Trend and Prospect [R]. Inchon. Proceeding of POSCO Global EVI Forum, 2010.
[8] Ohjoon KWON. POSCO Partnership for You in The Future [R]. Inchon, POSCO, 2016.
[9] Ulrich Jaroni, Karsten Kroos. Das Incar Project [R]. Chongqing. Thyssen Krupp, 2009.
[10] Sanjay Sharma. S – In Motion [R]. 上海：VAMA 新技术研讨会，2014.
[11] 王利. 白车身的展示（BCB）[R]. 湛江：上海宝钢 EVI 会议，2015.
[12] Product Application Center and POSCO Technical Research Lab。Autumotive Steel Data Book [R]. Inchon, POSCO EVI, 2011.
[13] SSAB. Sheet Steel Handbook—Design and Fabrication in High Strength Sheet Steel [M]. SSAB TUNNPLAT AB, 1996.
[14] 马鸣图. 论材料性能与零件功能的关系 [J]. 热处理，2014，29(2)：1 –13.

作者简介

马鸣图，中国汽车工程研究院股份有限公司，教授级高工，博导，当前研究方向为汽车轻量化材料的应用研究和应用基础研究。

中信金属汽车 EVI 模式的发展脉络及展望

路洪洲　郭爱民

中信微合金化技术中心，北京，100004

【摘　要】中信金属有限公司作为典型第三方原材料企业及中信微合金化中心作为第三方研究机构，在过去的十余年间，坚持 EVI 的模式，推动微合金化技术在汽车上的应用。本文将系统介绍中信 EVI 的发展脉络及相关进程，探讨 EVI 的对象、研究内容、技术领域、基础研究、应用研究、合作研发伙伴及 EVI 成效方面的演变，并对未来的 EVI 进行初步的规划。

【关键词】汽车　EVI　先期介入　模式　轻量化　铌　微合金化　中信金属

Development and Expectation of EVI Model in CITIC Metal

Lu Hongzhou　Guo Aimin

CITIC – CBMM Microalloying Center, Beijing, 100004

Abstract: In the last decade years, CITIC Metals Co., as a typical third raw material enterprises, and CITIC – CBMM microalloying center as the third party research institutions, applied EVI mode to promote the application of Niobium microalloying technology on automobile industry. This article systematically introduced the development process and related progress of CITIC's EVI. The object of EVI, contents, technical field, fundamental research, application research, partners, and effect of EVI were discussed based on development process and related progress of CITIC's EVI. An expectation of EVI model was presented for the future.

Keywords: Automotive; EVI; Model; Lightweight; Niobium; Microalloying; CITIC Metal

1　引言

EVI 即 Early Vendor Involvement，是指上游材料和零部件供应商对下游客户的新产品开发先期介入模式，充分了解下游客户对上游产品性能的要求，从而为下游客户新产品开发提供更优的产品和个性化服务。EVI 首先被日本的 JFE 和 POSCO 钢铁企业提出并付诸实施[1]，取得了良好的成效。EVI 的提出，有其内在的逻辑，即汽车开发周期时间长、涉及的专业和领域多，尤其是上下游的配合度高，仅以采购和供货的关系来定义主机厂和上游供应商的关系并付诸实施，往往不能满足汽车产品开发的需要，从而汽车新产品开发先期介入模式应运而生。中国钢铁企业如宝钢、TAGAL 等[2]根据自身的产品特色和中国主机厂的需求[3]，先后开展了 EVI 服务，并先后建立了相关专业机构，得到了汽车行业的认可，随后，首钢[4]、马钢、鞍钢、本钢[5]、河北钢铁[6]等钢铁企业及零部件企业也相继开展了 EVI 模式，推动中国汽车行业的技术进步和轻量化进程。中信金属有限公司作为典型第三方原材料企业及中信微合金化中心（以下简称中信）作为第三方研究机构，在过去的十余年间，坚持 EVI 的模式，推动微合金化技术在汽车上的应用。本文将系统介绍中信 EVI 的发展脉络及相关进程，并对未来的 EVI 进行初步的规划。

2 EVI 模式的发展脉络

2.1 中信 EVI 发展阶段

中信的主要业务是铌铁的销售和市场“蛋糕”的扩大。在过去的 20 年间，中信始终是中国铌产品市场的领导者，而汽车业务是中信的核心领域。中信金属的成功离不开对 EVI 模式的坚持和发展，是从投资驱动和要素驱动转向投资驱动、要素驱动和创新驱动三结合，适应新常态和创新的主要措施。在过去的 15 年间，中信先后经历了若干 EVI 发展阶段。首先，原材料企业（主要是钢铁企业）是中信的直接客户，因而在早期阶段，原材料企业是中信主要的 EVI 合作对象。在此阶段，中信的主要研发目标是推动铌微合金化汽车钢的开发，该阶段大约经历了 10 年，即 2001—2011 年，主要的合作伙伴为钢铁企业、冶金研究机构和材料研究机构，该阶段被定义为 EVI 1.0。随着企业行业的发展及中信对汽车行业认识的逐渐深刻，中信发现，新材料开发出来后，并不能迅速在汽车上应用，其原因是尽管新材料性能优异，但由于零部件的制造需要解决成形、连接等制造工艺问题，同时零部件的疲劳及安全和吸能等需要对零件的设计及原材料要求重新定义，而这些往往在材料开发之初难以考虑周全，同时，零件的设计和制造也需要进行大量的技术攻关，因而，中信发现，为了加速新材料的应用，必须与零部件企业合作，并通过中信自身的能力建设及与行业应用研究机构合作，为零部件企业提供新产品开发先期介入支持，进而形成了新的 EVI 阶段。该阶段从 2012 年开始，被定义为 EVI 2.0，合作伙伴也发生了变化，具体见表 1。

表 1　中信金属的 EVI 发展历程

名称	主题	时间	主要合作伙伴
EVI 1.0	铌微合金化汽车钢的开发	2001—2011 年	钢铁企业、冶金研究机构
EVI 2.0	铌微合金化汽车零部件的开发	2012 年至今	零部件企业钢厂、钢铁企业、冶金研究机构、汽车研究机构
EVI 3.0	典型零件及总成的系列铌轻量化解决方案开发	2015 年至今	整车企业、汽车研究机构
EVI 4.0	汽车车身正向选材系统的构建	2016 年至今	整车企业、汽车研究机构、原材料企业
EVI 5.0	铌微合金化解决方案在整车上的集成应用	2017 年至今	整车企业、汽车研究机构、材料研究机构

2015 年前后，随着汽车轻量化被主机厂普遍接受，中信发现，单个零部件解决方案的开发仍不能满足主机厂的要求，比如汽车的每个零部件和总成有多种设计和解决方案，以前保险杠横梁为例，双相钢、热成形钢、马氏体钢、铝合金、塑料复合材料等均可以制造前保险杠横梁，并且每种材料的设计方案和制造工艺方案也不尽相同，而中信与原材料企业及零部件企业开发的某个解决方案可能并不适用于某些整车企业的某个车型，或者该解决方案在某种情况下也未必是最佳的方案，因而形成系列解决方案的必要性就大为突出。同时，EVI 难度也相应加大，比如 B 柱总成系列解决方案的形成就需要首先建立 B 柱的等效数字化模型，并进行相关的测试试验验证。同时，对含铌和非含铌材料的测试比较也不再局限于常规的力学性能和成形性能的比较，高应变速率性能及冲击吸能性能的精确数据也必须进行测试和比较，部分数据作为性能分析的软件输入。2015 年，中信开始实施第三阶段的 EVI 模式转变，即与主机厂和汽车研究机构开展典型零件及总成的系列铌轻量化解决方案开发，为主机厂提供系列的解决方案参考。

从 2000 年到 2015 年中信的三个 EVI 阶段可见，中信主要进行逐个钢种、逐个零部件及某些零部件和总成的研究和解决方案的构建。而事实上，主机厂在车身选材过程尚未形成一套配合汽车正向开发的正向选材体系，这无疑滞后了汽车性能开发的进程及高性能铌微合金化材料的应用进程。“合适的材料用在合适的地方”通常被用作汽车选材的逻辑，但实际上没有形成成体系的选材逻辑，难以将上述理念真正落实，因而中信开始与 Benchmark 对标研究机构合作，发现部分车型的材料选材似乎没有很强的合理性，因而汽车正向开发和性能开发的需求，以及行业现存的问题，促使中信将EVI模式再次升级，即EVI 4.0阶段，中信与相关研究机构力图构建汽车车身正向选材系统，目前该工作仍在推进之中。另外，自2016年新GB 1589[7]及其配套措施得以有效贯彻执行，使重型载货汽车轻量化成为强烈需求。从商用车开发角度考虑，中信先后与零部件企业、钢铁企业等合作伙伴开发了轻量化含铌车轮、车架、板簧、车厢等零部件和总成，但如何支持商用车企业开发轻量化的商用车、如何将前期的成果集成到一个整车当中，成了工作重点，特别是超轻商用车的开发（比如Super truck），这对于中信的商业模式及EVI模式而言同样是挑战，这也是中信EVI 5.0阶段的缘起。

2.2 中信EVI各发展阶段的历史演变

随着EVI模式的变化和不断升级，EVI的对象、研究内容、技术领域等均发生了变化，具体如图1所示。EVI的对象从钢铁企业逐渐向零部件企业和整车企业延伸，与此同时，研究内容也从依托冶金技术和材料制备技术的新材料开发，向基于应用技术（如成形技术、连接技术、性能分析模拟技术）的零部件设计和工艺技术转变，最后通过等效模型开发技术、选材系统和整

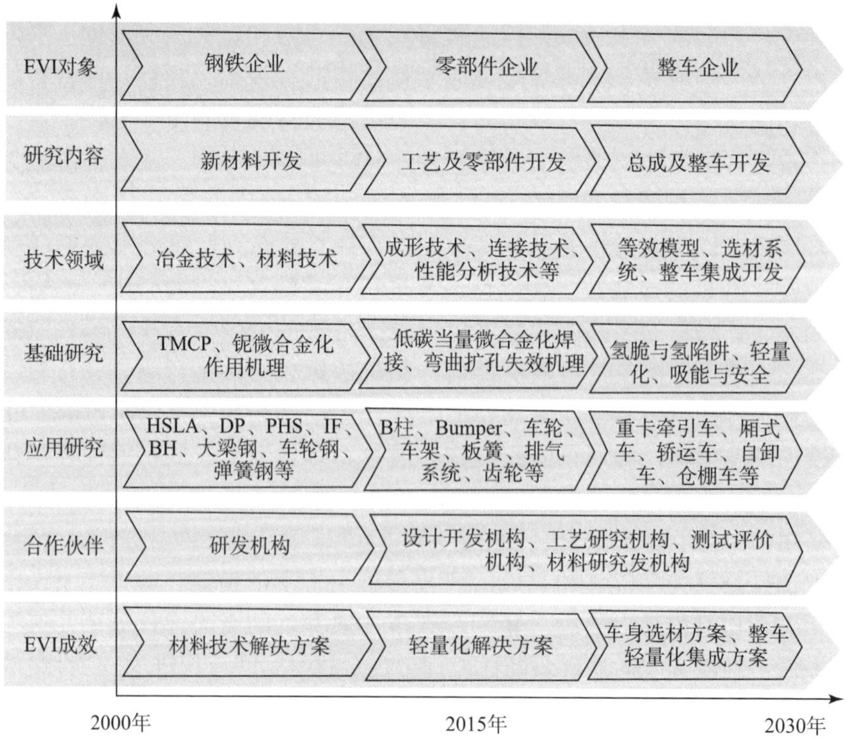

图1 中信EVI各发展阶段的演变

车集成技术（不同工况条件的安全、刚度等性能研究）来实现总成和政策的开发支持。基础研究领域也从TMCP（Thermo Mechanical Control Process，热机械控制工艺，即控制加热温度并实施冷却的技术）、铌微合金化作用机理研究，向专项工程制造领域的低碳当量微合金化焊接机理研究和弯曲扩孔失效机理研究转变，即研究加工制造领域的相关机理和零部件失效的相关机理，为零部件设计和制造提供理论支持；进一步研究汽车使用过程的相关机理，如高强度钢的氢致延迟断裂机理、汽车轻量化设计和评价、吸能与安全关系等基础研究。

基于上述EVI的对象、研究内容、技术领域、基础研究的转变，中信的应用研究形成了泾渭分明的三个阶段：①汽车钢铁材料开发阶段：如含铌的高强低合金钢（HSLA）、双相钢（DP）、热成形钢（PHS）、深拉延钢（IF）、烘烤硬化钢（BH）、大梁钢、车轮钢、齿轮钢、弹簧钢、耐磨钢等；②零部件开发阶段：B柱、保险杠横梁、车轮、车架、板簧、排气系统、齿轮等；③总成及整车开发阶段：重卡牵引车、厢式车、轿车运输车、厢式车半挂车、中置轴厢式物流车、中置轴轿车运输车、自卸车、矿用自卸车、仓栅车等。相应地，形成了材料技术解决方案、零部件轻量化技术解决方案和整车集成技术解决方案。当然，这些解决方案是在不涉及知识产权的基础上，主要通过中信及其合作研究团队进行对外转移的。

2.3 行业发展和共性技术是EVI的重要组成部分

中信EVI模式的主要特色是R&D项目（产品开发项目）的基金支持及推动行业共性技术的发展。这与其他单位的EVI有着显著的不同（合作模式的介绍见下述章节）。中信认为行业的整体技术进步是自身业务发展的基石，比如汽车更轻、更安全就需要更高强度的钢材，因而过去数年中，中信不留余力地推动行业技术进步，中信在共性技术或者说推动行业进步方面的工作如图2所示。在乘用车方面，中信率先组织汽车行业和钢铁行业专家前往欧洲车身会议学习观摩，并连续十年推进此工作，目前中国车身轻量化的主要概念、理念、设计和选材思路基本均源于此项活动，这也得到行业的普遍认可。在此期间，中信也组织业界对国外车身和轻量化技术进行消化吸收，先后召开了6届“汽车BM及选材技术研讨会”(2016年该会议变更为“汽车Benchmark分析及汽车性能开发技术研讨会”，参会人员150人以上)，对每年的国内外车身技术进展进行系统研究和总结。同时，组织业内专家编写《世界汽车车身技术及轻量化技术发展跟踪研究》，分别通过不同车型级别、国别等对过去20年的车身技术和轻量化技术进行系统总结和回顾。并于2013年，由本文作者和时任轻量化联盟副秘书长的王智文先生发起，在各级领导和行业专家的支持下，与中国汽车工程学会和汽车轻量化技术创新战略联盟联合举办“中国轻量化车身会议”。上述行业工作极大地推进了乘用车轻量化的进程，自然对中信及其他汽车原材料企业的发展起到了助力作用。

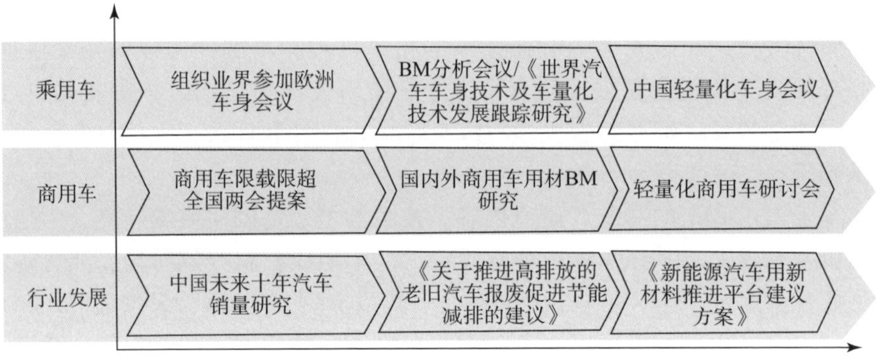

图 2 中信 EVI 各发展阶段的行业共性技术脉络图

在商用车方面，超载是阻碍商用车轻量化的主要阻力，中信和上下游在轻量化车架、车轮、悬架等开发方面做了大量的工作，但收效甚微，因而中信于 2014 年着手向全国两会连续三年提案，阐述超载对安全、道路桥梁的损害，阐明限超限载对供给侧结构性改革和经济发展的重要性。在各界的努力下，2016 年 7 月，新 GB 1589 及其配套措施得以有效贯彻执行，为商用车轻量化和竞争力提升创造了条件。同时，中信与中国汽研率先进行商用车用材和轻量化的摸底研究，以及与国外商用车的对比研究，形成了系列分析报告。并于 2014 年开始举办“轻量化商用车技术研讨会”，推动行业达成共识。在行业发展方面，笔者建立了中国未来十年汽车需求量分析模型[8]，预测了未来的汽车销量，同时向国家相关机构和部委提交了推进汽车销售和节能减排的报废汽车相关政策建议方案，以及新能源和节能汽车用新材料推进平台建设的相关方案，目前上述方面或在论证中，或已开始实施。

宏观上看，推动行业发展和共性技术进步与中信自身业务相距较远，但从商业本质和商业模式上看，恰恰是下游行业的整体进步和共性技术的解决，为上游行业的业务发展提供了条件，突破了难以凭一家之力所能突破的“瓶颈”，尤其是非技术类“瓶颈”，如观念“瓶颈”、政策“瓶颈”和价值链“瓶颈”等。

3 中信 EVI 未来规划

由于人力物力有限，中信未来将在 EVI 2.0 ~ 5.0 阶段深耕，但在所推广的材料类别、汽车总成类别方面进行深入的探索，同时将在 EVI 资源利用和内外部模式方面进行创新。

3.1 未来 EVI 深度和广度

随着汽车轻量化的不断深入，铝合金和镁合金的应用越来越多，尤其是铝合金车身冲压构件和铸造构件。同时，新能源汽车也已成为国家战略，新的电极材料、EMC 和电动机等用磁性材料也成为限制新能源汽车发展的“瓶颈”和机遇。中信下一步将从车身和底盘的 EVI 向传统汽车动力总成及新能源汽车电池和电机电控延伸。

3.2 EVI 资源利用和内外部模式

中信于 2001 年成立了中信铌钢发展基金，每年设立 R&D 项目（产品开发项目）、与汽车上下游建立产学研合作，其中很多基础研究和应用研究由中信技术团队和专家顾问团队结合行业研究机构共同完成，因而合作模式的创新对中信而言尤为重要。在内部，目前主要是由中信微合金化技术中心对行业进行分析、研究，以及进行技术开发、项目管理和实施，未来中信将尝试筹建“中信集团汽车业务协同创新中心”，实现对内优先技术合作，对外实现技术、商务信息互通，如图 3 所示。在外部模式，尽管中信与中国汽研、吉利大学、北航、武汉上善等汽车研究机构进行了多年的深入的合作，但迄今为止，中信尚未建立汽车领域的联合研究机构，未来中信将尝试筹建“汽车应用联合研究中心或实验室”，实现与合作伙伴的紧密合作，如图 3 所示。上述内部和外部的模式创新的主要目的是加强中信的 EVI 能力，以期更好地为汽车上下游提供技术支持，尤其是汽车产品开发的先期介入的技术支持。

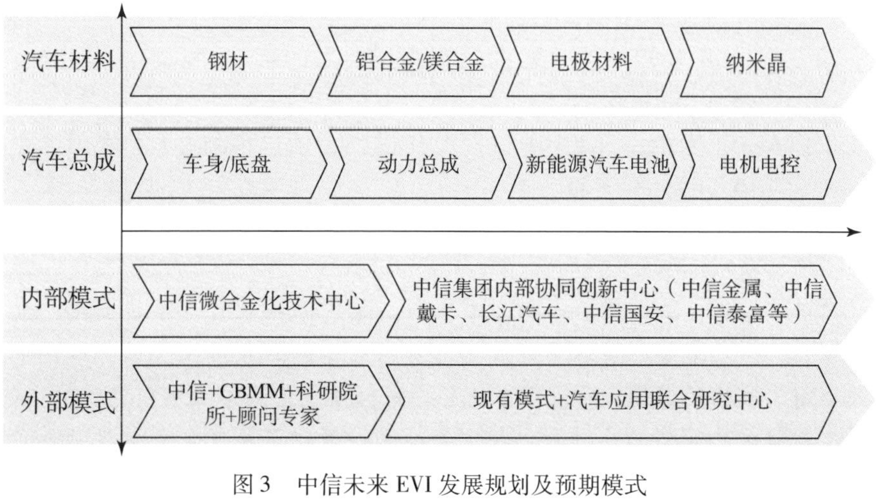

图 3　中信未来 EVI 发展规划及预期模式

4 总结

本文系统概述了中信金属在过去15年EVI模式的5个发展阶段，并详细阐述了EVI的对象、研究内容、技术领域、基础研究、应用研究、合作研发伙伴及EVI成效方面的演变，提出了共性技术研究和行业技术进步是中信EVI的重要组成部分。对未来中信EVI的深度和广度，以及内外部的合作模式等方面进行了展望，提出上述内部和外部的模式创新的主要目的是加强中信的EVI能力，以期更好地为汽车上下游提供技术支持，尤其是汽车产品开发的先期介入的技术支持。

参考文献：

[1] 肖邦国，霍咚梅．日本、韩国钢铁新材料研发情况对我国的启示 [J]. 山东冶金，2014（03）：1－4.

[2] 许庆瑞，蒋键，郑刚．供应商参与技术创新研究——基于宝钢集团的案例分析 [J]. 中国地质大学学报（社会科学版），2004，4（06）：6－9.

[3] 刘国平．汽车车身钢板EVI工程实施方案 [J]. 商，2014（46）：187－187.

[4] 陈连峰，郗钊，隋海波，等．基于用户的高强度钢先期介入选材、开发及应用 [J]. 汽车工艺与材料，2013（01）：12－15.

[5] 王亚芬，李志伟，赵广东，等．本钢构建先期介入EVI服务体系的探索 [J]. 中国冶金，2017，27（02）：66－69.

[6] 孙红梅，贾耿伟．占领市场制高点——大力推进汽车板EVI服务模式 [J]. 河北企业，2015（4）：55－56.

[7] 唐三思．GB 1589—2016对商用车车型开发的影响 [J]. 汽车与配件，2016（48）：53－55.

[8] 路洪洲．未来十年（2016—2025）中国汽车销量预测 [J]. 中国汽车参考，2016（9）：27－35.

作者简介

路洪洲，男，工学博士，高级工程师，九三学社社员，祖籍山东，黑龙江大庆人，先后毕业于吉林大学、上海交通大学和华东理工大学，现任中信金属公司高级技术经理，负责汽车业务。先后任中国汽车工程研究院工程师、组长、材料工艺部部长、轻量化分中心副主任等职务。任重庆材料学会常务理事、中国汽车工程学会越野车分会理事、中国汽车工程学会货运装备分会理事、吉林大学校外研究生导师等。出版专著1部、参编2部。发表论文40余篇，申请发明专利8项，授权6项，授权实用新型3项。研究方向包括：汽车轻量化、铌微合金化材料应用技术、铝合金材料开发及应用，以及轻量化材料的回收再制造。

郭爱民，教授级高级工程师，先后于北京科技大学获得本科及博士学位。1987年8月—1992年9月，在河南舞阳钢铁公司钢研所工作，任助理工程师；1992年10月—2012年2月，在武汉钢铁集团公司工作，先后任技术中心工程师、处长、主任助理、副主任及研究院副院长；2012年2月加入中信金属有限公司，任总工程师、总经理助理。郭爱民教授长期从事锅炉压力容器、桥梁、模具等钢铁产品开发及研究工作，之后从事武钢新产品开发科研管理工作，曾获得国家科技进步二等奖两项、湖北省科技进步一等奖两项、冶金科技进步奖一等奖一项、武钢科技进步二等奖三项、武钢科技攻关一等奖一项。曾多次担任省部级或公司重大科研项目负责人，所承担的课题有12项通过省部级成果鉴定，均达到国际先进或领先水平。郭爱民教授曾获全国五一劳动奖章、国务院政府津贴、国家百千万人才工程国家级人选等多项荣誉称号。

多尺度生态系统框架下的技术创新加速先进高强钢在汽车轻量化上的应用

王建锋[1]　刘　名[1]　熊小川[2]　易红亮[3]

1. 通用汽车中国科学研究院，上海，201206

2. 易弗明（苏州）材料科技有限公司，苏州，215123

3. 东北大学轧制技术及连轧自动化国家重点实验室，沈阳，110189

【摘　要】随着日益增长的能源需求和环境净化压力，汽车轻量化已经成为业界广泛接受和认同的实现节能减排的重要技术途径。在此背景下，国内的众多钢厂都相应地加大了在汽车用高强度钢上的技术研发投入和产品开发力度。本文力图用生态系统的框架来阐述新材料开发和应用过程中的产业链内诸多企业之间的分工和合作，并以第三代先进高强钢 QP980 的应用为实例来说明从新钢种开发到在汽车上量产应用的基本流程及实施中的风险因素。最后，作者从市场和用户需求出发，简要地介绍了未来第三代先进高强钢和新一代高韧性热成钢研发将要面临的技术挑战。

【关键词】轻量化　高强度钢　集成设计　生态系统　技术创新

Innovation in a Multi – Scale Eco – System to Accelerate Application of Advanced Steels for Vehicle Lightweighting

Wang Jianfeng[1]　Liu Ming[1]　Xiong Xiaochuan[2]　Yi Hongliang[3]

1. China Science Lab, General Motors Global Research and Development, Shanghai, 201206

2. Easy Forming Technology Co. Ltd., Suzhou, 215123

3. The State Key Laboratory of Rolling and Automation, Northeastern University, Shenyang, 110189

Abstract: Vehicle lightweighting has become an important and widely accepted technology solution in automotive industry for achieving fuel economy and meeting emission regulations. Domestic steel producers have made significant effort to develop and productionize new high strength steels for automotive body structure applications. The authors intend to elaborate the development and implementation of new steel grades from a multi – scale ecosystem perspective, and use the QP980 third generation advanced high strength steel (AHSS) as an example to explain the new material adoption process and the associated risks viewed from an automotive manufacturer. Finally, technical challenges are highlighted from steel user perspective for the next generation high performance steels, including new third generation AHSS grades and next generation toughness – enhanced press hardening steels.

Keywords: Lightweighting; High Strength Steel; Integrated Design; Ecosystem; Innovation

1 引言

汽车轻量化作为实现节能减排的关键赋能技术，近年来一直受到汽车行业内众多企业、高校和研究所的持续关注。随着中国汽车电气化战略的确定，新能源汽车即将迈入用量高速增长的新时代，并将在短期内达到较大的量产规模。轻量化技术对于新能源汽车今后在中国的发展，可以从以下两个方面起到推动作用。第一，整车质量的减轻可以减小车辆在行驶过程中的各种阻力，比如滚动阻力和风阻，从而降低能源消耗；第二，在同等整车质量的条件下，轻量化能够变相增加电池容量，从而延长行驶里程。

汽车轻量化是一个系统工程。一般来讲，在制定整车重量目标之后，各个总成就会相应地获得子系统级别的目标重量。依此类推，原则上减重目标就会被逐级分解，并最终落实到每一个零部件上。对于汽车车身来说，采用以钢材为主的混合材料车身结构，加大先进高强度钢（冷成形零件）和超高强度钢（热成形零件）的使用比例，同时在车身覆盖件、底盘及发动机舱上扩大应用其他轻质材料（铝合金、镁合金和碳纤维增强复合材料）是一种比较具有竞争力的技术途径。

本文将针对先进高强钢和超高强钢在车身结构件上的应用展开讨论。主要从汽车产业所涉及的生态系统角度考虑，探讨技术创新的若干要素。比如，如何遵循市场需求来开发能满足用户需求的创新材料，如何从终端产品（零件/汽车）的视角来分析材料/工艺/设计等要素的协同作用，以及如何从生态系统的角度来看待新技术应用过程中可能面临的风险。最后，简要地分析了下一代先进高强钢（冷成形）和超高强度钢（热成形）目前所面临的技术挑战。

2 从生态系统的角度探讨技术创新和产业化

生物学上的生态系统（Ecosystem）是指在一个特定环境内相互作用的所有生物及共存环境的统称。本文作者借用生态系统的概念，来描述在汽车车身用钢的研发和量产应用过程中，汽车产业链上各个企业之间的高度合作和相互依赖的关系。这种关系是建立在利益共享和风险共担基础上的，从而超越了传统意义上的供应商/主机厂之间的简单供求模式。

2.1 新材料产业化过程

一个新的材料从被发现到被广泛应用是一个非常复杂并且漫长的过程。任何一种新材料在汽车上的应用，都需要全产业链中各个参与企业之间有高度的合作，并且充分发挥在各自领域内的资源优势和技术专长，否则，这个材料将会在很长一段时间内停留在纸面上，最终甚至“老死”在实验室里。

图1以汽车车身用钢为例，从生态系统角度分析了一个新钢种从概念提出到在汽车上的量产应用过程中涉及的相关组织和单位。材料企业本身可以被看成一个低尺度上的生态子系统，因为一个新钢种的研发必然需要钢厂内部各个部门的参与和协调。同样地，零部件企业是另一个低尺度上的生态子系统，因为新钢板会对零件设计和制造过程中的各个环节都有影响。最后，主机厂作为新材料的用户处于产业链的最后一环，它同样也是一个低尺度上的生态子系统。每个新钢种的量产应用，都需要获得主机厂内部众多的职能部门的一致认可。

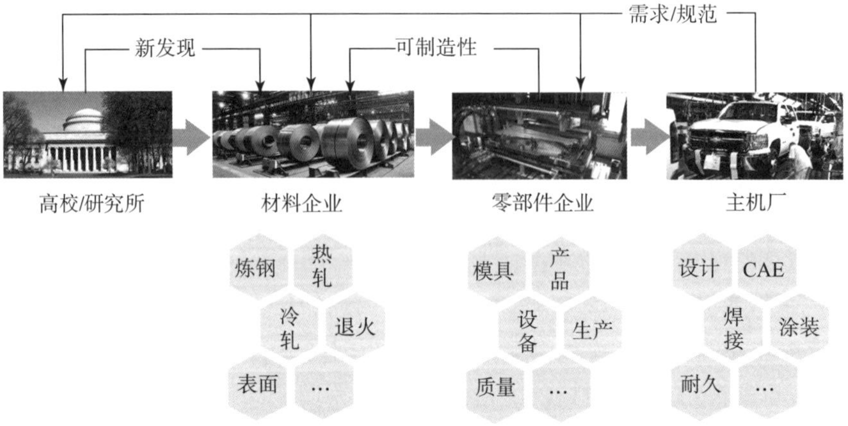

图1　多尺度生态系统环境下新材料的研发和应用流程

从整个产业生态系统角度出发来看，新材料的研发和应用的第一推动力是终端用户（主机厂）的需求。自从美国科罗拉多矿冶学院的 Matlock 和 Speer 教授等提出了第三代先进高强钢的概念之后[1]，通用汽车于 2009 年表达了对第三代先进高强钢性能的期望指标。具体来说，通用汽车希望全世界的钢铁生产企业投入研发资源，开发出强度在 1 000 MPa 左右同时又具有良好成形性的高强度汽车车身用钢，如图 2 所示。其目标是用此类新钢种可以取代目前被广泛应用的第一代先进高强钢（以双相钢 DP600 为代表），从而实现减重 20% 的目标。

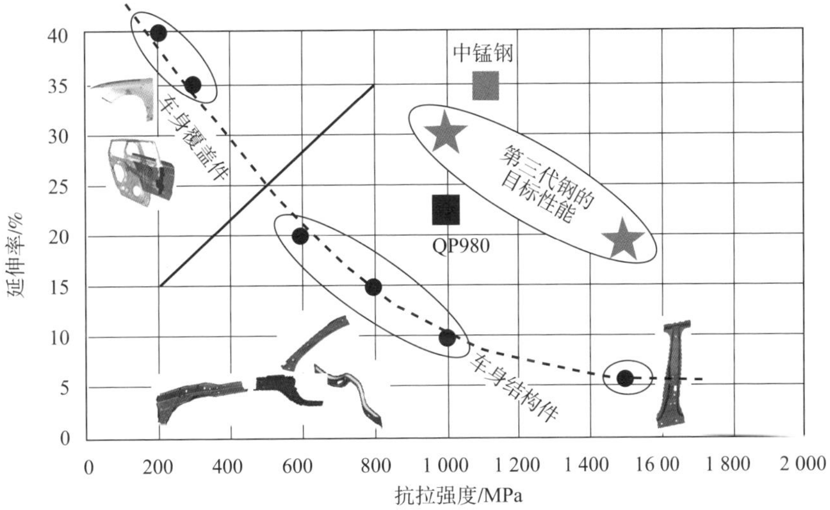

图 2　车身用钢材的典型拉伸性能汇总

在钢厂开发好新钢种后，主机厂用户还需要进行相关应用技术的开发，并且对材料的冲压成形性、焊接性能、油漆附着性能、零件的碰撞安全性和耐久疲劳等各项指标进行全方位的分析和评估，如图 3 所示。依据多年的产品开发和验证经验而提炼出来的材料认证流程，主机厂能够确保新材料可以

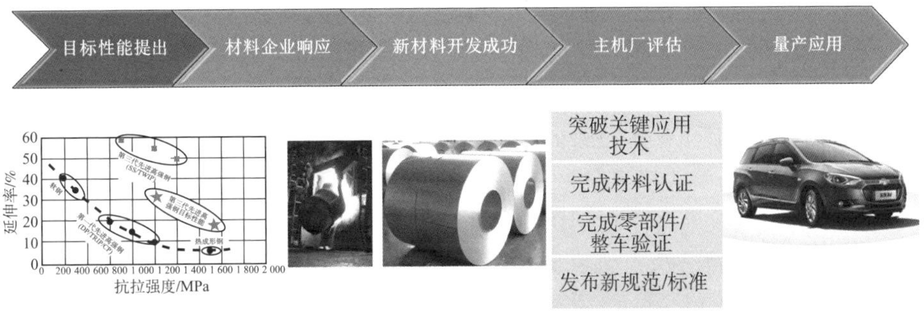

图 3　新材料的开发和应用流程简介

最大限度地在整车上发挥它应有的功能。只有这样，才可以避免出现“好材不会用，要用无好材”的尴尬局面。

2.2 产品 = 材料 + 设计 + 工艺

从产品开发角度来看，一个成功的零件不仅仅取决于材料的选择，同时还高度依赖于零件的结构设计和相应的零部件制造工艺。材料、设计和制造，这三个要素构成了一个如图4所示的“零部件性能及成本”的三脚凳。无论少了哪一条支撑腿，该凳子就会失去平衡，也就意味着最终的零部件会在性能或成本上无法实现最优化的设计。

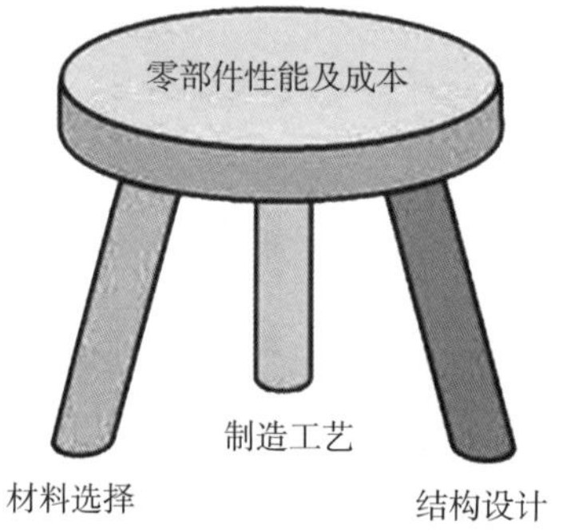

图4 零部件性能及成本和材料、制造及产品结构设计

2.3 新材料应用过程中的风险因素

在新材料成为产品的过程中，不仅要考虑生产的技术“瓶颈”和成本，还要考虑应用过程中的难度和风险。以第三代汽车先进高强钢为例，自从相关概念提出以后，国内的钢铁企业和研究院所在2010年左右展示了几种比较可行的技术方案。其中包括以相变诱导塑性（Transformation Induced Plasticity，TRIP）机理为基础而开发的淬火分配（Quench and Partition，QP）[2]和中锰钢[3]。如图3所示，单纯从技术指标来看，中锰钢的强度和塑性均高于QP钢。但是，从钢厂这个生态子系统来看，中锰钢的生产具有更大的量产挑战性，并且成本会比较高。另外，从主机厂这个生态子系统来看，中锰钢的焊接性能比较差。综合上述的两个分析，通用汽车中国研究院在2011年时决定选择QP钢作为有潜力实现量产应用的第三代先进高强钢首批候选钢种。这个决定是权衡减重效果（中锰钢优于QP钢）和产业化中的风险系数（QP钢小于中锰钢）之后做出的，如图5的分析所示。

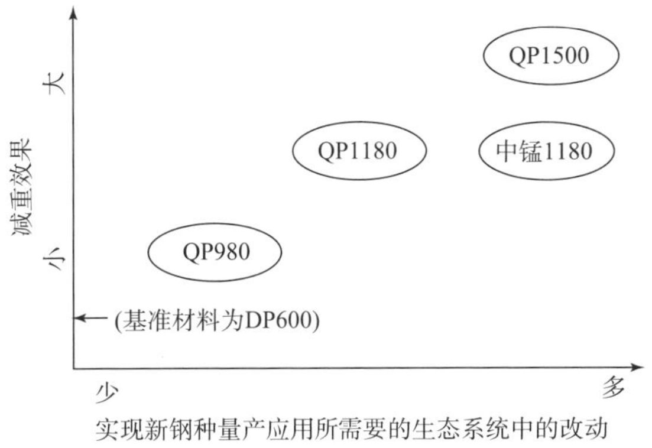

图 5　减重潜能和新技术应用中所面临的风险系数——QP 钢和中锰钢的比较

3　对下一代汽车高强钢开发的若干建议

给广大的客户提供全方位的安全保护和舒适的驾乘体验，始终是主机厂产品和技术研发的第一推动力。为了加快下一代汽车高强钢的研发和应用，作者从前期的工程经验中总结出了若干建议，与汽车产业链生态系统中的各位同行分享。

3.1　以需求引导技术创新，用市场检验技术价值

从终端产品（汽车）的角度来分析，新的材料必须能够在某个方面发挥其技术优势，从而创造价值。表 1 从重量、性能、成本和外观四个维度分析了汽车车身对材料的需求，同时也相应地介绍了一些典型工程实例。

表 1　需求导向的技术创新

新材料赋能的创新技术和相应的产品需求点	工程应用实例
（1）重量 以 QP 钢为代表的第三代先进高强度钢，在拥有≥1 000 MPa 的强度的同时，还具有良好的成形性能。因此，替代目前应用最为广泛的以 DP 钢为代表的第一代先进高强钢，可以实现车身零部件的轻量化	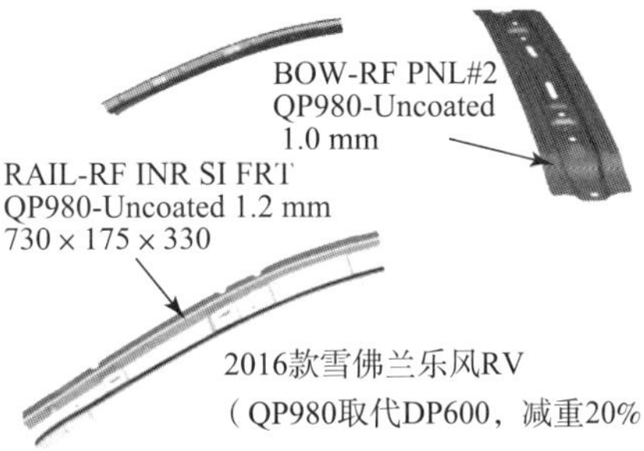

续表

<table>
<tr><th>新材料赋能的创新技术和相应的产品需求点</th><th>工程应用实例</th></tr>
<tr><td>（2）性能
为了保证乘员安全，通常采用由高强度钢零件构筑的“笼式”结构来减小车身在侧向碰撞工况下的入侵变形。这些零件包括A柱、B柱和顶棚横向加强梁，采用的材料往往是热成形钢。车身结构中的前端部分，因为在前置碰撞中发挥吸能的作用，所以选材时要兼顾强度和塑性</td><td>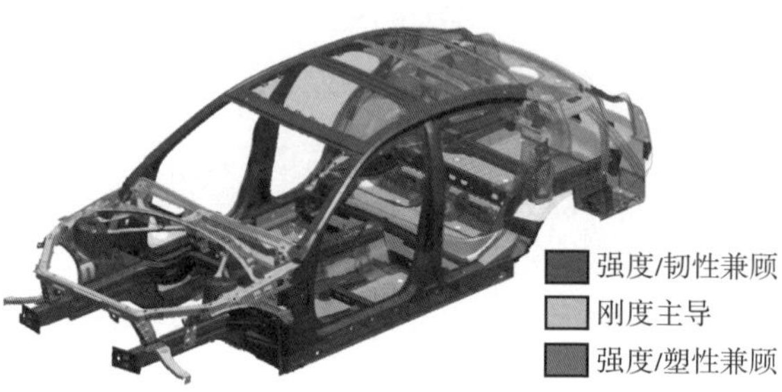
</td></tr>
<tr><td>（3）成本
很多关键的车身零部件都需要采用比较复杂的结构设计（多种板料厚度等）和相对昂贵的制造工艺（激光拼焊，热成形等），才能达到整车所要求的性能指标（碰撞吸能等）</td><td>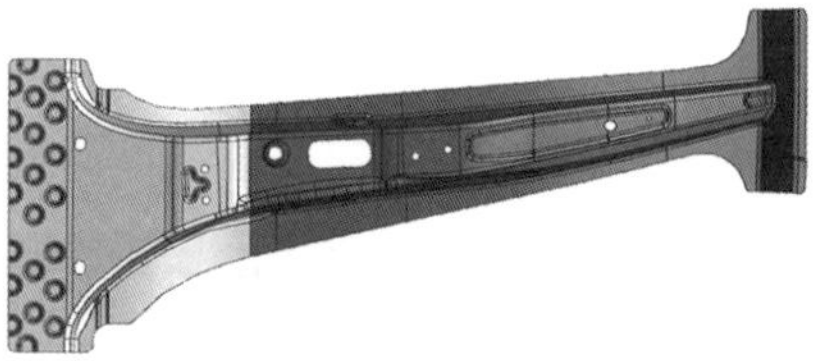
激光拼焊变厚度热成形B柱</td></tr>
<tr><td>（4）外观
车身覆盖件（四门两盖）是体现汽车外观设计造型思想的重要表达元素，也是潜在购车客户感知整车设计的第一关注窗口。外观设计师对车身流线锐度的追求，最终需要通过合适的材料选择和相应的制造工艺才能在产品上完美地体现出来</td><td>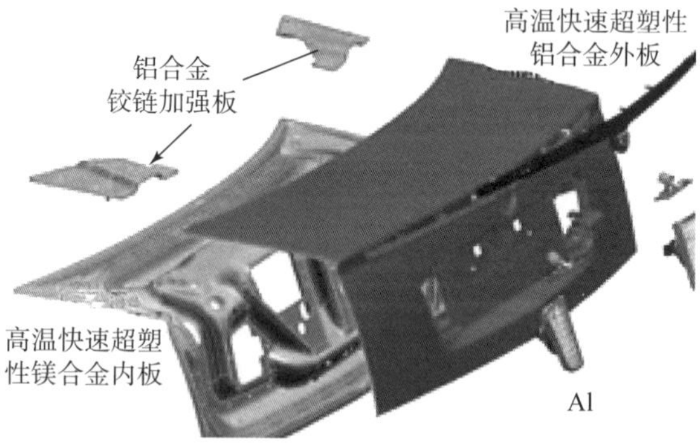

轻质行李舱尾门（decklid）——内板为镁合金，外板为铝合金。制造工艺为高温快速超塑性（QPF）成形</td></tr>
</table>

根据上述分析可知，下一代先进高强钢和超高强度钢的开发应该着重满足表1中的前三项需求。后续章节将从新材料应用的生态系统角度，分别对下一代先进高强钢（冷成形）和超高强钢（热成形）的主要挑战进行简单分析。

3.2 下一代先进高强钢（冷成形）的挑战

冷成形（冲压）作为一项高效成熟的零部件制造工艺，是传统金属板材加工的重要生产环节。当钢材的强度上升到1 000 MPa以上时，冷成形技术面临着诸多的挑战，比如压机的吨位、模具的寿命和零件回弹变形的预测及控制。其中，最大的挑战当属回弹的预测和控制。下面以薄板的纯弯曲为例来估算回弹和钢材强度之间的关系。

回弹是指零件在冲压成形后由于金属板材中弹性变形的回复而导致零件形状的改变。假设一块平板的材料为理想塑性，在受到弯矩 M 作用下产生纯弯曲变形，如图6所示。薄板的回弹可以用以下公式来表示：

$$\Delta\rho = \frac{1}{R} - \frac{1}{r} \propto \frac{\sigma}{E \times t} \tag{1}$$

其中，$\Delta\rho$ 为回弹前后板材的曲率半径变化；σ 和 t 分别为钢材的强度和初始厚度[4]。由此可见，随着钢板强度的增加和零件厚度的减薄（轻量化的目的），回弹呈线性增加。假设用厚度为1.5 mm的QP1180和厚度为1.2 mm的QP1500均可以替代厚度为1.8 mm的DP600，从而在保持同等性能的条件下实现零件轻量化。根据上述公式（1）可以估算出采用高强度级别的新钢种后导致的回弹增加（以DP600的回弹作用对比基准）：

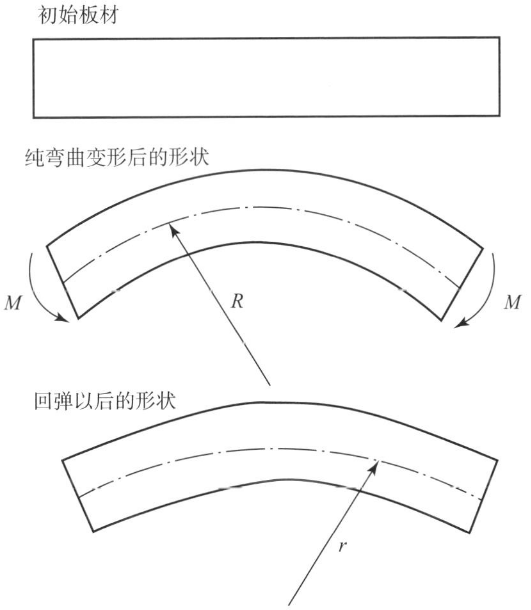

图6　薄板受纯弯曲及回弹变形示意图

$$\frac{\Delta\rho_{QP1180}}{\Delta\rho_{DP600}} = \frac{1\,200/1.5}{600/1.8} = 2.4 \tag{2}$$

$$\frac{\Delta\rho_{QP1500}}{\Delta\rho_{DP600}} = \frac{1\,500/1.2}{600/1.8} = 3.75 \tag{3}$$

根据公式（2）和（3）的简单估算可以得知，随着钢材强度的增加，用QP1180和QP1500生产的冲压零件，其回弹变形将会是DP600双相钢的2.4倍和3.75倍。实际上，高强度钢在回弹过程中的变形行为更为复杂，还必须考虑非线性弹性和时间相关的滞弹性行为[5]。这些都会增加零件的回弹变形，并且使回弹的有限元分析预测工作变得更加困难。

3.3 下一代超高强度钢（热成形）的未来方向和挑战

和冷成形相比，热成形技术的显著优点就是零件的回弹很小[6]。另外，因为钢板是在高温变形，所以需要的压机吨位也远小于冷成形工艺所需的吨位。目前被广泛应用的热成形钢是含微量硼（B）元素的22MnB5。在成形之后，其力学性能可以达到1 500 MPa的抗拉强度和5%~8%的延伸率，并且具有良好的韧性。因此，热成形钢被广泛应用于与安全相关的车身结构零件，例如门防撞梁、前后保险杠横梁、B柱和A柱等重要零件。

随着主机厂对车身轻量化潜力的持续关注，目前已经有若干钢铁企业开发出了抗拉强度在1 800 ~2 000 MPa之间的下一代热成形钢。常规的技术途径是增加钢中的碳含量，因为碳作为钢中的间隙固溶元素是提升马氏体的强度的最有效的元素。但是，此类马氏钢的韧性也将随着碳含量的增加而变得低于目前使用的1 500 MPa级别的22MnB5钢，如图7所示。因此，增韧是能够实现1 800 ~2 000 MPa级别热成形钢在下一代汽车车身上得到量产应用，从而进一步减轻车身重量而急需解决的问题。前期的研究总结了若干适用于

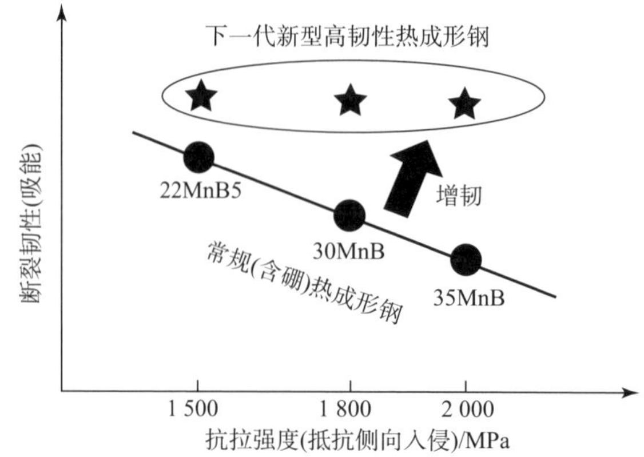

图7 热成形钢的应用挑战——韧性和强度的关系

热成形钢的增韧机制，初步的评价工作显示增加韧性有助于提高零件在受侧向入侵工况下的抗弯性能[7]。

4 总结

汽车行业内的相关企业，从钢厂到主机厂，都是汽车产业生态系统中的重要成员和利益相关体。每一个新钢种在汽车上的量产应用，都要经历从材料到零件最后到集成到终端产品（汽车）的过程。新材料能否实现量产应用，其本身的性能是基础。更重要的是，新材料必须能满足市场需求并且解决用户痛点。另外，在新材料应用过程中出现的相关风险（技术/商务等）也需要得到足够的关注。总之，汽车产业生态系统中的各企业需要从新材料开发伊始就互相沟通，紧密合作，共同努力来加速实现新一代高强度钢在汽车上的应用。

参考文献：

[1] Matlock D K, Speer J G. Third Generation of AHSS: Microstructure Design Concept [C]. Proceeding of the International Conference on Microstructure and Texture in Steels and Other Materials. Held in Jamshedpur, India. 2008: 185 - 203.

[2] Speer J G, Matlock D K, De Cooman B C, Schroth J G. Carbon partitioning into austenite after martensite transformation [J]. Acta Materialia, 2003 (51): 2611 - 2622.

[3] Luo H W, Shi J, Wang C, Cao W Q, Sun X J, Dong H. Experimental and numerical analysis on formation of stable austenite during the intercritical annealing of 5Mn steel [J]. Acta Materialia, 2011 (59): 4002 - 4014.

[4] Wagoner R, Wang J F, Li M. Sprinback. ASM Handbook. 2006: 743 - 755.

[5] Wagoner R, Lim H J, Lee M G. Advanced issues in sprinback. International Journal of Plasticity, 2013, 45: 3 - 20.

[6] Karbasian H, Tekkaya A E. A review on hot stamping [J]. Journal of Materials Processing Technology, 2010, 210: 2103 - 2118.

[7] Wang J F, Liu Y, Lu Q, Pang J C, Wang Z Q, Enloe C M, Singh J P, Horvath C D. Effect of microstructure on impact toughness of press hardening steels with tensile strength above 1.8 GPa [C]. The 6th International Conference of Hot Forming of Sheet Metal, 2017: 717 - 727.

作者简介

王建锋，现任通用汽车中国科学研究院主任研究员兼新技术产业化经理，负责推进前瞻性技术在汽车轻量化领域的量产应用。王建锋博士于2010年加入通用汽车，从事新型轻质金属材料（先进高强钢、高性能镁合金和铝合金）和先进制造技术（热成形、激光焊接等）的研发，以及在通用汽车全球车型上的应用。

刘名，现任通用汽车中国科学研究院先进材料研究部经理。

熊小川，现任易弗明（苏州）材料科技有限公司总裁。

易红亮，东北大学轧制技术及连轧自动化国家重点实验室教授，博士生导师。

白车身外覆盖件烘烤凹陷缺陷解析及应对措施

程　超[1,2]　李久茂[1,2]　逯若东[1,2]

1. 宝山钢铁股份有限公司中央研究院，上海，201900

2. 汽车用钢开发与应用技术国家重点实验室（宝钢），上海，201900

【摘　要】白车身外覆盖件品质是影响整车外观质量的重要因素，白车身经涂装烘烤后若出现凹陷缺陷，将严重影响整车外观质量，且造成较大人力和物力的浪费。本文通过对白车身烘烤后凹陷产生原因进行解析，指出了分析流程和可借助DIC应变分析技术，总结了凹陷缺陷常用解决方案，为后续相似凹陷缺陷问题提供了参考。

【关键词】凹陷　白车身　解决方案

The white vehicle body covering defect analysis and measures of curing depression

Cheng Chao[1,2]　Li Jiumao[1,2]　Lu Ruodong[1,2]

1. Research Institute（R&D Center），Baoshan Iron & Steel Co.，Ltd，Shanghai 201900

2. State Key Laboratory of Development and Application Technology of Automotive Steels（BAOSTEEL），Shanghai 201900

Abstract：The white vehicle body panel is an important factor affecting the appearance quality of the vehicle body in white，the coating after baking if depression defects will seriously affect the appearance quality，and caused great waste of manpower and material resources. In this paper，the reasons for the depression of the white body after baking are analyzed，and the analysis process and the available technology are pointed out. The solution to the depression defect is summarized，which provides a reference for the subsequent similar depression defects.

Keywords：Depression；Body in white；Solution

1 引言

车身涂装是保障整车外观质量的重要工序，对于车辆的整体质量具有重要的作用，对涂装效果有影响白车身的质量缺陷主要有钣金不平（凸起、高点、凹陷、尖坑等）、锐边（毛刺、毛边等）、锈蚀、铁粉（焊渣）、包边不良等。这类白车身缺陷在进入涂装工艺前可进行控制和改善，防止存在质量缺陷的白车身流入涂装线而造成损失。

经过质量管控的白车身进入涂装烘烤阶段产生质量缺陷的现象较为少见，但是一旦发生，将造成损失，尤其是外覆盖件在白车身涂装烘烤阶段产生的凹陷、皱起等缺陷，如图1所示，将严重影响到汽车外观质量，并造成较大人力、物力的浪费。本文基于某用户现场出现的白车身烘烤时侧围局部产生凹陷缺陷，从材料性能、模具、冲压和焊装工艺方面对缺陷产生原因进行了解析，指出了该问题解决可借助的技术，结合现场问题总结了常用对策，可为相似凹陷缺陷的处理提供参考。

(a)

(b)

图1 白车身烘烤产生缺陷

(a) 用户A量产车型侧围烘烤凹陷；(b) 用户B量产车型侧围烘烤皱起

2 白车身外覆盖件烘烤凹陷影响因素

解析零件涂装烘烤阶段发生变形的原因是处理该类缺陷的前提，零件涂装烘烤阶段发生变形的本质原因是零件变形区域内应力不均且烘烤后内应力释放引起零件局部畸变，而引起零件内应力不均的因素可能存在于零件冲压、车身焊装和涂装三个工序中的任一工序，且影响因素繁多复杂，如图2所示。

但是关键因素存在于冲压工序和焊装工序，主要有冲压工序零件尺寸精度，模具研配状态，焊装工序夹具定位精度、焊点布置、焊接角度和焊接顺序[1]。

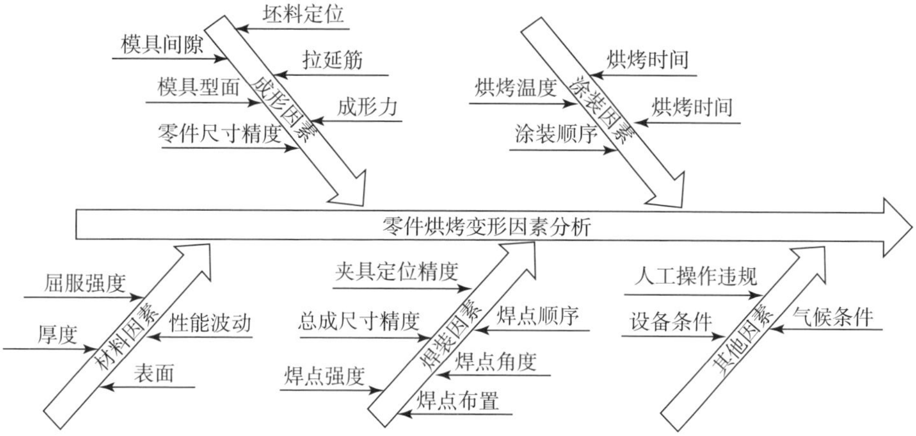

图2　零件烘烤变形的影响因素

2.1　零件涂装烘烤变形缺陷的关键影响因素

（1）冲压工序零件尺寸精度：若冲压工序零件因回弹、模具等因素造成尺寸超差，当零件进入焊装工序时，则可能会造成分总成焊装零件之间搭接间隙过大而超出标准，零件通过点焊连接之后容易引起拉扯，从而零件特别是外覆盖件产生应力集中，甚至变形[2]。

（2）冲压模具研配状态：模具局部区域研配状态较差，导致冲压零件局部区域存在残余应力，甚至导致局部尺寸精度较差[3]，模面研配不良则直接影响冲压成形零件尺寸精度；另外，不光顺模面易造成零件局部变形不均，从而零件产生应力集中。

（3）焊装工序夹具定位精度：在焊装工序，若焊装夹具定位精度不足，则容易造成焊装时零件搭接间隙过大，如图3所示，从而零件之间通过点焊后易造成拉扯，进而使零件产生应力集中甚至变形。焊装夹具定位精度不足还容易直接造成分总成尺寸超差，从而造成上一级分总成或者整车焊装时分总成之间间隙过大，强制压紧点焊连接后易使零件特别是外覆盖件产生拉扯而产生应力集中。

（4）焊装工序焊点布置和焊接顺序与角度：总成焊装时，通过点焊、激光焊接或者其他形式方式进行连接时，为了满足车身设计要求，焊点布置和焊接顺序等经过了充分设计和认证。如果实际焊装操作过程中因操作不规范等原因未按照工艺规范进行，焊点布置、焊装角度不符合要求或者焊接顺序错乱，则容易造成零件特别是外覆盖件产生拉扯甚至变形。

图3 焊装工序零件搭接间隙超差

2.2 零件涂装烘烤变形缺陷分析流程

结合主机厂现场凹陷问题处理案例，对解决烘烤变形问题形成了烘烤变形分析流程，首先分析发生问题的零件的对称和缺陷情况，然后分析产生缺陷的工序，进而对各工序关键因素进行分析，如图4所示。

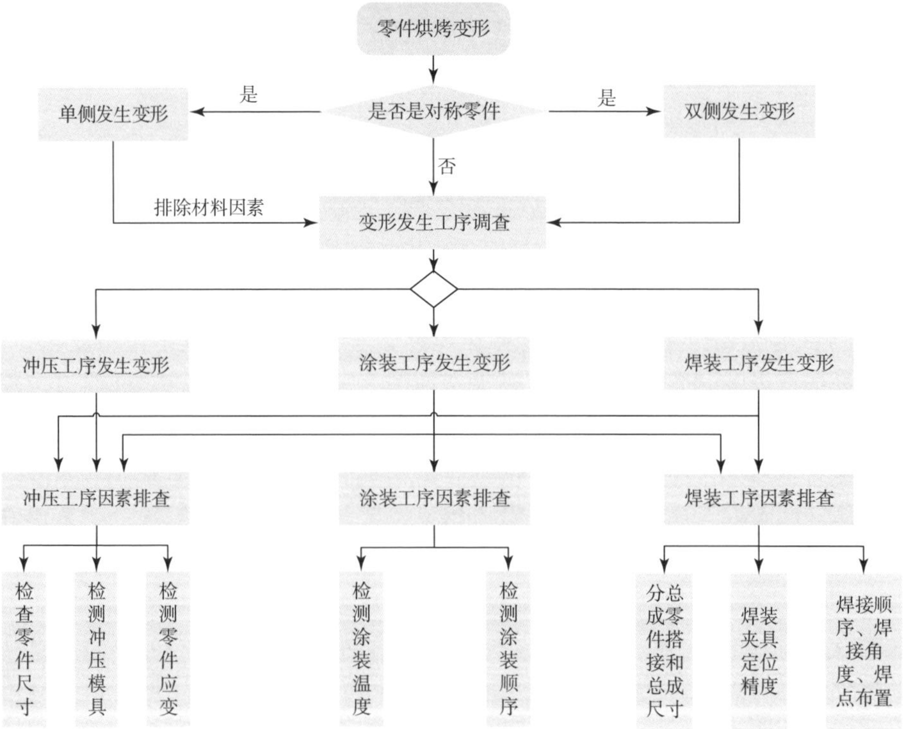

图4 烘烤变形分析流程图

（1）发生烘烤变形的零件是否属于左右对称件？

（2）使用同一批次材料生产的左右对称件都发生烘烤变形吗？

（3）在涂装烘烤工序之前的冲压工序和焊装工序，零件是否已经产生变形？

（4）冲压工序（模具研配、零件变形精度和充分性）重点检查；

（5）焊装工序（焊点间距、夹具精度、焊接顺序）重点检查；

（6）涂装工序（烘烤温度、冷却条件）重点检查。

2.3 零件涂装烘烤变形缺陷问题的关键分析技术

面对零件发生烘烤变形问题，按照上述的烘烤变形排查流程方法全面排查和分析找出问题症结和因素，在冲压工序，分析冲压零件应变状态是一个技术难点。在宝钢 EVI 工作中，在应对烘烤变形问题过程中应用 DIC 网格分析手段可以很好地分析零件局部区域的应变状态，并形成零件变形区域应变 DIC 网格分析方法[4]，如图 5 所示。DIC 网格分析技术具有简单易用、高效率和自动化、高的测量精度和重复性精度等特点。烘烤变形缺陷问题往往是由零件产生不均匀变形和应力集中造成的，DIC 网格分析技术可以很好地分析零件整个测量区域的应变大小和分布，以及小变形。

图 5　变形区域应变 DIC 网格分析

3　白车身外覆盖件烘烤凹陷的常用解决方案

零件发生烘烤变形的因素分析出来之后，则可以针对性地采取应对措施：

（1）若零件烘烤变形产生是由冲压工序中的回弹等引起零件尺寸精度不良、模具研配不良而引起的，则需要对模具进行补焊打磨、拉延筋强度及分布调整，如图 6 所示，使得零件成形过程中变形均匀，或零件回弹得到有效控制。

（2）若零件烘烤变形产生是由冲压工序、焊装工序中夹具定位精度不足

图6　凹模补焊和增加拉延筋阻力

引起的，则对焊装夹具进行定位调整，消除零件搭接间隙超差和分总成尺寸超差等问题。

（3）若零件烘烤变形产生是由冲压工序、焊装工序中焊接顺序不当引起的，则优化焊点分布、焊接顺序和焊接角度，严格执行焊接工艺规范，或者重新编排焊接顺序规范。

4　总结

本文通对过对凹陷问题全方面的解析，指出了该问题处理参考流程，结合现场实际问题，指出了多条实施性较强的解决措施，取得以下三方面的研究成果：

①对于外覆盖件，冲压变形不充分、不协调、存在压应力，零件局部回弹较大，烘烤后内应力释放是影响凹陷的内在因素；焊装和烘烤工艺是影响内应力产生和释放的重要因素。

②指出了问题处理流程，可借助 DIC 应变分析技术，通过对比、排除等方法进行验证。

③对于车身上的大型覆盖件，凹模局部补焊和增加拉延筋阻力，有利于提高零件局部变形的充分性；在局部增加焊点，有利于抑制烘烤带来的回弹，抑制畸变的发生。

参考文献：

［1］孙振忠，许光辉，张洪涛．汽车覆盖件成形中的面畸变及其工程控制［J］．锻压设备与制造技术，2008（4）：66－69.

［2］张满福．浅拉深小曲率外覆盖件面畸变的控制［J］．轻型汽车技术，2005（1）：13－14.

［3］李淑慧，沈洪庆，倪啸枫，陈关龙．车身覆盖件冲压成形面畸变缺陷形成机理研究［J］．机械工程学报，2013（6）：153－159.
［4］黄南基，袁文，杜生亚，汪毅．汽车冲压件的成形应变分析与选材评估［J］．汽车工艺与材料，2004（5）：78－82.

作者简介

程超，宝山钢铁股份有限公司，助理研究员，主要研究方向为汽车车身用材优化、轻量化及性能提升。

汽车轻量化工作的科学开展

陈一龙[1]　路洪洲[2]　李　军[3]

1. 汽车轻量化技术创新战略联盟，北京，100055

2. 中信微合金化技术中心，北京，100004

3. 奇瑞汽车股份有限公司研究总院，芜湖，241009

【摘　要】本文针对当前行业存在的共性问题，从整车企业的开发流程、共性技术的联合攻关、零部件企业的能力建设和原材料企业的 EVI 等四个维度论述了汽车轻量化的科学开展，论述了当前汽车轻量化推动的薄弱环节并提出了解决思路和方案。尤其，论述了国家政策法规对商用车轻量化的积极影响，特别是新国标 GB 1589 及其配套措施得以有效贯彻执行，给商用车轻量化带来了前所未有的契机，并对未来商用车国标产销进行了预测，建议商用车轻量化按照上述四个维度开展实施。

【关键词】轻量化　EVI　商用车　零部件

How to Promote Automotive Lightweight Scientifically

Chen Yilong[1]　Lu Hongzhou[2]　Li Jun[3]

1. China Auto Lightweight Technology innovation Strategic Alliance, Beijing, 100055

2. CITIC Microalloying Center, Beijing, 100004

3. Chery Automobile Co. , Ltd, Wuhu, 241009

Abstract: Aimed at common technical issues in automotive industry, the scientific development of automotive lightweight was discussed by following four aspects: the vehicle development process in car makers, industrial joint research for common technologies, capacity building of part makers, and the early vender involvement (short for EVI) capacity of materials makers. The lightweight of commercial vehicles was analyzed based on the release of new GB1589, and sales of heave – duty trucks were predicted. A suggestion was presented for lightweight of commercial vehicles from 4 aspects mentioned above.

Keywords：Lightweight；EVI；Commercial vehicles；Components

1 引言

中国汽车轻量化经历了概念认知、新材料开发、材料/结构优化与工艺相结合，以及建立系统解决方案等不同的发展阶段，那么当前中国汽车轻量化的核心工作是什么呢？从当前的实际情况看，过去的10年我国轻量化工作取得很大进展，无论是设计、材料，还是制造技术，都有明显进步，最重要的是，轻量化的理念在认识上有了质的飞跃。10年前，国内汽车设计流程中未考虑轻量化的因素，之后把轻量化纳入设计和考核指标，现在各企业均把轻量化列为战略发展目标，进而成为汽车产业的三大发展方向（电动化、智能化、轻量化）[1]之一，为我国汽车轻量化技术的发展开辟了广阔空间。但是，工作在整车开发一线的工程技术人员还有一些不同的感受，有的同志反映，企业下达的轻量化指标是拍脑袋出来的，说服力不强，既没有很好地借助行业技术资源给予足够的支持，也不能完全期望轻量化目标最终能够实现，只想形成推动轻量化工作的强大压力。在这样的推进机制下，企业的轻量化工作难以深入、持久发展。此外，价格约束问题、材料与设计配合问题、产品开发与技术开发脱节问题等，都影响轻量化工作的深入发展。在解决为什么要开展汽车轻量化工作的问题之后，如何结合企业实际需要，科学开展轻量化工作问题，是摆在行业和企业面前迫切需要解决的问题。

2 行业层面的解决方案及思路

2.1 主机厂需将轻量化嵌入汽车产品开发体系

解决上述问题的关键首先在于如何把轻量化工作与整车开发有机融合在一起，需制定合理的轻量化目标和有效的推进机制。不能把轻量化当作与产品性能保障和提升无关的一个技术和第三方考核目标，更不能单纯为了轻量化而轻量化，而应作为提高企业产品在细分市场中的竞争力而实施的重要技术措施之一。总体来说，就是要把轻量化工作与企业落实供给侧改革，提供产品的市场竞争力相结合。为此，企业轻量化工作首先需要解决三个基本问题：

（1）轻量化定位问题：明确如何设定不同类型整车与各系统、零部件重量大小，才能满足产品定位市场竞争力需要与成本限制和技术能力支撑的要求。这是产品实现轻量化开发的基础，涉及整车与零部件轻量化的评价方法与选择方法。目前没有统一的认识，特别在整车上没有共认的实用方法。可喜的是，有些企业的同志正在结合本企业实际来探索解决的办法。

（2）轻量化技术路径问题：在整车设计、开发流程中，明确何时用什么方式方法解决恰当定位问题，同时明确围绕产品产业链所需要建立的技术支撑链及其技术攻关项目，把技术创新与新产品开发紧密结合在一起，以减少技术开发的盲目性、片面性，提高上下游产业与科技开发单位参与开发的积极性，实现轻量化技术开发与产品开发的融入与落实。

（3）目标市场的对标问题：Benchmark 是国内外企业了解竞争对手的产品技术、性能水平与发展状态的有效途径，是各企业必做功课，但目前国内企业 Benchmark 水平差距较大，绝大多数处于表面了解状态，即测试采集的数据只能大致满足知其然的需要，而不知其所以然，不能为解决定位与路径问题提供足够的营养，更不能为消化吸收再创新提供支撑。从企业初步交流的情况看，对象的选择与数据的深入采集、处理与使用方法都需要提高。因此，国内企业还应重视 benchmark 分析技术的提升。需要强调的是，Benchmark 不是逆向工程，也不是抄袭，而是一种科学的分析方法和技术。

2.2 行业共性技术开发

其次，一些共性技术问题需要解决。2016 年中国汽车工程学会发布的“节能与新能源汽车技术路线图”[2]已经归纳和介绍了中国汽车轻量化的技术路线图，但以下几点仍需注意：

（1）与上述三个问题相关但未纳入路线图的技术问题，诸如可使用的轻量化评价方法与选择方法研究、Benchmark 数据深入采集方式方法与应用技术研究，当前应当着力推动，因为有利于其他技术的落实和解决。

（2）引申一下测试评价方法的研究，像车身局部刚性测试方法的研究与应用、关键基础零部件动载性能测试方法与判定标准研究，前者是缺乏统一性与广泛应用问题，后者是考核指标缺乏科学性和使用可靠性问题。但这些方面的标准不仅与解决轻量化问题相关，也与解决可靠性问题密切相关。

（3）至于路线图中已提出的应解决关键技术，笔者认为更应关注模块化设计与制造技术、高强度钢与非碳纤维增强复合材料的深入开发与应用技术、高纯度低含气量复杂形状薄壁铝合金压铸技术、低成本高耐蚀镁合金的开发与应用技术、轻质材料及异种材料的连接技术、碳纤维增强复合材料与高强度钢或铝镁合金复合制造汽车零部件等技术的发展。

深入开展轻量化工作，像我国当前的深化改革一样，要从建立新的体制机制着手，以解决有助于体制机制建设的关键共性技术为先导，推动其他各项关键技术真正与企业新产品开发相融合而得到解决和应用，才能取得轻量化工作的更大成效。

2.3 国内汽车零部件企业的能力建设

国内汽车零部件行业发展是轻量化的重要支撑。汽车零部件行业薄弱是影响我国汽车工业发展的严重问题，成因也是多方面的。历史地看，乘用车的发展是以合资为主、技术引进为辅展开的，零部件企业长期处于一个来料加工和附属于整车企业的地位，经常会成为主机厂转移成本压力的对象，没有自主开发能力，谈不上参与整车开发；商用车是以本国企业为主，基础是技术引进，但整车发展由于长期受超载运输影响而把注意力集中在价格控制上，轻量化节能减排、提高安全性和可靠性等问题无法提到日程上来，抑制了零部件对新技术、新材料的应用。发展环境上，原材料与制造装备供给能力大大落后于产品生产的需要，也限制了自主创新的发展。

凡此种种，使我国一直没有产生像德尔福、西门子那样的零部件企业。这些企业无论大小，都具有如下基本特征：企业关系上，是与主机厂形成利益共同体的战略合作伙伴；业务上不只是配套供货，还可以参与整车相关部分的开发；能力上不只是加工制造检测，还出设计、出标准，甚至引领整车相关部分的改进与提高。集中地讲，建设一批这样的零部件企业应当是行业上下共同努力解决的问题。为此，建议行业做好下述工作：①加速制定关键零部件行业或国家实验考核办法和阶段考核指标；②鼓励和支持关键零部件企业进行产品升级换代工作，关键零部件企业做好 EVI 能力建设；③鼓励和支持整车企业与关键零部件企业组建并形成利益共同体的战略合作伙伴，做好 EVI 服务工作。

2.4 原材料企业的 EVI 能力建设及典型案例

最重要的还是上游企业应做好 EVI 能力建设。整车企业的主要工作是整车集成，因而大量的材料、构件和总成需要供应商提供，而轻量化无疑是需要从材料、工艺和设计等多方面进行的集成创新工作，单靠主机厂和零部件供应商是难以全面实现汽车轻量化的。宝钢、TAGAL 及中信微合金化技术中心的 EVI 模式值得行业借鉴。宝钢联合上下游开发的 BCB（Baosteel Car Body）项目，为汽车高强度钢制轻量化车身提供了较好的解决方案，应用了宝钢最新的钢材和制造工艺，根据车身的性能要求进行车身开发，并且典型的车身总成还提供多个轻量化解决方案供选择，这些轻量化解决方案包括了设计、CAE 分析、制造工艺和材料选择等，BCB 项目是宝钢 EVI 富有成效的工作，值得行业借鉴。TAGAL 参考德国蒂森克虏伯的 EVI 推广模式专门建立了 EVI 部分，为主机厂提供选材、制造工艺方案（EPI）、设计方案，建立了主机厂选材和钢厂材料供应之间的纽带，值得行业借鉴。中信微合金化技术中心坚持以技术创新推动行业发展，应用产业链、技术支撑链、价值链相结合的原则组织产、学、研、用EVI合作。在汽车业务方面，铌的应用可以说已全面开展，在汽车用钢板和不锈钢方面，实际应用已经取得较好的成效，将主机厂、零部件厂、钢厂、科研院所连接起来，通过从主机厂性能要求、零部件的功能要求、原材料的开发、零件的设计和工程分析及制造工艺等出发，在车身结构件上形成了多个解决方案。在车身以外结构件上的应用也开始起步，主要是因为零部件使用可靠性问题尚不突出，随着商用车提高可靠性的需求上升，应用中信的EVI模式，铌微合金化在车身以外结构件上的应用将会改观。此外，中信在铌对零部件可靠性、一致性影响方面的研究也更贴近企业实际需求，解决了不同企业的应用问题。最近中信在轻金属轻量化领域也开始了EVI推进工作。希望业界能够参考上述宝钢、TAGAL和中信的EVI模式，切实推进中国的汽车轻量化事业。

3 商用车轻量化

3.1 抓住商用车轻量化发展契机

商用车轻量化更应该得到行业的关注，因为从节能减排讲，商用车用油占整个汽车燃油消耗的60%~70%，成为汽车排放污染的主要来源，是颗粒排放的主力；从轻量化讲，与国外水平差距超过乘用车的差距，尤其是重型车，相对减重量可以吨计。并且国内已经具备商用车的主要轻量化技术，但过去受超载运输的影响，轻量化工作难以大规模开展。2016年，国家在法律手段、行政管理手段之上又增加了信用手段治超，使新GB 1589[3]及其配套措施得以有效贯彻执行，迅速掀起商用车特别是重型载货汽车轻量化的热潮。可以说，载货汽车轻量化的黄金时期已经到来。现有经验表明，早两年已做轻量化产品开发的企业，无论使用的是高强度钢还是铝合金，尽管经受了投入大、产出少的困难磨炼，2017年都出现订单大增，甚至供不应求的局面。正所谓“机遇只给有准备的人”，那么这些企业做了什么准备呢？主要是：产品方向正确、围绕产品开发需要的技术准备到位，还拿出了相应产品批量使用与轻量化效益的证明。当然，这些企业对轻量化认识、理解深刻是其获得持续订单的前提。目前，商用车的轻量化已成为用户的要求，但在目标客户与产品的选择上，还需要更深入贴近市场的需求，找到适合开发的对象。

治超后需要增加运输车数量才能完成相应的公路货运量，从帮助运输企业或运输户解决初始投资困难来讲，如果国家允许或鼓励银行对购买轻量化载货汽车给予低息或无息贷款，将会有力促进载货汽车的轻量化发展。之所以提出这个建议，是因为多种重型载货汽车的轻量化能够提高运输效率和效益，可以形成用户－生产企业与相关产业－国家与社会均受益的结果，是其他汽车开发中难以见到的情况。

商用车轻量化的挑战主要来自进口产品可能形成的市场竞争。众所周知，在我国商用车市场上，自主品牌一直占据主导地位，这不仅是由于国产车价格低，影响更大的原因是进口车无法超载。当超载影响去除后，国产车仅靠价格低还能否保持竞争优势将面临极大挑战。因为在正规物流企业的成本分析中，看的是汽车全使用寿命周期中各影响因素所占比重，结论是汽车一次性购置投入的占比远不及汽车可用效率的占比，即汽车可靠性的高低（汽车维修、事故停运时间）超过汽车价格的影响。2017 年，上海一家高档物流公司汽车招标中就不限价格，而要求 150 万千米无大修，国内无一家企业投标，国外仅两家企业投标。因此，价格因素在短期内的影响力可能还是重要的，长远发展肯定会进入可靠性、一致性竞争状态。在轻量化发展的黄金期里，能否把我国汽车可靠性提到国际先进水平，是各主机厂面临的紧迫任务。同时，建议轻量化商用车的开发注重本文提出的四个方面，即将轻量化嵌入商用车开发流程中，并联合开展选材、轻量化评价等共性技术研究，商用车零部件企业和原材料企业应加强能力建设和 EVI 能力。

3.2 政策法规的影响及未来商用车产销预估

正确认识市场需求，是坚定信心，把握企业发展方向的基础，对此，笔者分析了我国重型载货汽车保有量与公路货运量的关系，发现近 8 年每年完成的公路货物运输周转量，只有在重型载货汽车平均轻量化率 20%、物流车辆空载率 30% 条件下，当年重型载货汽车保有量才能胜任。否则，在限超条件下，还采用现有水平的汽车完成同样货物周转量，到 2025 年需要增加约 300 万辆重型载货汽车。此外，近 8 年有关数据表明，我国公路货运量和货运周转量与 GDP 的增长成正相关，而我国载货汽车保有量（特别是重型载货汽车保有量）与公路货运量或货运周转量的增长成正相关，由此提出依据国家 GDP 增长规划预测我国重型载货汽车需求的方法。预测未来 10 年，在实现持续治超条件下，每年保守估计需求轻量化重型载货汽车 70 万～90 万辆。这与某些专家认为 2016 年下半年的增长是短时现象不同，希望有关企业抓住这个机遇期，在企业效益得到改善和保障的情况下，完成产品升级换代，有能力迎接国际产品的竞争，继续保持自主品牌载货汽车的市场主导地位。

4 总结

轻量化一直是汽车行业不断推进的技术方向。福特汽车创始人亨利·福特就曾说过，任何多余的重量对汽车都是致命伤。当前，随着新能源汽车的发展，轻量化更是重中之重。为了切实推动我国汽车轻量化的发展，各主机厂应该将轻量化嵌入整车开发流程中，上下游应联合推动共性技术的发展，尤其是零部件技术的发展，进而形成系列解决方案、降低成本。同时，原材料企业和零部件企业应该注重 EVI 能力建设，在主机厂的车型开发中提前介入，为主机厂的选材、轻量化零件及总成设计、制造工艺问题解决等提供方案。汽车轻量化需要掌握汽车的核心技术，在此基础上上下游通过 EVI、强强联合才能加快国内轻量化的进程。

参考文献：

[1] 甄文媛 . 2017 新能源汽车技术趋势展望：从三化到六化 [J]. 汽车纵横，2017 (12)：39 -40.

[2] 节能与新能源汽车技术路线图战略咨询委员会 . 节能与新能源汽车技术路线图 [M]. 北京：机械工业出版社，2016.

[3] 李春利 . GB1589 修订后对客户需求变化的影响研究 [J]. 汽车实用技术，2017 (8)：237 -240.

作者简介

陈一龙，研究员级高级工程师，毕业于清华大学，曾任重庆汽车研究所材料工艺研究室主任、中国汽车技术研究中心副主任、汽车工业科技进步奖励基金委员会秘书长、汽车轻量化技术创新联盟专家委员会主任等职务。

基于 CAE 方法的超高强钢前围板中间横梁工艺优化

牛 超[1,2] 陈新平[1,2] 崔振祥[1,2]

1. 宝山钢铁股份有限公司研究院，上海，201900；

2. 汽车用钢开发与应用技术国家重点实验室（宝钢），上海，201900

【摘 要】 针对某车型超高强钢零件前围板中间横梁存在的成形起皱开裂、回弹过大及边部付型问题，借助于有限元软件 AutoForm 对原工艺方案进行了全流程仿真，并对问题原因进行分析，提出了一种优化工艺方案，并采用 AutoForm 软件从成形、减薄、回弹等方面对新方案进行了评估。结果表明：优化后的工艺方案最大减薄率减小约 4%，同时边部付型良好，基本与产品边界一致；零件上的最大回弹值为 1.21 mm，较优化前减小一半，且呈对称分布；同时，零件在端部法兰位置的起皱基本消失，并从零件实冲结果得以验证。提出的优化工艺方案能够保证零件成形的充分性，回弹得到改善，且一步成形到底的方式边部付型更好，解决了原方案存在的问题，该方法可用于指导其他超高强钢零件的应用。

【关键词】 AutoForm 超高强钢 前围板中间横梁 回弹 最大减薄率

Forming process optimization of dash panel beam using ultra high strength steel based on the CAE method

Niu Chao[1,2] Chen Xinping[1,2] Cui Zhenxiang[1,2]

1. Research Institute, BaoShan Iron & Steel Co., Ltd., Shanghai 201900, China;

2. State Key Laboratory of Development and Application Technology of Automotive Steels (BaoSteel), Shanghai 201900, China

Abstract: In view of the wrinkling, crack, large springback and edge compliance problem of a dash panel beam using UHSS (ultra high strength) steel, a full process simulation of the original process were performed with AutoForm software. After analyzing the reasons, a optimized process was raised and evaluated on formability, thinning, springback. The results show that the maximum thinning rate was 4 percents lower than original process, while the edge compliance was much more close to the part edge. The maximum springback is 1.21 mm, nearly half of before and symmetrically distributed. Wrinkling at end flange was almost disappeared. These results were verified by actual stamping test. The optimized process ensures sufficient deformation and improved springback. Also, the edge complied well by forming to the end directly. This paper has a guiding significance for the following application of UHSS parts.

Keywords: AutoForm; ultra high strength steel; dash panel beam; springback; the maximum thinning rate

1 引言

近年来，随着汽车工业对汽车安全性能及节能环保要求的提高，在开展车身轻量化工作的同时，还要兼顾汽车车身强度。超高强度钢板由于其具有减小质量和提高安全性能的双重优势，越来越受汽车企业的青睐，应用日益广泛[1,2]。但超高强钢由于其强度明显提高，成形性能下降，采用合理的制造工艺得到满足使用要求的零件是超高强钢零件应用的一大难题[3]。

同步工程的核心理念是在产品设计早期，对项目可能存在的问题进行预估并改进，避免在大生产时出现较大质量问题[4,5]。超高强钢材料由于其本身性能的特殊性，加上当前各零部件供应商对超高强钢零件开发经验不足，更需要开展同步工程工作，优化工艺方案，否则后续的调试难度将大大增加。

某车型前围板中间横梁零件为典型的超高强钢零件，在冲压时存在成形起皱并偶发开裂，同时回弹偏大，且边部付型不好，针对该问题，本文采用AutoForm软件对原工艺方案进行全工序仿真分析，复现冲压问题，并进行原因分析，提出一种优化方案，从成形性、减薄率、回弹等角度对方案进行可行性评估，并通过现场零件试冲进行方案验证，结果表明，该优化方案能够很好地解决上述问题。

1 零件工艺性分析及有限元分析

1.1 零件工艺性分析及原工序方案

选取汽车典型超高强钢零件前围板中间横梁，如图1所示。该零件横向安装在前围板上，其两侧法兰边和前围板通过点焊连接在一起，因此法兰边尺寸精度要求较高，以保证较好的焊接关系。另外，在车身发生正向碰撞时，应尽量，减少前围板侵入量，以减少对前排人员的伤害，因此，该中横梁零件通常使用高强度钢材料，且厚度较大，以保证前围板总成的整体强度和刚度，强度基本为780 MPa以上，厚度为2 mm左右。本项目中零件材料为宝钢DP980，厚度为2 mm。该零件造型相对复杂，在不同位置截面变化较大，存在一定高度差，成形存在一定风险；零件各截面基本保持为“几”字形特征，存在向外侧的反弹，同时，在*XY*和*XZ*平面内，零件两端存在一定的扭曲，可以预估该零件成形后回弹比较复杂，需考虑措施控制回弹，保证法兰边焊接尺寸精度。

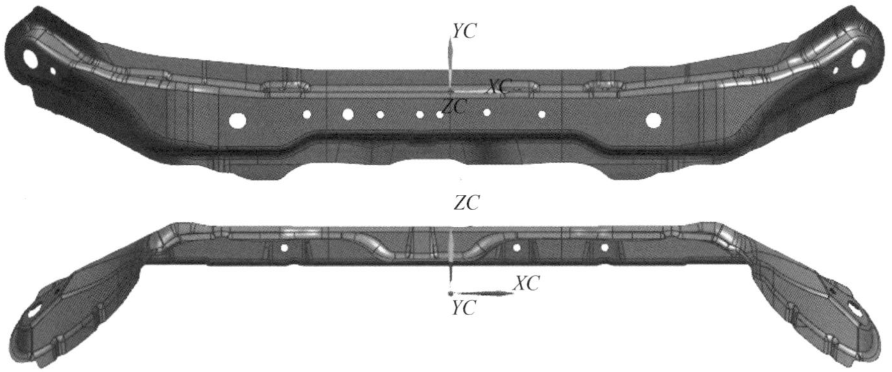

图1　前围板中间横梁零件图

考虑零件在空间的走势、修边的可实现性、各孔的加工及局部特征的实现，原设定的工艺方案为：OP10拉延、OP20修边、OP30修边+侧修边、OP40翻边整形、OP50冲孔侧冲孔。

分析如下：考虑零件顶面两端高度差及截面形式不断变化，采用成形工艺不易实现，故考虑拉延成形，拉延模面设计方案如图2所示。由于两端部局部法兰边需侧修，其他位置正修，故修边安排两序，对称布置，保证修边后应力释放均匀；为保证孔的精度，在冲孔之前先完成法兰边整形；零件上的孔主要集中在顶面和侧壁上，且正、侧孔不存在干涉，可以在一序完成所有孔的加工。

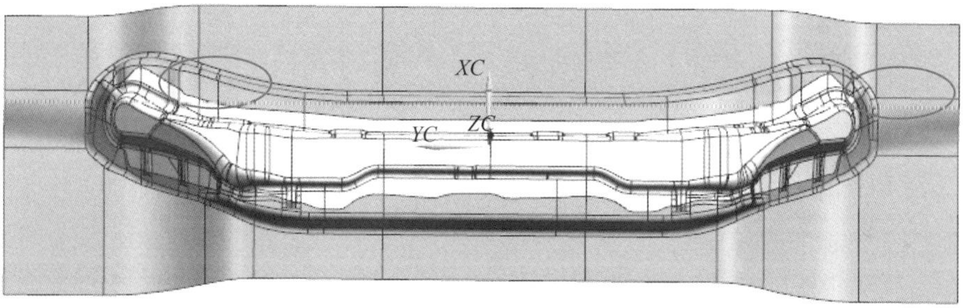

图2　拉延模面设计方案

由于该零件使用DP980材料，成形性较差，且另加拉延深度较大，考虑一次拉延存在较大开裂风险，故选取了只拉延部分高度、后续翻边整形到底的方式；在拉延序，压料面形式基本随型，两端基本和法兰边平齐；另外，由于零件端部法兰边上翘，直接随型会影响压料面整体光顺度，考虑该序将法兰向下翻一定角度，然后再安排整形序将其成形到位，如图2中圆圈处所示。为了保证压边圈闭合效果，还增设了压料芯，即在压边圈闭合前，首先由压料芯将坯料压在凸模上，然后完成压边圈和凹模的闭合过程；在经过两序修边之后，安排整形工序，分别整左右侧法兰，以及两端部翻边。

1.2 存在问题及全工序分析验证

生产现场原采用上述工艺方案进行调试，发现在零件的两端部存在起皱，并伴有一定程度的开裂；零件存在较大的回弹，主要集中在法兰边上；另外，调试时发现，零件在翻边序很难保证边部付型到位，造成零件尺寸偏差。为了分析上述问题产生的原因，并确定后续优化方案，采用数值模拟软件AutoForm进行冲压全工序成形及回弹分析。

将在UG里设计好的拉延模面导入AutoForm软件中，按照原工艺方案进行工序的创建并完成各工具体的定义，如图3所示。仿真分析中材料为DP980，厚度为2.0 mm，材料参数见表1，其中仿真时硬化模型采用Ludwick模型，屈服模型为Hill。设置单元类型为壳单元，厚向积分点11个。

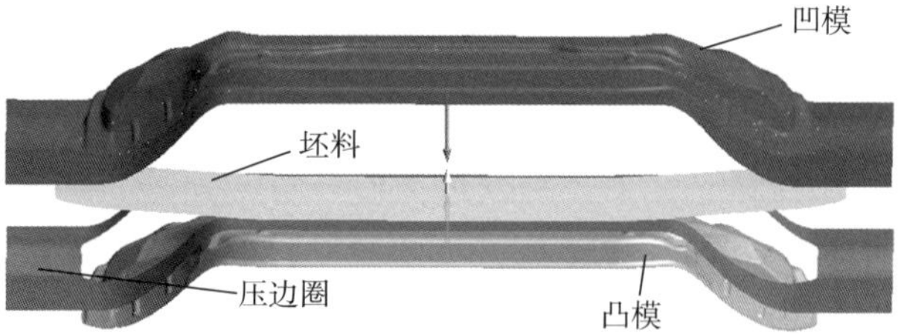

图3 拉延序有限元模型

表1 冲压仿真材料参数

<table>
<tr><td rowspan="2">强化模型</td><td colspan="3">屈服强度 σ_0/MPa</td><td colspan="2">硬化指数 n</td><td>强化系数 K</td><td>抗拉强度 R_m /MPa</td></tr>
<tr><td colspan="3">652</td><td colspan="2">0.098</td><td>1 365.5</td><td>986</td></tr>
<tr><td rowspan="3">屈服模型</td><td colspan="3">不同方向的Lankford系数</td><td colspan="3">不同方向屈服强度/MPa</td><td>等双拉屈服强度/MPa</td></tr>
<tr><td>r_0</td><td>r_{45}</td><td>r_{90}</td><td>σ_0</td><td>σ_{45}</td><td>σ_{90}</td><td>σ_b</td></tr>
<tr><td>0.547</td><td>0.693</td><td>1.06</td><td>652</td><td>715.9</td><td>786.5</td><td>658.6</td></tr>
</table>

图 4 为全工序成形及回弹计算结果。图 4（a）为零件上的减薄率分布，其最大减薄率位于顶部拐角位置，达到 23.8% 左右，对应零件最大深度位置，存在一定的开裂风险；整形后坯料边缘与零件边缘存在较大偏差，这是因为零件在拉延结束后需进行修边线的多轮优化，方能保证翻边后坯料边缘零件轮廓要求，零件边缘付型较困难；图 4（b）所示为成形结束后零件的回弹分布情况，其最大回弹为 2.54 mm，同时，左右端回弹趋势和数值偏离较大，这给后期的回弹调试带来较大难度；另外，从图 4（c）成形过程来看，成形到底前 3 mm 在两端部局部位置存在起皱，影响零件质量。

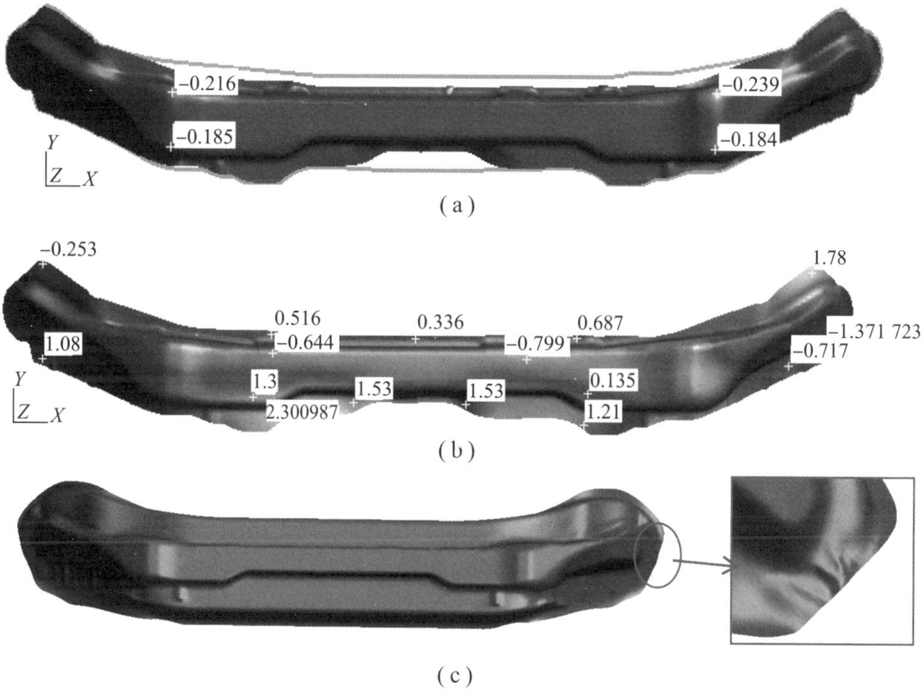

图 4　原工艺方案成形及回弹计算结果

（a）减薄率分布；（b）回弹分布；（c）拉延成形过程

1.3　原因分析及工艺方案优化

通过上述仿真分析，基本再现了现场冲压时反映出的问题。图 5 所示为某一截面在第 1 序拉延后和后续整形时的状态。零件在拉延完取出后的状态如图 5（a）所示，可以看出两侧法兰弹起，零件顶面存在较大曲度。同时，在整形时，在某些截面工具体一侧先接触零件表面，导致零件绕轴向发生一定的扭转，这两种现象会造成成形过程的不稳定性，引起边部付型问题，并增大了后续回弹控制的难度。

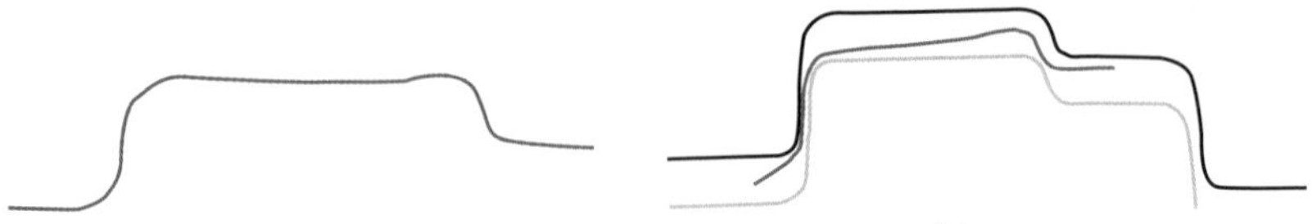

图5　原工艺方案某截面冲压过程示意
（a）拉延后零件；（b）整形过程

针对图4（c）所示的起皱问题，对成形过程进行分析。图6所示为起皱位置的剖面视图。由于零件端部产品存在台阶面，坯料流过时处于悬空状态，随着拉延的进行，在到底前，凸凹模之间出现堆料现象，继续下行，则会形成起皱或叠料。

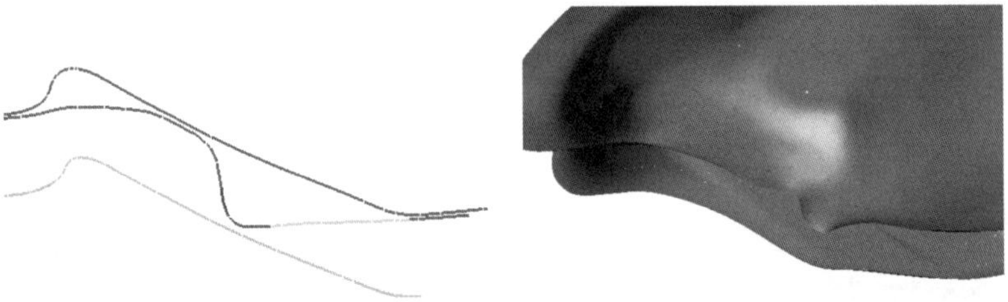

图6　原工艺方案起皱问题示意

通过分析，考虑采用一次拉延到底的方式，同时两端部法兰仍通过后续整形，可以降低局部拉延深度，同时还能保证压料面光顺；针对端部的起皱问题，考虑在起皱位置做一个小的凸包，并光顺，拉延时将坯料撑起，以避免悬空。更改后的拉延序型面如图7所示。为了优化零件的成形安全裕度，提升材料利用率，考虑将一侧坯料宽度减小5 mm。

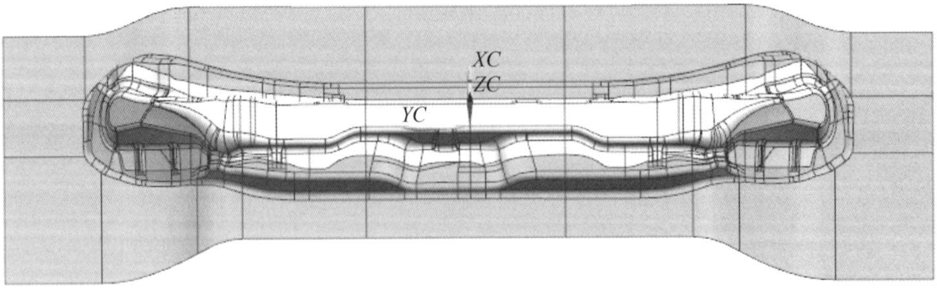

图7　优化后的拉延序工艺型面

针对优化后方案，采用AutoForm进行全工序分析，计算结果如图8所示。其中，图8（a）为修边后零件上的减薄率分布，最大减薄率约为20%，比优化前方案减小 4%；由图 8（b）可知，该方案最大回弹为 1.21 mm，比优化前约减小 2 mm，同时，结果显示回弹左右基本对称，减小了后续回弹控制的难度；图 8（c）所示为更改后方案的成形过程，可以看出，在到底前 3 mm 起皱情况得到了很大改善。另外，可以看出优化后方案，在零件边部付型方面大大改善，成形质量更高。

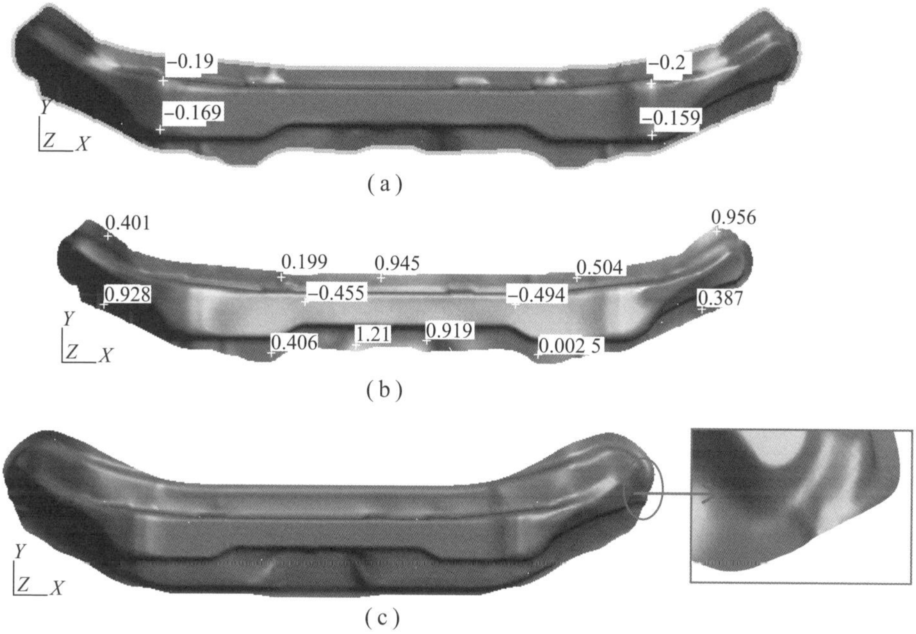

图 8　方案优化后成形及回弹计算结果

（a）减薄率分布；（b）回弹分布；（c）拉延成形过程

2　实冲结果验证

基于优化后的工艺方案对模具进行结构设计，并完成模具的加工。经研配调试后，进行样件的试冲，结果显示，零件成形无开裂，成形过程不起皱。图 9 所示为使用激光修边后的零件。将该零件进行白光扫描，并将扫描数据与工艺数模对照，进行尺寸分析，结果如图 10 所示。可以看出，除局部位置回弹较大，达到 1.3 mm 外，其余位置回弹较小，零件成形质量及尺寸精度相对较高。

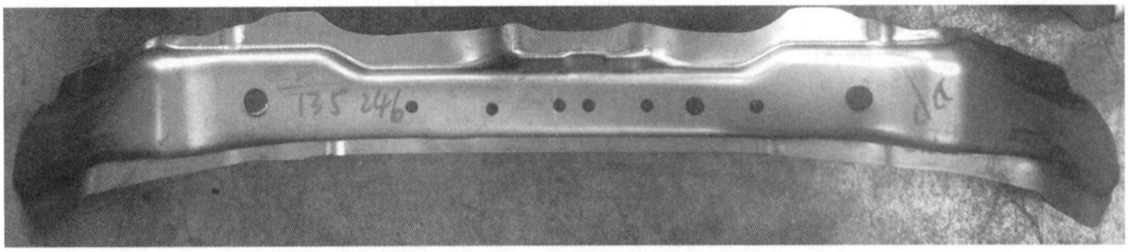

图9　实冲样件零件

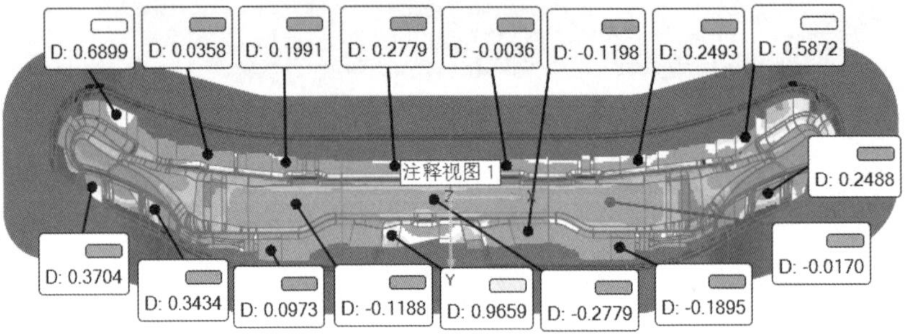

图10　修边后零件回弹分析

3　总结

（1）针对超高强钢零件，不建议采用拉延一半再翻边整形一半的方式，整形量过大，导致成形过程不稳定，回弹不易控制，同时，零件边部付型不好，差值最大为18 mm，尺寸精度难以保证。

（2）优化后的工艺采用一次拉延到底，并对局部特征进行整形的方式，边部付型质量较好，且回弹更小，控制更容易；同时，对坯料进行优化后，保证了零件的成形性，材料利用率提升约2%。

参考文献：

［1］钟茂莲．高强度汽车钢板冲压成形的主要问题及模具对策［J］．精密成形工程，2014，3（6）：20－24.

［2］朱久发．高强度钢板在汽车车身上的应用及问题对策［J］．武钢技术，2007，2（45）：43－46.

［3］张旭，周杰．高强度钢后保险杠成形工艺优化及回弹控制［J］．金属铸锻焊技术，2010，5（39）：101－105.

［4］程国良，谢晖，杨大宇，等．汽车车身冲压模具开发同步工程的关键技术研究［J］．模具技术，2008（1）：5－9.

[5] 罗仁平，王燕，赵金龙．冲压同步工程在汽车产品开发设计中的应用[J]．设计开发，2014（7）：5－7.

作者简介

牛超（1989—），男，硕士，工程师，任职于宝山钢铁股份有限公司中央研究院，主要研究方向为高强钢冷冲压成形及汽车板EVI技术。

基于灵敏度法的汽车零部件结构轻量化设计

魏福林　李春光　陈　庆　刘立现　王彦超

首钢技术研究院，北京，100083

【摘　要】针对汽车车门总成这一汽车子系统，借鉴国内外各大钢企的 EVI 技术实践和相关结构轻量化理论与方法，展开基于灵敏度法的结构轻量化设计与研究。以车门厚度值为设计变量，以车门刚度和模态为约束，以质量最小为目标，进行车门总成的初步轻量化设计。基于灵敏度计算结果，通过剔除次要零部件与优化重要零部件形貌的方法进一步对车门进行轻量化设计与分析。最后在保证下沉刚度提升 0. 17%、NVH 性能提升 10. 29% 的情况下，实现车门总成质量减轻 17. 7%。这为钢企介入主机厂的汽车设计环节提供了一种理论方法和数据支持，以供应商的视角在汽车结构轻量化及提升 EVI 技术支持等方面进行了初步的探索和新的尝试。

【关键词】灵敏度　多目标　结构设计　轻量化

Optimal Design of Auto Part Based on Sensitivity Method

Wei Fulin　Li Chunguang　Chen Qing　Liu Lixian　Wang Yanchao

ShouGang Research Institute of Technology, Beijing, 100083

Abstract: Referring to the practice of EVI technology and the lightweight method at home and abroad, the lightweight design of door based on sensitivity method is developed. Taking the thickness of each part of the door assembly as design variables, and considering of the stiffness and modal behavior as constraints, the preliminary lightweight design of car door assembly by adaptive optimization method is implemented. Based on the obtaining of the sensitivity analysis results for each performance of the door, the further lightweight by removing minor parts and optimizing the important parts is done. Finally, the quality of the door assembly is reduced by 17. 7% when the stiffness is increased by 0. 17%, the performance of the NVH is raised by 10. 29%. This provides a theoretical approach and data support for the steel enterprises involved in the automotive design, and made some preliminary explorations or new attempt on lightweight and the promotion of EVI technical support from the supplier's point of view.

Keywords: Sensitivity; Multi - objective; Design; Light - weight

1 引言

按照文献［1］中对汽车轻量化的类型划分方法，目前国内外各大钢铁企业的 EVI 技术也可大致分为结构 EVI、工艺 EVI 和材料 EVI 三种类型。本文以汽车车门总成为例，通过借鉴国内外各大钢企的 EVI 技术实践和相关结构轻量化理论与方法，尝试对车门进行 EVI 结构设计。车门是车身的重要组成部分，和车身一起构成乘员的乘坐空间[2]。近年来，由于车门的质量直接影响到汽车的舒适性和安全性，其结构质量得到了越来越广泛的重视，国内对车门基于各个性能的结构优化设计与研究也越来越深入和广泛。文献［3，4］从工艺方面出发，对车门外板的抗凹性进行了仿真分析与结构优化设计。文献［5］对汽车车门包含结构设计与 CAE 分析在内的设计流程进行了较为完整的总结与介绍。文献［6 - 9］对车门的刚度、模态、碰撞等基础性能进行了结算与分析，并结合多目标优化理论进行了结构尺寸的轻量化设计。

然而，目前大多数对车门的研究只停留在基于刚度、模态等性能分析的尺寸优化设计方面，没有提出一套比较系统的车门结构 EVI 轻量化理论与方法。本文将车门厚度作为设计变量，将车门的下垂刚度、模态频率作为约束，以车门质量最小为目标，进行车门厚度的优化设计。同时，基于灵敏度计算结果对性能灵敏度较为敏感的、对性能灵敏度不敏感的、对质量灵敏度较为敏感的，以及对质量灵敏度不敏感的分别实施相应的轻量化对策。

2 车门刚度模态计算

本节以某一车门总成为例，进行车门静力学与动力学的性能计算与分析。该车门总成包含 12 个零部件，其结构示意图如图 1 所示，相关零部件组成及信息见表 1。

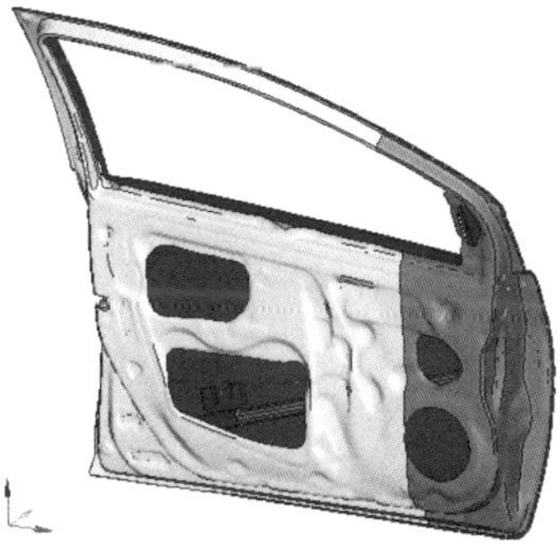

图 1　车门外板结构示意图

表1 结构性能参数

零部件名称	数量	厚度/mm	材料牌号	屈服强度/MPa
车门外板	1	0.8	HC220BD	240
车门内板	2	1.4	DX56D + Z	135
内板加强板	1	1.5	DC01	200
窗框侧板	4	1	DX54D + Z	150
防撞管	1	0.8	22MnB5	1 000
防撞管安装板	3	1.2	DC01	200

2.1 车门刚度计算与分析

车门下沉刚度计算与分析过程参考国际钢铁协会开展的超轻钢覆盖件项目（ULSAC），设置垂直于地面的900 N的力于车门门锁处，设置全自由度约束于车门铰链处，其他有限元仿真计算过程在此不再赘述，提交计算后，车门小总成的变形量云图如图2所示。

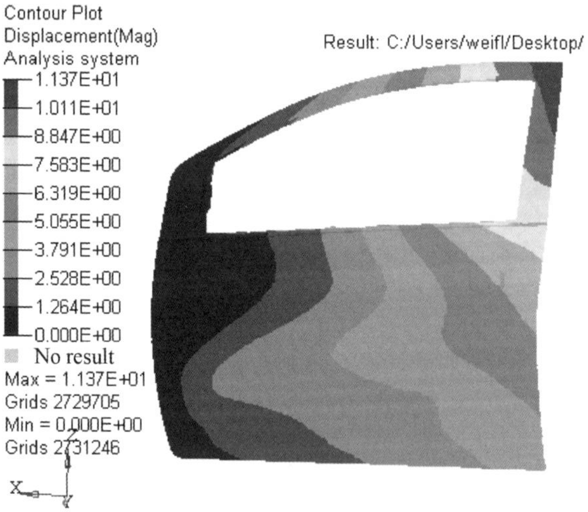

图2 变形量云图

由图2可知，车门最大变形量为11.3 mm，应力仅在约束处存在较大值，车门的大部分位置应力值较低，均处于弹性变形范围之内，故变形结果相对可靠。

2.2 车门模态计算与分析

由于对白车身振动响应影响相对较大的激励频率多集中在低频域，为保证必要的车身和车门强度及刚度指标，一般的模态参数修改方案是将结构的低阶典型模态频率提高到一定水平。本次车门模态计算与分析参考一般结构模态的分析过程，施加1～500 Hz的激振频率，在车门结构确定的情况下，对车门前十阶模态振型、模态频率进行计算。由于结构的第一阶弯曲模态和第一阶扭转模态是主要的分析对象，现给出该车门总成的垂向第一阶弯曲模态图3和横向第一阶扭转模态图4，两者的模态频率分别为24 Hz和30 Hz。

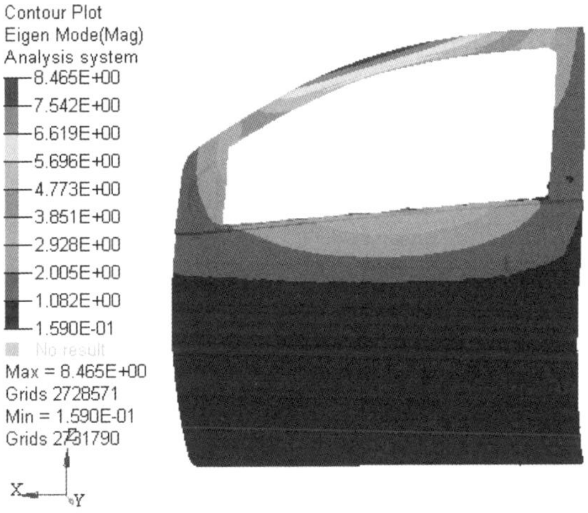

图3 垂向第一阶弯曲模态

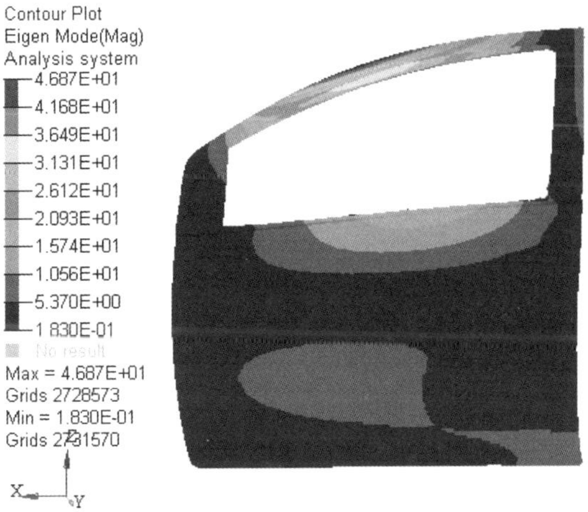

图4 横向第一阶扭转模态

3 车门轻量化设计与优化

3.1 基于优化理论与方法的结构厚度优化

3.1.1 车门总成轻量化数学模型的建立

（1）设计变量。在未进行灵敏度分析之前，初步将车门小总成的12个零部件厚度尺寸全部设为待优化的设计变量，共计12个。

（2）约束函数。

刚度方面：现在对车门刚度的评价并没有相应的标准法规进行明确规定，大多数情况下是参考典型车的特征值进行对比分析。按照ULSAC的分析过程，施加900 N的力，最大下沉位移在3.1 mm左右，国内还有另外的分析过程，比如施加750 N的力，最大下沉位移在6.1 mm左右。因此，考虑到接下来的优化设计，本文暂定下沉刚度值的下临界值为10 mm。

模态方面：在模态分析方面，首先，车门的固有频率要避开发动机、轮胎（路面）外在输入激励频率；其次，车门的固有频率又要与车身固有频率解耦；最后，车门的整体固有频率还要与车门局部零部件的固有频率解耦。同类型轿车以上结构模态频率参考表2，并且基于表2，本文将车门总成的第一阶弯曲频率的下界设为28 Hz，将第一阶扭转频率的上界设定为35 Hz。

表2 某车车身模态频率、发动机模态频率表

项目	转速/（$r \cdot min^{-1}$）	频率/Hz
车身第一阶弯曲模态		26
车身第一阶扭转模态		38
发动机怠速（空调关）	700	23.3
发动机怠速（空调开）	750	25

（3）优化目标。因为本文的目标是车门小总成的结构轻量化，因此优化目标为车门小总成的质量。

3.1.2 车门总成轻量化分析计算结果

经过六次迭代优化过程（如图5所示），基于有限元法的车门质量最优优化结果为16.98 kg，初始质量为19.24 kg，减重11.9%。并且给出优化后的各个结构的尺寸值，见表3。车门的三个性能指标变化情况见表4，三个性能指标均满足事先约定好的临界值，并且刚度提升11.7%，车门的第一阶弯曲模态频率和第一阶扭转模态频率避开了发动机激励频率，同时，两者与车身第一

阶弯曲模态频率和第一阶扭转模态频率实现解耦，且分别提升 11.25% 和 3% 。

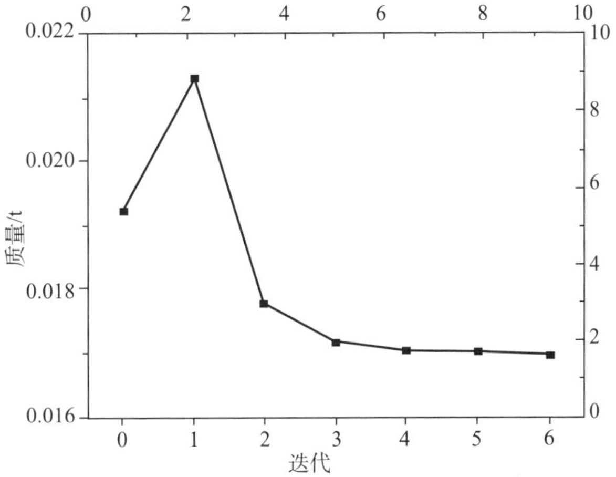

图 5　车门小总成轻量化迭代过程

表 3　各零部件厚度优化前后对比表　　mm

编号	结构名称	初始值	优化值	圆整值
1	窗框侧板 1	1	1.3	1.3
2	窗框侧板 2	1	1.16	1.2
3	内板加强版	1.5	1.95	2
4	防撞管	0.8	0.56	0.6
5	前内板（内板 2）	1.4	1.82	1.8
6	防撞管安装支座 1	1.2	0.91	0.9
7	后内板（内板 1）	1.4	1.08	1
8	防撞管安装支座 2	1.2	0.84	0.8
9	外板	0.8	0.56	0.6
10	防撞管安装支座 3	1.2	1	1
11	窗框侧板 3	1	0.7	0.7
12	窗框侧板 4	1	0.93	0.9

表 4　车门总成性能指标优化前后对比表

项目	初始值	优化后
下沉位移/mm	11.3	9.98
第一阶弯曲模态频率/Hz	24	26.7
第一阶扭转模态频率/Hz	30	31
质量/kg	19.24	16.98

3.2 基于灵敏度法的结构轻量化设计

3.2.1 车门总成灵敏度分析结果

进行灵敏度分析之前，首先需要对各个零部件进行编号，本次车门总成的12个零部件的编号见表5。本次车门的刚度灵敏度、模态灵敏度（分两个：一是第一阶弯曲模态，二是第一阶扭转模态）及质量灵敏度分析结果如图6和图7所示。

表5 结构编号对照表

编号	结构	编号	结构
1	窗框侧板1	7	内板1
2	窗框侧板4	8	防撞管安装支座2
3	内板加强版	9	外板
4	防撞管	10	防撞管安装支座3
5	内板2	11	窗框侧板2
6	防撞管安装支座1	12	窗框侧板3

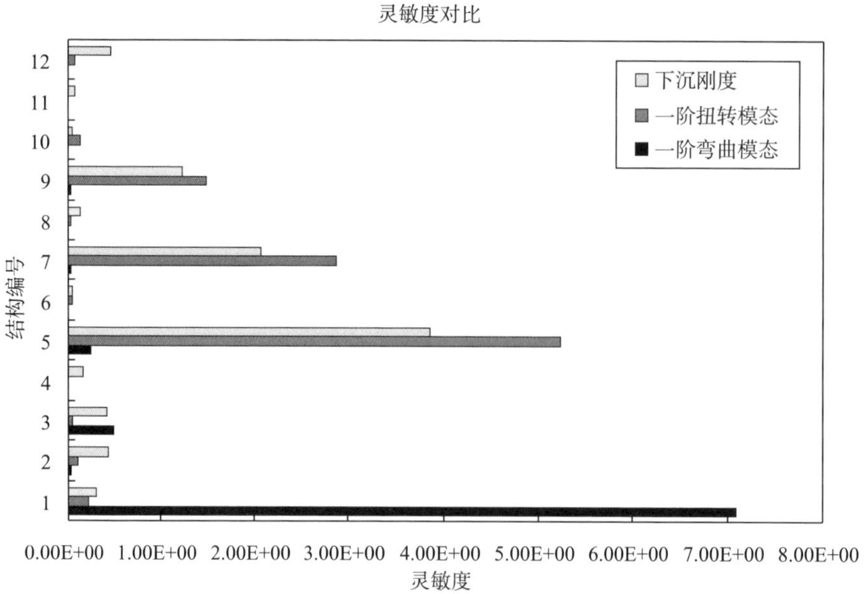

图6 12个零件的厚度对各性能影响程度的灵敏度示意

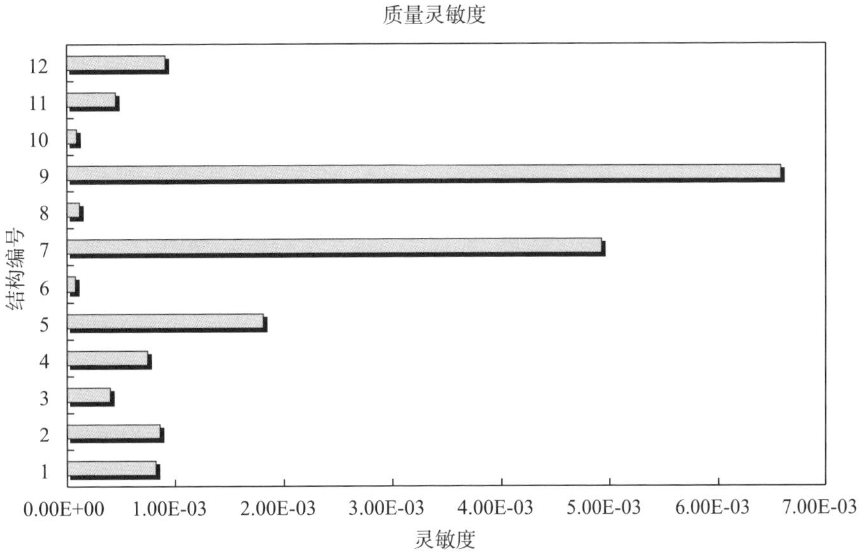

图7　12个零件的厚度对总成总质量影响程度的灵敏度示意

由图6可知，结构1、5、7、9对三个性能的影响程度相对较大，结构2、3、4、12的影响程度次之，结构6、8、10、11的影响程度相对最小。在一般的多目标优化设计中，一般会选择灵敏度较大的设计变量进行优化设计，但本文暂且不对设计变量进行筛选，而是基于此分析结果对性能灵敏度较为敏感的、对性能灵敏度不敏感的、对质量灵敏度较为敏感的及对质量灵敏度不敏感的分别实施相应的轻量化对策。对性能灵敏度比较高的结构7进行结构优化，对性能灵敏度较低的结构10和11进行结构冗余度优化，对质量灵敏度较高的结构7和9进行厚度尺寸的进一步减薄。

3.2.2　基于灵敏度分析结果的车门轻量化设计

从车门下沉刚度和模态的CAE仿真分析结果（尤其是灵敏度分析结果对比图）中可以看出，车门内板前段结构对刚度的影响比较大，因此要确保车门垂向刚度，必须确保车门内板前端的刚度，尤其是车门在铰链安装处的刚度。据统计，前部厚板的料厚一般为1.5 mm、1.4 mm、1.2 mm等，后部薄板料厚一般为0.8 mm或0.7 mm。另外，当减薄之后，为保证较好的刚度和模态性能，需对结构形状（局部或整体）进行修改。本文为进一步加大轻量化程度，将前后内板的厚度尺寸进一步减薄，两者的尺寸暂定为1.5 mm和0.8 mm。为了加强铰链安装处内板的刚度，将局部形貌进行优化，如图8所示。

从车门下沉刚度和模态的CAE仿真分析结果（尤其是灵敏度分析结果对比图）中可以看出，3个防撞管安装支座及窗框侧板2的灵敏度均较低，考虑

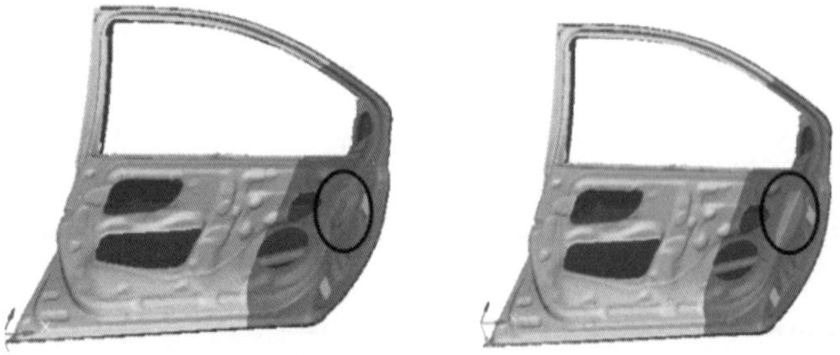

图8 前内板结构修改对比图

到防撞管的安装性能，防撞管两头的安装支座是不能去除的，所以，本节尝试将中间的防撞管中的安装支座（0.1 kg）及窗框侧板2（0.445 kg）去掉，减重的两者结构如图9所示。

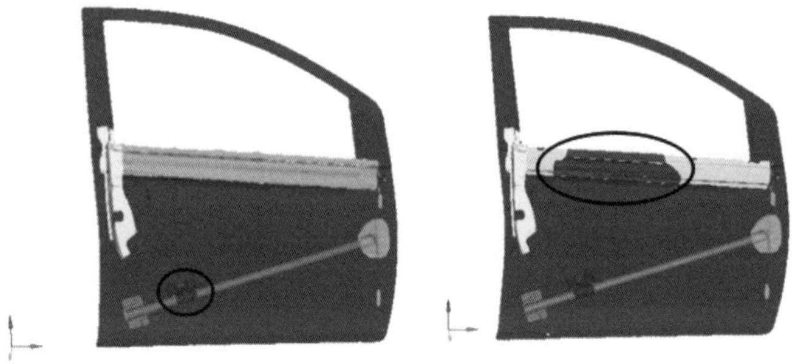

图9 防撞管中的安装支座（a）和窗框侧板支撑板（b）

3.2.3 轻量化结果性能分析与验证

结合3.2.1节和3.2.2节，对车门总成的性能进行验证。新的结构形式下车门小总成的三个性能指标变化见表6，下沉刚度提升0.17%，NVH性能提升10.29%，且避开了共振频率（一阶弯曲模态频率26 Hz和一阶扭转模态频率38 Hz），质量减小幅度为17.7%。

表6 车门总成性能指标优化前后对比表

项目	初始值	优化后
下沉位移/mm	11.3	11.28
第一阶弯曲模态频率/Hz	24	26.47
第一阶扭转模态频率/Hz	30	29.8
总成质量/kg	19.24	15.82

4 结论

本文搭建了较为完整的汽车车门结构轻量化设计与优化模型，在保证车门刚度提升和 NVH 性能的情况下，得到车门总成各个零部件厚度的优化值，实现了车门总成减重 11.38%。

此外，基于灵敏度法与计算结果，剔除车门防撞管中间安装支座及窗框侧板，优化车门内板结构的局部形貌，对车门进行进一步的轻量化设计与分析。在保证下沉刚度提升 0.17%、NVH 性能提升 10.29% 的情况下，实现车门总成质量减小 17.7%。

参考文献：

[1] 邱国华，汪侃磊，杨亭福．车身轻量化技术路径发展研究［J］．上海汽车，2015.6.
Qiu G H, Wang K L, Yang T F. Development of lightweight vehicle technology [J], Shanghai automotive, 2015.6.

[2] 游国忠，葛如海，程勇，等．轿车车门侧面碰撞有限元模拟［J］．中国公路学报，2006，19（5）：119－122.
You C Z, Ge R H, Cheng Y. Finite element simulation of side impact of automotive doors [J]. Journal of China highway, 2006, 19 (5): 119－122.

[3] 李永生，竺福庆，门永新，彭鸿．基于稳定性的车门抗凹陷性能分析及优化［C］．中国汽车工程学会年会论文集，2010.
Li Y S, Zhu F Q, Men Y X, Peng H. Anti sag performance analysis and optimization of car door based on stability [C]. proceedings of the Chinese society of automotive engineering, 2010.

[4] 韦永平，邓国红，杨鄂川，庞通，张勇．某乘用车车门抗凹陷性能分析及优化［J］．重庆理工大学学报，2014，28（3）.
Wei Y P, Deng G H, Yang E C, Pang T, Zhang Y. Anti sag performance analysis and optimization of a passenger car door [J]. Journal of Chongqing University of Technology, 2014, 28 (3).

[5] 原井天．汽车车门设计流程及方法［J］．农业装备与车辆工程，2013，51（3）.
Yuan J T. Design process and method of automobile door [J]. Agricultural equipment and vehicle engineering, 2013, 51 (3).

[6] 施颐．面向轿车车身轻量化的试验设计方法及应用研究［D］．上海交通

大学，2010.

Shi Y. Experimental design method and Application Research on car body light weight [D]. Shanghai Jiao Tong University，2010.

[7] 张觉慧，谭敦松，高卫民，等．汽车碰撞的有限元法及车门的抗撞性研究 [J]. 同济大学学报，1997，25 (4)：450 -454.

Zhang J H，Tan G S，Gao W M，et al. Finite element method of car collision and crashworthiness of car door [J]. Journal of Tongji University，1997，25 (4)：450 -454.

[8] 邢志波．汽车车门结构性能分析及试验研究 [D]. 合肥工业大学，2016.

Xing Z B. Structural performance analysis and experimental study of car door [D]. HeFei University of Technology，2016.

[9] 刘云刚．基于刚度和耐撞性的车门结构轻量化设计研究 [D]. 华南理工大学，2013.

Liu Y G. Light weight design of car door structure based on stiffness and crashworthiness [D]. South China University of Technology，2013.

作者简介

魏福林，硕士研究生，首钢技术研究院用户技术研究所科研员，助理工程师，主要从事汽车结构设计、零部件性能分析与轻量化设计等相关研究工作。联系电话：18813125381。E - mail：weifulin@ shougang. com. cn。通信地址：北京市石景山区杨庄大街69号首钢技术研究院。

热成形钢冷弯失效分析

宋磊峰[1]　冯　毅[1]　路洪洲[2]　赵　岩[1]　马鸣图[1]

1. 中国汽车工程研究院股份有限公司，重庆，401122

2. 中信微合金化技术中心，北京，100004

【摘　要】以热成形为代表的超高强度钢在汽车结构件和安全件上得到广泛应用，强度级别的不断提升，超高强钢强度和韧性的匹配受到研究者的广泛关注，冷弯试验作为目前评价超高强度钢韧性的方法之一已得到广大研究者的认可。本文基于VDA238－100标准开展热成形钢的冷弯试验，分析冷弯过程中的材料应力状态及组织演变，探讨失效的影响因素及预弯曲后对热成形钢延迟断裂的影响。

【关键词】热成形钢　冷弯试验　组织演变

Fracture Analysis of Hot Stamping Steel during Bending

Song Leifeng[1]　Feng Yi[1]　Lu Hongzhou[2]　Zhao Yan[1]　Ma Mingtu[1]

1. China Automotive Engineering Research Institute Co., Ltd, Chongqing, 401122

2. CITIC Metal Co., Ltd, Beijing, 100004

Abstract: Nowadays, ultra high strength steels (UHSS), such as hot stamping steel have been widely used to produce automobile reinforce and anti－impact parts, with the continuous improvement of steel strength level, the UHSS matching of strength and toughness were concerned by the researchers, the cold bending test has been recognized as the toughness evaluation method of UHSS by the majority researchers. In this paper, the cold bending test of thermoformed steel is carried out based on VDA238－100 standard. The stress state and microstructure evolution of the material during cold bending process were analyzed. The influence factors of failure and the effect of pre－bending on the delayed fracture of hot stamping steel are discussed.

Keywords: Hot stamping steel; Cold bending; Microstructure evolution

1 引言

自2009年以后，中国汽车工业飞速发展，2016年中国汽车工业产量突破2 800万辆，汽车工业已成为我国的支柱产业。顺应全球化的节能减排趋势，我国汽车工业的发展方向为：智能化、电动化和轻量化。近年来，汽车轻量化技术的发展颇有成效，轻量化材料及先进工艺技术在我国汽车上的应用不断扩大，热成形技术作为重要的轻量化技术，自2011年以来发展迅速，目前我国已建成热成形零部件产线超过70条，每年的热冲压零部件产能达到1亿件左右。热冲压技术主要用于生产汽车结构件和安全件，已得到各大汽车厂的认可，并实现了批量化的应用[1]。

1.5 GPa热成形钢已经大规模应用，1.8 GPa及2.0 GPa热成形钢已试制成功并在汽车厂试用。具有全马氏体组织的热成形钢随强度级别的不断提高，材料的韧性下降，碰撞过程中发生脆断和服役过程中出现延迟断裂的风险增加，汽车厂对此十分关注。宝马和奔驰汽车先后提出热成形钢冷弯角大于60°~65°的要求，即对热成形钢的强韧性匹配提出了要求，依据VDA 238—100标准[2]，淬火后的22MnB5热成形钢冷弯角很难达到60°。有研究结果显示，在热成形钢中添加0.05% Nb能够细化热成形钢的晶粒，并显著提高冷弯角。也有研究发现，在热成形钢中加入Nb能够延长热成形零件碰撞时的变形过程，同等条件下吸收更多的能量，推迟断裂失效的时间[3,4]。因此，研究冷弯过程中热成形钢力学状态及变形过程中组织的演化，分析影响冷弯失效的影响因素，对更高强度级别热成形钢提高冷弯性能，为实现高韧性匹配寻求可行的措施尤为重要。本文涉及的工作中，针对22MnB5材料，开展22MnB5淬火板冷弯试验，分析材料冷弯失效临界区的受力状态，通过SEM观察变形过程中组织的演变，分析影响冷弯失效的影响因素及预弯曲对热成形钢发生延迟断裂的影响。

2 试验材料及方法

实验材料选用批量生产的22MnB5材料，其化学成分见表1。

表1 试验钢化学成分及质量分数 %

C	Si	Mn	S	P	Cr	B	N	Ti
0.22	<0.4	1.3	<0.005	<0.025	0.13	0.002	0.005 2	0.027

试验材料被加热到930 ℃，分别保温250~300 s，通过平板模具淬火至

200 ℃，保压时间为 12 s。淬火后的样品分别进行金相组织观察、拉伸试验、硬度试验及冷弯试验，其中冷弯试验参考标准 VDA 238—100 执行，如图 1 所示[5]。

冷弯试验后的弯曲样品采用线切割，采用 SEM 观察沿厚度截面样品的组织演化与裂纹扩展。经过预弯曲后的样品采用酸溶液浸泡，考察预弯曲样品的延迟断裂敏感性。

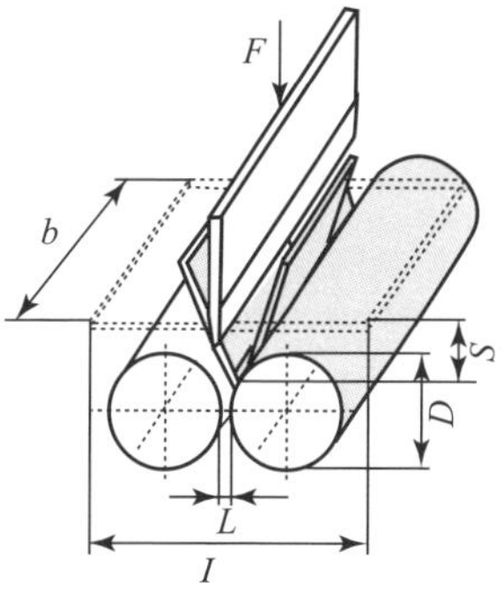

图 1　冷弯试验

3　冷弯分析

热成形钢经奥氏体化淬火后组织为全马氏体，显微硬度 >460 HV，抗拉强度达到 1.5 GPa，屈服强度 >1 000 MPa。淬火后的微观组织及典型冷弯曲线如图 2 所示。板条马氏体随机均匀分布，冷弯曲线为力 - 位移曲线，当载荷达到最大值时，冷弯试样处于失效的临界区，此时对应的位移所计算出的冷弯角为材料的最大冷弯角。当位移进一步增大时，材料出现裂纹，并逐步发生失效和断裂。

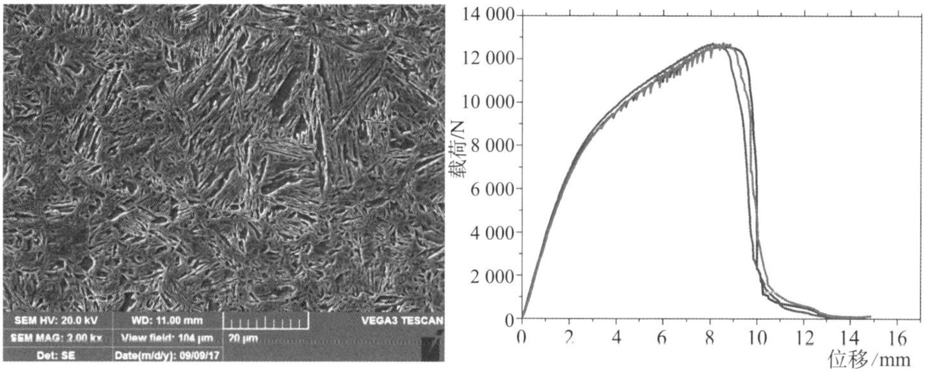

图 2　淬火微观组织及冷弯曲线

样品冷弯过程中，试验工况为三点弯曲，其受力状态如图 3 所示。材料冷弯过程中，板材沿厚度方向存在一个中性层，中性层既不伸长，也不缩短，中性面以外的材料受拉应力，中性面以内的材料受压应力，并且离中性层越远，材料受到的应力越大。

板材冷弯过程中，最大拉应力和压应力出现在外表面与内表面中心线位置，由于板材在拉应力作用下更容易发生失效，因此冷弯过程中最先发生失

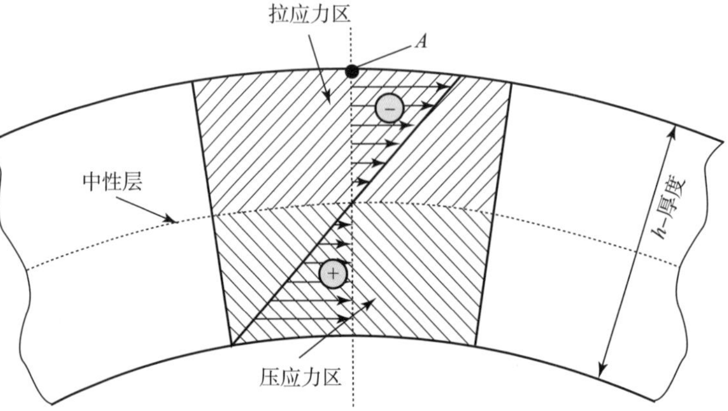

图3 板材冷弯过程应力状态

效的位置为外表面的最大拉应力处（A 点，如图 3 所示），A 点的应力计算如公式（1）所示[6]。

$$\sigma_A = \frac{M_A \times y_A}{I_A} = \frac{3FL}{2bh^2} \tag{1}$$

其中，M_A 为 A 点在三点弯曲过程中的弯矩；y_A 为 A 点距离中性层的距离；I_A 为截面惯性矩；F 为弯曲加载载荷；L 为跨距；b 为试样宽度；h 为试样厚度。

由于样品具有一定的宽度，实际情况下 A 点为一条线，在冷弯加载过程中，当载荷达到一定程度时，冷弯试样外表面的拉应力区将出现微裂纹，在外表面上，由于最大应力梯度区集中在很窄的范围内，失效前沿最大应力梯度出现长条的裂纹，裂纹不断扩展并断裂。

冷弯过程中，由于试样中性层以外的材料受到拉伸应力作用，中性层以内的材料受到压应力作用。冷弯试验的样品微观组织为板条马氏体组织，每个晶粒由不同尺寸的板条束构成。试验前，板条束随机均匀分布，冷弯前微观组织如图 2 所示，冷弯前热成形钢组织为板条马氏体，各板条呈无序、随机及均匀分布。冷弯后的微观组织及板条演化示意如图 4 所示。可以看出，冷弯后热成形钢沿厚度截面由于受拉应力和压应力的影响，靠近外表面和内表面的材料的组织演化截然不同。样品在冷弯过程中，沿厚度方向的截面，如图 4 所示，存在一个中性层（图 4 中虚线标识），中性层附近的组织相较于冷弯前差别不大，拉应力区，马氏体板条束趋于垂直于厚度方向，沿中心线向拉应力的两端分离；而压应力区的马氏体板条束趋于平行于厚度方向，沿中心线向压应力最大位置出现板条聚集，如图 4 所示。可以看出，冷弯裂纹的起裂位置为材料最大拉应力点位置，之后裂纹沿中心线的最大应力梯度扩展，基本沿直线扩展，直到材料发生完全断裂。从冷弯过程的板条束在拉应力区向两端分离，压应力区向中心线聚集的现象可以发现，主板条群之间的小尺寸板条、板条块或亚结构存在一定程度的协调变形能力，在冷弯过程中不断变形，形成主板条群分离和聚集的形貌变化。

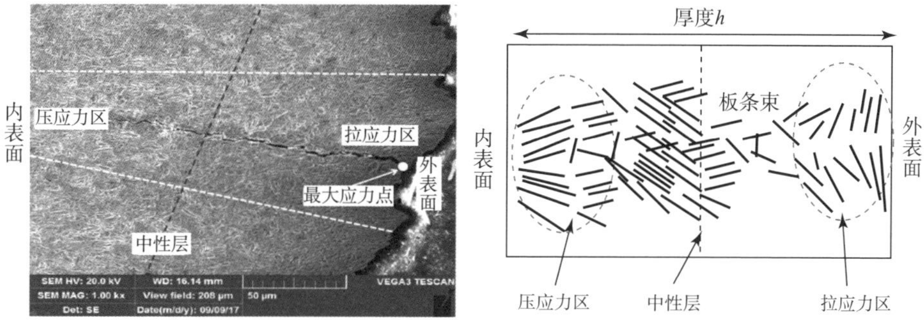

图4　冷弯后板条群（束）沿厚度方向的微观演化

4　讨论

目前大部分的热成形钢的最大冷弯角主要集中集中在50°～60°，进一步提高冷弯角，对于提升超高强度热成形钢的强韧性匹配至关重要。从冷弯过程的微观组织演化来看，板条束亚结构的协调变形能力是决定冷弯角的主要影响因素，除此之外，还有非马氏体组织存在、夹杂物的数量等均会影响材料的冷弯性能。热成形钢经过930 ℃保温5 min，再经模具冷却后，组织为板条马氏体，通过改变奥氏体化温度来改变原奥氏体晶粒尺寸，其冷弯性能较细小的马氏体组织明显下降。除此之外，由于淬火工艺不当，淬火后的微观组织中出现部分非马氏体组织时，如存在少量的贝氏体或铁素体，材料的最大冷弯角会大大提高；马氏体板条束亚结构的协调变形能力取决于马氏体板条的尺寸、马氏体板条的硬度及组织的均匀性、纯净度，当热成形钢中出现数量较多的夹杂物，如长条状的硫化物、大尺寸的立方TiN时，材料的冷弯性能也会大大降低，如图5所示，原奥氏体晶粒尺寸决定了板条马氏体的大小，板条马氏体越细小，材料的最大冷弯角越大，且同等位移下，材料的变形抗力越大。试验室冶炼的热成形钢夹杂物控制水平较差，图5（b）中2#材料微观组织中存在大尺寸的硫化物和TiN夹杂物，夹杂物数量增多和尺寸增大破坏了基体的连续性，降低了材料的最大冷弯角；3#材料淬火后组织中存在10%左右的铁素体，非马氏体组织的存在，大大提高了材料的最大冷弯角，但材料的强度和冷弯变形抗力大大降低。

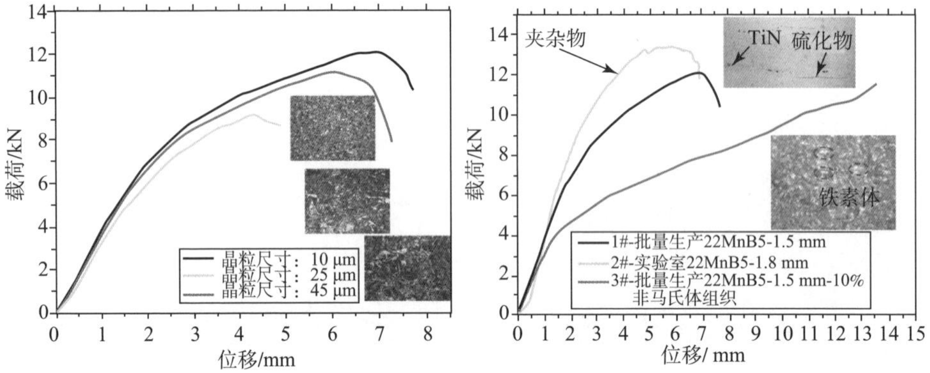

图5 热成形钢冷弯曲线

（a）不同晶粒尺寸；（b）夹杂物和非马氏体组织

结合已有的研究结果显示，提高热成形钢的纯净度、细化淬火后马氏体板条尺寸、精确控制一定含量的非马氏体组织能够有效提高热成形钢的最大冷弯角，提升材料的冷弯性能。关于淬火冷速对冷弯性能的影响，以及冷弯断裂过程的裂纹扩展及推迟断裂等相关的研究工作，还有待深入研究[5]。

随着热成形钢强度级别的不断攀升，材料存在延迟断裂的风险，而目前关于热成形钢延迟断裂的评价方法还不明确，行业中也没有统一的方法。基于热成形钢二次变形造成的应力集中工况，采用预弯曲 + 溶液浸泡的方法考察热成形钢的延迟断裂敏感性，如图 6 所示。经过一定程度预弯曲的热成形钢样品，在 0.1 mol/L 的 HCl 溶液中浸泡 100 h 后发生断裂，但关于预弯曲的角度及溶液选取还有待深入研究，以建立热成形钢服役过程的延迟断裂敏感性评价方法。

图6 热成形钢预弯曲 + 溶液浸泡（0.1 mol/L）

5 结论

（1）材料冷弯过程中沿厚度方向存在一个中性层，中性层以外的材料受拉应力，中性层以内的材料受压应力，材料外表面中心线位置所受拉应力最大，即冷弯过程的起裂位置。

（2）热成形钢冷弯过程中，沿厚度截面方向，中性层附近马氏体板条群变化不大，仍随机分布，外表面的拉应力区，板条群趋于垂直于厚度方向，向拉应力的两端分离；内表面的压应力区，板条群趋于平行于厚度方向，向最大应力的中心线位置聚集。

（3）板条群之间的亚结构的协调变形能力显著影响热成形钢的冷弯性能，影响热成形钢冷弯性能的主要因素有纯净度、板条平均尺寸、相组成等。

（4）热成形钢采用预弯曲＋溶液浸泡的方法发现，在一定条件下，热成形钢会发生延迟断裂，具体试验变量和方法建立有待进一步的研究。

参考文献：

[1] Karbasian H，et al. A review on hot stamping [J]. Mater. Process. Tech. 210. 2103，2010.

[2] Choi W S，et al. Characterization of the Bendability of Press - hardened 22MnB5 Steel [J]. Steel Res. Int.，2014，5：824.

[3] Bian J，et al. Impact of alloying design on the crash relevant material properties of press hardening steel based on Mn - B concept [C]. ICHSU，2015：18 - 24.

[4] Bian J，et al. Development of high performance press hardening steel through microstructure engineering，ICHSU [C]. World Scientific Publishing，2016：1 - 7.

[5] VDA238 - 100. Plate bending test for metallic materials [S]. Germany standard，2010.

[6] 范钦珊，等. 工程力学 [M]. 北京：高等教育出版社，1989.

作者简介

宋磊峰，中国汽车工程研究院股份有限公司，主要研究方向：汽车用高强钢及热成形工艺技术。

轿车运输半挂车轻量化设计及仿真分析

路洪洲[1,2*]　刘献栋[3]　吴　剑[3]　万国喜[4]　韦　旋[4]
高　岩[5]　郭爱民[1]

1. 中信微合金化技术中心/中信金属有限公司，北京市朝阳区新源南路6号1903室，100004
2. 华东理工大学资源与环境学院，上海市徐家汇区梅陇路130号，200237
3. 北京航空航天大学交通科学与工程学院，北京市海淀区学院路37号，100191
4. 安阳钢铁集团有限责任公司，河南安阳，455004
5. 北京环达汽车装配有限公司，北京市大兴区旧宫镇旧忠路15号，100076

【摘　要】针对目前轿车运输半挂车普遍自重较大的问题，本文以某轿车运输半挂车（下称轿运车）为研究对象，进行了结构轻量化设计和新材料的开发与应用。首先，基于企业对载荷工况的具体要求，对原始车架的刚度、强度进行仿真分析；接着，通过结构拓扑优化、尺寸优化等方法，利用有限元软件对车架进行重新设计，通过多次改进，最后使得在保证足够的刚度和强度的同时，采用铌微合金化高强度钢，轿车运输半挂车结构的整体质量减小约1.5吨，占整备质量的10%左右，达到了用户轻量化的目的需求。

【关键词】轿运车　轻量化设计　高强度钢　铌微合金化　拓扑优化

* 联系作者，Tel：+86 10 59661940；fax：+86 10 59661919. E－mail address：hongzhoulu@foxmail. com.

Lightweight Design and Simulation Analysis of Car Transportation Semi - trailer

Lu Hongzhou[1,2*] Liu Xiandong[3] Wu Jian[3]
Wan Guoxi[4] Wei Xuan[4] Gao Yan[5] Guo Aimin[1]

1. CITIC Metal Co. , Ltd. , Beijing, P. R. China, 100004
2. The School of Resources and Environmental Engineering, East China University of Science and Technology, Shanghai, P. R. China, 200237
3. The School of Transportation Science and engineering, Beihang University, P. R. China, 100191
4. Anyang Iron and Steel Group Corporation, Anyang, P. R. China, 455004
5. Beijing Huanda Automobile Assembly Co. , Ltd, Beijing, P. R. China, 100076

Abstract: Aiming at the energy - saving and emssion - reduction of current semi - trailers, this paper focus on the lightweight structure design of the frame of car transportation semi - trailer, and the application of Nb - bearing microalloying high strength steel (HSS). The stiffness and strength of the original structure is analyzed based on the specific requirements of loads. The structure is redesigned by using finite element software with methods of topology optimization and size optimization. The HSS were ultilized based on the stress analysis. The weight of the frame of semi - trailer has been reduced by 1. 5 tons, account for 10% of the weight of whole semi - trailer and the goal of lightweight design have been received.

Keywords: Car transport semi - trailer; Lightweight design; High stress steel; Niobium microalloying; Topology optimization.

1 引言

半挂汽车列车已成为长途公路运输的主要装备，其结构轻量化有助于改进动力性、经济性及操纵稳定性。半挂汽车列车由牵引车、半挂车两部分组成，并且由汽车整车企业和半挂车企业分别制造。由于半挂车技术门槛较低，致使目前我国半挂车企业设计水平较低，生产的半挂车普遍自重较大。由于国家对公路运输超载治理的强化及计重收费的实施，使得半挂车企业加大投入进行轻量化的设计与制造。对于结构优化设计，尤其是拓扑优化，国内外不少学者做过很多理论算法研究，包括基于遗传算法的拓扑优化、桁架拓扑与尺寸优化的协同演化算法、拓扑优化与有限元方法的整合等方面[1-3]。同时，拓扑优化的思想在工程实践中也应用广泛，如工字梁截面的优化、整车结构的优化等。Polavarapu、Thompson 等[4]利用拓扑优化的方法对汽车座椅的靠背结构进行了改进；刘仁、傅新华等[5]对厢式半挂车的车架，尤其是大梁部分做了尺寸优化；赵双[6]对钢制油罐半挂车的车架结构进行了优化设计。由此可见，结构的优化，特别是拓扑优化，在汽车结构的设计及改进方面变得日益重要。然而，轿运车由于杆、梁结构较多，结构形式明显较为复杂，加大了优化设计的难度，相关文献中很少有这方面的研究报道。本文根据半挂车企业提供的实际载荷工况，针对某款十二位轿运车（可运载 12 辆轿车）的车厢车架结构，首先进行了有限元仿真计算，分析了车架各个部位的应力及位移分布情况。并且以原始车架的计算结果为基础，利用优化软件建立拓扑优化模型，在典型工况下进行优化计算。之后又对整车进行尺寸优化计算，根据结果对原有结构进行改进，达到车架轻量化的目的。

2 研究方法及有限元模型

2.1 建立几何模型并划分网格

根据企业提供的二维图纸，结合车厢车架的实际结构，建立了如图 1（a）所示的轿运车结构三维模型。车厢车架总体上分为前平台、中平台、后平台、底架及一些附件等几个部分。车架中多为钢板折弯成的梁结构，属于薄壁结构，因此采用适合薄壁结构的壳单元划分网格，材料属性取为普通钢材的属性，密度 $\rho = 7.8 \times 10^{-9}$ t/mm^3，弹性模量 $E = 210\,000$ MPa，泊松比 $\mu = 0.3$。划分好单元后的有限元模型如图 1（b）所示。

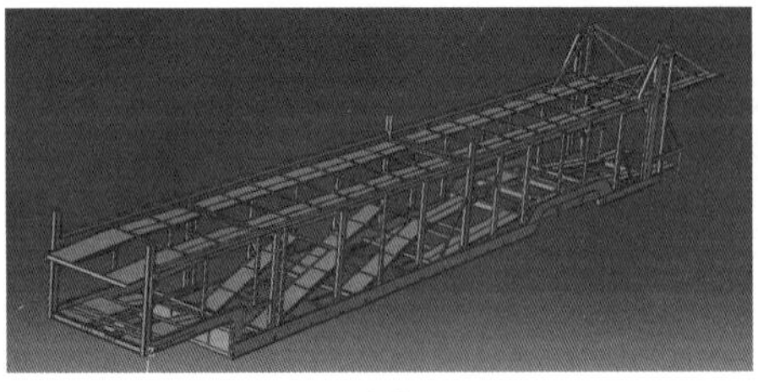

(a)

(b)

图 1　轿运车三维模型（a）及有限元模型（b）

2.2 确定边界条件及计算工况

车厢车架在两处有边界条件的约束：车厢车架前端的牵引销和车架后部

的两侧板簧处。牵引销处使用了球铰连接，需约束三个方向的平动自由度；而板簧处由于使用了平衡悬架，使得任何时候都能保证各个板簧均匀受力，因此只需将板簧处各自由度全部约束即可，这样计算的结果也会更加可靠。该款车型为十二位轿运车，所装的轿车是该轿运车的主要载荷来源。根据企业提供的数据，每辆轿车自重按 1.5 吨计，每辆车在半挂车上的装载位置基本固定，满载时的情况如图 2 所示。在图 1（b）所示的有限元模型中，在每辆轿车的质心坐标处设置一个质点，并给它附上轿车的质量等信息，来模拟轿车的实际模型。

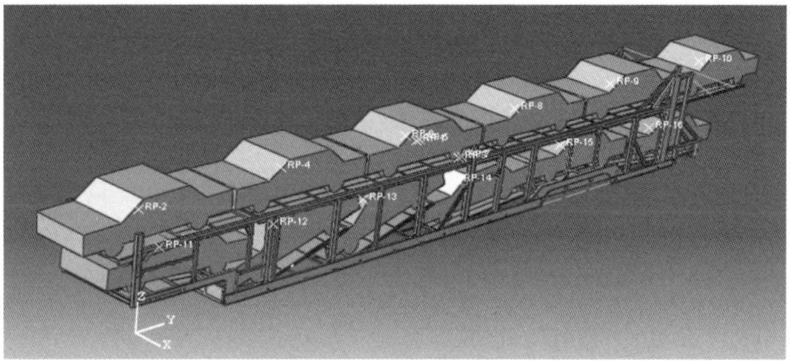

图 2　满载装配图

根据企业提供的信息，轿运车使用时的路况良好，且运行中禁止高速急转弯运行，因此本文选取了常见的弯曲工况、加速工况和急刹车工况进行仿真计算。其中，弯曲工况的基本载荷为十二辆轿车的自重。而在加速和急刹车工况中，还需考虑惯性力的影响，加速工况的加速度取 0.6g、急刹车工况的制动减速度取 0.7g[7]。

2.3　高强度钢性能

开发及优化了更高强度的挂车用钢材料，其成分见表 1。T750L 的力学性能见表 2，其中屈服强度、延伸率等均为多个样本量的平均值。从 5～8 mm 厚度的 T750L 的力学性能看，该钢种延伸率在 20% 以上，屈强比在可以接收的范围内，即 0.88～0.95，屈服强度在 700 MPa 以上，上述性能完全满足要求。

表 1　抗拉强度为 750 MPa 的挂车用高强度钢的主要成分

C	Si	Mn	Al	Nb	Ti	N
0.06～0.08	0.16～0.20	1.83～1.87	0.03～0.038	0.048～0.050	0.095～0.105	(50～65)×10^{-6}

表2 抗拉强度为750 MPa的挂车用高强度钢的主要力学性能参数

规格/mm	样本量	屈服强度/MPa	抗拉强度/MPa	延伸率/%	屈强比	冲击功/J
5	68	733	795	21.5	0.89－0.94	—
6	73	718	786	20.5	0.90－0.94	80
8	92	712	780	19	0.88－0.95	75

为了满足制造工艺性要求，需进行焊接工艺研究，本钢材可使用ER50－6及CHW－70C等焊材，焊接接头性能均满足使用要求。

3 研究结果

3.1 结构刚度、强度仿真分析

根据以上模型及设定的边界条件和计算工况，对原始的车厢车架进行仿真计算，得到的应力及位移情况如图3～图5所示。

(a) (b)

图3 弯曲工况应力分布（a）及位移分布（b）

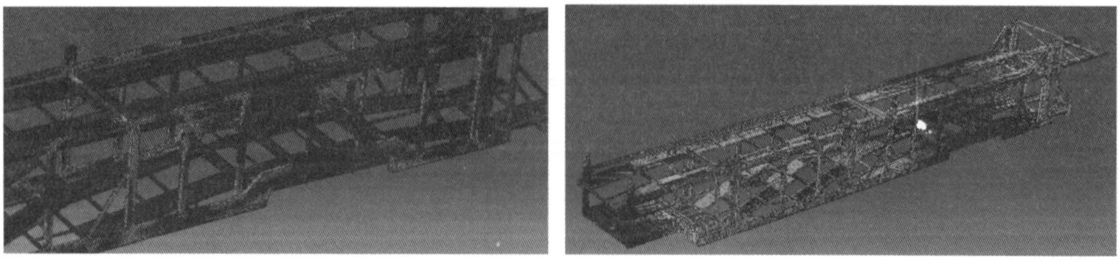

(a) (b)

图4 加速工况应力分布（a）及位移分布（b）

(a) (b)

图5 急刹车工况应力分布（a）及位移分布（b）

由计算结果可知，在三种典型工况下，原始的车厢车架结构在大梁和立柱的交接处容易出现较大的应力，约有280 MPa，出现在加速工况；在弯曲工况和加速工况中，车架上抽板的末端都是位移最大的地方，而在急刹车工况中，车架中部的大梁位移最大。

在原始的结构中，所使用的主要材料为Q345、Q235和Q195，最高的屈服极限约为345 MPa，对比最大应力分析结果，可见原始材料的原则是合理的。在此基础上，对车架进行优化设计时，需注意在应力较大位置处采用高强钢，而在应力水平较低的地方，可适当减小钢板的厚度，以达到减重的目的。同时还需注意，为保证优化后的车架的正常使用，车架的刚度相比原有结构不应有明显的降低，因此，还需改变其中的一些结构来保证其总体刚度。基于这几点，利用拓扑优化的思想对车架进行优化设计。

3.2 基于拓扑优化的轿运车结构轻量化设计

3.2.1 平台结构的拓扑优化

本文利用Hyperwork软件的Optistruct模块，建立拓扑优化模型[8]。考虑到车厢车架中几个部分的结构复杂程度，这里选取形状较为规整，且载荷工况相近的中、后平台作为优化对象。在Optistruct中建立如图6所示模型。

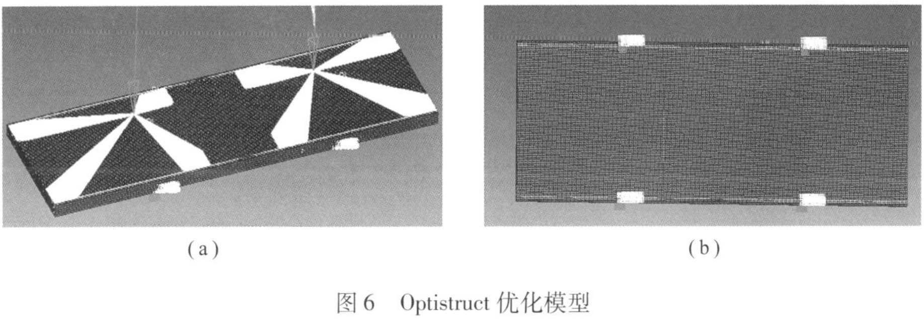

(a) (b)

图6 Optistruct优化模型

模型中白色点所在位置是平台的两根边梁，为非优化区域；边梁中间的拓扑结构，为优化区域；图6（a）优化区域的白色部分为载荷及施加的边界条件，在满载模型中，平台主要承受两辆轿车的载荷。模型中为尽可能地保证原有的刚度，以选取结构的柔度最小化为优化目标。采用变密度的优化方法，最终得到优化结构的材料分布状况，如图 7 所示。

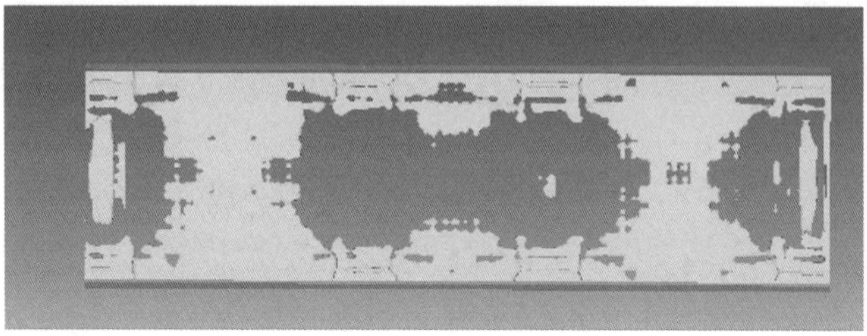

图 7　Optistruct 优化结果

从图中可以看出，所得结果并不能直接形成可供实际制造的结构，需人工重新构型。从计算结果中可以看出大致的叉形结构，由此构架新的中、后平台结构，如图 8 所示。

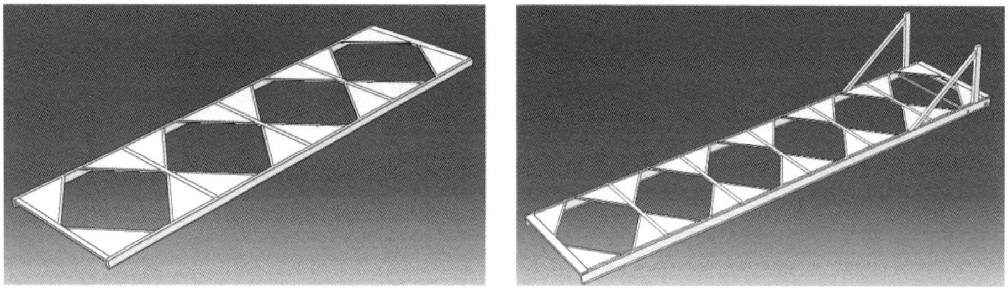

(a)　　(b)

图 8　新中、后平台

(a) 中平台；(b) 后平台

在得到中、后平台新的拓扑结构之后，还需对平台及整个半挂车结构的部分尺寸进行参数优化，才能最终完成轻量化的目标。

3.2.2　整体结构的尺寸优化

将半挂车中的钢板结构按照厚度不同分成几组，利用优化软件 ISIGHT 与有限元软件 ABAQUS 联合进行尺寸优化，目标是在应力约束下使车架的总质量达到最小[9,10]。经过迭代计算后得到不同部位的最优厚度值，并做适当的圆整处理。ISIGHT 模型及迭代计算后，参与优化计算的几组壁厚原始值和优化值见表 3。

表3　尺寸优化参数

总成	原始厚度/mm	优化厚度/mm
底架	8	5
	6	5
	5	3
中平台	5	4
后平台	8	6
	6	4
	5	4

3.3　优化后轿运车结构刚度及强度分析与对比

在同样的工况下计算分析优化后的车厢车架，将计算结果与原始车架的计算结果进行汇总，见表4。可见，最大应力增加40～100 MPa不等，基于此并加之轻量化后安全系数提高，可采用Q550、T700L及先开发的T750L替代Q235及Q345，以满足结构强度的要求。另外，最大位移增加3～5.7 mm，仍满足使用要求。

表4　结构刚度及强度结果对比

项目	最大应力/MPa			最大位移/mm		
	原始车架	优化车架	增量	原始车架	优化车架	增量
弯曲	约180	约280	约100	22.4	26.8	4.4
加速	约280	约360	约80	29.4	35.1	5.7
制动	约210	约250	约40	21.1	24.3	3.2

基于上述结构优化，以及基于结构刚度及强度分析结果的轻量化材料应用，原始的车厢车架总质量约为8.2吨，经过两次优化之后，新车厢车架的总质量约为6.7吨，总体减重约1.5吨。该款车型的整备质量约为15吨，减重比例10%，效果较为明显。目前该车型已经投入使用。鉴于新GB 1589的实施，本项目的成果已经转移至中置轴轿运车和中置轴物流车辆，由另文探讨。

4　结论

在典型工况下，轻量化结构相比于原结构应力有所增大，说明新结构的部分位置需使用屈服强度更高的高强钢；从位移变化量来看，位移最大的位置在后抽板末端，此处的位移不只是由后抽板结构变形引起的，还包括其他相连接结构的位移叠加，所以实际的材料变形量更小，说明了车架刚度没有明显的变化。最后通过结构拓扑优化、整体结构的尺寸优化，以及基于结构刚度及强度分析结果的铌微合金化高强度钢的应用，轻量化轿车运输车从原始的车厢车架总质量约为8.2 吨，降至约为6.7 吨，总体减重约1.5 吨，即车厢车架减重 18%；该款车型的整备质量约为 15 吨，减重 10%，轻量化效果显著。

参考文献：

[1] 王奇，吕震宙，唐樟春．一种桁架结构全局拓扑优化方法［J］．中国科学：技术科学，2011（10）．

[2] 刘光惠，韦日钰．桁架拓扑和尺寸优化的协同演化算法［J］．广西科学，2000，7（2）：81 -84．

[3] Seung Hyun Jeong，Seon Ho Park，Dong - Hoon Choi，Gil Ho Yoon. Toward a stress - based topology optimization procedure with indirect calculation of internal finite element information［J］. Computers & Mathematics with Applications，2013，66（6）：1065 -1081.

[4] Polavarapu S，Thompson L，Grujicic M. Topology and Free Size Optimization With Manufacturing Constraints for Light Weight Die Cast Automotive Backrest Frame［J］. Transportation Systems，2009：641 -655.

[5] 刘仁，傅新华．半挂汽车列车车架的优化设计［J］．专用汽车，1991：28 -30．

[6] 赵双．钢制油罐半挂车的有限元分析和结构优化设计［D］．天津：河北工业大学，2011．

[7] 彭笛．某新型半挂车车架的轻量化分析［D］．长沙：湖南大学，2012．

[8] 于开平，周传月，谭惠丰．HyperMesh 从入门到精通［M］．北京：科学出版社，2005：5．

[9] 姚宇阳，等．Isight 参数优化理论与实例详解［M］．北京：北京航空航天大学出版社，2012．

[10] 石亦平，周玉蓉．ABAQUS 有限元分析实例详解［M］．北京：机械工业出版社，2006：3．

作者简介

路洪洲，男，工学博士，高级工程师，九三学社社员，祖籍山东，黑龙江大庆人，先后毕业于吉林大学、上海交通大学和华东理工大学，现任中信金属公司高级技术经理，负责汽车业务。先后任中国汽车工程研究院工程师、组长、材料工艺部部长、轻量化分中心副主任等职务。任重庆材料学会常务理事、中国汽车工程学会越野车分会理事、中国汽车工程学会货运装备分会理事、吉林大学校外研究生导师等。出版专著1部、参编两部。发表论文四十余篇，申请发明专利8项，授权6项，授权实用新型3项。研究方向包括：汽车轻量化、铌微合金化材料应用技术、铝合金材料开发及应用，以及轻量化材料的回收再制造。

刘献栋，男，1966年3月出生于河北省赵县，工学博士，教授，博士研究生导师，北京航空航天大学交通科学与工程学院。1986年7月本科毕业于吉林工业大学汽车工程专业，1989年6月硕士毕业于吉林工业大学计算力学专业，1999年7月博士毕业于北京航空航天大学航空宇航推进理论与工程专业。2008年7月至2009年7月，在美国俄亥俄州立大学机械工程系做访问学者。兼任中国汽车工程学会汽车工程图书出版专家委员会委员、中国汽车工程学会振动噪声分会（筹）专家委员会委员。发表论文100余篇。

顶盖后横梁的 EVI 轻量化方案

郭　晶　李志伟

本钢产品研究院，辽宁本溪，117000

【摘　要】利用有限元分析软件 AutoForm，对汽车零部件顶盖后横梁进行仿真冲压模拟，获得冲压零件与成形极限对比分析图，判定成形件的成形质量及厚度减薄率，然后替换材料，进行冲压结果模拟，最后得到 EVI 轻量化方案，为轻量化提供依据。

【关键词】顶盖后衡量　EVI　轻量化　成形性

EVILightweight Program for Rear Cross Member

Guo Jing　Li Zhiwei

Research and Design Institute of Bengang Steel Plates Co. , Ltd. Benxi Liaoning 117000

Abstract: Using the finite element analysis software of AUTOFORM, rear cross member was used to simulate the stamping. The stamping parts were compared with the forming limit. The forming quality and thickness reduction ratio of the forming parts were determined. Then the materials were replaced and the stamping results were simulated, and finally got the EVI lightweight program, to provide the basis for lightweight.

Keywords: Rear cross member; EVI; Light weight Program; Formability

1　引言

在汽车用钢市场竞争日益激烈、汽车制造商要求更加苛刻、竞争对手的研发能力与水平不断提高的现实形势下，现代汽车用钢研发生产及供应的必然趋势从汽车用钢的研发、生产和销售的传统模式向供应商先期介入服务模式 EVI 转变，从而实现双赢的新目标。

近年来，本钢已陆续为各汽车厂进行了轻量化、技术降成本等 EVI 服务，摸索了 EVI 服务模式，汽车板应用技术有所提升，通过与车厂的 EVI 服务模式的实施，可以实现汽车厂和钢厂共赢的良好局面；加强开展用户技术服务工作，通过与汽车厂的先期介入 EVI 工作，努力做好 EVI 用户应用技术。通过总结、提炼和推广 EVI 文化，必将对本钢 EVI 工作及产品的销售起到显著的推动作用。

2 试验材料

某汽车厂的顶盖后横梁原始材料采用 St13_0.9 mm，应用 AutoForm 软件，对零件进行冲压模拟，在暂不考虑车身扭转刚度的前提下，尝试减薄研究和降成本研究，结果推荐拟替换材料采用 St13_0.7 mm 或者是 St12_0.9 mm，实验室中利用 Zwick 100 kN 电子拉伸试验机，依据单向拉伸试验方法[1]测试上述冲压材料的基本参数，见表 1。

表 1 单向拉伸力学性能指标测试值

牌 号	厚度/mm	力学性能					
		$R_{p0.2}$/MPa	R_m/MPa	n	r_0	r_{45}	r_{90}
St13	0.9	182	321.6	0.2	1.64	1.53	2.01
St13	0.7	184	316.6	0.2	1.63	1.58	2.08
St12	0.9	217	347.7	0.19	1.62	1.12	1.73

3 试验方法

利用 AutoForm 软件对顶盖后横梁的拉延工序设置过程进行详细分析介绍。

3.1 模型的导入及模面处理

将 CATIA 三维数模结构提取出片体结构，另存为 .igs 格式，导入 AutoForm 中，检查是否有模面丢失问题，对模型进行网格划分。本项目采用 AutoForm 自动划分的网格进行模拟运算。

3.2 拉深方向及工艺补充

选取的拉深方向为 Min backdraft（最小的拔模负角），即 Z 轴负方向为冲压方向，如图 1 所示。模型整体均为绿色（绿色表示安全状态，黄色表示临界状态，红色表示存在拔模负角），说明在该拉深方向进行拉延时，产品型面处于安全状态，不存在临界区域和负角区域。

AutoForm 中的凹模由模型、工艺补充和压料面组成。压料面能够给坯料一定的预压力，将板料压在压边圈上，使板料拉深深度大的区域先进行部分成形，拉深深度小的区域逐步成形，从而使板料能够更好地流动。零件中将顶盖后横梁的边部的法兰面放到压料面上，同时补充端部工艺面，能够更好地成形，如图 2 所示。

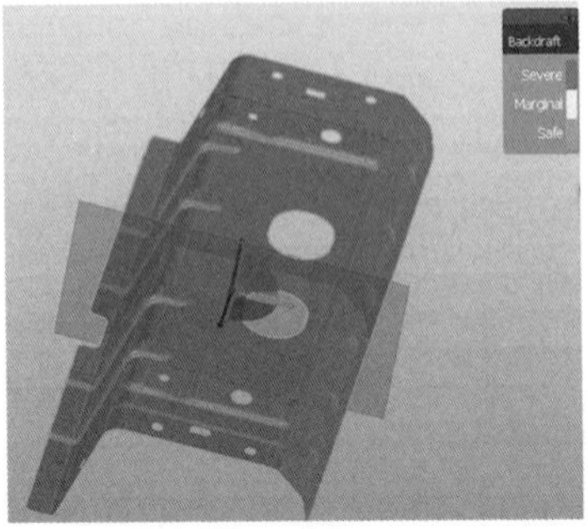

图 1　拉深方向

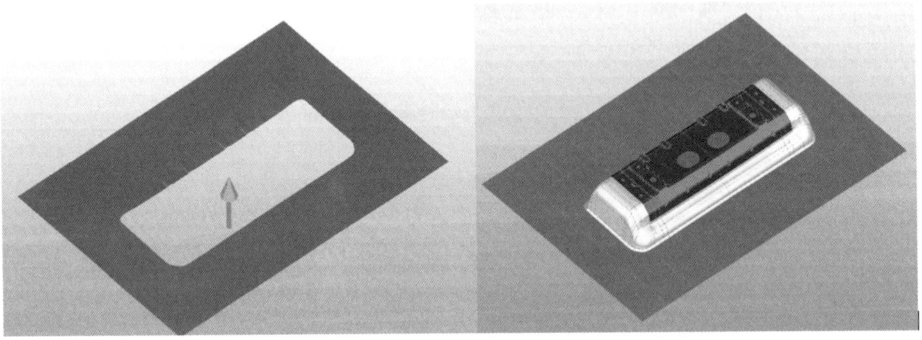

图 2　压边圈形状及工艺补充面

3.3　模拟设计

选取单动拉延进行拉延成形模拟，图 3 是模具和坯料初始仿真模型，其主要组成部件是凹模、凸模、压边圈和板料。设置板料基本形状为矩形。本模拟的压边力为 50 吨。摩擦系数为 0.17。

由于拉延存在拉伸不足和起皱的缺陷，应该提高板料在流动过程中的稳定性，避免起皱和拉深不足的现象发生，需要在制件周围添加拉延筋，以增加板料流动阻力。采用半圆形拉延筋，通过调整拉延筋及工艺参数，设置为可变拉延筋，阻力系数为分别为 0.66、0.66、0.55、0.66，拉延筋模型得到了很好的成形效果，如图 4 所示。

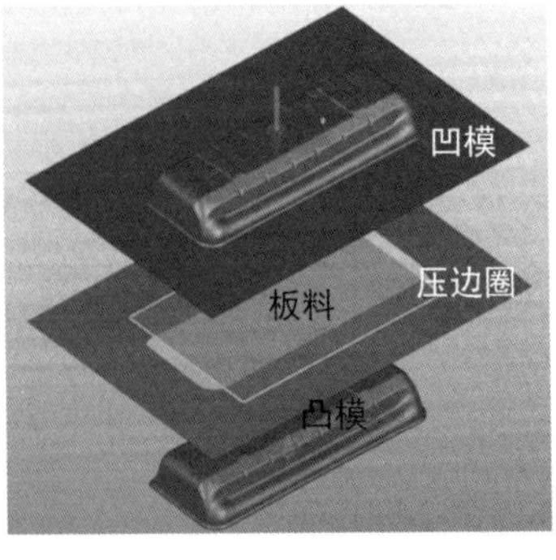

图 3　拉延工具体初始位置

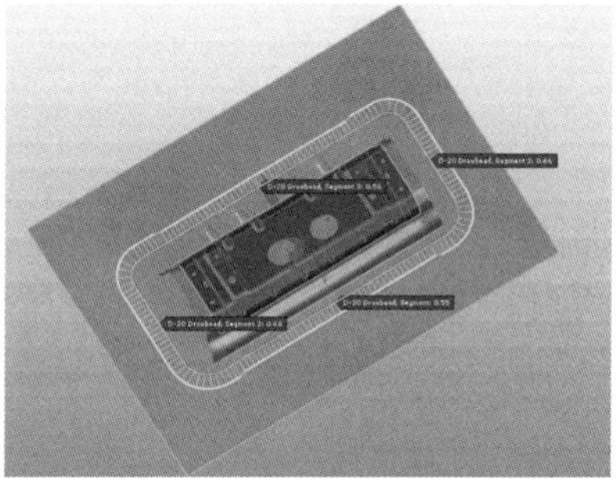

图 4　拉延筋参数设计

4　结果与讨论

通过合理地调整工艺参数，得到了图 5 中的 St13_0. 9 mm 的冲压结果，冲压件的安全裕度大于 20% 。冲压结果良好，从成形极限对比图中可以看出，整个拉延件的应变都在成形极限曲线下面，具有一定的安全裕度；从成形方式看，零件主要以拉压为主。整个零件的厚度减薄最大为 20. 1%，小于 25% 经验值，在冲压车间能够接受的范围内。

顶盖后横梁这个零件经济型的冲压工艺是采取成形整形工艺，而不是拉延成形工艺。采用拉延工艺时，更换冲压材料为 St13_0. 7 mm，冲压结果如图 5 所示。整个零件也具有良好的冲压结果，零件的应变也远低于成形极限曲线，整个零件的厚度减薄最大为 23. 3%，能够得到很好的冲压零件。因此，从冲压工艺看，利用 St13_0. 7 mm 替代 St13_0. 9 mm 冲压顶盖后横梁，仍然能够得到很好的冲压效果，但是从工艺角度考虑，拉延成形工艺的材料利用率很差，从 EVI 角度而言，工艺技术方向选择不好，因此建议采用成形整形工艺。用 St13_0. 9 mm 冲压出的零件质量为 0. 218 kg，替换材料之后，用 St13_0. 7 mm 冲压的零件质量为 0. 210 4 kg，因此，零件减重 0. 069 6 kg，达到了轻量化的目的。

此外，在确定拉延工艺的条件下，在板厚不变的前提下，这个零件可以通过降低钢种牌号来实现降本，但是存在一定的风险。更换冲压材料为 St12_0. 9 mm，冲压结果如图 5 所示。整个零件也具有良好的冲压结果，零件的应变也远低于成形极限曲线，整个零件的厚度减薄最大为 26%，略大于 25% 经验值，因此虽然能够得到很好的冲压零件，但是如果生产出现波动或者材料性能出现波动，会存在的劈裂风险。

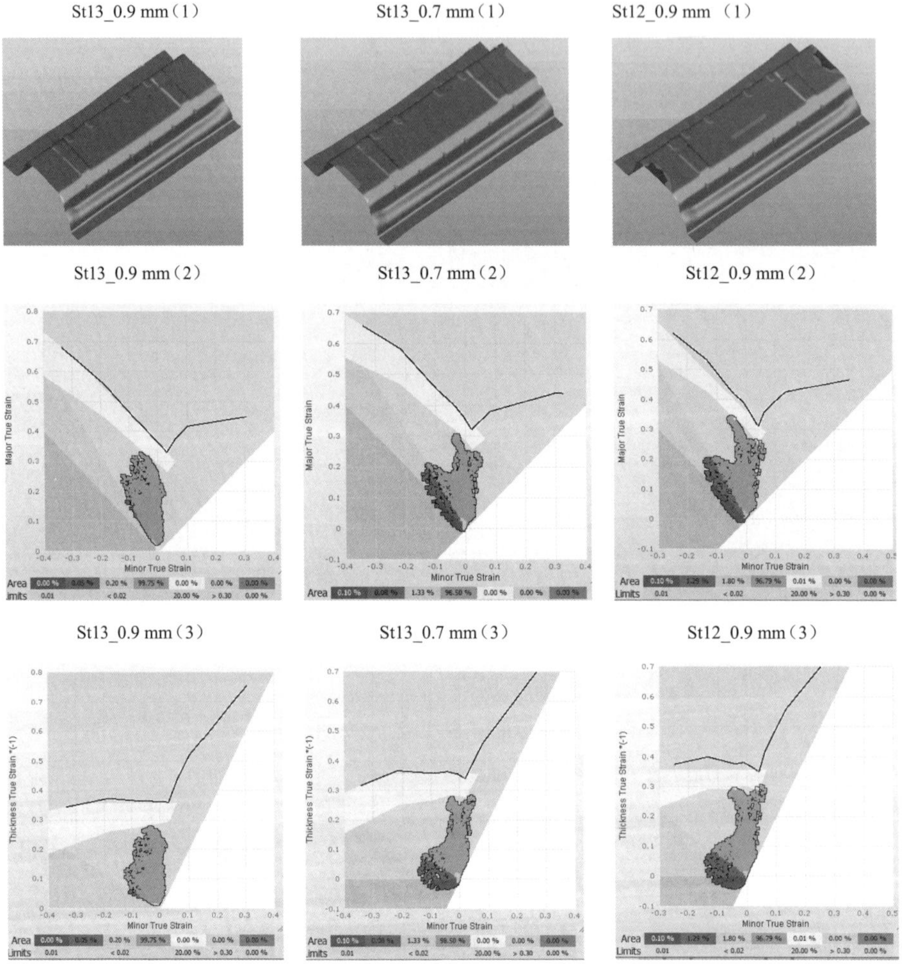

图 5　不同冲压材料的成形极限对比图

5　总结

（1）应用材料 St13_0. 9 mm 能够冲压出顶盖后横梁，成形状态良好。整个零件的厚度减薄最大为 20. 1% ，

（2）更换冲压材料为 St13_0. 7 mm，整个零件的厚度减薄最大为 23. 3%，从冲压工艺看，利用 St13_0. 7 mm 替代 St13_0. 9 mm 冲压顶盖后横梁，仍然能够得到很好的冲压效果。替换材料之后，零件减重 0. 069 6 kg，达到了轻量化的目的。

（3）更换冲压材料为St12_0.9 mm，整个零件的厚度减薄最大为26%，略大于25%经验值，因此虽然能够得到冲压零件，但是如果生产出现波动或者材料性能出现波动，会有劈裂风险，但是能够达到降低成本的目的。

参考文献：

[1] 金属材料室温拉伸试验方法［S］. GB/T 228—2002.

作者简介

郭晶，本钢产品研究院用户服务技术研究所，工程师，研究方向为汽车冲压件模拟仿真。

Nb 微合金化对高强汽车板簧用钢组织和性能的影响

丁礼权[1,2]　吴　润[2]　任安超[1]

1. 武汉钢铁公司研究院，湖北，武汉，430080
2. 武汉科技大学材料与冶金学院，湖北，武汉，430081

【摘　要】通过光学显微镜、扫描电镜、万能试验机等测试研究了不同 Nb 含量（无 Nb、0.015% Nb、0.032% Nb）对中试工厂热轧 Si－Mn－Cr 系高强汽车板簧用钢组织和性能的影响。结果表明，含 Nb 板簧用钢显微组织为细片 P＋粗片 P＋少量 F，Nb 合金元素的加入细化了珠光体片层间距，同时可降低板簧用钢表面脱碳敏感性，含 Nb 试验钢奥氏体晶粒度可达到 8.0 级以上，比不含 Nb 试验钢晶粒度高出 2.0 级以上。添加微量 Nb 的钢材强度和韧性指标均有明显提高，其中，屈服强度提高 2.8% 以上，抗拉强度提高 2.5% 以上；断后伸长率提高 25% 以上，面缩率提高 14% 以上。

【关键词】Nb 微合金化　汽车板簧用钢　组织　性能　晶粒细化

Effect of Nb Microalloying on Microstructure and Mechanical Properties of High strength Spring Steel

Ding Liquan[1,2]　Wu Run[2]　Ren Anchao[1]

1. Research and Development Center of WISCO, Hubei Wuhan 430080;
2. University of Science and Technology Wuhan, HubeiWuhan 430081

Abstract: The effects of different Nb content (no Nb, 0.015% Nb, 0.032% Nb) on the microstructure and properties of hot－rolled Si－Mn－Cr high strength spring steel in pilot plant were investigated by optical microscope, scanning electron microscope and universal testing machine. The results show that the content of Nb spring steel microstructure are fine pearlite, coarse pearlite and a small amount of ferrite. Nb alloy elements added can refine the interlamellar spacing of pearlite, and reduce the surface decarburization sensitivity of spring steel. The austenite grain size of Nb spring steel can reach more than 8, and the grain size is higher than 2 grade than that without Nb steel. The strength and toughness indexes of steel with addition of trace Nb were obviously improved. The yield strength is increased by more than 2.8%, and the tensile strength increased by more than 2.5%. The elongation increased by more than 25%, and the reduction of area increased by more than 14%.

Keywords: Nb microalloying; spring steel; microstructure; properties; grain refining

1 引言

板簧用钢一般多指弹簧扁钢，为弹簧钢的一种，经由热成型及淬回火处理后，由不少于1片的弹簧扁钢叠加组合形成钢板弹簧，主要用于轻型货车、中及重型汽车和客运汽车悬架系统中的弹性元件。随着国家发展和社会进步，对“节能减排”要求日趋提高，汽车轻量化显得越来越紧急而迫切，对汽车钢板弹簧和弹簧扁钢提出了新的要求，板簧用钢高强、高韧、高淬透性和优良疲劳寿命成为当前发展的必然趋势。微合金化是获得良好综合性能的方法之一。Nb具有很强的细化晶粒作用，在冶炼过程中，Nb的添加工艺简单，且得率较高，是一种高效、经济的微合金化元素[1,2]。

2 试验材料及方法

试验钢采用中试工厂中频额定功率100 kVA，极限真空度5×10^{-2} Pa，公称容量50 kg真空感应炉冶炼并经真空浇铸的炮弹钢锭，经加热炉加热至1 220 ℃，并保温1.5 h。钢锭出加热炉后，经过ϕ800 mm二辊型往复式轧机轧制，开轧温度1 000～1 040 ℃，终轧温度≤900 ℃，轧后自然空冷。对钢锭进行11道次轧制，轧成厚度20 mm、宽度100 mm、长度3 100 mm的弹簧扁钢供试验用。试验时，弹簧扁钢去头去尾后，1#～3#试验钢化学成分及质量分数见表1。

表1 试验钢化学成分及质量分数 %

编号	C	Si	Mn	P	S	Cr	Nb
1#	0.60	1.23	0.75	0.012	0.020	1.22	—
2#	0.59	1.21	0.75	0.015	0.018	1.20	0.015
3#	0.60	1.20	0.74	0.012	0.019	1.21	0.032

在热轧态弹簧扁钢上横向截取15 mm×15 mm×20 mm金相试样，树脂镶

嵌后磨制成抛光面，用3%硝酸酒精腐蚀，在OLYMPUSPME3—323/μn型金相显微镜下观察显微组织。并且，按照GB/T 224—2008《钢的脱碳层深度测定法》中的金相法测量脱碳层深度。

在热轧态弹簧扁钢上取ϕ25 mm×100 mm棒样，在75 kW高温箱式炉中经（850±20）℃加热，保温40～60 min，然后油淬。在经热处理的试样上截取10 mm×20 mm×20 mm金相试样，镶嵌、研磨、抛光后，经饱和的苦味酸腐蚀，在MEF4A型光学显微镜下观察并根据GB/T 6394—2002《金属平均晶粒度测定方法》评定奥氏体晶粒度。

在热轧态弹簧扁钢上取样加工成ϕ10 mm×240 mm圆形拉伸试样，经850 ℃×40 min淬火+450 ℃×45 min回火后，按照GB/T 228.1—2010《金属材料拉伸试验第1部分：室温试验方法》在UH-500 kNI电液伺服万能试验机上进行拉伸试验。

3 试验结果与分析

3.1 金相组织及脱碳层

试验钢金相组织及脱碳层检验结果见表2及图1和图2。

表2 试验钢金相组织及脱碳层

试验钢	金相组织	脱碳层/mm
1#	P	0.23
2#	细片P+粗片P+少量F	0.18
3#	细片P+粗片P+少量F	0.15

图1 试验钢显微组织

（a）1#试验钢；（b）2#试验钢；（c）3#试验钢

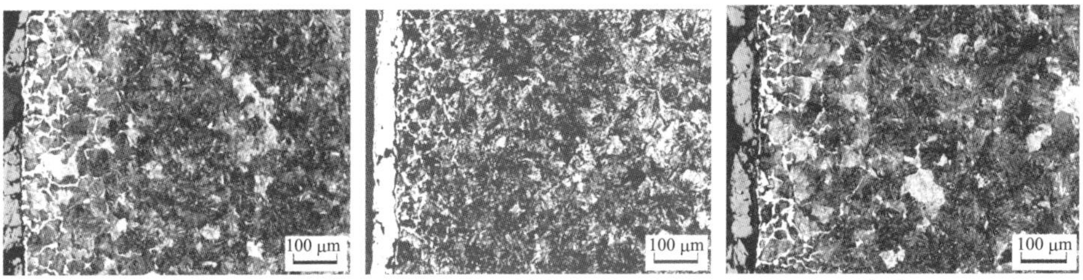

(a)　　(b)　　(c)

图 2　试验钢脱碳层

(a) 1#试验钢；(b) 2#试验钢；(c) 3#试验钢

1#试验钢组织为珠光体（普通珠光体），2#、3#试验钢组织为细片珠光体 + 粗片珠光体 + 少量铁素体。一般认为，普通珠光体片层间距大于 150 nm，索氏体片层间距 80 ~ 150 nm，屈氏体（亦称托氏体）片层间距 30 ~ 80 nm。这里的细片是相对于粗片而言的，500 倍下光学显微镜下观察时，无法分辨片层间距的珠光体组织统称为细珠光体。

Nb 的加入有利于先共析铁素体的析出，导致含有 Nb 的 2#、3#试验钢有铁素体，而不含 Nb 的 1#试验钢没有铁素体。一方面，由于界面形核的临界形核功比位错形核的临界形核功更小，Nb(C,N) 在奥氏体晶界析出倾向更大，冷却过程中，在铁素体析出之前，奥氏体晶界上析出了 Nb(C,N) 粒子，Nb(C,N) 粒子的形成消耗了周围的 C 原子，使周围形成贫碳区，在贫碳区形成铁素体，有利于铁素体的形核长大；另一方面，Nb 在高碳钢中的溶解度极低，试验钢所加入的 Nb 元素含量大于其固溶度，很大一部分 Nb 元素没有溶入合金，沉积在奥氏体晶界，在晶界形成富 Nb 碳化物，其周围形成铁素体，使边界铁素体增多。

另外，Nb 能使钢的 C 曲线向右下移动，降低碳的扩散速度和珠光体转变温度，并能增加过冷度，使珠光体片层间距减小[3]。

钢的脱碳是指钢表层的 C 原子在高温条件下发生扩散而迁移到钢表面，与加热炉内的氧化性气氛（H 或 O）发生化学反应，导致钢表层的 C 原子在一定范围内流失。图 2 中显示，含 Nb 的 2#、3#试验钢脱碳层深度明显小于不含 Nb 的 1#试验钢脱碳层深度。分析原因：由于 Nb 是强碳化物形成元素，能够使 C 原子活度降低，扩散激活能提高，抑制了 C 在奥氏体中的扩散。同时，Nb(C,N) 粒子易于在晶界形核，某种程度上削弱了晶界成为 C 扩散高速通道的能力。而钢中未析出的 Nb 主要以固溶形式存在。由于固溶 Nb 易于在晶界偏聚，进一步抑制了 C 的扩散[4]。

3.2 晶粒度

试验钢奥氏体晶粒度检验结果如图3所示。

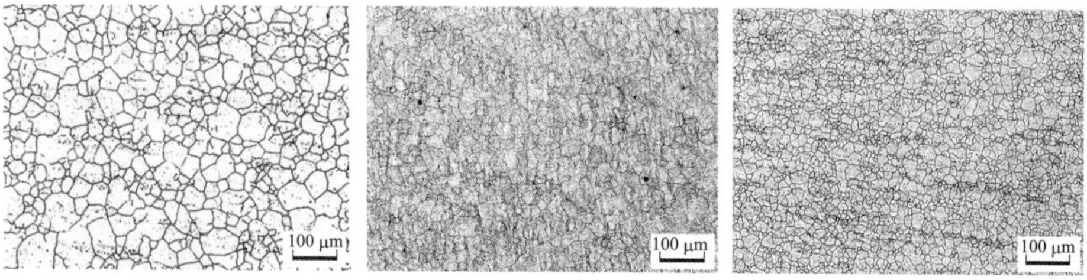

(a)　　(b)　　(c)

图3　试验钢奥氏体晶粒度

(a) 1#试验钢; (b) 2#试验钢; (c) 3#试验钢

含Nb钢奥氏体晶粒度均可达到8.0级以上，比不含Nb钢晶粒度高出2.0级以上，且Nb含量较高的3#钢比2#钢晶粒度更为细小。可见，钢中添加少量Nb处理后，晶粒得到明显细化。这是由于Nb易与钢中C、N结合形成碳氮化物，这种碳氮化物在钢铁基体中的固溶度积很小，在钢凝固的过程中在晶界析出。试验钢中C含量很高且含有一定量的N，其在凝固过程中会产生大量的Nb(C,N)析出物。试验钢在进行奥氏体化长大的试验时，高温下未溶的Nb(C,N)的析出颗粒能有效地钉扎奥氏体晶界，从而抑制奥氏体晶粒的长大[5]。

3.3 力学性能

检验并统计试验钢的力学性能，见表3。

表3　试验钢的力学性能

编号	R_{el}/MPa	R_m/MPa	A/%	Z/%
1#	1 421	1 595	8	35
2#	1 462	1 635	10	40
3#	1 496	1 680	11	42

从表3可以看出，与1#试验钢相比，2#、3#试样钢强度和韧性随着微量Nb元素的添加而提高。其中，屈服强度提高2.8%以上，抗拉强度提高2.5%以上；断后伸长率提高25%以上，面缩率提高14%以上。显然，在工艺相同的情况下，对比成分的区别，试验钢力学性能的变化应与Nb元素含量变化有直接关系。这仍然可以归结于微量Nb的细晶强化和析出强化作用。

在外加应力的作用下，晶体中的位错源会不断形成位错，晶体发生滑移，晶粒越细，晶界越多，对位错运动的阻碍就越大，宏观力学表现就是材料强度的增加。细化晶粒也可以提高材料的韧性，使裂纹不易形成和扩展传播。有研究表明，形成裂纹的临界应力与晶粒尺寸成反比，同时，细化晶粒增加晶界数量，会阻碍裂纹的扩展，吸收更多裂纹扩展的能量，提高材料的韧性。Nb(C,N) 化合物析出和试验钢强韧化是相互作用的，轧制过程中形变诱导析出细小 Nb(C,N)，促进了铁素体的形核转变。铁素体转变又为冷却阶段中 Nb(C,N) 的析出提供了形核位置，促进了 Nb(C,N) 的弥散析出，分布在铁素体晶界及位错线上，而纳米级 Nb(C,N) 反过来又细化了珠光体和铁素体组织，同时能有效阻碍位错运动，在提高弹簧扁钢屈服强度和抗拉强度的同时，也能提高断后伸长率和面缩率[6,7]。

4 结论

(1) Nb 微合金化试验钢显微组织为细片珠光体 + 粗片珠光体 + 少量铁素体。

(2) Nb 合金元素的加入细化了珠光体片层间距，同时可降低试验钢表面脱碳敏感性。

(3) 含 Nb 试验钢奥氏体晶粒度可达到 8.0 级以上，比不含 Nb 试验钢晶粒度高出 2.0 级以上。

(4) 添加微量 Nb 的试验钢，钢材强度和韧性指标均有明显提高。

参考文献：

[1] 杨金安，杜旋，祁一星，等．铌微合金化技术在齿轮钢中的应用 [J]．热加工工艺，2016，45 (11)：96 -97.

[2] 陈颜堂，郭爱民．Nb - Ti 微合金化超低碳低合金高强度钢中第二相的析出行为 [J]．金属热处理，2007，32 (9)：51 -55.

[3] 费俊杰，周桂峰，吴润，等．Nb - Ti 微合金化对热轧 0.5 ~0.7 Cr 铲斗刀板型钢组织和性能的影响 [J]．特殊钢，2016，37 (4)：61 -63.

[4] 赵东宇，雍岐龙，杨庚蔚，等．铌对 60Si2Mn 弹簧钢表面脱碳敏感性的影响 [J]．钢铁，2014，49 (5)：74 -77.

[5] 孙曼丽，江波，陈刚，等．Nb 微合金化对高碳钢组织和性能的影响 [J]．金属热理，2016，41 (4)：71 -73.

[6] 李新生，王能为．钢的微合金化强化机理浅析 [J]．冶金丛刊，2007 (6)：42 -45.

[7] 代晓莉，范建文. Nb－Ti微合金化钢板的工业试制［J］. 轧钢，2005，22（1）：11－15.

作者简介

丁礼权，现就职于宝钢股份中央研究院武汉分院（原武钢研究院），金属材料专业工程师，从事特钢及合金结构等长条材的开发及工艺技术研究。

Mn－Ti 系和 Nb－Ti 系 700 MPa 级大梁钢的组织性能对比研究

孙明煜[1]　王学敏[1]　王文军[2]

1. 北京科技大学钢铁共性技术协同创新中心，北京，100083
2. 中信微合金化技术中心，北京，100027

【摘　要】对比研究了 Mn－Ti 系和 Nb－Ti 系 700 MPa 级大梁钢的组织与性能。试验结果表明，两种试验钢的组织主要由铁素体和贝氏体组成，Nb－Ti 系大梁钢中的铁素体更少，晶粒更细小。扫描电镜观察到两种试验钢中相间析出物尺寸小于 20 nm，Mn－Ti 系大梁钢的析出物多于 Nb－Ti 系大梁钢的。Mn－Ti 系和 Nb－Ti 系大梁钢焊接热影响区的硬度分布相近，硬度最小值都出现在粗晶区和细晶区边界处，Mn－Ti 系大梁钢的焊接接头软化程度略大于 Nb－Ti 钢的。Nb－Ti 系大梁钢母材的疲劳性能优于 Mn－Ti 系大梁钢的。Nb－Ti 系大梁钢焊接接头的疲劳性能优于 Mn－Ti 系大梁钢的，裂纹起源于焊趾处，即熔合区附近。Nb　Ti 系大梁钢粗晶区热模拟试样的疲劳性能优于 Mn－Ti 系大梁钢粗晶区热模拟试样的。

【关键词】Nb　微观组织　疲劳性能

Comparative research on microstructure and properties of 700 MPa grade MnTi and NbTi bearing truck frame steels

Sun Mingyu [1]　Wang Xuemin [1]　Wang Wenjun[2]

1. Collaborative Innovation Center of Steel Thecnology, University of Science and Technology Beijing, Beijing, 100083
2. CITIC－CBMM Microalloying Technology Center, Beijing, 100027

Abstract: 700 MPa grade Mn－Ti and Nb－Ti bearing truck frame steels were selected to comparatively analysis their microstructure and mechanical properties. The test indicate that, microstructure of truck frame steel is composed of ferrite and bainite, Nb – Ti bearing steel has less ferrite with smaller grain size compared with Mn – Ti bearing steel. The size of the inter – phase precipitates observed by scanning electron microscopy is less than 20 nm, and the amount of precipitates in Mn – Ti baring steel is more than that in Nb – Ti bearing steel. The hardness of the boundary between the coarse grain zone and fine grain zone is the lowest point of the heat affected zone. The welding softening of Mn – Ti bearing steel is slightly larger than that of Nb – Ti bearing steel. The fatigue property of Nb – Ti bearing steel is better than that of Mn – Ti bearing steel. The fatigue property of welded joint of Nb – Ti bearing steel is better than that of Mn – Ti bearing steel, and the cracks both originated from the weld toe which near the fusion zone. The fatigue property of the CGHAZ of Nb – Ti bearing steel is better than that of Mn – Ti bearing steel.

Keywords: Nb; microstructure; fatigue property

1 引言

汽车工业对能源的消耗和环境的污染已经向世界敲响了警钟，中国作为世界汽车产销量第一大国，已经超过55%的对外石油依赖度和日渐恶化的城市环境更使我国汽车工业的压力无比沉重。研究表明，汽车自重减少10%，可降低油耗6% ~8%，降低 CO_2 排放量[1]。因此，轻量化是目前汽车节能减排最快速有效的技术措施。重载汽车产量占国内汽车总产量的30%，其车身材料70%为钢铁，车厢用钢和大梁用钢的主要材料为Q345和510L，钢板强度低，产品质量大。采用高强度薄钢板替代低强度厚钢板，可在减少钢材用量的同时提高有效负载能力和运输效率，从而达到节能减排的目的，对国民经济的健康可持续发展具有重要的意义[2,3]。为了降低成本，屈服强度700 MPa级的大梁钢成为各大钢厂研究的重点。

为了使开发钢板的屈服强度达到700 MPa级，同时满足韧性焊接性及成形性的良好匹配要求，成分采用低碳高锰设计，并在钢中加入微合金化元素Nb、Ti。Nb是高强汽车板实现控制轧制和细化晶粒不可或缺的元素，含量多控制在0.1%以下，一般与其他微合金元素V或Ti复合添加。近些年，铌铁的价格持续上涨，考虑成本的因素，很多钢铁企业致力于高强度Ti微合金钢的开发[4-6]。但是，高强度Ti微合金钢在生产及使用方面也存在一些问题。某企业使用屈服强度700 MPa级的Mn – Ti系大梁钢，在使用不到一年时间，大梁钢出现了开裂现象。为了更好地研究Mn – Ti系大梁钢在使用过程中存在的隐患，以及Nb在大梁钢中的重要作用，选取700 MPa级的Nb – Ti系大梁钢，从微观组织、焊接软化、疲劳性能等方面进行对比分析。

2 试验材料和试验方法

2.1 试验材料

两种试验钢钢板的厚度都是 10 mm，化学成分见表 1。相比于 Nb－Ti 系大梁钢，Mn－Ti 系大梁钢中未添加 Nb 元素，并且具有较高的 Mn 含量和 Ti 含量。

表 1　试验钢的化学成分及质量分数　　%

钢种	C	Si	Mn	Nb	Ti	P	S
Nb－Ti	0.08	0.10	1.7	0.06	0.08	0.012	0.002
Mn－Ti	0.07	0.10	1.85	—	0.11	0.010	0.002

2.2 试验方法

金相样品经抛光后用 0.5% 硝酸酒精侵蚀，然后用金相显微镜和扫描电镜进行组织观察。

用埋弧焊的方法将 10 mm 厚大梁钢和 5 mm 厚车厢板焊在一起，焊接种类为 T 形焊。用维氏显微硬度仪测量焊接热影响区的显微硬度，研究两种试验钢的焊接软化现象。显微硬度仪施加载荷 500 gf①，保持时间 10 s。

利用 Gleeble 3500 热模拟试验机模拟焊接热影响区粗晶区，峰值温度为 1 350 ℃，保温 1 s，板厚为 10 mm，热输入为 20 kJ/cm，通过软件模拟焊接热循环过程。

利用电液伺服动静万能试验机（EA－10）研究两种试验钢母材、焊接接头及焊接热影响区粗晶区的疲劳性能。

3 试验结果与分析

3.1 显微组织

图 1 是两种试验钢的金相显微组织，可以看出大梁钢的组织主要由贝氏体和铁素体组成。相比之下，Mn－Ti 钢中铁素体组织含量较多。

用扫描电镜进一步观察试样的显微组织，如图 2 所示。大梁钢组织都由

① 1 gf＝0.01 N。

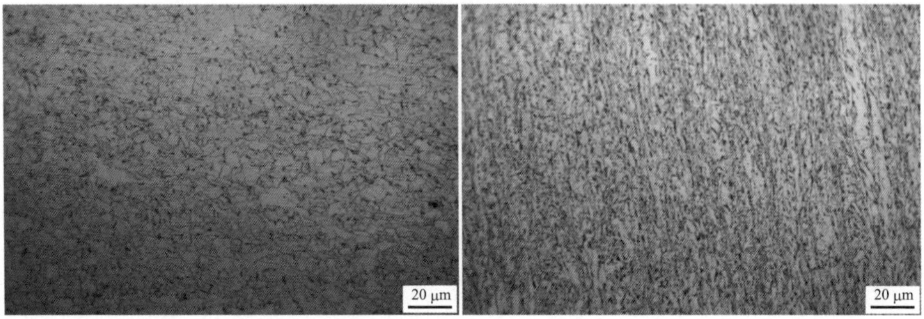

(a) (b)

图1　试样的金相照片

(a) Mn－Ti钢；(b) Nb－Ti钢

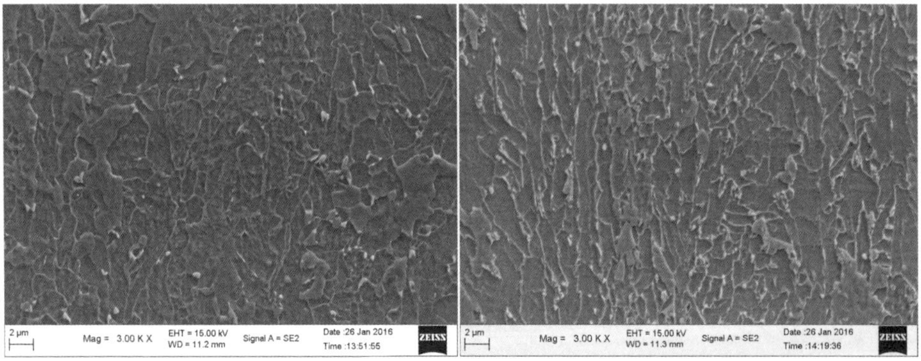

(a) (b)

图2　试样的扫描照片

(a) Mn－Ti钢；(b) Nb－Ti钢

铁素体和贝氏体组织。晶粒尺寸在2～4 μm，但Nb－Ti钢的晶粒更加细小，铁素体组织更少，这是因为Nb元素推迟铁素体相变开始温度，得到更多的贝氏体并细化组织。

析出强化是提高大梁钢强度的重要因素。Mn－Ti系大梁钢在不添加Nb的情况下，利用相间析出物TiC强烈的析出强化作用来满足要求。在冷却阶段发生相变，在移动的奥氏体/铁素体界面上形核析出的第二相称为相间析出物，随着相变的进行，析出粒子不断在界面上形核，这种析出物由于尺寸细小，具有强烈的析出强化效果[7,8]。两种试样中的析出物形貌如图3所示，MnTi钢中有较多的相间析出物。从SEM照片中观察到两种试样的析出物尺寸小于20 nm。此外，在两种试样中还能观察到较大的球状颗粒物，尺寸在100～200 nm，可能是轧制过程中形成的析出物。

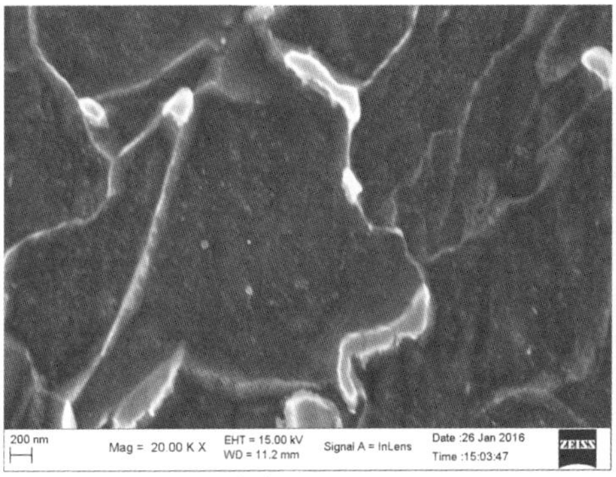

(a)

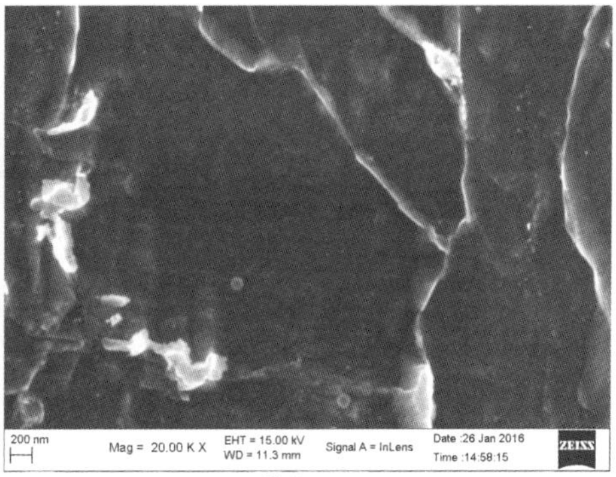

(b)

图3　试样中的析出物

(a) Mn－Ti 钢；(b) Nb－Ti 钢

3.2　焊接热影响区硬度分布

高强钢在焊接热循环过程中所遇到的不可避免的问题是焊接热影响区晶粒粗化、焊接热循环造成的析出相的变化，从而引起热影响区的局部软化[9]。用埋弧焊将10 mm 厚的大梁钢和5 mm 厚的车厢板焊在一起，焊接种类为T形焊。取样后用显微硬度仪检测热影响区的硬度分布情况，施加载荷500 gf，保持时间10 s，试验结果如图4所示。

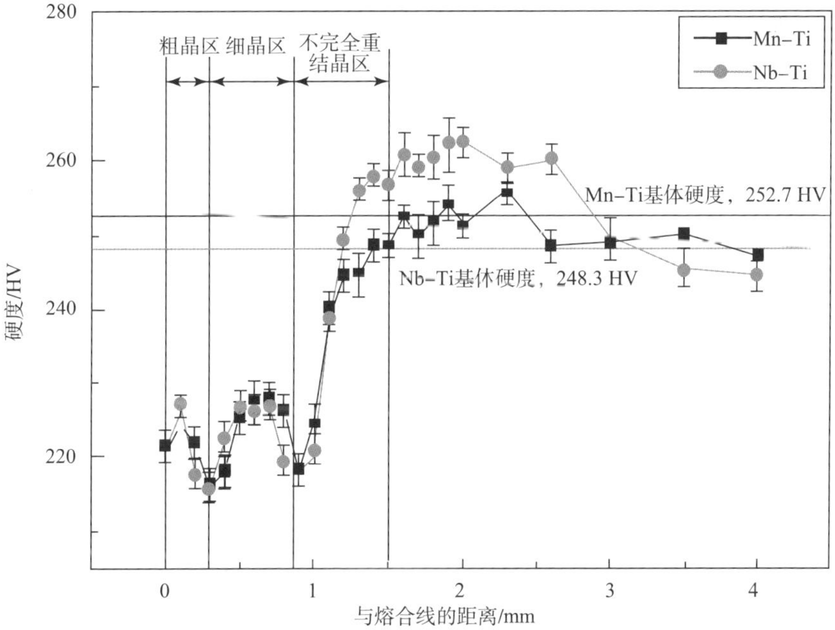

图4　两种试验钢热影响区硬度分布图

图4是两种试验钢焊接后热影响区的硬度分布图，可以看出，Nb－Ti钢和Mn－Ti钢的热影响区宽度相近。同样地，硬度极小值都在粗晶区与细晶区的交界处，以及细晶区与不完全重结晶区的交界处，其中粗晶区和细晶区交界处是硬度最低点。焊接软化与晶粒粗化、析出物溶解有关。Nb－Ti钢基体硬度和硬度最低值分别为248.3 HV和215.8 HV，Mn－Ti钢的基体硬度和硬度最低值分别为252.7 HV和216 HV，Nb－Ti钢和Mn－Ti钢的热影响区硬度最低值与基体硬度的比值分别为86.9%和85.5%，Mn－Ti钢的软化略微大于Nb－Ti钢。

3.3 疲劳性能

汽车用大梁钢是汽车产品的最主要部件之一，其既要承受垂直平面的交变弯矩，又要承受一定的冲击载荷，而由于汽车在负载行驶过程中的颠簸，使其材料疲劳破坏的概率大为上升，其失效形式主要是疲劳断裂[10,11]。因此，研究两种试验钢的疲劳性能非常有必要。

利用四点弯曲试验测试两种试验钢母材的疲劳性能。四点弯曲试验主要是通过对试样中心部的两点上顶和试样外部的两点下压，将压缩应力转化为试样的弯曲应力，而当试样被弯曲时，会处于上拉下压的应力状态。四点弯曲试样的尺寸和加载位置如图5所示。加载频率为10 Hz，应力比$R=0.1$，加载应力大于屈服强度，属于应变疲劳，即低周疲劳试验。

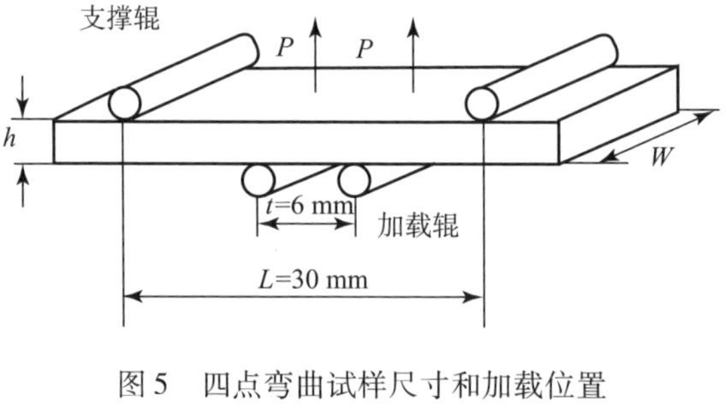

图5 四点弯曲试样尺寸和加载位置

试验结果见表2，可以看出，利用四点弯曲试验，在相同的施加应力下，Nb－Ti系大梁钢的疲劳寿命高于Mn－Ti系大梁钢的。最大应力为1 000 MPa时，Nb－Ti系大梁钢的疲劳寿命比Mn－Ti系的提高了25%；最大应力为900 MPa时，Nb－Ti系大梁钢的疲劳寿命比Mn－Ti系的提高了21%。

表2 四点弯曲试验结果

试样编号	宽度/mm	厚度/mm	应力比	最大应力/MPa	最大载荷/kN	平均载荷/kN	载荷幅/kN	加载频率/Hz	寿命/次
MnTi - 1 000 MPa	20. 14	4. 22	0. 1	1000	- 11. 96	- 6. 58	5. 38	10	48 739
NbTi - 1 000 MPa	20. 01	4. 33	0. 1	1000	- 12. 56	- 6. 91	5. 65	10	60 804
MnTi - 900 MPa	20. 00	4. 33	0. 1	900	- 11. 29	- 6. 21	5. 08	10	117 001
NbTi - 900 MPa	20. 01	4. 32	0. 1	900	- 11. 25	- 6. 19	5. 06	10	141 878

在焊接后的钢板上取样进行拉拉疲劳试验，研究 Mn - Ti 系和 Nb - Ti 系汽车大梁钢的焊接接头的疲劳性能，应力比为 0. 1，加载频率为 5 Hz。疲劳试验的装置如图 6（a）所示。两种试验钢疲劳裂纹都源于焊趾处，处于靠近焊接热影响区熔合区的位置，这是由较大的应力集中和焊接软化造成的。图 6（b）所示是 Mn - Ti 系大梁钢焊接接头疲劳断裂试样，裂纹源于焊趾处。

（a）

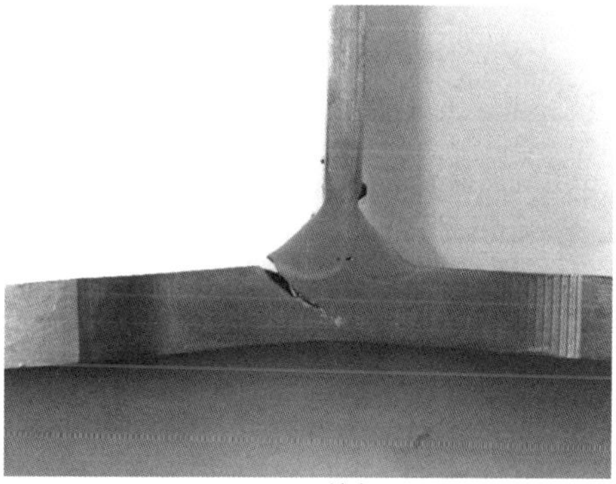

（b）

图 6 焊接接头疲劳试验

（a）试验装置；（b）Mn - Ti 大梁钢疲劳断裂试样

焊接接头疲劳试验结果见表 3。在不同的应力下，Nb - Ti 系大梁钢焊接接头的疲劳性能都优于 Mn - Ti 系大梁钢的。当最大应力为 400 MPa、350 MPa、300 MPa、250 MPa 和 200 MPa 时，相对于 Mn - Ti 系大梁钢，Nb - Ti 系大梁钢的疲劳寿命分别提高了 50%、26%、43%、121% 和 42%。

表3 焊接接头疲劳试验结果

试样编号	宽度/mm	厚度/mm	应力比	最大应力/MPa	最大载荷/kN	平均载荷/kN	载荷幅/kN	加载频率/Hz	寿命/次
MnTi－400	10	5	0. 1	400	20	11	9	5	11 182
NbTi－400	10	5	0. 1	400	20	11	9	5	16 797
MnTi－350	10	5	0. 1	350	17. 5	9. 625	7. 875	5	15 966
NbTi－350	10	5	0. 1	350	17. 5	9. 625	7. 875	5	20 138
MnTi－300	10	5	0. 1	300	15	8. 25	6. 75	5	24 751
NbTi－300	10	5	0. 1	300	15	8. 25	6. 75	5	35 475
MnTi－250	10	5	0. 1	250	12. 5	6. 875	5. 625	5	27 700
NbTi－250	10	5	0. 1	250	12. 5	6. 875	5. 625	5	61 176
MnTi－200	10	5	0. 1	200	10	5. 5	4. 5	5	57 351
NbTi－200	10	5	0. 1	200	10	5. 5	4. 5	5	81 442

从图6（b）可以看出，焊接接头的疲劳裂纹都源于靠近焊接热影响区熔合区的位置，因此，用Gleeble热模拟试验机模拟焊接热影响区粗晶区，研究试样钢粗晶区的疲劳性能。热模拟峰值温度为1 350 ℃，板厚为10 mm，热输入为20 kJ/cm，通过软件模拟焊接热循环过程。然后用热模拟试样进行疲劳试验，结果见表4。从表中可以看出，Nb－Ti系大梁钢焊接热影响区的疲劳性能优于Mn－Ti系大梁钢的。尤其在最大应力为350 MPa下，Nb－Ti钢粗晶区热模拟试样的疲劳寿命是Mn－Ti钢的3倍多。

表 4 粗晶区热模拟试样疲劳试验结果

试验编号	试样直径/mm	最大应力/MPa	最大载荷/kN	平均载荷/kN	载荷幅/kN	应力比	频率/Hz	疲劳寿命/次
MnTi－400	4.96	400	7.725	0	7.725	－1	30	89 510
NbTi－400	5.00	400	7.785	0	7.785	－1	30	98 949
MnTi－350	4.90	350	6.600	0	7.785	－1	30	248 008
NbTi－350	5.00	350	6.872	0	7.785	－1	30	778 848
MnTi－325	5.00	325	6.382	0	6.382	－1	30	1 549 362
NbTi－325	5.00	325	6.381	0	6.381	－1	30	2 007 323
MnTi－300	5.00	300	5.890	0	5.890	－1	30	10 000 000

4 总结

（1）大梁钢组织主要由铁素体和贝氏体组成，Nb－Ti 系大梁钢的铁素体更少，晶粒更细小。扫描电镜观察到两种试验钢的相间析出物尺寸小于 20 nm，Mn－Ti 系大梁钢的相间析出物多于 Nb－Ti 系大梁钢的。

（2）Mn－Ti 系和 Nb－Ti 系大梁钢焊接热影响区的硬度分布规律相近，硬度最小值出现在粗晶区和细晶区的边界处。Mn－Ti 系大梁钢的焊接接头软化略大于 Nb－Ti 钢的。

（3）通过疲劳试验测得，Nb－Ti 系大梁钢的疲劳性能优于 Mn－Ti 系大梁钢。Nb－Ti 系大梁钢焊接接头的疲劳性能优于 Mn－Ti 系大梁钢的，裂纹起源于焊趾处，即熔合区附近。Nb－Ti 系大梁钢粗晶区热模拟试样的疲劳性能优于 Mn－Ti 系大梁钢粗晶区热模拟试样的。

参考文献：

[1] 康永林．现代汽车板工艺及成形理论与技术［M］．北京：冶金工业出版社，2009：1－12.

[2] 司康. 国内主要重卡企业轻量化技术应用 [J]. 商用车与发动机, 2010, 43 (10): 20 -23.

[3] 燕来荣. 轻量化高强度钢材驱动着汽车的未来 [J]. 金属世界, 2011 (1): 17 -21.

[4] Shimizu T. High Strength Steel Sheets for Automobile Suspension and Chassis Use—High Strength Hot - Rolled Steel Sheets with Excellent Press Formability and Durability for Critical Safety Parts [J]. JEE Technical Report, 2004.

[5] 蔡宁, 鞠新华, 邢阳, 等. Ti 微合金化 700MPa 级汽车大梁钢的研究 [J]. 轧钢, 2013, 30 (5): 5 -9.

[6] Li X, Li F, Cui Y, et al. The effect of manganese content on mechanical properties of high titanium microalloyed steels [J]. Materials Science & Engineering A, 2016, 677: 340 -348.

[7] Okamoto R, Ågren J. A model for interphase precipitation based on finite interface solute drag theory [J]. Acta Materialia, 2010, 58 (14): 4791 -4803.

[8] Bu F Z, Wang X M, Yang S W, et al. Contribution of interphase precipitation on yield strength in thermomechanically simulated Ti - Nb and Ti - Nb - Mo microalloyed steels [J]. Materials Science & Engineering A, 2015, 620: 22 -29.

[9] 董现春, 张楠, 陈延清, 等. 高 Ti, Nb 析出强化高强钢接头强度及焊接热影响区软化行为分析 [J]. 焊接学报, 2012, 33 (11): 72 -76.

[10] 王晓南, 杜林秀, 邸洪双. 新型热轧纳米析出强化超高强汽车板的疲劳性能研究 [J]. 机械工程学报, 2012, 48 (22): 27 -33.

[11] Liu Y B, Li Y D, Li S X, et al. Prediction of the S - N curves of high - strength steels in the very high cycle fatigue regime [J]. International Journal of Fatigue, 2010, 32 (8): 1351 -1357.

作者简介

孙明煜，男，1989 年生。北京科技大学钢铁共性技术协同创新中心博士研究生。主要研究方向为汽车用微合金化钢的组织性能控制。

超高强钢帽形梁轴向压溃试验与有限元分析

李　亚[1,2]　陈自凯[1,2]　连昌伟[1,2]　吕　超[1,2]

1. 宝山钢铁股份有限公司研究院，上海，201900

2. 汽车用钢开发与应用技术国家重点实验室（宝钢），上海，201900

【摘　要】为了对比相同强度级别的淬火延性钢 QP980 与双相钢 DP980 在轴向压溃试验下的吸能特性，以及验证修正的 Johnson－Cook 模型对 QP980 与 DP980 动态力学性能描述的准确性，本文对 QP980 与 DP980 两种不同材料制作的帽形梁零件在轴向冲击下的压溃变形模式与吸能特性进行试验研究。通过对比分析不同材料的变形模式、吸能特性及力学响应特性发现，相同强度级别的 QP980 与 DP980 两种板料实际的碰撞性能相当。并采用前处理软件 HyperWorks 和 LS－Dyna 求解器对帽形梁轴向压溃试验进行有限元分析。将实际试验结果与仿真结果进行对比分析发现，有限元模拟结果与试验结果吻合较好，试验与仿真对比表明，使用修正的 Johnson－Cook 模型能较好地描述 QP 钢与 DP 钢在不同应变速率下的动态力学性能，可以应用于整车碰撞仿真中。

【关键词】DP 钢　QP 钢　高速拉伸　有限元分析　帽型梁　轴向压溃

Experimental Study and Numerical Simulation on the Axial Crushing for Hat－shape beam

Li Ya[1,2]　Chen Zikai[1,2]　Lian Changwei[1,2]　Lv Chao[1,2]

1. Baoshan Iron and Steel Co.，Ltd.，Shanghai，201900

2. State Key Laboratory of Automotive Steel Development and Application Technology（Baosteel），Shanghai，201900

Abstract：In order to compare the energy absorption characteristics of the quenched ductile steel QP980 and the dual phase steel DP980 at the same intensity level under the axial crushing test and verify the accuracy of the modified Johnson－Cook model for the dynamic mechanical properties of QP980 and DP980 steel. Experiments were carried out on the hat – shape beam of QP980 and DP980 steel under the axial crushing to investigate its collapsing deformation mode and energy absorption characteristics. According to the comparison of the deformation modes, energy absorption characteristics and mechanical response characteristics of the collision test between QP980 and DP980, QP980 and DP980 in the same strength level have the same energy absorption efficiency. Based on hat – shape beam made by QP980 and DP980, the axial crushing process is modeled by HyperWorks and simulated by LS – DYNA. Simulation results and actual collision test results are compared and verified. It is found that the FEA results are in good agreement with the experimental results. It is demonstrated that the modified Johnson – Cook model can well describe the dynamic mechanical properties of QP980 and DP980 high – strength steel by comparing the experimental and the simulation results and can be applied to the simulation of the vehicle crash.

Keywords: DP steel; QP steel; High speed tensile; Finite element analysis; Hat – shaped beam; Axial crushing

1 引言

随着市场对汽车节能环保要求的不断提高，汽车车身轻量化成为当今汽车技术发展的重要趋势，而采用高强钢材料是目前最经济有效的轻量化途径之一。同时，汽车安全性作为汽车车身的重要指标，要求汽车结构在冲击作用下具有较高的能量吸收效率[1,2]。而在实际汽车安全零部件选材时，应根据具体应用场合，综合考虑成形性能与能量吸收效率的影响。文中开展了基于双相钢 DP980 与淬火延性钢 QP980 材料制作的帽形梁轴向冲击压溃试验研究与有限元分析，对比了其在碰撞冲击下的基本变形模式及力学响应特性，验证了材料动态性能参数设置的准确性，为零部件选材提供参考。

2 帽形梁轴向压溃试验

2.1 试样与实验方法

帽形薄壁梁的加工方式为冲压—点焊—搭焊底板，帽形梁两侧的搭接底板为边长 200 mm 的方形刚性板，材料为热轧超高强度钢 BS960，与冲头接触一侧板厚为4 mm，固定端一侧板厚为6 mm。帽形梁矩形单帽结构与腹板经点焊连接而成，帽形件两侧等间距各分布有 9 个焊点，如图 1 所示。试样截面如图 2 所示，截面高度 a 为 60 mm，截面宽度 b 为 70 mm，法兰边宽度 c 为 18 mm，圆角半径 r 为 7 mm，长度为 300 mm。

图 1 帽形梁试样

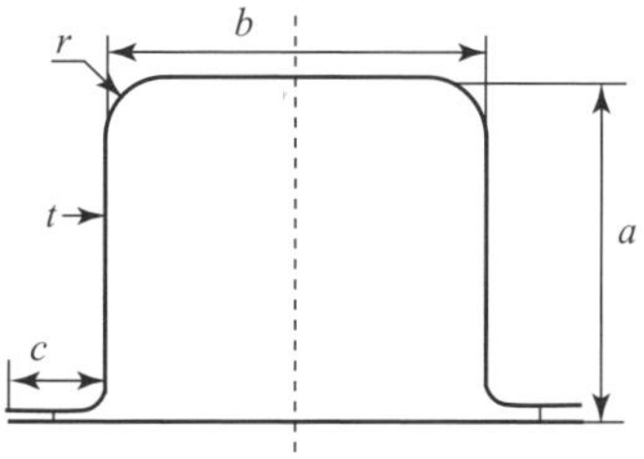

图 2 试样截面

帽形薄壁梁轴向冲击压溃试验设备采用德国 HUDE 公司生产的碰撞试验机，如图 3 所示。碰撞台车质量范围为 500 ~ 900 kg，最大速度 20 m/s。碰撞实验中，采用的碰撞小车质量为 500 kg，小车速度为 4.8 m/s。

图 3 台车碰撞系统

试验时，将帽形试件用夹具固定在载荷传感器一侧，载荷传感器安装在刚性墙上，用于测量试件所受的载荷，如图 4 所示。试件安装过程中，将固定板与试样端盖采用螺栓连接，保证螺栓锁紧，试样轴线与冲头轴线尽量对中。将高速摄像机对准试件，保证在碰撞过程中能够全程捕捉试件的变形过程。碰撞过程中，牵引台车的碰撞块与试件碰撞，采用与帽形件相连的载荷传感器来测量力值的变化，采用高速摄像头拍摄帽形件的变形模式和台车的运动过程，并结合专用视频处理软件测量试件的位移。对试验数据进行处理和分析，得到帽形梁轴向冲击过程中压溃力和位移的相应曲线，从而得到试件的能量吸收特性。

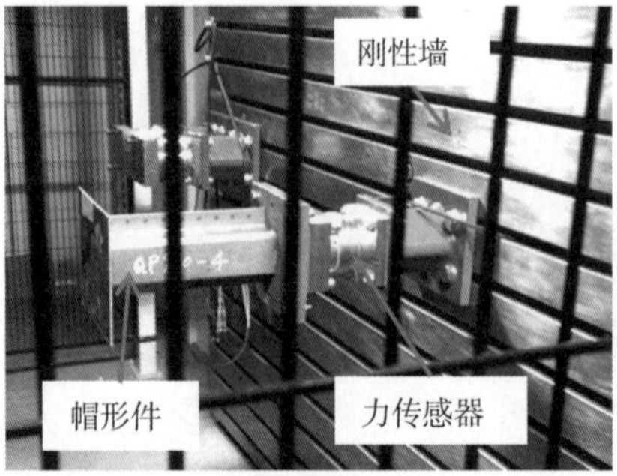

图4 碰撞实验机

2.2 试验结果

图5为冲击速度为4.8 m/s时，两种不同材料制作的帽形件的压溃力－时间曲线，从冲头与帽形件接触开始，压溃力急剧上升至最大值，该阶段的压溃力变化与碰撞过程中帽形件产生第一个褶皱的抵抗过程密切相关，其中，压溃力的最大值取决于材料的强度、零件的刚度等。随后压力急剧下降，直到稳定不动，表示第一个褶皱的失稳过程。该过程的长短、吸能大小与材料的硬化过程、材料塑性等相关。接着又突然上升，表示开始形成第二个褶皱的抵抗过程，该过程的变形包含第一个褶皱的变形末期及第二个褶皱形成过程中的部分变形量。由图5可见，相同碰撞条件下，DP980与QP980第二个褶皱出现时刻基本相当，最大压溃力基本相同。在第二个褶皱产生的开始点之后，不同材料帽形件碰撞的压溃力－时间曲线离散度增大，这与褶皱变形的不确定性及冲头碰撞过程中的上抬现象等相关。

图6所示为两种材料制作的帽形结构的压溃吸能－位移曲线，图6（a）为QP980，图6（b）为DP980，可见两者类似。

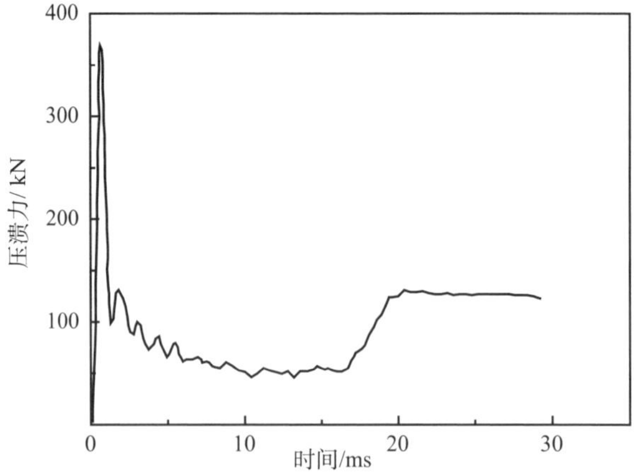

（a）

图5 压溃力－时间曲线

（a）QP980

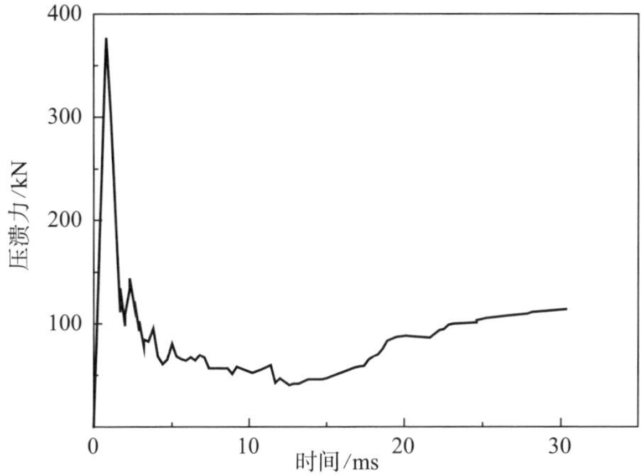

(b)

图 5　压溃力 – 时间曲线（续）

（b）DP980

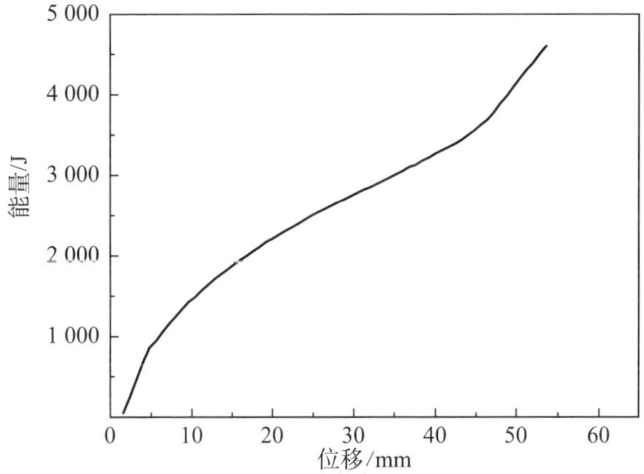

(a)

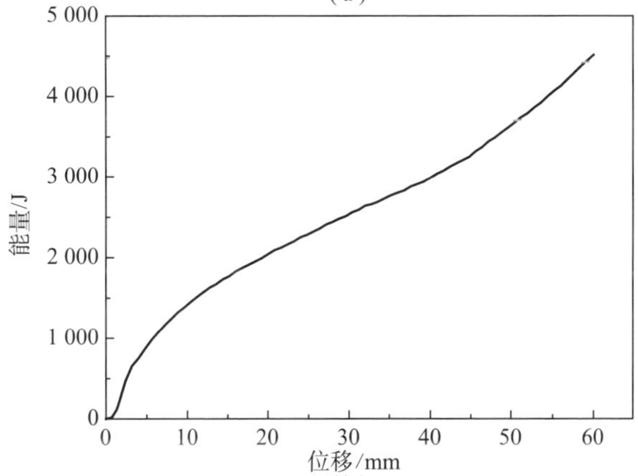

(b)

图 6　能量 – 位移曲线

图7列出了在冲击速度为4.8 m/s情况下，不同材料帽形件在碰撞后变形模式的对比。帽形件首先在与冲头接触一端发生失稳，即产生褶皱，DP980与QP980帽形件在4.8 m/s冲击速度下的变形模式未见明显区别。碰撞结束后，两种材料的帽形件均仅含有一个完整褶皱。

(a) (b)

图7 变形模式对比

(a) QP980；(b) DP980

3 有限元分析

3.1 有限元模型

采用前LS－Dyna有限元软件对帽形梁轴向压溃试验进行分析，仿真模型中的边界条件设置如下：约束帽形件尾部端面六个自由度；仅保留刚性冲头沿帽形件轴线方向（X方向）的移动自由度，其他五个自由度全部约束；赋予刚性冲头500 kg的质量，省略碰撞小车的建模。

3.2 材料参数设置

试验材料采用厚度1.6 mm、同一强度级别、不同强化方式的高强度钢板，其力学性能见表1。

表1 材料的力学性能

牌号	σ_s/MPa	σ_b/MPa	A_g/%	A_{50}/%	n	r	E_0/GPa
QP980	720	1 040	15.3	21.6	0.167	0.88	210
DP980	715	1 053	6.8	10.7	0.091	0.80	210

进行了不同应变速率（1～500 s^{-1}范围内）的高速拉伸试验，不考虑温度变化效应，利用修正的Johnson－Cook模型[3,4]，对试验曲线进行数据处理，得到的动态应力－应变曲线如图8与图9所示。

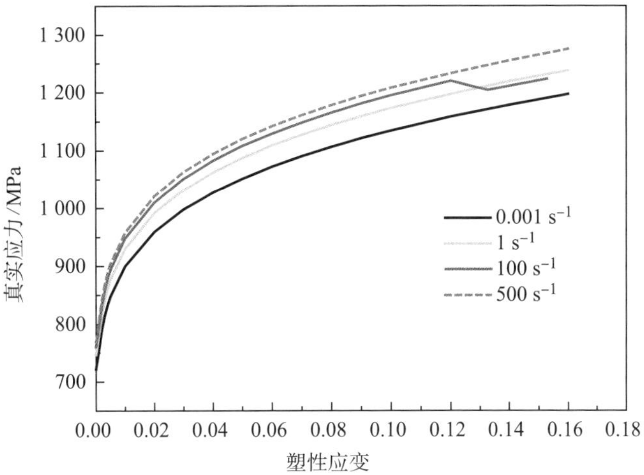

图 8　QP980 动态应变速率下的真实应力－塑性应变曲线

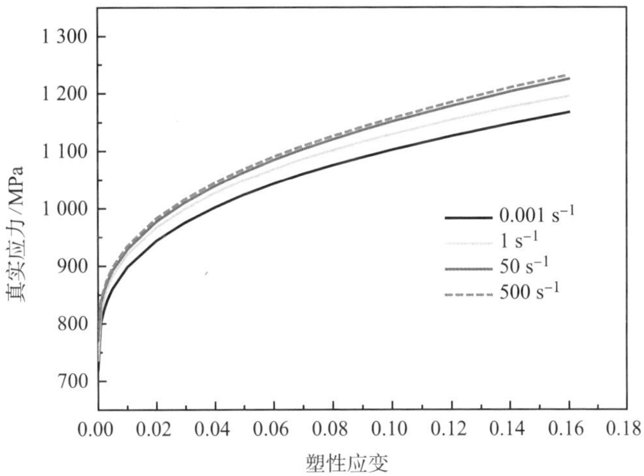

图 9　DP980 动态应变速率下的真实应力－塑性应变曲线

4　试验与仿真结果对比

图 10 中，在碰撞初期，仿真与试验所得压溃力－时间曲线吻合较好。而碰撞时间超过 17 ms 时，由于没有考虑褶皱变形的不确定性及小车上抬能量的耗散，引起冲击速度与实际碰撞的不同，故在 17 ms 后仿真与实际试验条件下获得的压溃力－时间曲线存在一定偏差。

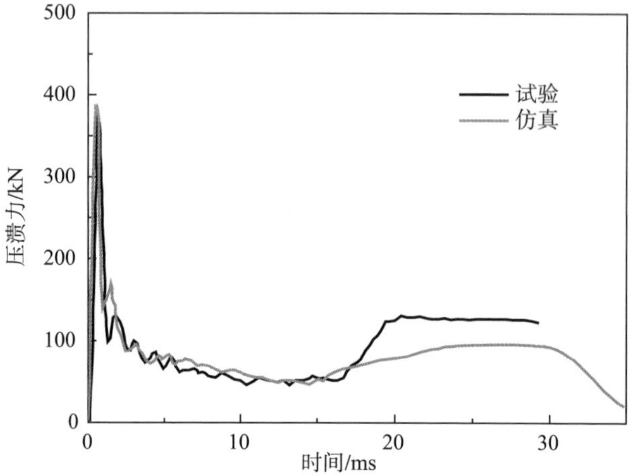

(a)

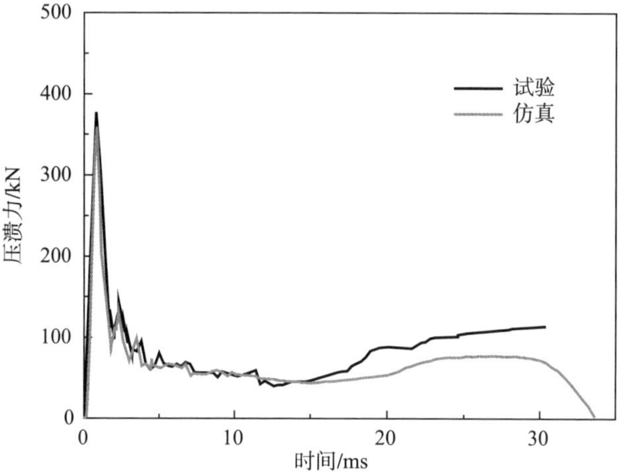

(b)

图 10　仿真与试验的压溃力 - 时间曲线对比

(a) QP980; (b) DP980

从表 2 可见，仿真与试验所得的最大压溃距离也基本吻合，但试验比仿真结果略小，可能原因是冲头上抬引起了能量耗散。

表 2　仿真与试验的最大压溃距离对比

牌号	对比项	最大压溃距离/mm
QP980	试验	53.6
	仿真	55.1
DP980	试验	56.5
	仿真	53.8

从表3和表4可以看出，仿真与试验结果相比，帽形件形成的褶皱数量相同，褶皱在帽形件长度方向上的宽度也基本一致，但形成褶皱卷起的方向有一定区别。

表3　QP980试验与仿真变形模式对比

碰撞时间/ms	试验结果	仿真结果
10		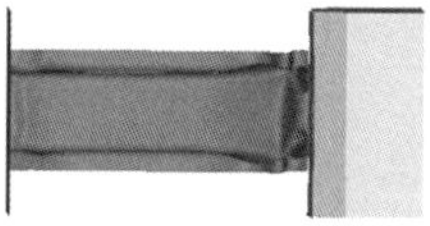
20		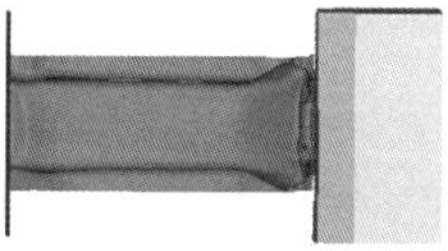
30		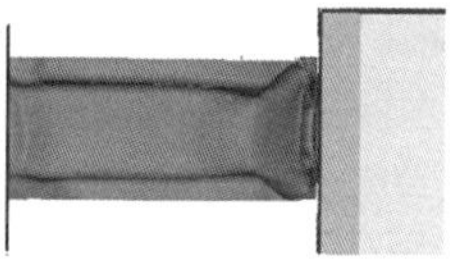

表4　DP980试验与仿真变形模式对比

碰撞时间/ms	试验结果	仿真结果
10		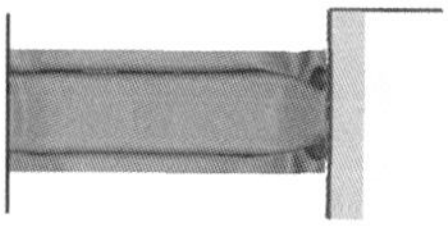
20	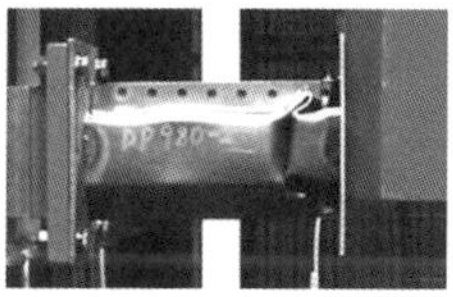	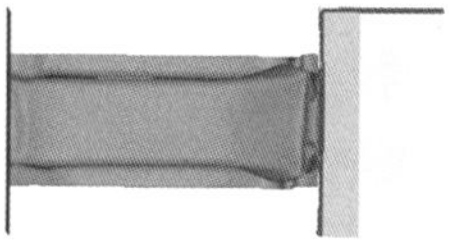
30		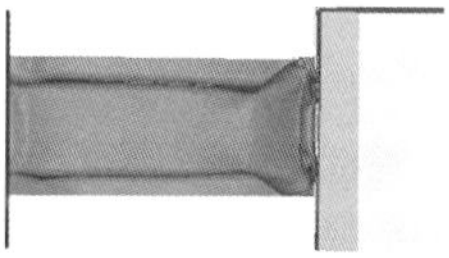

对比以上试验及仿真结果可以看出，在碰撞初期，仿真与试验结果吻合较好，随着碰撞的继续进行，虽然仿真与试验结果将由于实际试验中小车上抬引起碰撞能量的耗散而引入一定偏差，但总体来说，试验结果表明该仿真模型仍可较准确地反映及对比这两种高强钢在帽形碰撞试验中的碰撞性能。

5 总结

对超高强钢帽形梁轴向冲击压溃试验研究与有限元分析，得到了两种材料在一定速度下的吸能特性与力学响应特性，通过对试验数据的分析，可以得到以下结论。

（1）利用修正的 John – Cook 模型，有限元分析得到的变形模式与力学特性均与试验结果吻合较好，表明修正的 John – Cook 模型与 QP 钢和 DP 钢在不同应变速率下的动态力学性能拟合度较高，可以应用到整车碰撞仿真中。

（2）通过 QP 钢与 DP 钢帽形梁碰撞试验与仿真对比，表明 QP980 与 DP980 两种板料实际的碰撞性能相当。

参考文献：

[1] Abedrabbon, Mayerr, Tiiompsona, et al. Crash Response of Advanced High Strength Steel Tubes: Experiment and Model [J]. International Journal of Impact Engineering, 2009, 36 (8): 1044 – 1057.

[2] Zhang X W, Su S, Yu T X. Energy Absorption of an Axially Crushed Square Tube with a Buckling Initiator [J]. International Journal of Impact Engineering, 2009, 36 (3): 402 – 417.

[3] 连昌伟，陈新平，俞宁峰．高伸长率 QP 钢在高应变速率下的力学特性 [J]. 锻压技术，2017，42 (7)：163 – 168.
Lian Changwei, Chen Xinping, Yu Ningfeng. Mechanical Properties on High Elongation Steel QP Under High Strain Rate [J]. Forging & Stamping Technology, 2017, 42 (7): 163 – 168.

[4] 代启峰，宋仁伯，蔡恒君，等．超高强冷轧双相钢 DP1000 高速应变速率下的拉伸性能 [J]. 材料研究学报，2013，27 (1)：25 – 31.
Dai Qifeng, Song Renbo, Cai Hengjun, et al. Tensile Mechanical Behavior of Ultra – high Strength Cold Rolled Dual Phase Steel DP1000 at High Strain Rates [J]. Chinese Journal of Materials Research, 2013, 27 (1): 25 – 31.

作者简介

李亚（1989—），女，硕士研究生，宝山钢铁股份有限公司助理研究员，主要研究方向为材料性能与材料成形技术。

电阻点焊冲击测试技术发展与展望

成昌晶[1] 张 武[1] 计遥遥[1] 冯 毅[2] 花福安[3]

1. 马鞍山钢铁股份有限公司技术中心，马鞍山，243000
2. 中国汽车工程研究院股份有限公司，重庆，400000
3. 东北大学轧制技术及连轧自动化国家重点实验室，沈阳，110000

【摘 要】点焊是汽车制造中广泛采用的连接工艺，点焊冲击性能是评价汽车安全性能的重要指标。本文对点焊冲击性能测试技术研究现状进行综述，涉及材料和汽车制造领域对点焊冲击测试技术的需求，几种典型点焊冲击测试方法的载荷加载模式、试样结构，该领域存在的问题及对未来发展趋势的展望等方面。
【关键词】点焊 冲击测试 先进高强钢

State of the art of impact testing technology for RSW

Cheng Changjing[1] Zhang Wu[1] Ji Yaoyao[1]
Feng Yi[2] Hua Fu'an[3]

1. Technology Center of Maanshan Iron & Steel Co., Ltd., Maanshan, 243000
2. China Automotive Engineering Research Institute Co., Ltd., Chongqing, 400000
3. The State Key Laboratory of Rolling and Automation of Northeastern University. Shenyang, 110000

Abstract: Spot welding is a widely used connection technology in the area of automobile manufacture, and impact property of spot welding joint significantly affects on the crash performance of automobile parts as an important safety index. This article summarizes the evolution of impact property testing technology for spot welding, including the industrial requirements, various typical loading patterns, sample size, the existing problems and its tendency in the future.

Keywords: spot welding; impact testing; advanced high strength steel

1 引言

随着世界汽车产业的快速发展及环境压力的显著飙升，各国政府及消费者对汽车节能减排的要求越来越高，汽车的轻量化已成为目前国内外汽车行业的大势所趋，而在车身减重基础上如何更好地保障安全性能就成为汽车制造业关注的焦点。车身的安全性能是个动态指标，其主要取决于在高速碰撞过程中整个车身承载结构拥有的抗压及吸能能力，其除与板材厚度、基材强度、结构设计等有关外，还与车身连接质量联系紧密。电阻点焊是车身制造中应用最为广泛的连接工艺方法，据统计，目前一般普通乘用车上的点焊数量达2 000个以上。在车辆高速碰撞过程中，车身所体现出的安全性能优劣与焊点的冲击力学性能密切相关，为有效评价车身安全性能，近年来针对电阻点焊冲击性能的研究已成为热点。

在点焊冲击性能测试研究方面，目前采用的主要方法是拉伸－剪切、十字拉伸和拉伸剥离冲击试验，也有一些研究工作采用复合冲击载荷。不论采用何种冲击试验方法，所用测试设备均为非标设计，或是对标准冲击试验机进行改造，以适应点焊试样的冲击。针对不同的点焊冲击测试技术已引起了国外汽车业界的高度重视，并取得了一定的成效。国内虽起步较晚，相应的研究工作也已开展。本文对目前国内外点焊冲击测试技术的现状进行了论述，并对其未来的发展趋势提出了展望。

2 点焊冲击试验方法

2.1 加载模式及试样

在高速碰撞过程中，车身焊点受力状态是非常复杂的，一般同时承受剪应力、拉应力或两者之间的结合载荷力。大量研究表明[1-5]：不同的冲击载荷条件下焊点体现出的性能差异显著。因此，掌握在不同载荷模式条件下的点焊冲击性能是很有必要的。常见的点焊冲击测试载荷模式有拉伸剪切、十字拉伸和拉伸剥离。此外，还有U形拉伸/剪切和复合载荷等。对应不同的载荷模式，搭接结构也不同。

2.1.1 剪切拉伸冲击测试

图1所示为拉伸剪切冲击试样结构及试验受力示意图。试样由两片相同尺寸的两金属片“一字”搭接构成，焊点位于搭接部分的正中心。试验过程中焊点承受剪切力。

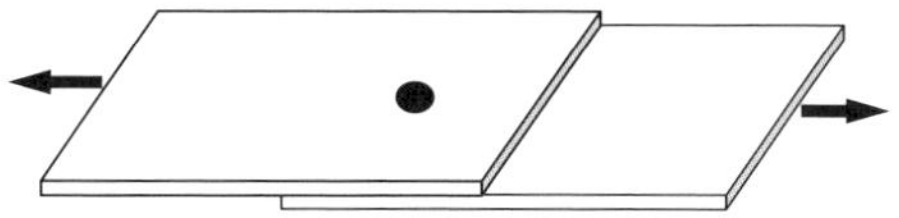

图1　剪切拉伸试样结构及受力示意

2.1.2　十字拉伸冲击测试

图2所示为十字拉伸冲击试样结构、受力示意图。试样由相同尺寸的两个金属片十字交叉对称叠放在一起构成，中间通过一个焊点连接，试验中焊点受正拉冲击力。

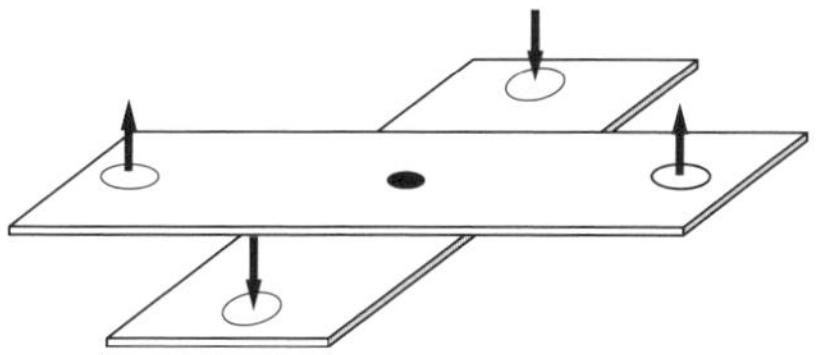

图2　十字拉伸试样结构及受力示意

2.1.3　拉伸剥离冲击测试

拉伸剥离试验试样由两个折成直角弯的金属片构成，如图3所示。其中金属片的短边通过一个焊点连接。试验过程中对长边上施加拉伸冲击力，焊点将承受单侧拉力和弯曲扭矩双重作用。

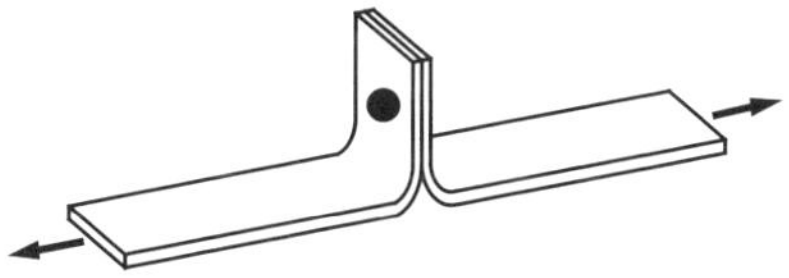

图3　拉伸剥离试样结构及受力示意

2.1.4　U形拉伸及剪切冲击测试

U形拉伸试样是由两个U形金属片背对背点焊制成，如图4（a）所示。U形拉伸和十字拉伸相似，试验均受正向拉力作用。U形剪切冲击试验试样的结构与U形拉伸的完全相同，如图4（b）所示，试验过程中焊点将承受纯剪切力作用。

2.1.5　复合载荷冲击测试

实际工况中，焊点所受载荷往往是多类型的，有正拉力、剪切力、弯曲力和扭转力等，因此，采用复合载荷模式进行点焊冲击试验更加贴近实际情

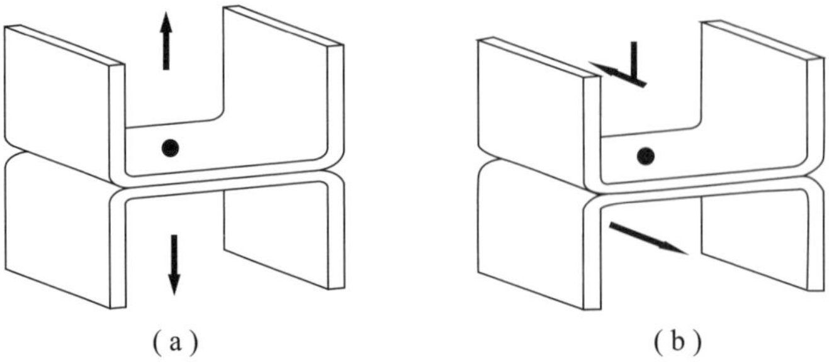

图4　U形点焊冲击试样结构及受力示意

(a) U形拉伸试样；(b) U形剪切试样

况，得到的试验数据也更具有实用价值。复合载荷最为典型的莫过于Arcan测试方法[6,7]，其主要测试原理如图5所示，通过改变 α 角就可以改变试样所受正拉力与剪切力间的比，实现对焊点的复合载荷加载。

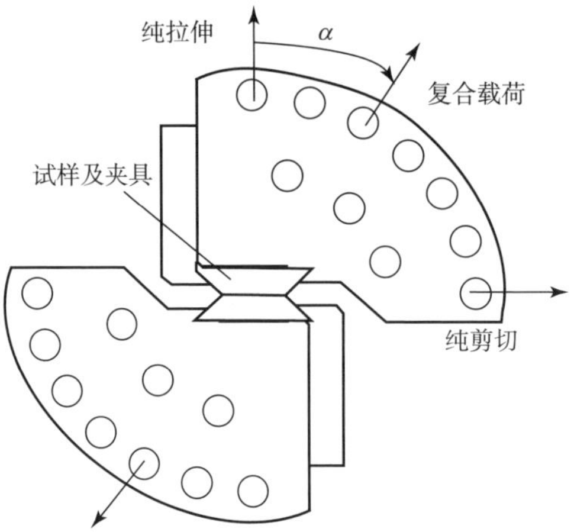

图5　Arcan复合载荷测试原理

2.2　点焊冲击测试系统

冲击动力学测试技术远比准静态力学中的复杂：第一，为了模拟各种速率的冲击加载过程，需要设计一系列装置；第二，为捕获冲击过程中产生的瞬态脉冲信号并进行处理，需要配备频响高、性能可靠的数据采集处理系统；第三，必须考虑所测信号的标定及动态效应处理。因此，技术难度较大，迄今为止尚无定型的标准试验方法。目前，点焊冲击测试设备都是非标设计制造，其中部分是在标准摆锤或落锤冲击试验机基础上进行了改造，并重新设计了夹具，以适应点焊冲击测试的要求。下面具体介绍几种典型点焊冲击测试设备的研发进展情况。

图 6 所示为 Bayraktar 和 Kaplan 根据 Grumbach 的冲击拉伸思想设计的单摆拉剪冲击试验机[8]。试验过程中将试样、固定夹具和碰撞块安装在夹具座上，当双侧壁锤头下落与碰撞块接触时，产生冲击力，使试样断裂。摆锤上安装了应变式测力传感器，可测量冲击力，得出冲击力 - 位移曲线，可调冲击能量范围为 750 ~ 800 J。该设备优点是试样装夹方便，仅通过更换夹具即可满足不同形状规格试样的试验要求，还可进行低温冲击试验，不足之处在于仅能实现针对较小尺寸试样的冲击试验。

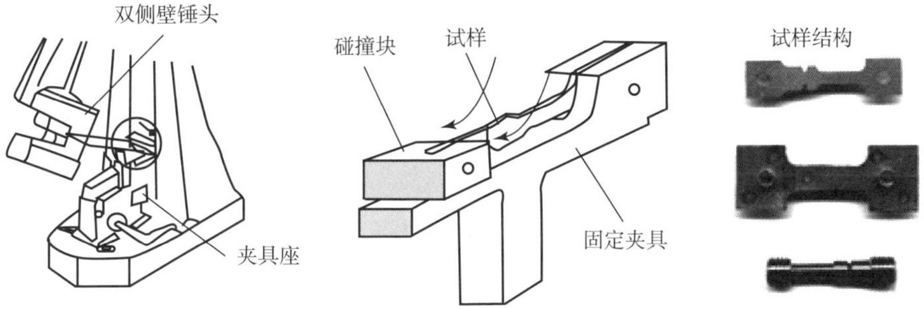

图 6　摆锤式拉伸冲击试验机、夹具及试样

双摆锤冲击试验机是在单摆锤机上发展起来的，图 7 所示是 Zhang 等人[9]研制的一种双摆冲击试验机。该试验机采用了多个应变式力传感器测量冲击力，并通过光纤位移传感器测量冲击位移，最大量程 17 mm，冲击速度 2. 23 ~6. 7 m/s，冲击能量 364 ~2 122 J。

图 7　双摆点焊拉伸 - 冲击试验机

该设备冲击测试原理如图 8 所示。该试验机设计有两个摆锤 A 和 B，A 为主动摆锤，提供冲击能量；B 为被动摆锤，其与试样相接触，接收来自主动锤提供的冲击能量。该试验机采用“Z”形试样，尺寸长 200 mm、宽

125 mm、折边 50 mm、折弯角 60°。试样一端与被动摆锤连接，另一端与固定夹具端连接。可根据主动摆锤初始能量和主动及被动摆锤冲击后的剩余能量计算出冲击吸收功。

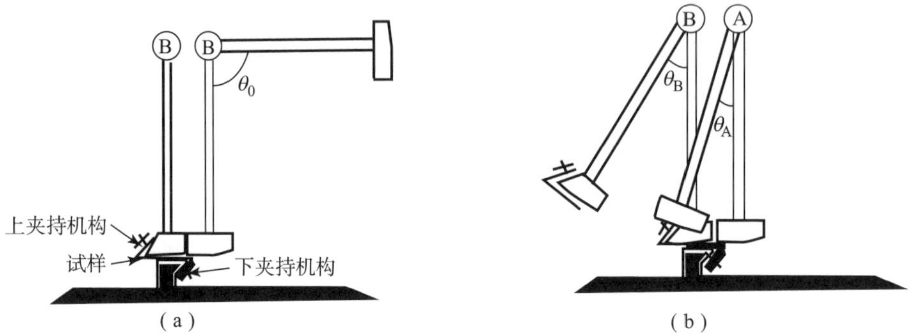

图 8　双摆点焊冲击试验机原理示意
（a）冲击前；（b）冲击后

落锤试验机是目前广泛采用的另一种冲击试验设备，Chao 等人[10]通过研究发现：采用落锤试验机进行点焊冲击测试时，相比于摆锤试验机，具有一定的优势。该研究团队通过改造原有设备，开发出了一台专用于点焊冲击的落锤试验机（如图 9 所示）。其试验机、夹具结构及试样安装形式如图 10 所示。

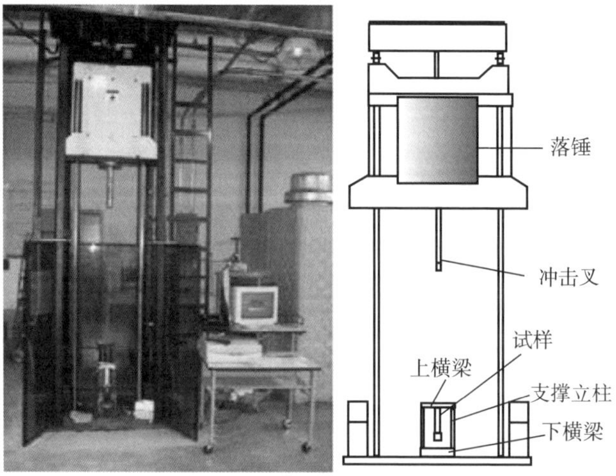

图 9　落锤式点焊冲击试验机

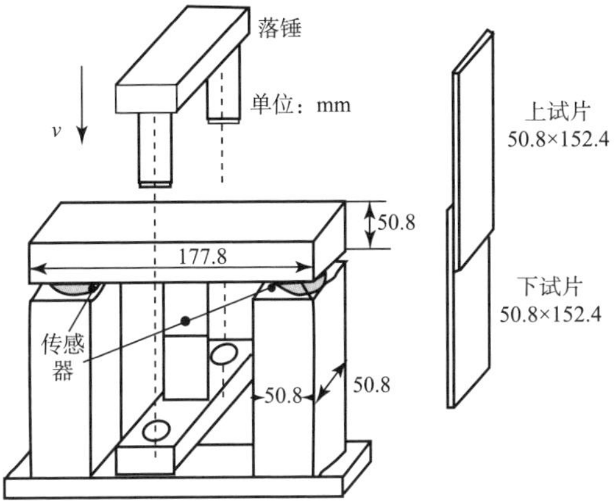

图 10　不同载荷冲击夹具和试样安装方式

该试验机采用两个压电式力传感器测量冲击力，传感器安装在夹具上横梁和支撑立柱之间，作用在夹具下横梁上的冲击力通过试样和夹具上横梁传到测压传感器上。试样受冲击产生的位移将直接通过测量落锤位移获得。利用该落锤冲击试验机可实现多功能测试，其传感器和数据采集技术均较为先进，落锤质量大、干扰小，且冲击速度可调节。但是系统缺乏试样的约束，试验过程中试样会发生载荷不对称、转向等现象，另外，冲击吸收功也无法直接求出。

图 11 所示是 Den Uijl 等人[11]设计的点焊试样落锤冲击试验夹具。其中，灰色框架是移动夹具，上端承受落锤的冲击，下端与试样连接；白色框架是固定的，上端经过力传感器与试样连接。上述夹具安装在标准落锤冲击试验机上，可以进行拉伸剪切和剥离冲击试验。该试验机的缺点是移动夹具质量大，达到 70 kg，惯性力效应显著。此外，冲击试验过程中试样的变形问题依旧明显。

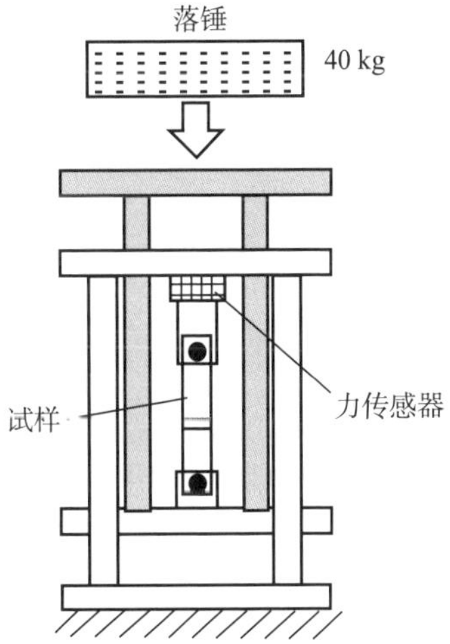

图 11　落锤冲击试验夹具

对需要大冲击功并对体积有限制的场合，可选择冲击气缸作为动能输入模块，其可产生大冲击力，且可靠性高，寿命长，在断电后也能工作很长一段时间，对环境没有要求，适合高速间歇运动，但其缺点是噪声大，且需要气源。图 12 所示是“FasTens”冲击试验机[12]，其采用气动驱动，基本原理是向特殊设计的气缸中通入一定压力的压缩空气，然后快速释放气缸活塞，待活塞加速到一定速度后，其上锁套锁住移动夹具，对试样施加冲击载荷力，该设备的冲击速度为0.5～20 m/s。

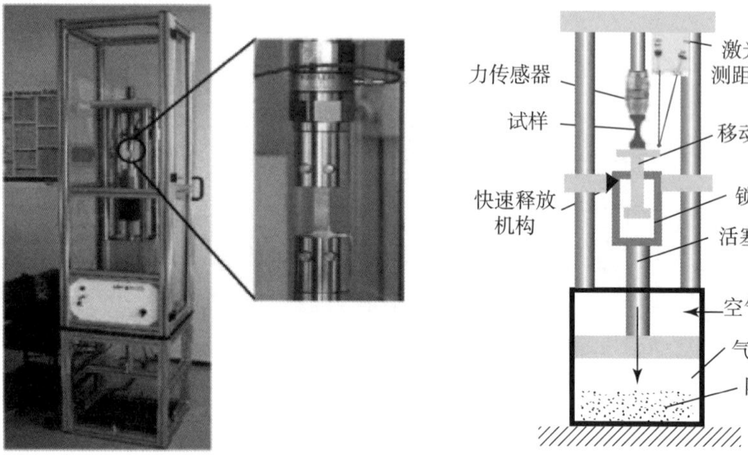

图12　FasTens冲击试验机及其原理

采用液压驱动的冲击试验机可实现对点焊试样施加恒定加载速率的阶跃载荷，其具有精度高、稳定性好、噪声低、能有效避免机械装置的惯性震荡干扰等特点，得到广泛应用。传统液压冲击试验机往往受其液压泵能力限制，难以满足更高速率冲击需要，目前国外趋向于采用参数闭环控制的高性能液压伺服冲击试验机，可获得更宽的冲击速率范围，最高冲击加载速率可达30 m/s（67 m/h）。

3　展望

点焊冲击性能测试可以获得冲击吸收功、最大载荷、最大载荷位移等参数，是评价点焊动态强度和吸能性能及汽车零部件或整车抗碰撞性能的重要参考指标，在汽车设计和制造中有着重要的应用价值。然而，该项技术的发展和应用还存在很多问题，为此须深入、系统地研究集机械系统、数据高速采集系统、计算机控制系统、相关工装夹具等共同构成的可供焊点动态冲击性能测试的专用试验装置，建立统一的测试规范和标准，研究开发新的测试方法和设备。未来应重点开展以下几方面工作：

（1）合理设计夹具，提高试样尺寸、焊点位置和安装精度，建立系统化的冲击测试操作规范和标准，提高测试结果可重复性，减小试验数据分散性。

（2）建立起适合于构件点焊冲击性能测试的流程标准及结果评价准则。

（3）开发出能实现多种冲击载荷模式、冲击速度和能量可调、冲击吸收功、冲击力和位移等参数测量精确、试样装夹精度高、操作方便、试验效率高的冲击试验机。

参考文献:

[1] Pouranvari M, Ranjbarnoodeh E. Dependence of the fracture mode on the welding variables in the resistance spot welding of ferrite - martensite DP980 advanced high - strength steel [J]. Materials and Technology, 2012, 46 (6): 665 -671.

[2] 林建平，胡琦，王立影，等. USIBOR1500 超高强度淬火钢板点焊性能研究 [J]. 中国机械工程学报，2007，5 (3): 317 -321.

[3] Chao Y J. Failure mode of spot welds: interfacial versus pullout [J]. Science and Technology of Welding and Joining, 2003, 8 (2): 133 -137.

[4] Chao Y J. Ultimate Strength and Failure Mechanism of Resistance Spot Weld Subjected to Tensile, Shear, or Combined Tensile/Shear Loads [J]. Journal of Engineering Materials and Technology, 2003, 125 (2): 125 -132.

[5] Choi H S, Park G H, Lim W S, Kim B M. Evaluation of weldability for resistance spot welded single - lap joint between GA780DP and hot - stamped 22MnB5 steel sheets [J]. Journal of Mechanical Science and Technology, 2011, 25 (6): 1543 -1550.

[6] Zhou M, Hu S J, Zhang H. Critical Specimen Sizes for Tensile - Shear Testing of Steel Sheets [J]. Welding Research Supplement, 1999: 305 -313.

[7] Song J H, Huh H. Failure characterization of spot welds under combined axial - shear loading conditions [J]. International Journal of Mechanical Sciences, 2011, 53: 513 -525.

[8] Bayraktar E, Kaplan D, Grumbach M. Application of impact tensile testing to spot welded sheets [J]. Journal of Materials Processing Technology, 2004: 153 -154, 80 -86.

[9] Zhang X, Liu B. Strength Analysis and Simulation of Multiple Spot - Welded Joints [C]. Proceedings of the SEM Annual Conference, Albuquerque New Mexico USA, 2009: 1 -4.

[10] Chao Y J, Wang K, Miller K W, Zhu X K. Dynamic separation of resistance spot welded joints: Part I—Experiments [J]. Experimental Mechanics, 2009, 50 (7): 889 -900.

[11] Den Uijl N, Okada T, Moolevliet T, et al. Performance of resistance spot - welded joints in advanced high - strength steel in static and dynamic tensile tests, Doc. IIW - 2162 [J]. Welding in the World, 2012, 56 (7 -8):

51 – 63.

[12] Peroni L, Peroni M. Development of testing systems for dynamic assessment of sheet metal specimens [J]. Meccanica, 2008, 43: 225 – 236.

作者简介

本文作者成昌晶，就职于马鞍山钢铁股份有限公司技术中心，焊接工程师，当前研究方向为汽车用先进高强钢焊接。

基于 Autoform 的高强钢汽车横梁成形工艺优化研究

韩　丹　李志伟　赵广东

本钢板材股份有限公司产品研究院，辽宁，117000

【摘　要】为了优化汽车横梁的工艺参数，本文利用 AutoForm 软件对汽车横梁的成形过程进行数值模拟，采用正交试验方法对影响成形质量的工艺参数（压边力、模具间隙、摩擦系数、冲压速度）进行正交方案设计，并对模拟结果进行极差分析，获得不同因素对成形性的影响程度大小。结果表明，各因素对试验结果影响的顺序为：压边力 > 模具间隙 > 摩擦系数 > 冲压速度，并得到了最优成形工艺参数组合：压边力为 120 kN，模具间隙为 1.05 t，摩擦系数为 0.13，冲压速度为 2 000 mm/s，为高强钢在横梁上的广泛应用提供了重要依据。

【关键词】汽车横梁　有限元模拟　正交试验

Study on optimization of forming process of high strength steel automobile beam based on Autoform

Han Dan　Li Zhiwei　Zhao Guangdong

Products Research Institute, Benxi Iron and Steel Co., Ltd, Benxi, Liaoning, 117000

Abstract: In order to optimize the process parameters of automobile beams, this paper uses the Autoform software to simulate the forming process of automobile beams. The orthogonal test method is used to analyze the technological parameters (blank holder force, friction coefficient, mold gap and pressing velocity) By orthogonal design, the simulation results were analyzed by variance, and the influence degree of different factors on the formability was obtained. The results show that the order of influence of each factor on the test results is: blank holder force > mold gap > friction coefficient > pressing velocity, and the optimum forming parameters are obtained, which provides an important basis for the widely application of high strength steel on the beam.

Keywords: the beam of vehicles; finite element simulation; orthogonal experiment

1 前言

汽车横梁是汽车车架的重要组成部分，其冲压成形工艺相对复杂，需经过多道冲压工序才能完成[1,2]。起皱是横梁冲压成形的主要缺陷，用有限元分析软件对成形工艺进行测试，能够有效预测出成形过程中可能出现的起皱及起皱趋势，为横梁的实际生产提供科学依据[3,4]。

文中以某汽车横梁为研究对象，利用 AutoForm 有限元模拟软件，采用正交试验方法，分析影响该零件冲压成形过程中工艺参数的变化，以获得最佳的成形工艺参数。

2 有限元模型建立

图1所示是某汽车横梁的有限元模型。

本文利用 AutoForm 软件对该横梁的冲压成形进行有限元模拟。选用的材料为本钢生产的高强钢 DP590，厚度为 1.4 mm，其力学性能参数见表1。

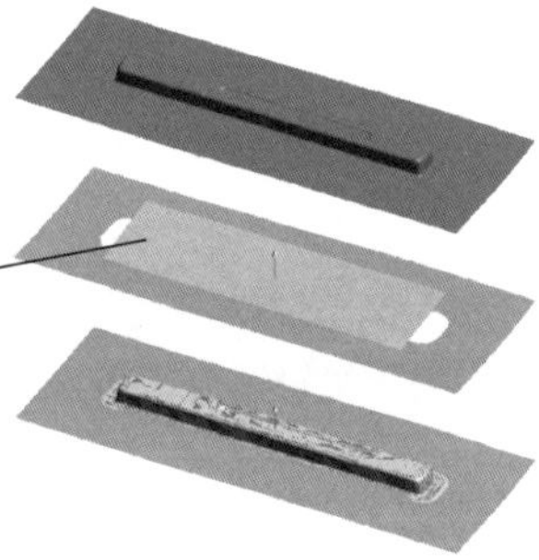

图1　汽车横梁有限元模型

表1　DP590 的力学性能

材料	屈服强度 $R_{p0.2}$/MPa	抗拉强度 R_m/MPa	硬化指数 n	塑性应变比 r			硬化系数 /MPa
				r_0	r_{45}	r_{90}	
DP590	363	626	0.16	0.8	1.0	1.1	993

3 试验方案设计及试验结果

3.1 试验方案设计

在实际生产中，压边力、模具间隙、摩擦条件、冲压速度对汽车横梁的冲压成形影响较大。压边力控制成形过程中板料的流动，压边力过大容易发生破裂，过小容易造成板料变形不均匀。模具间隙越小，板料的流动阻力越大，零件越容易发生破裂；而间隙过大，流动阻力小，容易发生起皱。冲压速度的大小决定了板料变形速度的大小，而变形速度是影响板料塑性变形的原因之一，冲压速度增大，使板料在模具间的流动速度加快，板料的弯曲变形速度也增大[5,6]。

取压边力、模具间隙、摩擦系数及冲压速度作为正交试验的试验因素，每个试验因素各取三个水平：压边力分别取 80 kN、1 000 kN、120 kN；模具间隙分别取 1.05t、1.1t、1.15t（t 为板料厚度）为板料厚度；摩擦系数分别取为 0.11、0.13、0.15；冲压速度分别取为 2 000 mm/s、3 000 mm/s、4 000 mm/s。

3.2 试验结果

正交试验方案及结果见表2。为了保证零件的成形质量，获得无破裂及无严重起皱的横梁零件，将零件成形后的最大增厚率作为试验的评价指标。

表2 正交试验结果

试验号	A	B	C	D	最大增厚率/%
	压边力/kN	模具间隙/mm	摩擦系数	冲压速度/（mm·s^{-1}）	
1	80	1.05t	0.11	2000	1.824 071
2	80	1.1t	0.13	3000	2.078 786
3	80	1.15t	0.15	4000	1.780 929
4	100	1.05t	0.13	4000	1.344 357
5	100	1.1t	0.15	2000	1.737 571
6	100	1.15t	0.11	3000	1.869 643
7	120	1.05t	0.15	3000	1.312 500
8	120	1.1t	0.11	4000	1.858 929
9	120	1.15t	0.13	2000	1.050 714
表中，t 为板料厚度。					

按照表2试验方案进行数值模拟，可以得出零件最大增厚率为 2.078 786%，最小增厚率为 1.050 714%。

为了考察各因素对零件成形质量的影响程度，需要对正交试验结果进行极差分析，极差 R 越大，说明该因素影响越大。极差分析结果见表3，压边力的极差 R 最大，模具间隙和摩擦系数极差 R 较大，分别为 0.298 59 和 0.269 697，极差 R 最小的是冲压速度。因此，对横梁成形质量影响顺序为：压边力 > 模具间隙 > 摩擦系数 > 冲压速度。

表3　极差分析结果

评价指标		A	B	C	D
		压边力/kN	模具间隙/mm	摩擦系数	冲压速度/(mm·s^{-1})
最大增厚率	K1	1.420 947	1.120 232	1.388 161	1.153 089
	K2	1.237 893	1.418 822	1.118 464	1.315 232
	K3	1.055 536	1.175 322	1.207 750	1.246 054
	R	0.365 411	0.298 59	0.269 697	0.162 143
表中，K1 表示第 j 列第 1 水平的试验结果之和； K2 表示第 j 列第 2 水平的试验结果之和； K3 表示第 j 列第 3 水平的试验结果之和。					

图 2 是由表 3 绘制的各因素与最大增厚率的关系曲线，可以看出，最大增厚率随压边力的增大而减小，模具间隙和冲压速度呈现趋势相同，均是先增大后减小的趋势，摩擦系数呈现相反趋势，即随着摩擦系数增大，最大增厚率呈现先减小后增大的趋势。

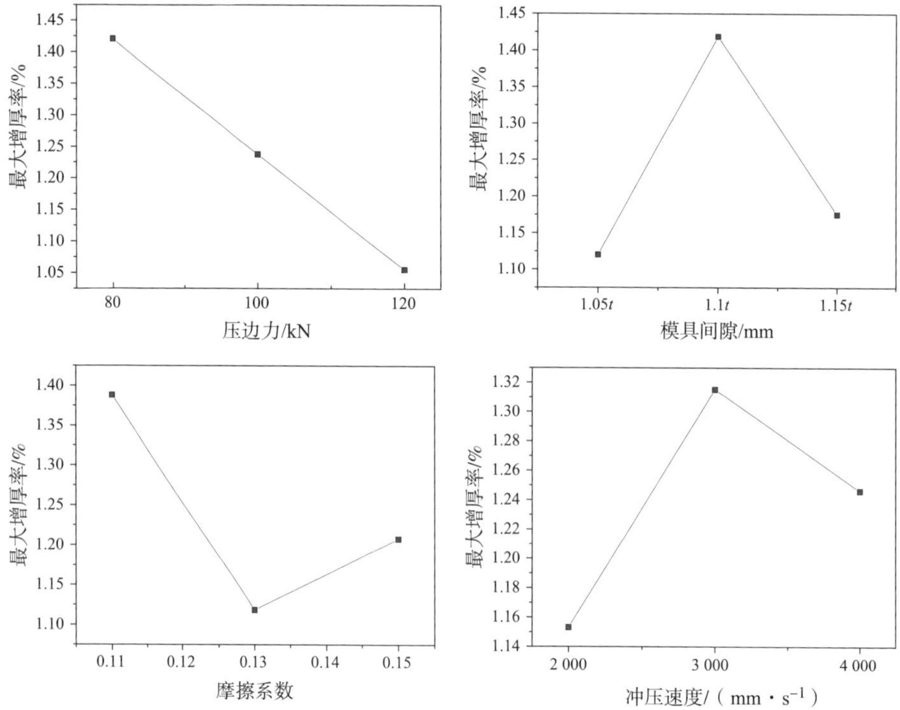

图 2　各因素与最大增厚率的关系图

3.3 工艺参数优化分析

在设定的工艺参数范围内，横梁零件的最大增厚率均满足成形要求，即最大增厚率一般不超过6%[7]，因此，选取使最大增厚率在每个因素下取得最小值的那个水平进行优化，即认为 $A_3B_1C_2D_1$ 是最佳工艺参数组合，以这组工艺参数对汽车横梁进行有限元模拟。

图3所示为工艺参数优化后的成形质量图，可以看出，汽车横梁的成形效果较好，零件大部分都为绿色，均在安全区域内，有少量起皱倾向区域，没有发生破裂或明显的起皱现象。

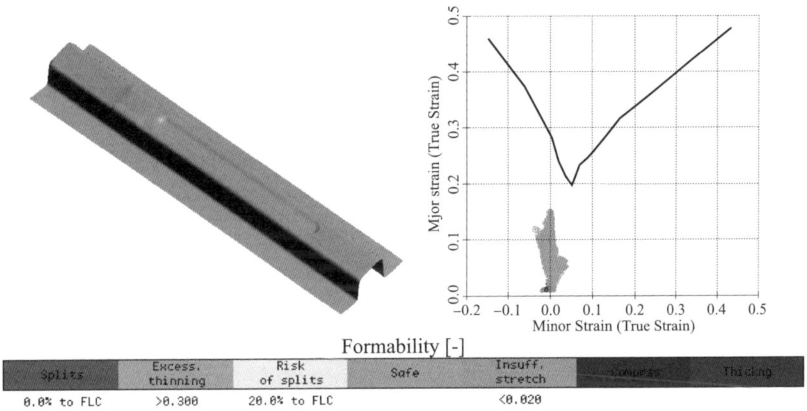

图3　优化后的成形极限图

图4所示为冲压成形工艺参数优化后的减薄率云图和厚度云图，从中可以得到横梁的最大减薄率及最大增厚率分别为13.62%与1.879%，满足实际生产的要求值。

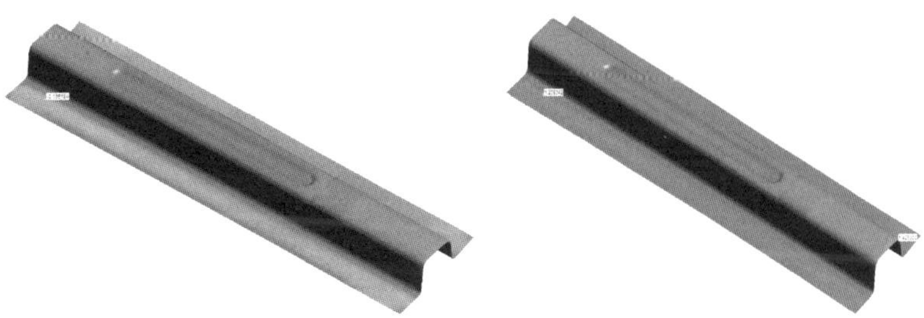

图4　优化后的减薄率和厚度云图

因此，通过本次正交试验，可以得到横梁成形的最佳工艺参数组合是 $A_3B_1C_2D_1$，即压边力为120 kN，模具间隙为1.05t（t 为板料厚度），摩擦系数为0.13，冲压速度为2 000 mm/s，此条件下对横梁进行模拟，可以达到最佳的成形效果，为高强钢在横梁上的应用提供了重要依据。

4 结论

（1）利用 AutoForm 软件对汽车横梁的冲压成形进行模拟分析，采用正交试验对仿真结果进行分析。以最大增厚率为评价指标，获得了压边力、模具间隙、摩擦系数及冲压速度四因素对成形质量的影响情况，并对冲压工艺参数进行了优化。

（2）各因素影响横梁最大增厚率的程度顺序为：压边力 > 模具间隙 > 摩擦系数 > 冲压速度。

（3）最佳工艺参数组合为 $A_3B_1C_2D_1$，即压边力为 120 kN，模具间隙为 1.05t，摩擦系数为 0.13，冲压速度为 2 000 mm/s。

（4）在优化后的工艺参数条件下对横梁进行模拟分析，可获得最佳的成形效果，为高强钢在横梁上的选材应用提供了理论依据。获得的最大减薄率为 13.62%，最大增厚率为 1.879%。

参考文献：

[1] 周艳芳．基于 Dynaform 的汽车后围板成形过程仿真研究 [J]．铸造技术，2014，35（6）：1303－1305.

[2] 柯桂颜，路平，江开勇，等．汽车后地板前横梁冲压件的成形质量控制 [J]．锻压技术，2016，41（8）：39－42.

[3] 龚红英．板料成型性能及 CAE 分析 [M]．北京：机械工业出版社，2014：76－80.

[4] 杜勇，闻瑶，马俊林，等．隔热板冲压成形工艺参数优化 [J]．精密成形工程，2014，6（5）：108－112.

[5] 郭敏杰，曾珊琪．基于 Dynaform 的汽车纵梁工艺分析及冲压数值模拟 [J]．热加工工艺，2011，40（5）：112－114.

[6] 王涛．应用正交试验设计提高拉深件的成形质量 [J]．锻压技术，2008，33（5）：48－51.

[7] 李泷杲，王书恒，徐岩．金属板料成形有限元模拟基础 [M]．北京：北京航空航天大学出版社，2008：231－240.

作者简介

韩丹（1984—），女，本钢板材股份有限公司产品研究院，材料加工工程专业，工程师，从事金属板材数值模拟分析工作。

激光拼焊技术的全景天窗加强框轻量化设计

陈自凯[1,2]　张骥超[1,2]　王晨磊[1,2]　吕　超[1,2]

1. 宝山钢铁股份有限公司中央研究院，上海，201900

2. 汽车用钢开发与应用技术国家重点实验室（宝钢），上海，201900

【摘　要】以某全景天窗加强框及其附近车身部件为考察对象，在顶盖总成环境下进行顶盖刚度、顶盖模态、顶盖抗压分析。通过归一化灵敏度分析，确定了对天窗加强框厚度变化最敏感的扭转刚度工况。根据该工况进行天窗加强框的激光拼焊（TWB）设计，通过厚度灵敏度优化分析，找到了天窗加强框的最佳厚度匹配方式，在保证各项性能不下降的同时，实现了天窗加强框的轻量化设计。

【关键词】激光拼焊　天窗加强框　轻量化设计

Application of TWB in lightweight design of panorama sunroof reinforcement frame

Chen Zikai[1,2]　Zhang Jichao[1,2]　Wang Chenlei[1,2]　Lv Chao[1,2]

1. Research Institute（R&D Center），Baoshan Iron & Steel Co.，Ltd，Shanghai，201900

2. State Key Laboratory of Development and Application Technology of Automotive Steels（BAOSTEEL），Shanghai，201900

Abstract: To study the lightweight potential of panorama sunroof reinforcement frame, roof stiffness, roof modal as well as roof crush load cases are carried out in a simplified analysis model. According to the normalized sensitivity index, torsion stiffness is most sensitive load case, which is used to evaluate structural performance of tailor welded blank（TWB）solution. Sensitivity analysis method is used to study the TWB thickness design, and optimum thickness distribution is found to ensure the best lightweight result of reinforcement frame while structural performance of panorama sunroof remains largely unchanged.

Keywords：TWB；sunroof reinforcement frame；Lightweight design

1 引言

汽车天窗能够使车内空气更加高效地流通，杰出的采光效果可以进一步提升乘员的驾乘体验[1]。目前国内市场对天窗的需求增长迅速，相关机构预计未来3~4年内全景天窗在国内市场的占有率将达到50%以上[2]。天窗对整车性能有较大影响，一般而言，同一个车型天窗款配置在整车扭转刚度、NVH、顶压、雪压及外板抗凹等性能上会低于非天窗款[3]。此外，由于天窗玻璃的影响，天窗版顶盖总成重量也大于非天窗版，天窗总成的轻量化设计尤为必要。

激光拼焊（TWB）技术是实现将不同材料及不同厚度的板材通过激光能量自动焊合。该技术针对不同零部件不同部位对性能要求的不同，合理分配材料，用最优的尺寸和最佳的材料分布实现车身轻量化，同时保证车身的性能不下降[4,5]。目前，激光拼焊技术普遍应用于汽车车身的制造过程中，在B柱、前纵梁、车门内板、顶盖横梁等诸多部位都有应用。

2 全景天窗顶盖模型

某车型原全景天窗加强框设计如图1所示，采用整体式冲压成形，材料定义为B170P1，厚度为1.2 mm，质量7.18 kg。在有限元分析模型中，截取顶盖以下250 mm的网格数据作为顶盖小总成分析对象，以提高计算效率。

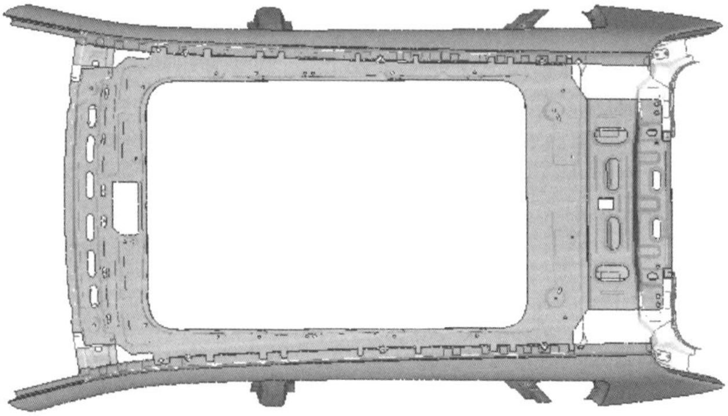

图1 全景天窗加强框设计

天窗加强框上各处所需要的性能是不一样的，因而其需要的厚度也不一样，采用整体式设计就存在厚度和性能的冗余，不能最大限度地发挥材料的作用。另外，整体式天窗加强框设计存在较大的材料浪费，材料利用率很低。激光拼焊形式的天窗加强框可以通过合理分片及优化厚度和排样，实现零件的轻量化设计。

3 天窗加强框轻量化设计

3.1 性能指标定义

天窗加强框对顶盖局部模态、顶盖扭转刚度、顶压等性能均有不同程度的影响。模态工况为无约束自由模态，取第一阶弯曲模态和第一阶扭转模态作为性能评价对象。顶盖扭转刚度工况约束如图 2 所示，约束 C 柱和 D 柱断面 6 个自由度，在 A 柱断面处创建 Rbe2 刚性连接单元，并在左右 Rbe2 单元的中心节点上分别施加 Z 向正负 1 000 N 的集中力，以总成扭转刚度 Kt 作为性能评价对象。Kt 的计算公式为：

$$Kt = M/\alpha = F \times L/\mathrm{ATAN}[(|\Delta Z_1| + |\Delta Z_2|)/L]$$

其中，$F = 1\ 000$ N；L 为两加载点之间的距离；α 为扭转角；ΔZ_1、ΔZ_2 分别为两加载点的 Z 向位移。

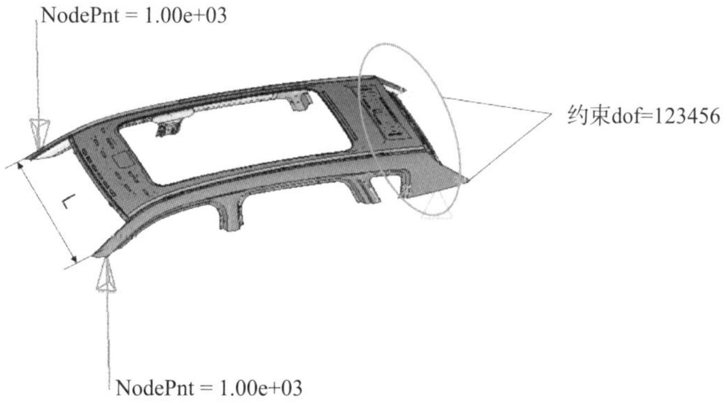

图 2　扭转工况边界条件

顶压工况的边界条件如图 3 所示。约束断面位置 XYZ 平动自由度，沿着刚性模块法线方向给刚性模块施加 2 231 mm/s 的恒定速度，持续时间为 100 ms，以结构失稳时的最大外力作为性能评价对象。

准确识别对天窗加强框而言是最为关键的工况，以归一化灵敏度作为评价指标，其计算公式为：

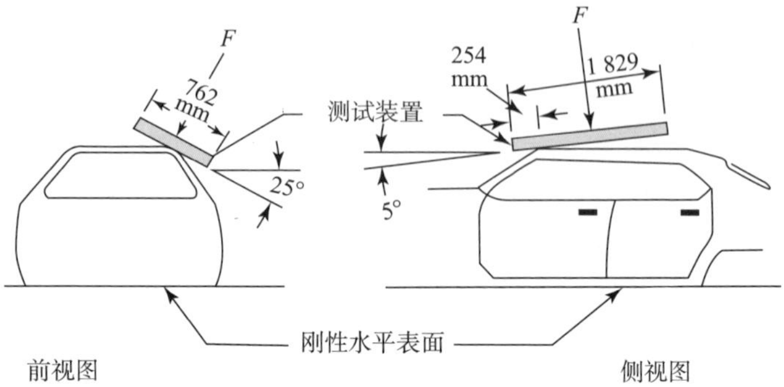

图 3　顶压工况边界条件

$$归一化灵敏度 = \frac{性能变化值}{厚度变化值 \times 初始性能值}$$

采用上述评价方法进行仿真分析，不同性能评价对象的归一化灵敏度结果见表 1。从表 1 可以看出，天窗加强框扭转刚度的影响最显著。由于扭转刚度的归一化灵敏度最高，因此接下来将以扭转刚度为评价目标，进行天窗加强框的激光拼焊设计及优化。

表 1　各工况对天窗加强框厚度的归一化灵敏度

性能分析项	初始状态	更改状态	归一化灵敏度/mm^{-1}
一阶扭转模态/Hz	8.06	7.2	0.27
一阶弯曲模态/Hz	32.8	29.2	0.27
扭转刚度/[Nm·(°)$^{-1}$]	507	309	0.99
顶压/kN	108	98	0.24

3.2　天窗加强框 TWB 方案设计

四片式天窗加强框激光拼焊设计如图 4 所示，材料牌号保持不变，将整体式天窗加强框分为四块坯料，其中 2 号件左右对称，采用相同的厚度。

为了迅速、准确地识别 TWB 形式的天窗加强框各部件厚度对整车扭转刚度的贡献度，进行厚度灵敏度分析。以 1 号件、2 号件和 3 号件的厚度分别作为设计变量，变量上下限分别为 1.6 mm 和 0.7 mm，以扭转刚度目标进行灵敏度分析，分析结果如图 5 所示。

其中，扭转刚度灵敏度表示设计变量对应的部件厚度增加 1 mm 时，扭转刚度的增加量；单位质量灵敏度即扭转刚度灵敏度与质量灵敏度的比值，而质量灵敏度表示设计变量对应的部件厚度增加 1 mm 时，整体质量的增加量。

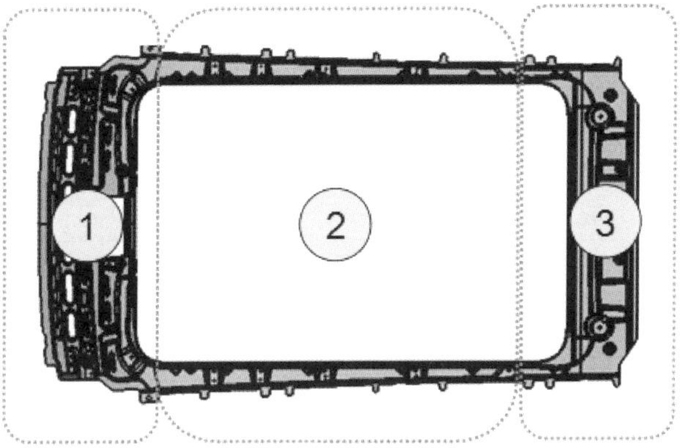

图4 天窗加强框激光拼焊设计

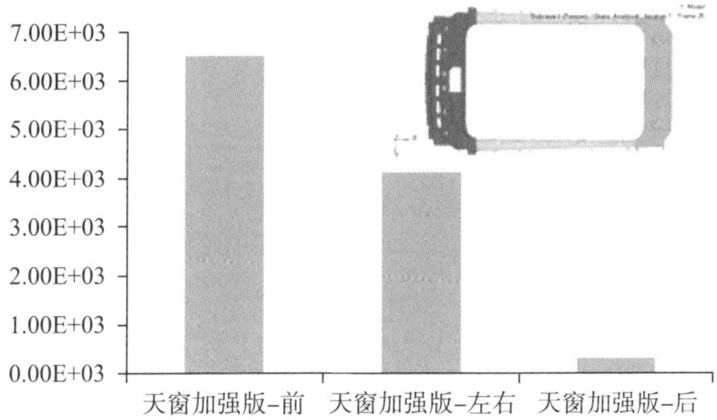

图5 扭转刚度灵敏度分析结果

因此，扭转刚度灵敏度反映了部件对整车扭转刚度的贡献度，而单位质量扭转刚度灵敏度除了反映单位质量的该部件对整车扭转刚度的贡献度，体现了轻量化的因素。

从灵敏度结果来看，1号件的扭转刚度灵敏度和单位质量扭转刚度灵敏度最高，3号件的扭转刚度灵敏度和单位质量扭转刚度灵敏度最低，因此，加厚1号件，减薄3号件，可以在满足扭转刚度性能的前提下，实现天窗加强框的质量最小。

3.3 天窗加强框TWB方案验证

根据灵敏度分析结果，对天窗加强框的厚度进行优化，并验算了整车扭转刚度，见表2。厚度优化后，天窗加强框质量减小13.9%，实现减重1 kg，效果显著，同时整车扭转刚度几乎不变。由于模态和顶压对天窗加强环相对不敏感，因此可以认为这些性能基本不受优化方案的影响，在此略去了这些工况的验证。

表2 天窗加强框厚度优化结果

项目	1#件厚度 /mm	2#件厚度 /mm	3#件厚度 /mm	质量 /kg	扭转刚度 /[Nm·(°)$^{-1}$]
初始设计	1.2	1.2	1.2	7.18	507
优化方案	1.5	0.7	0.7	6.18	506
相对变化	—	—	—	-13.9%	-0.2%

需要说明的是，天窗加强框除了对以上工况有影响外，对于可开启的全景天窗，其天窗玻璃的安装强度性能也有要求[2]，后续需要继续对该工况进行验证。

4 结论

本文针对某车全景天窗加强框材料利用率低、质量较大的问题，提出了激光拼焊形式的天窗加强框优化方案。首先，在总成环境下进行扭转刚度、模态和顶压分析，提取了对天窗加强框最敏感的扭转刚度工况，并根据该工况进行天窗加强框的激光拼焊设计，通过厚度灵敏度分析及优化，找到天窗加强框的最佳厚度匹配方式，减重效果显著，实现了天窗加强框的轻量化设计。

参考文献：

[1] 李伟鳌．汽车天窗玻璃密封条开启、关闭异响问题的研究［J］．汽车实用技术，2012（7）：64-68.

[2] 冯有成，邓本波．一种天窗加强框结构的优化设计［J］．农业装备与车辆工程，2014（7）：74-77.

[3] 吴明．天窗有什么用［J］．汽车知识，2003（4）：6.

[4] 王晓虎，张之彧．天窗密封条摩擦异响问题的研究［J］．上海汽车，2010（7）：45-48.

[5] 郑德兵，赵一鸣，潜圣汶．激光拼焊技术在车顶天窗加强框上应用的可行性研究［J］．汽车与配件，2016（37）：75-77.

作者简介

陈自凯，男，1988年出生，研究生，现就职于宝山钢铁股份有限公司，主要研究方向为结构优化、汽车碰撞安全。E-mail：chenzikai@baosteel.com。联系地址：上海市宝山区富锦路655号宝钢研究院。邮编：201900.

超高强钢在汽车座椅骨架上的应用

温正略[1,2]　徐栋恺[1,2]

1. 宝山钢铁股份有限公司研究院，上海，201900

2. 汽车用钢开发与应用技术国家重点实验室（宝钢），上海，201900

【摘　要】本文选取座椅骨架靠背边板和滑轨零件为研究对象，采用宝钢先进超高强钢进行冲压试制，研究超高强钢在汽车座椅骨架上的应用。针对靠背边板零件，运用AutoForm有限元分析软件模拟QP980冲压成形过程，并对比分析DP980的成形状态，通过试验试制了QP980座椅靠背边板零件，并与仿真结果进行对比。结果表明，在相同工艺条件下，QP980具有更好的成形性，零件安全裕度较大，DP980有开裂风险；针对座椅滑轨零件，使用HC950LA试制座椅滑轨零件，通过优化产品折弯圆角设计、模具型面调整及改变零件弯曲时的应力分布状态对零件进行回弹控制，零件回弹控制效果明显，低合金超高强度钢HC950LA冲压座椅滑轨零件成形性良好，满足零件精度、性能要求。

【关键词】QP980　HC950LA　超高强钢　座椅靠背边板　座椅滑轨

Application of Ultra – high Strength Steel in Car Seat Frame

Wen Zhenglue[1,2]　Xu Dongkia[1,2]

1. Research Institute of Baoshan Iron & Steel Co. , LTD, Shanghai 201900, China

2. State Key Laboratory of Development and Application Technology of Automotive Steels (BaoSteel)

Abstract: In this paper, the seat back plate and slide rail parts are selected as the research object, to study the application of Baosteel's ultra – high strength steel in the automobile seat frame through stamping trial. Focusing on the backrest side plate parts, AutoForm finite element analysis software is used to simulate stamping forming process of QP980, which is compared with that of DP980. A comparative analysis is also made between QP980 seat backrest side plate parts and the simulation result. It finds that under the same conditions, QP980 has better formability, parts have greater safety margin, and DP980 bears racking risk; In terms of the seat slide parts, HC950LA is used to trial - produce seat slide parts. The springback stress of the parts can be controlled with obvious effect by optimizing product design in bending radius, adjusting molding surface and changing stress distributing state when parts are in bending. Seat rails stamped by low - alloy ultra - high strength steel HC950LA has good forming capacity, which meet the precision and performance requirements of spare parts.

Keywords: QP980; HC950LA; ultra - high strength steel; seat back side plate; seat slide

1 引言

近年来汽车的安全及节能减排法规不断提高，汽车轻量化需求日益迫切[1]，汽车座椅轻量化也成为全球各大汽车公司及汽车零部件企业的研究方向。汽车座椅是为驾驶员提供支撑，保证驾驶员对汽车的操控和汽车运行时的平稳性、舒适性，以及在发生碰撞时对驾驶员、乘员进行保护。汽车座椅的舒适性与安全性直接影响到人们的主观感受，因此汽车座椅的设计与开发引起了世界各国的重视。针对目前能源紧张和国家节能减排的政策，如何在保证座椅安全性的前提下，减小质量，节约能源，实现其功能要求的轻量化设计，是国内外汽车座椅等零部件企业研究的重要课题之一[2]。

通过超高强钢在座椅骨架上的应用来降低其重量是常用的轻量化手段之一，但超高强钢板料具有屈服强度高、回弹较大等成形特点，且对模具成形表面质量要求较高[3]。座椅骨架零件成形过程复杂，需要考虑多方面的因素，较难找到变形规律。凭借经验和多轮的试模造成大量的资源浪费，很难适应当下产品更新换代快的要求，而 CAE 仿真分析为冲压成形过程模拟提供了数据参考，并在产品设计阶段预估零件在成形过程中可能会出现的风险，如起皱、开裂等。通过优化工艺参数，可以有效地缩短模具调试周期[4-6]。

汽车座椅滑轨零件作为座椅骨架的关键零件之一，对总成的轻量化具有重要影响。滑轨零件的轻量化主要采取超高强钢来实现，作为汽车结构中精度要求最高的零件之一，材料强度的提升对滑轨零件的制造工艺及回弹控制提出了新的挑战[7]。

本文以座椅靠背边板零件和滑轨零件为例，针对靠背边板零件采用宝钢的第三代超高强钢 QP980 进行冲压试制，并对比分析目前座椅骨架应用广泛的 DP 钢，滑轨零件采用宝钢低合金超高强度钢 HC950LA 进行冲压试制，通过仿真模拟与实物开发相结合等方法研究超高强钢在座椅骨架上的应用。

2 超高强钢力学性能

2.1 QP980 力学性能

QP(quenching&partitioning) 钢为淬火延性钢，是宝钢研发的第三代超高强钢。QP 钢采用的淬火－配分工艺是由 Speer 等[8]提出的热处理方法，通过冶炼过程中淬火和配分处理，形成马氏体＋铁素体＋残余奥氏体组织，组织中得到的马氏体为钢材提供了高强度，而适量的稳定残余奥氏体为钢材提供了良好的塑性和韧性。冲压成形零件对材料的加工硬化指数和延伸率较为敏感，因而 QP 钢适宜应用于强度需求高，且具有一定成形难度的零件。

QP980 和 DP980 力学性能典型值见表 1，力学性能曲线如图 1 所示。从表 1 和图 1 中可知，QP980 在抗拉强度达到 1 073 MPa 时，具有 20.1% 的断裂延伸率，而同级别的 DP 钢，延伸率只有 11.9%，QP980 的加工硬化指数也远高于 DP980，QP980 比 DP980 具有更好的成形性能。

表 1　HC600/QP980 与 HC550/DP980 力学性能典型值

材料	屈服强度 /MPa	抗拉强度 /MPa	加工硬化指数 n	各向异性系数 r	断裂延伸率 /%
HC600/QP980	695	1 073	0.162	1.09	20.1
HC550/DP980	688	1 058	0.105	0.838	11.9

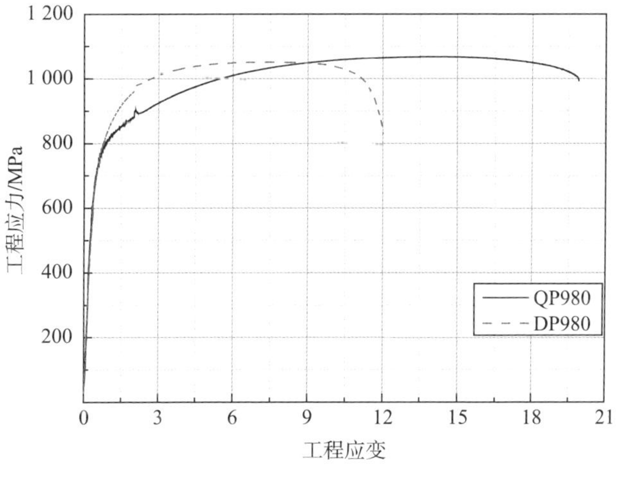

图 1　HC600/QP980 与 HC550/DP980 力学性能曲线

2.2 HC950LA 力学性能

低合金高强度钢是一类低碳工程结构用钢，具有较好的冷热加工成形性、良好的焊接性能等，在汽车结构类零件中应用较为广泛。传统的汽车用低合金高强度钢屈服强度大多在 500 MPa 以下，碳含量较低，具有较高的强度和塑性，能够很好地满足汽车制造对强度、塑性和韧性及其他方面的要求。目前宝钢已实现量产屈服强度在 800 MPa 级别以内的低合金高强度钢产品，文中采用的 HC950LA 为宝钢正在研发的最新一代低合金超高强钢，屈服强度达 950 MPa 以上，轧制方向上，屈服强度为 1 083 MPa，抗拉强度为 1 096 MPa，断裂伸长率为 12.1%；在垂直于轧制方向上，屈服强度为 1 167 MPa，抗拉强度为 1 169 MPa，断裂伸长率为 4.4%。HC950LA 沿袭了宝钢低合金高强钢的特点，具有超高强度、高屈强比、良好的冷弯性能，且合金元素添加量少，与同级别的超高强钢相比碳当量最低，因此焊接性能最好[7]。

3 QP980 靠背边板实物开发

汽车座椅靠背边板零件数据模型如图 2 所示，从图中可以看出，该靠背边板零件为满足座椅骨架的功能性和安全性，零件型面复杂，局部区域拉延深度较大，且侧面设计有加强筋，采用超高强钢整体成形难度较大，容易产生成形缺陷。

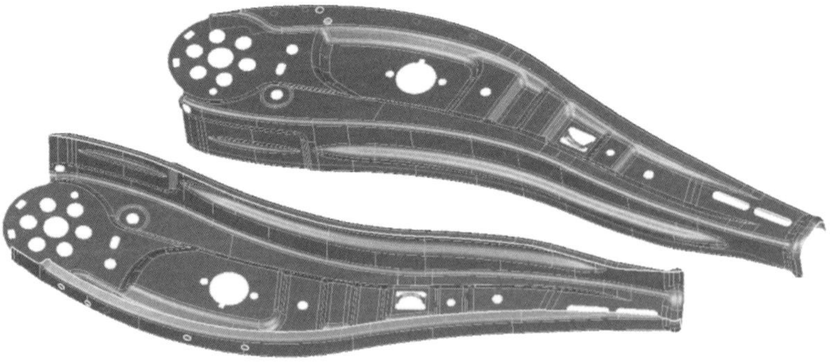

图 2　汽车座椅靠背边板数模

根据靠背边板的冲压成形工艺，结合零件冲压方向，并考虑后续翻边及侧整工序的预成形，对靠背边板零件进行工艺补充面设计。由于图 2 中零件两侧深度较大，如果采用超高强钢进行一次拉延成形，开裂风险较大。为了降低拉延深度，同时降低后序翻边高度，对零件进行半开口浅拉延设计。完成后的工艺补充型面如图 3 所示。

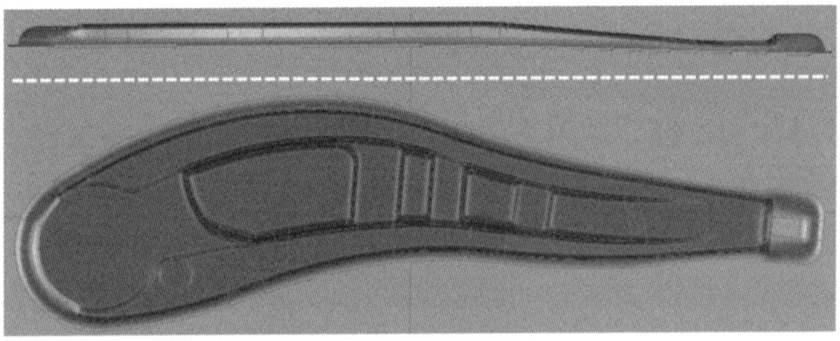

图 3　拉延序工艺数模

3.1　有限元分析

仿真选用的座椅靠背边板零件材料为 HC600/980QP 和 HC550/980DP，成形仿真结果如图 4 所示，图 4（a）采用 QP980 进行冲压仿真，可以看出零件 A 区域处于 FLD 安全区域之外，存在开裂风险。该区域属于塑性破裂，由于该处型面的 *R* 角半径较小，材料流动性阻力较大，且存在阶梯型面，使得变形较为集中，周围材料流动不畅，从而发生开裂。图 4（b）采用 DP980 进行冲压仿真，可以看出零件多处出现开裂，DP980 成形该零件风险较大。

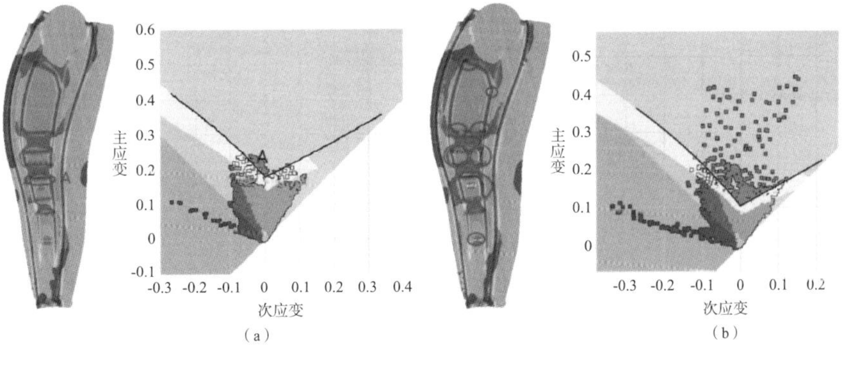

图 4　QP980 和 DP980 冲压成形极限图

（a）QP980 冲压成形 FLD；（b）DP980 冲压成形 FLD

考虑到 1 000 MPa 强度级别的材料在拉延过程中抗变形力较大，需去除造型过渡比较急的拐角特征，消除起皱缺陷；同时，将顶面尖角和较小圆角做大、做光顺，消除开裂缺陷。根据上述分析，将零件型面的 *R* 角由半径 4.5 mm 放大至 5.0 mm，并降低阶梯型面的梯度，在满足功能需求的前提下最大限度地使该处型面过渡平滑，局部区域优化前后的工艺型面如图 5 所示。

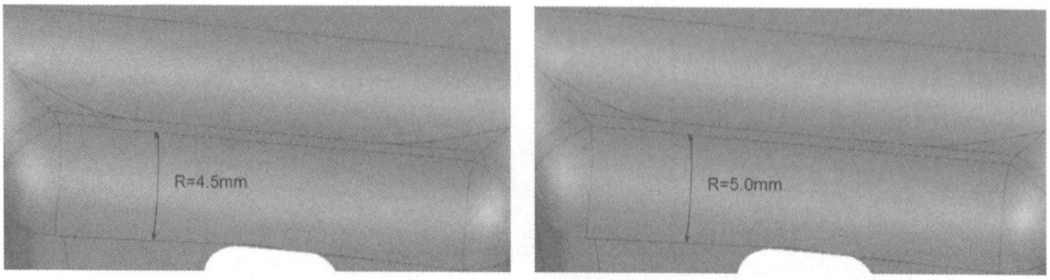

(a) (b)

图5 局部区域优化前后的工艺型面

(a) 优化前型面；(b) 优化后型面

将优化后的零件型面进行仿真模拟，保持其他工艺参数不变，结果如图6所示。通过AutoForm读取材料壁厚减薄模拟结果，图6（a）中A处区域最大减薄率为9.3%，在材料减薄率安全范围内（14.9%），零件变形区域也处于FLC安全范围，材料流动均匀合理，成形结果有较好的改善，零件具有较大的安全裕度。而图6（b）中DP980冲压仍存在较大成形风险，在零件局部凸台区域开裂严重。

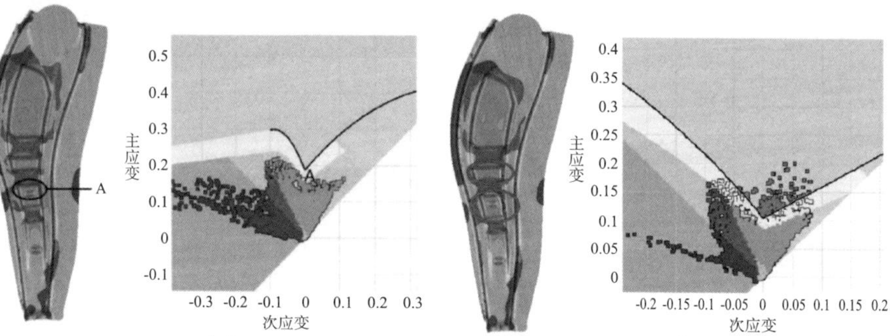

(a) (b)

图6 优化后的零件成形极限图

(a) QP980冲压成形FLD；(b) DP980冲压成形FLD

3.2 样件试制

通过对比分析QP980和DP980在该汽车座椅靠背边板零件上的冲压仿真情况，得知DP980无法满足该零件的成形需求，存在较大的成形风险，QP980在优化零件设计后成形状态良好，且具有一定的成形安全裕度，最终选用QP980进行实物开发。

采用与仿真模拟相同的工艺试制QP980座椅靠背边板零件，实物如图7所示，零件成形状态良好，无起皱开裂缺陷。使用超声波测厚仪检测图5中存在开裂风险位置的壁厚减薄，减薄率最大值为 11.4%，与仿真结果基本一致，该区域在材料壁厚减薄安全范围内。

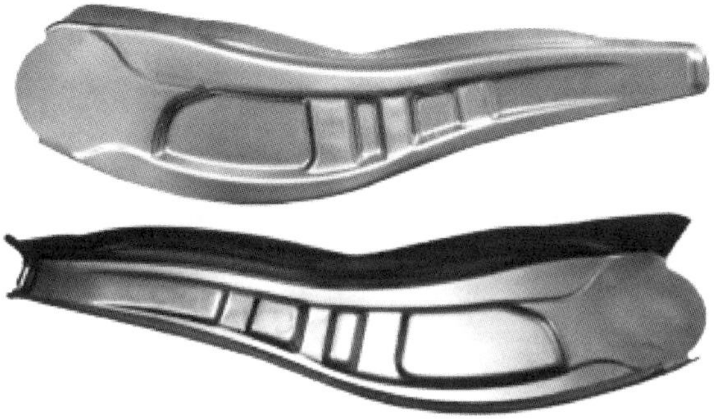

图 7　QP980 靠背边板零件

4　HC950LA 滑轨试制及回弹控制

采用 HC950LA－1.4 mm 冷折弯成形工艺对座椅滑轨零件进行样件试制，零件数模如图 8 所示。由于 HC950LA 屈服强度较高，成形后零件回弹明显，完成两序折弯后的外滑轨零件如图 9 所示，尺寸偏差较大。将试制后的内外滑轨通过蓝光扫描获取零件型面，通过与零件数模尺寸对比分析，进行回弹控制研究。

图 8　座椅滑轨零件数据模型

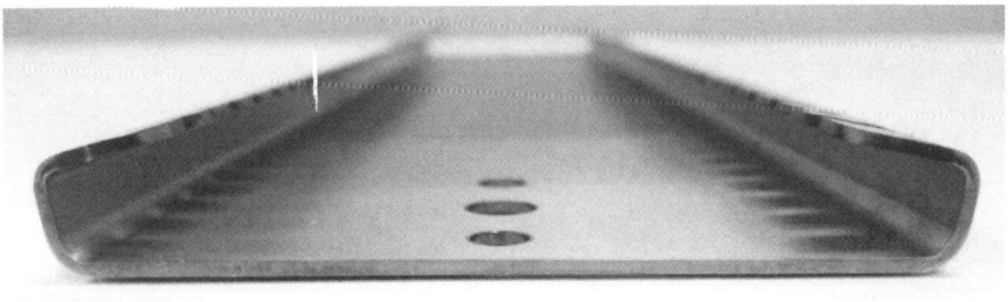

图 9　完成二序折弯成形的外滑轨零件

针对该滑轨零件，文中将从产品弯曲圆角设计、模具型面设计及调整零件弯曲时的应力分布 3 个方面进行回弹控制研究。

4.1 调整滑轨零件弯曲半径

外滑轨零件数模如图10所示，外滑轨各弯曲角①、②、③半径分别为3、2.9、3.4 mm，成形时第一序对①处进行折弯，第二、三序分别完成②、③处圆角弯曲成形。

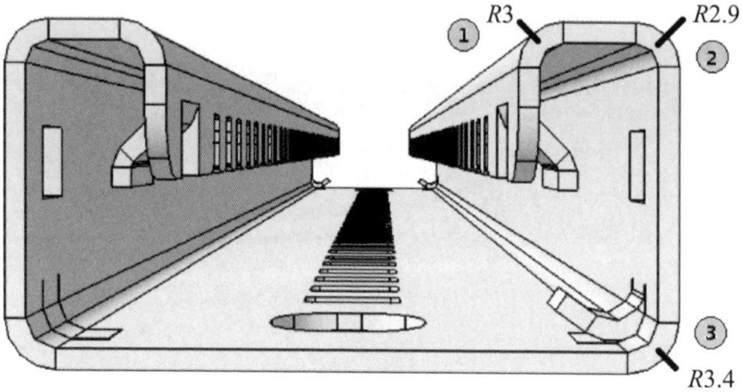

图10 外滑轨数模

样件截面与零件设计数模截面对比如图11所示，可以看出，在弯曲角3处的零件的回弹在30°左右。通过对样件截面旋转，对比圆角1、2处的回弹误差，如图12所示，可以看出回弹较小，在3°以内。

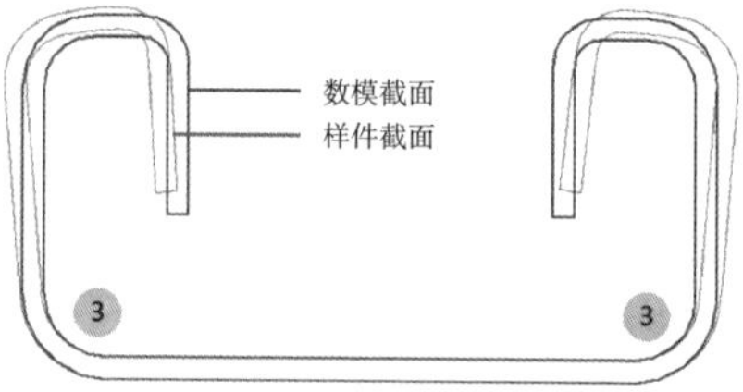

图11 外滑轨产品截面与数模截面对比

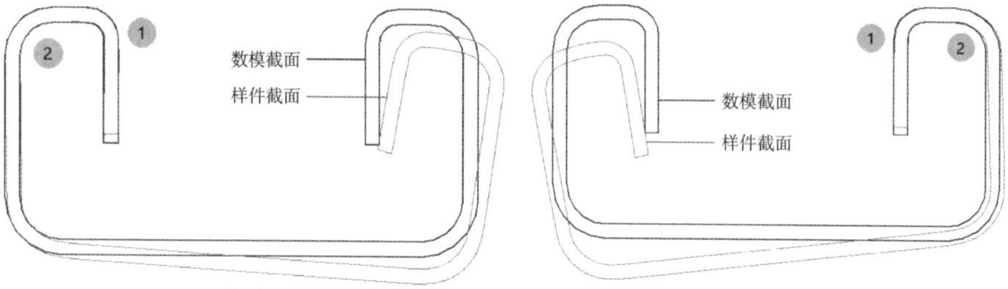

（a）　　　　　　　　　　（b）

图12 弯曲角1、2处的产品截面和数模截面对比

（a）左侧弯曲角重合；（b）右侧弯曲角重合

从上述分析可知，弯曲圆角 3 比圆角 1、2 大，回弹相应也较大。较小的弯曲半径有利于降低回弹，考虑材料不同角度下的最小弯曲半径，并结合产品设计需求，尽量选取较小的弯曲半径。同时，可以在弯曲区压制加强肋，以增加弯曲角的截面惯性矩，有利于抑制回弹。

4.2 调整模具型面

在设计弯曲模具的时候，可以利用回弹规律来控制回弹。根据回弹的趋势和回弹量的大小，预先对模具工作面部分做相应的形状和尺寸修正，使出模后的零件在回弹后正好是要求的形状和尺寸。如图 13 所示，将压料面做成带一定曲率的型面，利用底面的回弹来补偿双角弯曲的回弹。

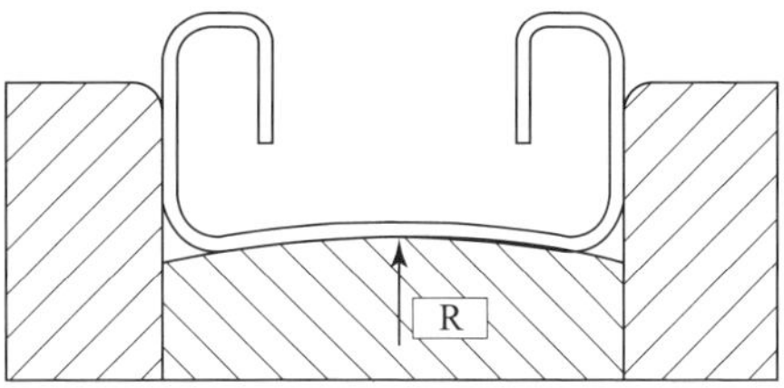

图 13　模具底面做成圆弧形

4.3 改变弯曲时的应力状态

内滑轨产品截面与数模截面对比如图 14 和图 15 所示，可以看出，弯曲角 3 处的回弹较大。这是由于弯曲角 3 处的曲率半径大，造型过渡平缓，成型后回弹大，零件精度无法保证。

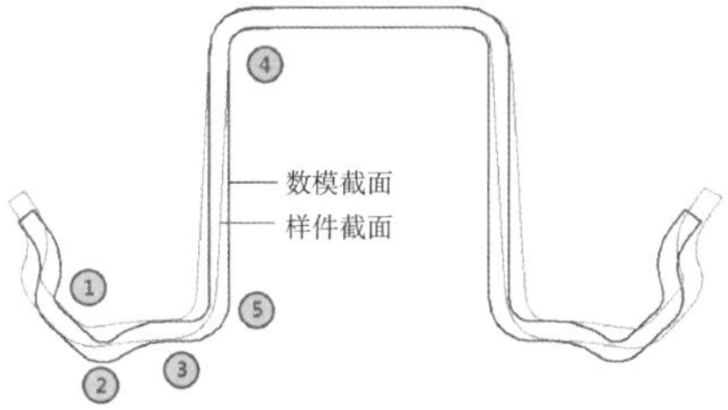

图 14　内滑轨产品截面与数模截面对比

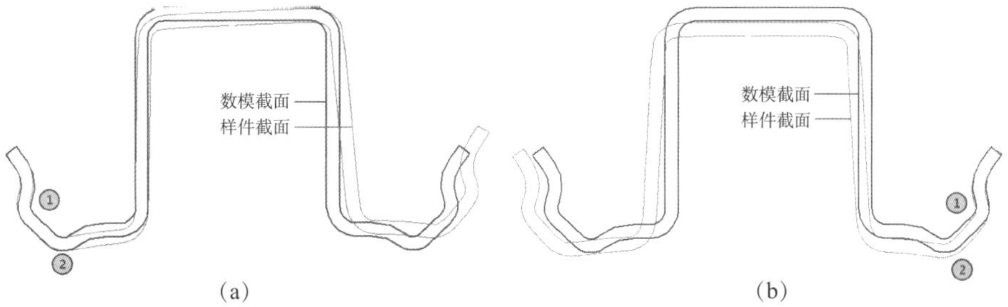

图 15　旋转后对比弯曲角 1、2 处截面

(a) 左侧弯曲角重合；(b) 右侧弯曲角重合

针对该特征可以将弯曲凸模的角部做成局部突起的形状，如图 16 所示，在弯曲成形结束时，内层金属受挤压应力，产生切向伸长应变，从而控制回弹；或在成形弯曲角 3 时，将压边力调大，使弯曲角 3 处的板料受到挤压变形，厚度减薄 3% ~4%，也将有效减小回弹。

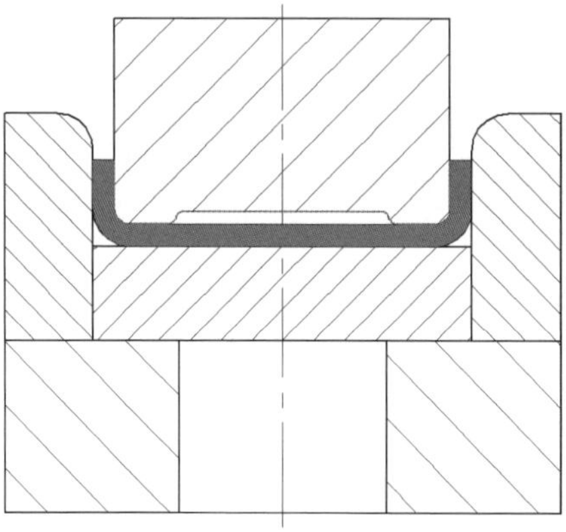

图 16 弯曲凸模的角部做成局部突起的形状

综合上述回弹控制方法，对内外滑轨模具进行适度调整，成形后的零件如图 17 所示。经检测，零件成形良好，尺寸精度提升，回弹控制效果明显。

图 17 滑轨零件样件

5 总结

(1) 针对汽车座椅靠背边板，分别采用宝钢 QP980 和 DP980 进行冲压仿真分析，并针对仿真结果进行零件优化，采用 QP980 成形性较好，而 DP980 局部存在开裂风险。根据仿真模拟工艺，开发了 QP980 实物样件，样件成形状态良好，检测得到最大减薄率 11.4%，无开裂起皱缺陷。综上，QP980 具有较高的成形极限，可以应用在强度要求较高，同时又具有一定成形难度的结构件上。

（2）在滑轨零件设计时，需考虑材料在不同角度下的最小弯曲半径，同时，落料时尽量使产品的变形方向垂直于轧制方向。使用 HC950LA 试制座椅滑轨零件，可通过产品弯曲圆角设计、模具型面调整及改变零件弯曲时的应力分布 3 个方面减小零件回弹。

参考文献：

[1] 张祥. 浅谈汽车座椅的开发与发展 [J]. 客车技术，2004 (1)：3 -5.

[2] 燕峰，李世国. 汽车座椅的设计与优化 [J]. 鞍山科技大学学报，2004，27 (5)：367 -370.

[3] Keeler Stuart，Kimchi Menachem. Advanced High - Strength Steels Application Guidelines Version 5.0 [J]. World Auto Steel，2015.

[4] JinKo Young，Joong Kim Jae，Chan Park Soon，et al. Module Design Concept for Lightweight Automotive Seats [C]. Magnesium：Proceedings of the 6th International Conference Magnesium，2004：924 -929.

[5] Murata Seishiro，Ito Hiroyuki，Sopher Steven. Polyurethane - Free Lightweight Automotive Seat [J]. SAE Int J Mater Manf，2014，7 (3)：655 -661.

[6] Saveski Alexander，Zekavica Omela，Amodeo Catherine M. One - Piece Seat Bottom Chassis：United State [P]. US 2012/0193965 A1.

[7] 倪昀，黄亚玲，章跃洪. 基于 DYNAFORM 汽车覆盖件冲压仿真分析 [J]. 热加工工艺，2011，40 (6)：109 -111.

[8] Speer J G，Edmonds D V，Rizzo F C，et al. Partitioning of carbon from supersaturated plates of ferrite，with application to steel processing and fundamentals of the bainite transformation [J]. Current Opinion in Solid State and Materials Science，2004，8 (3 -4)：219 - 237.

作者简介

温正略，宝山钢铁股份有限公司中央研究院，助理研究员，主要从事汽车用钢冲压成形技术研究。

快冷、超声处理对原位自生 TiB_2/Al 复合材料组织影响的研究

张跃波　李永飞*　刘春海　王立生　李振宇

中信戴卡股份有限公司，秦皇岛，066011

【摘　要】采用混合盐反应法制备了原位自生 TiB_2/Al 复合材料，分别研究了快冷、超声及两者共同作用对 TiB_2 分散均匀性的影响。结果表明：复合材料铝熔体超声处理可以使块状 TiB_2 粒子有效破碎成单体形态，实现 TiB_2 粒子的良好分散；快速冷却可以有效阻止凝固过程中 TiB_2 粒子向晶界的迁移，避免粒子在晶界处团聚，两者共同作用可以实现复合材料粒子的均匀分散。

【关键词】复合材料　快冷　超声

Effect of rapidly quenching and ultrasonic vibration on the microstructure of in – situ TiB_2/Al composite

Zhang Yuebo　Li Yongfei*　Liu Chunhai
Wang Lisheng　Li Zhenyu

CITIC Dicastal Co. , Ltd. Qinghuangdao, 066011

Manuscript received, 2017; in revised form, 2017

Abstract: The in – situ TiB_2/Al was synthesized by mixing salts reaction process successfully to investigate the effect of rapidly quenching, ultrasonic vibration and both of them on the microstructure of in – situ TiB_2/Al composite. The results indicated that ultrasonic vibration can disrupt the clusters of TiB_2 particles as single particle effectively and improve the uniformity of TiB2 particles distribution in the composites. Rapidly quenching can prevent TiB_2 particles from migrating to the grain boundaries and avoid forming clusters. Both of ultrasonic vibration and rapidly quenching were employed in obtaining the TiB_2 particles well distribution.

Keywords: composites; rapidly quenching; ultrasonic vibration

1 引言

颗粒增强金属基复合材料（Particle Reinforced Metal Matrix Composite）以其优良的耐磨性、高强度、高比刚度、良好的导热性、尺寸稳定性及低的热膨胀系数等特点在汽车、航空、电子工业领域中展现出巨大的研究和应用价值[1-5]。制备金属基体与增强粒子界面结合良好、增强粒子分散均匀、成本低廉、性能优异的材料是复合材料研究开发的重点与难点[6,7]。原位自生法由于增强粒子在熔体中生成，可以有效解决增强粒子与基体材料界面润湿性差的问题，生成的粒子尺寸细小（一般为100~500 nm），是制备颗粒增强金属基复合材料的一种理想方法[8-10]。

现有关于原位自生法制备复合材料的研究主要集中在制备及材料性能方面，尽管解决了增强粒子金属基体的界面润湿问题，但忽略了对增强粒子在基体内均匀分散的研究，材料的性能难以进一步提升。Hong[11]、Watson[12]等人研究结果表明，粒子团聚处易形成基体缺陷，大大增加在此形成裂纹源的概率，严重降低了复合材料的强度。熔体超声[13]是利用超声发生器产生的声波和空穴流作用于熔体，在传播过程中遇到阻碍时降低障碍物的表面能，在局部产生细小紊流或在金属稀疏处产生张应力，主要应用于轻合金的除气、除渣等。Liu等人[14]的研究表明，超声处理可以对原位自生TiB_2/Al复合材料中的片状TiB_2和棒状Al_3Ti有效破碎，但缺乏对超声后熔体粒子形态及分散状态的系统研究。本研究分别对原位自生TiB_2/纯Al及TiB_2/A356复合材料熔体进行超声处理，并将超声后的铝熔体快速冷却，表征超声后粒子的分布状态。

2 实验材料与方法

2.1 实验材料

本研究所用纯铝锭为秦皇岛安冶铝业有限公司生产，纯度为99.70%；纯硅为云南永昌硅业股份有限公司生产，牌号为2202级，硅含量>99.50%。反应盐氟钛酸钾与氟硼酸钾为天津华盛天和化工有限公司生产，纯度为98.5%。变质剂铝锶合金为KBM Affilips公司生产，其中锶含量为10%。

2.2 实验方法

将纯铝锭熔化并升温至850 ℃，加入按化学比配好并混合均匀烘干后的氟钛酸钾与氟硼酸钾，其中加入量按生成 TiB_2 含量为 5% 计算，反应时间为 1.5 h，结束后扒除表面的反应盐，铝液温度降至 750 ℃时搅拌除气 5 min。分别制备 TiB_2/纯 Al 和 TiB_2/A356 复合材料。TiB_2/纯 Al 复合材料试样制备：将铝液浇铸成自然冷却试样和快速冷却试样（将一勺铝液浇至室温的水中）；将超声发生器插入盛有铝液的坩埚中超声 5 min，如图 1 所示，将超声后的铝液分别浇铸自然冷却试样和快速冷却试样。TiB_2/A356 复合材料试样制备：将 TiB_2/纯 Al 的铝液按 A356 的合金元素含量分别加入纯 Si、纯 Mg 及变质剂 AlSr10 合金，配好后的铝液分别浇铸自然冷却试样、快速冷却试样，以及超声后的自然冷却试样和快速冷却试样。将 TiB_2/A356 复合材料放入箱式电炉里进行热处理，工艺参数为：固溶温度为 540 ℃，时间为 280 min；时效温度为 200 ℃，时间为 180 min。将上述试样分别切取金相样块后打磨成金相试样，用体积分数为 0.5% 的氢氟酸进行表面腐蚀，最后利用型号为 Zeiss EVO MA 15 的扫描电子显微镜进行组织观察，利用型号为 JEOL 2100F 的透射电子显微镜进行粒子界面观察。

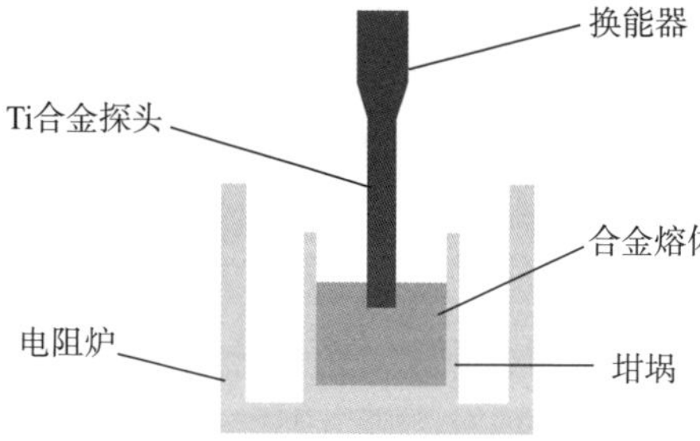

图 1 铝熔体超声处理示意图

3 结果分析与讨论

3.1 快冷和超声处理对 TiB_2/纯 Al 复合材料显微组织的影响

为了研究快速冷却、超声处理及两者共同作用对纯 Al 基复合材料中 TiB_2 粒子分散均匀性的影响，本研究分别制备了未超声正常冷却、未超声快速冷却、超声正常冷却及超声快速冷却条件下的 TiB_2/Al 复合材料试样，并在扫描电镜下观察其组织演化，如图 2 所示。

从图 2（a）中可以看出，凝固后的 TiB_2 粒子主要聚集在复合材料的晶界处，呈带状分布。在带状区域可以发现粒子以单体形式存在，每个单体粒子与周围粒子堆垛在一起，但并无明显连接，这说明粒子即使发生了聚集，也

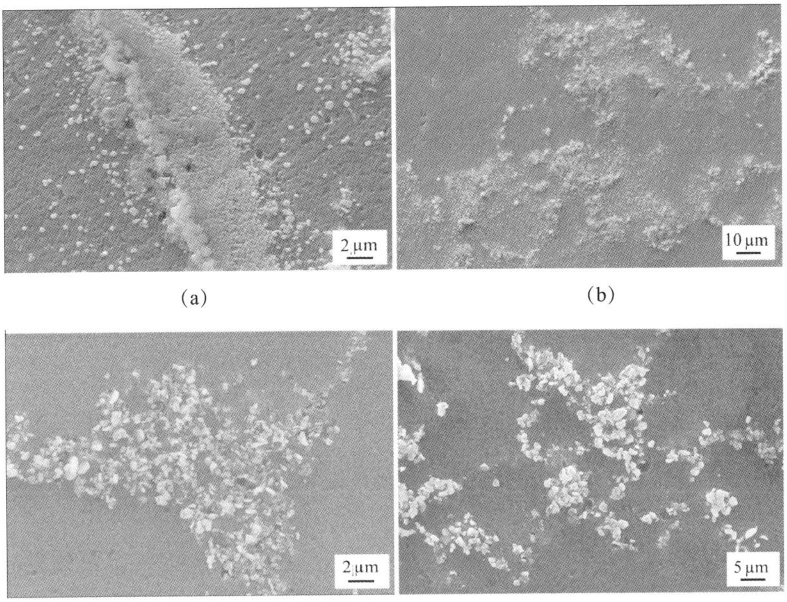

图2　不同条件下 TiB_2/纯 Al 复合材料粒子分布的组织演化

(a) 未超声正常冷却；(b) 未超声快冷；(c) 超声正常冷却；(d) 超声快冷

是以单体形式存在的，相互之间并无化学连接。观察聚集区的边界及远离聚集区可以发现，从聚集区到远离聚集区，粒子的数量呈现出逐渐减少的趋势。从图2（b）可以看出，快冷后尽管也有聚集，但相比于图2（a），粒子的分散均匀性有了显著的改善。因此，可以说明在凝固过程中粒子被推移到晶界处，形成粒子的团聚，这与 Wu 等人[15]利用相场法的计算结果相一致。对比未超声图2（a）、2（b）与图2（c）、2（d）可以看出，超声对消除块状 TiB_2 粒子聚集，提高粒子的分散均匀性有明显的效果。对比图2（c）和图2（d）可以看出，复合材料超声和快冷共同作用可进一步提高粒子分散性。根据第二相粒子偏析理论，晶界处结构缺陷比晶内的多，粒子向晶界偏析的过程中降低自身的能量，获得更加稳定状态，因此，在凝固过程中第二相粒子自发地聚集于晶界处，只有少部分远离晶界的粒子来不及聚集到晶界而被凝固。超声处理过程中，超声发生器会在铝液内部形成空穴流，空穴流的产生会在熔体内形成强大的张应力。根据 Zhang 等人[16]的报道，产生的瞬间压力可用公式（1）表示：

$$P_{max} = \frac{P_0}{4^{-4/3}}\left(\frac{R_{max}}{R_{min}}\right)^3 \tag{1}$$

式中，P_0 为铝液的静压力；R_{max} 为铝液中空穴的最大扩张半径；R_{min} 为最小闭合半径。当最小闭合半径 R_{min} 趋于0，最大扩张半径 R_{max} 趋于∞时，所获得的瞬间压力 P_{max} 是大气压的几千倍，可以对 TiB_2 的块状团聚实现有效破碎，获得单一的 TiB_2 粒子。

3.2 快冷和超声处理对 TiB_2/A356 复合材料显微组织的影响

从图3（a）中可以看出，原始的 TiB_2/A356 复合材料内部组织有块状的粒子团聚，TiB_2 粒子与 Si 颗粒相互聚集在一起。从图3（b）中可以看出，尽管块状粒子团聚基本消失，快速冷却可以有效阻止粒子向晶界偏聚形成较大范围的聚集，但单个粒子的相互粘连较严重，快速冷却并没有实现粒子分散成单体状态。从图3（c）看出，超声后粒子粘连的数量明显减少，但在 Si 颗粒周围的分布并不均匀，主要集中在晶界处。超声后快速冷却，如图3（d）所示，可以看出，粒子分散均匀，无明显团聚现象，TiB_2 在 Si 颗粒中随机分布，在 α－Al 内的粒子数量明显增多。这可能是由于超声处理破碎了粒子的块状团聚，将粒子分散为单体存在形态，快速冷却可以最大限度地保持复合材料熔体内粒子的原始形态，避免了凝固过程中粒子偏聚到晶界的可能。TiB_2 粒子在晶界处依附于 Si 存在，这可能是由于 TiB_2 粒子与铝基体存在较大的物理化学属性的差异，无法通过化学键直接连接，而 TiB_2 粒子与 Si 粒子尽管都属于陶瓷粒子，但是两者在晶体结构上有着明显的差异（TiB_2 为简单六方体，Si 为面心立方体）。

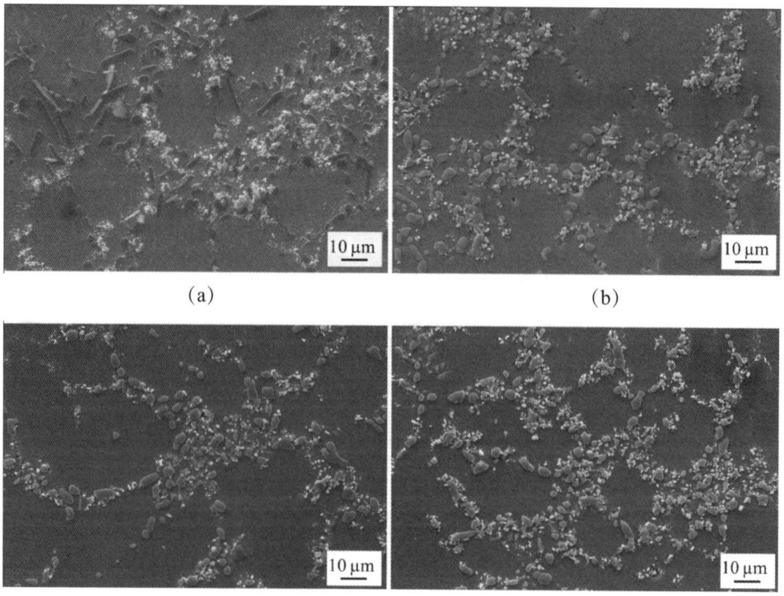

(a) (b) (c) (d)

图3 不同条件下 TiB_2/A356 复合材料粒子分布的组织演化

（a）未超声正常冷却；（b）未超声快冷；（c）超声正常冷却；（d）超声快冷

如图4所示，通过高分辨透射电镜观察可以看出，TiB_2 粒子与 Al 基体在界面结合处的晶格畸变区尺寸约为20.85 nm，且在畸变区有非常明显的扭曲变形的条纹；TiB_2 粒子与 Si 粒子之间的晶格畸变区尺寸约为12.47 nm，畸变区变形并不明显。对比结果表明：TiB_2/Al 大于 TiB_2/Si 的界面畸变区，前者的非共格畸变能更大，因此，在同等条件下 TiB_2 粒子会优先选择所需能量更低的 Si 粒子，在显微组织中表现为 TiB_2 粒子依附在 Si 粒子的周围。

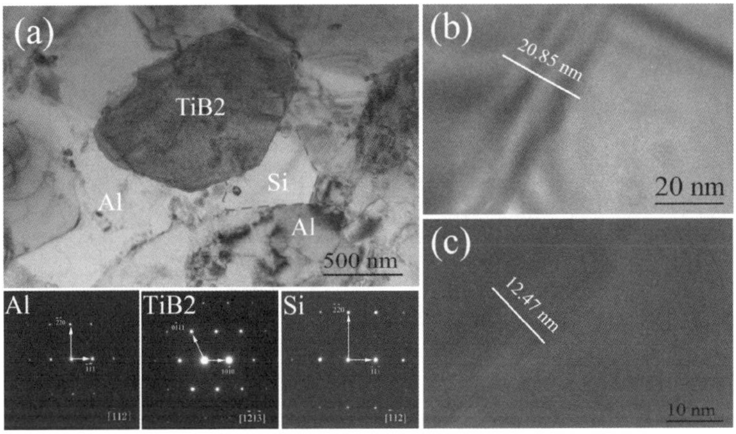

图4　TiB_2 粒子界面微区的 TEM 分析

（a）复合材料 TEM 组织；（b）TiB_2/Al 界面畸变区；（c）TiB_2/Si 界面畸变区

4　总结

（1）超声处理可以有效地破碎了 TiB_2 粒子的块状团聚，实现 TiB_2 粒子的单体存在形态。

（2）快速冷却可以有效阻止凝固过程中 TiB_2 粒子向晶界的迁移，避免粒子在晶界处团聚，超声处理和快速冷却共同作用可以实现复合材料粒子的均匀分散。

（3）TiB_2/Al 大于 TiB_2/Si 的界面畸变区尺寸，非共格畸变能更大，因此 TiB_2 粒子更趋向于依附在 Si 粒子的周围。

参考文献：

[1] Lloyd D J. Particle reinforced aluminum and magnesium matrix composites [J]. International Materials Reviews, 1994, 39: 1 – 23.

[2] Wood J V, Davies P, Kellie J L F. Properties of reactively cast aluminum – TiB_2 alloys [J]. Materials Science and Technology, 1993, 9 (10):

833 – 840.

[3] Miracle D B. Metal matrix composites – From science to technological significance [J]. Composites science and technology, 2005, 65 (15 – 16): 2526 – 2540.

[4] Kaczmar J W, Pietrzak K, Wosiski W. The production and application of metal matrix composite materials [J]. Journal of Materials Processing Technology, 2000, 106 (1 – 3): 58 – 67.

[5] Zhao D G, Liu X F, Pan Y C, Liu Y X, Bian X F. Microstructure and mechanical behavior of AlSiCuMgNi piston alloys reinforced with TiB_2 particles [J]. Journal of Materials Science, 2006, 41 (13): 4227 – 4232.

[6] T W 克莱因，P J 威瑟斯. 金属基复合材料导论 [M]. 余永宁，房至刚，译. 北京：冶金工业出版社，1996：1 – 3.

[7] Nakata H, Choh T, Kanetake N. Fabrication and mechanical properties of in – situ formed carbide particulate reinforced aluminum composite [J]. Journal of Materials Science, 1995, 30 (7): 1719 – 1727.

[8] Chen C G, Luo J, Guo Z M, Yang W W, Chen J. Microstructural evolution and mechanical properties of in situ TiB_2/Al composites under high – intensity ultrasound [J]. Rare Metals, 2015, 34 (3): 168 – 172.

[9] Chen F, Chen Z N, Mao F, Wang T M, Cao Z Q. TiB_2 reinforced aluminum based in situ composites fabricated by stir casting [J]. Materials Science and Engineering A, 2015, 625 (11): 357 – 368.

[10] Lakshmi S, Lu L, Gupta M. In situ preparation of TiB_2 reinforced Al based composites [J]. Journal of Materials Processing Technology, 1998, 73 (1 – 3): 160 – 166.

[11] Hong S J, Kim H M, Chun B S. Effect of clustering on the mechanical properties of SiC particulate – reinforced aluminum alloy 2024 metal matrix composites [J]. Materials Science and Engineering A, 2003, 347 (1 – 2): 198 – 204.

[12] Watson I G, Forster M F, Lee P D, Dashwood R J, Hamilton R W, Chirazi A. Investigation of the clustering behaviour of titanium diboride particles in aluminum [J]. Composites Part A: applied science and manufacturing, 2005, 36 (9): 1177 – 1187.

[13] Eskin G I, Eskin D G. Ultrasonic Treatment of Light Alloy Melts [M]. Boca Raton, CRC Press, 1998: 129 – 168.

[14] Liu Z W, Han Q Y, Li J G, Huang W D. Effect of ultrasonic vibration on microstructural evolution of the reinforcements and degassing of in situ TiB_2p/

A－12Si－4Cu composites [J]. Journal of Materials Processing Technology, 2012, 212 (2): 365－371.

[15] Wu Y, Zong Y P, Jin J F. Grain growth in a nanostructured AZ31 Mg alloy containing second phase particles studied by phase field simulations [J]. Science China Materials, 2016, 59 (5): 355－362.

[16] Zhang S L, Zhao Y T, Cheng X N, Chen G, Dai Q. High－energy ultrasonic field effects on the microstructure and mechanical behaviors of A356 alloy [J]. Journal of Alloys and Compounds, 2009, 470 (1－2): 168－172.

作者简介

张跃波，博士，中信戴卡股份有限公司，工程师，主要从事原位自生 TiB_2 颗粒增强 A356 铝基复合材料的应用研究工作。作为项目负责人主持项目两项：河北省高性能新材料专项项目（17211008D）和公司立项项目。入选河北省“三三三”人才培养工程，秦皇岛市学术带头人。

李永飞，中信戴卡股份有限公司，本文通讯作者：电话：0335－5359650，E－mail：liyongfei@dicastal.com。

先进高强钢板开发和应用于矿山自卸车轻量化设计

张永青[1]　郭爱民[1]　顾林豪[2]　董现春[2]

1. 中信金属有限公司，北京，100004

2. 首钢技术研究院，北京，100039

【摘　要】随着中国汽车行业的快速发展和汽车保有量的大幅提高，由此带来的能源消耗和环境污染已经越发严重，汽车轻量化设计也获得越来越多的注意。在过去十年，更多的努力集中在应用多相钢（DP、CP、TRIP）进行乘用车的轻量化设计。然而，工信部统计数据发现，商用车才是燃油消耗大户，保有量仅占30%的商用车消耗了70.0%燃油，因此，商用车轻量化设计降低燃油消耗的空间巨大。另外，中国的商用车比欧洲的同级别的商用车自重重17.0%。以自卸车为例，中国的自卸车一般比欧洲先进的矿车重3～4吨。根据计算结果，商用车自重降低10.0%，燃油消费可以降低4.8%。如果以2007年商用车的发展现状作为参照，2020年如果可以实现20.0%～35.0%的轻量化目标，每年降低燃油消耗2 500万～3 000万吨。此外，碳排放将随之降低。目前，实现轻量化设计的主要途径包括轻量化结构设计、材料及先进工艺技术应用三个方面，其中通过应用高强钢实现轻量化设计是最普遍的策略。在本文中，首钢重型汽车生产的150吨矿车被选为应用案例，通过应用首秦开发的高强韧、易焊接的Q690和NM450钢板实现轻量化设计，用于替代原有的Q345B级别。通过采用铌微合金化设计，尽可能地降低碳当量，新开发的高强钢板展现出更理想的性能匹配，包括强度、硬度、韧性，以及焊接性能和成型性。根据重汽和首钢矿业公司反馈结果，新矿车车厢实现减重5.0吨，降低了18.5%，同时，耐磨性提高1倍，延长了矿车车厢使用寿命，获得了较好的经济效益和社会效益。

【关键词】重型矿山自卸车　轻量化　铌微合金化先进高强钢

Development and Application of Advanced High Strength Steels for Lightweight design of Dumping truck

Zhang Yongqing[1] Guo Aimin[1] Gu Linhao[2] Dong Xianchun[2]

1. CITIC Metal Co. , LTD, Beijing, 100004
2. Shougang Research Institute of Technology, Beijing, 100039

Abstract: With rapid development of automobile industry in China, the constraints of energy consumption and environmental pollution have become increasingly serious, and lightweight design has received more and more attentions. Over the past years, more efforts were focused on multiphase steels (DP, CP, TRIP) for passenger cars. However, based on statistics data by China's Ministry of Industry and Information, commercial vehicles accounting for 30. 0 percent of total number of automobile actually consumed about 70. 0 percent fuel. So, the room to reduce fuel consumption is potentially huge. In addition, China's commercial vehicle is 17. 0 percent heavier in self - weight on average than that of European countries. Take dumping truck as an example, China's dumping truck is 3. 0 to 4. 0 tons heavier than that of advanced level in European countries. According to calculation, fuel consumption can decrease by 4. 8 percent if self - weight of commercial vehicle reduces by 10. 0 percent. Take present status of commercial vehicle in 2007 as baseline, fuel consumption can save 25. 0 to 30. 0 million tons per year once 20. 0 to 35. 0 percent lightweight design comes true in 2020. In addition, carbon emission will decrease proportionally. Among structure optimization design, lightweight material and advanced fabrication process, lightweight design by applying advanced high strength steels and matched optimization design provides the most effective approach. In this paper, dumping trucks were chosen as the showcase to realize the lightweight by applying high strength steels. Shougang's Heavy - duty mining truck body was previously manufactured by plain Q345B grade, existing big room to reduce self weight with Q690 and NM450 for reinforcements and truck body respectively. Targeted for new dumping trucks, two Nb - bearing high strength steel plates have been developed and produced by Shougang, with good balance of strength, hardness, toughness, and as well as excellent weldability and formability. With newly developed high strength steels, new dumping truck body decrease by 18. 5, and at the same time prolongs lifespan by improved reliability and durability, which lead to better economic benefits for truck maker and end user.

Keywords: Heavy - duty dumping truck; Lightweight; Nb - bearing advanced high strength steels

1 引言

为了推广高强含铌钢，促进我国钢铁工业结构调整和下游产品的结构升级，中信微合金化技术中心与巴西矿冶公司（CBMM）长期致力于引进国外先进的设计理念，并联合国内的钢铁企业和下游用户搭建产学研用合作平台，协同发展。在2012年年初，巴西矿冶公司引进国外先进高强钢进行轻量化降低运营成本的设计应用案例，选定国内150吨重型矿车和40吨自卸车分别开展工作，其中150吨重型矿车车厢采用热轧Q690钢板和NM450钢板进行优化设计，40吨自卸车车厢采用TH800和TWR450热轧开平板进行结构优化设计，整个研究内容包括轻量化设计、具有优良性能的含铌钢开发和应用研究，以及目标矿车制造和运营分析。在此，主要介绍150吨重型矿车的轻量化设计和高强钢的开发，包括合金设计和性能分析。

2 原矿山自卸车和新矿车设计

首钢重型150吨矿车车厢自重27吨，车厢底板、侧板和加强件全部采用Q345B级别进行设计和制造。根据以往的运营经验，在首钢铁矿，车厢磨损是一个比较严重的问题，特别是卸载过程矿石对车厢尾部的磨损，如图1所示。为了应对矿石对车厢底板的磨损，延长车厢使用寿命，比较普遍的做法是当车厢底板磨损到一定程度，在车厢底板上面焊接一层衬板，一般采用Q345B。如首钢矿业公司对150吨重型矿车，一般矿车磨损到原有厚度的32%左右。考虑结构刚度和运营风险，在车厢底板铺设一层厚度为18 mm的Q345钢板，如图2所示。

图1 普通结构钢磨损案例

图2 采用Q345结构钢铺设衬板

矿山自卸车轻量化设计原则是在保障必要的结构强度抗冲击性能和刚度前提条件下，通过应用高强钢实现矿车车厢的减重[1]。根据下面的计算公式，可以计算高强钢板需要的壁厚：

$$\frac{t_2}{t_1}=\sqrt{\frac{R_{\mathrm{eL1}}}{R_{\mathrm{eL2}}}} \tag{1}$$

其中，t_2 为高强钢的壁厚，mm；t_1 为普通钢板的壁厚，mm；R_{eL1} 为普通钢板的屈服强度，MPa；R_{eL2} 为高强钢板的屈服强度，MPa。

根据以上计算公式的计算结果，充分考虑结构安全，150 吨重型矿山自卸车结构设计如图 3 所示。其中矿车底板和侧板全部采用耐磨钢，矿车顶板和加强件采用 Q690 进行优化设计。优化设计前后的钢板厚度变化如图 4 所示。

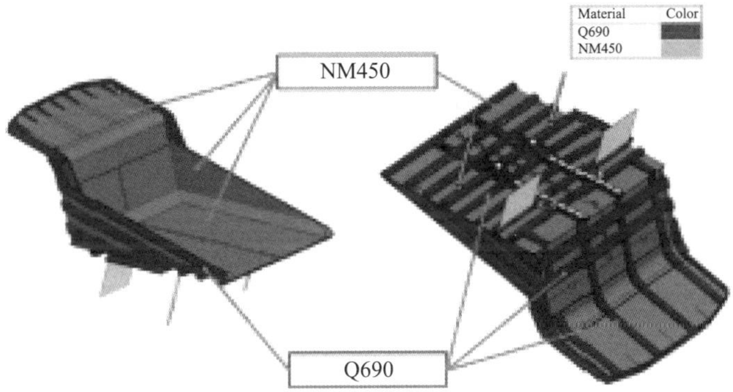

图 3　新矿山自卸车应用 Q690 和 NM450 的优化设计

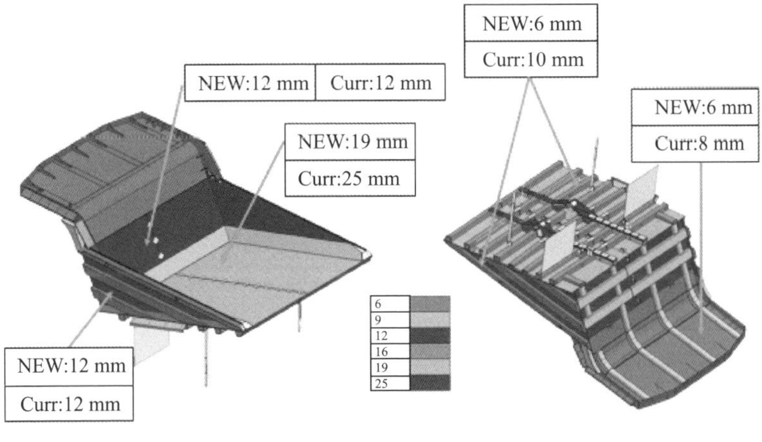

图 4　新矿山自卸车优化设计前后的钢板厚度

3 Q690 和 NM450 含铌高强钢板的开发

针对本项目，最小屈服强度为 690 MPa 的高强结构钢板被选为顶板和加强件的设计钢种，交货条件为调质状态（Q&T）；高强耐磨钢板采用 NM450，交货条件为离线调质热处理状态。对于高强结构钢板 Q690 和耐磨钢 NM450，达到单纯强度和硬度目标的难度不大，主要的问题是调质钢板缺乏必要的塑形和易于脆裂。对于高强结构钢板 Q690 和耐磨钢 NM450，单纯的强度和硬度生产难度不大，主要的问题是调质钢板缺乏必要的塑性且易于脆裂[2]。另外，该类钢板采用硼合金设计，碳当量比较高，众所周知，高的碳当量对焊接性能有负面影响。

为了成就最佳的强度、硬度、韧性、塑形、焊接性能和板型的平衡，冶金设计工程师必须正确地理解合金设计原则，包括 C、Mn、Si、Cr、Mo 和 Ni 等合金元素，以及合理地运用铌微合金化工艺，尤其是 Nb 和 Ti 的添加及影响。最后是添加 B 元素和正确地落实轧制、冷却和热处理工艺。相对于 NM450 钢，Q690 级别钢的碳当量比较低，因此，本文重点集中在新开发的高强耐磨钢 NM450，该钢种为马氏体钢。

为了成就目标钢种所需的性能要求，合金设计、生产工艺、冶金参数设计原则如下：

（1）晶粒细化和沉淀强化仍为低合金高强度钢最基本的冶金设计原则，无论是铁素体钢、贝氏体钢，还是马氏体钢。

（2）高的碳添加量可以保证耐磨钢需要的硬度，但为了保证耐磨钢的塑性和焊接性能，碳含量需要尽可能控制得比较低。对于 NM450 级别钢，理想的碳添加量一般小于 0.23%。

（3）P、S 和 Al 的添加量需要控制得尽可能低，以便获得更好的塑性。典型的控制目标如下：P≤0.015%，S≤0.005%，Al ≤0.03%。相对于国外钢厂，国内 Al 添加量相对较高，一般目标值为 0.03% 左右。

（4）为了获得良好的塑性和焊接性能，在保证目标性能的前提下，固溶元素 Mn、Si、Cu、Ni、Cr、Mo 的添加量尽可能地低，同时还可降低合金成本。但必须牢记，一定固溶元素添加量是提高淬透性，获得马氏体或贝氏体组织的关键因素，可以弥补淬火过程中的冷却能力。

（5）B 是一种非常有效的固溶元素，可以显著降低相变温度，获得必要的马氏体/贝氏体组织。B 元素是一种非常活跃的元素，在钢中可以和氮、氧都有很强的亲和力，与各种缺陷（如位错和空位等）有强烈的相互作用，并能和 S、C 化合，且易于和钢中的其他元素形成各种类型的夹杂物。然而，为了充分发挥硼的强化效果，添加的硼必须尽可能地保留游离态或自由态，防止添加的硼形成化合物，特别是氮化物。另外，硼在低碳钢中可以发挥更好的强化效果。根据以上考虑，NM450 钢中的氮和氧含量必须尽可能地低，以保留固溶的硼原子发挥强化效果。为了固氮，采用 Ti 微合金化已经成为普遍的生产工艺。

（6）对于使用 TMCP 工艺生产的热轧高强钢，铌微合金的细晶强化和沉淀强化机制与效果已经被广泛认识，涉及加热、轧制和冷却过程中铌的存在状态和强化机制。然而，今年来大量的研究表明，铌在调质交货的高强钢板中仍扮演了重要的角色。首先，铌具有和钛元素几乎一样的固氮效果，并且由于 Nb(CN) 颗粒形成温度比较低，在钢中的颗粒尺寸比 TiN 更加细小，导致更高的韧性。对于高强耐磨钢，传统的理解是耐磨钢是硬度的函数。最近的研究结果表明，高的韧性改变了耐磨钢磨损机制，由于微观犁削磨损（micro - ploughing）为损伤更小的磨损方式，延长了使用寿命，考虑到铌在耐磨钢中的溶解度，铌的添加量一般不大于 0.03%。

表 1 给出了新开发的耐磨钢力学性能检验结果，包括强度、延伸率、冲击韧性和硬度。由于实际碳添加量为 0.18%，硬度富裕量并不是很大。图 5 给出了含铌和不含铌耐磨钢扫描电镜组织照片，可以发现含铌耐磨钢晶粒明显细小。图 6 给出了含铌耐磨钢和不含铌耐磨钢冲击韧性，以及带来的磨损率对比结果。相对于普通结构钢 Q235，磨损率大幅度降低；由于含铌耐磨钢低温冲击韧性高，磨损量显著降低。

表 1 新开发的含铌耐磨钢力学性能检测结果

工艺	YS/MPa	TS/MPa	A/%	A_{kv}(−20 ℃)/J	硬度/HB
无 Nb	1 155	1 452	17	23	446
0.03% Nb	1 142	1 423	21.5	77	433
要求		≥1 300	10.0	24	425～475

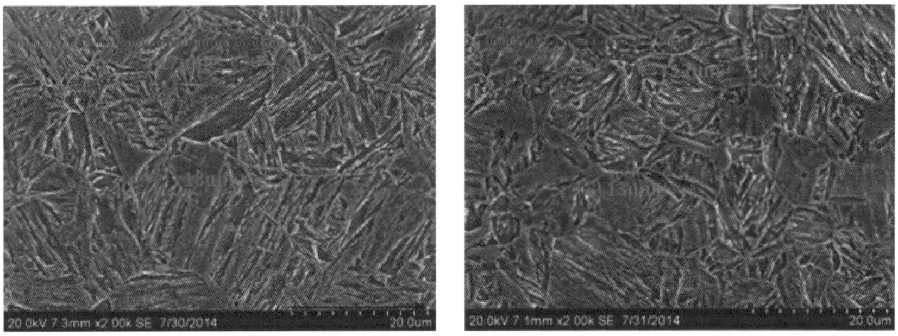

(a) (b)

图 5 调质耐磨钢扫描电镜分析结果照片

(a) 无 Nb；(b) 含有 0.03% Nb

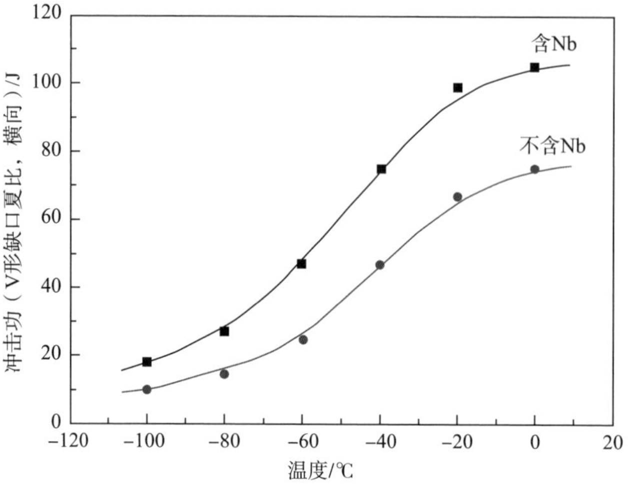

(a)

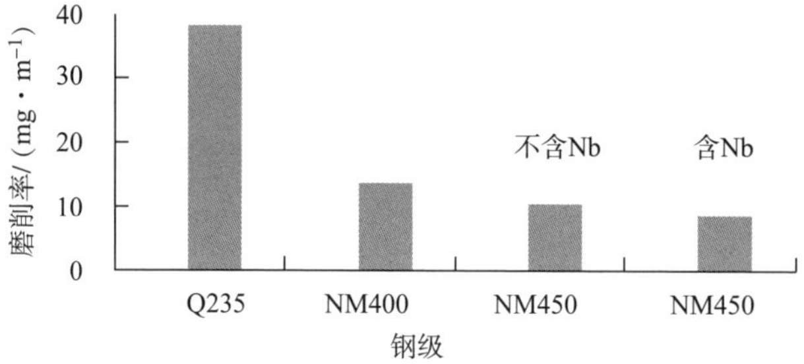

(b)

图6　含铌耐磨钢和不含铌耐磨钢冲击韧性和磨损率对比结果

(a) 夏比冲击韧性；(b) 磨损率对比结果

4　焊接性能研究和制造

由于新开发的耐磨钢碳当量相对比较低，具有比较优良的焊接性能，不需要特殊的焊接工艺，几乎可以满足所有的焊接工艺要求。根据矿车实际焊接需要，两种焊接评价试验在实验室进行研究：一种是耐磨钢搭接试验（CTS），一种是广泛应用于评价耐磨钢焊接性能的冷裂纹敏感性焊接试验（Y-groove）。此外，预热和不预热两种焊接温度被采用，如下面试验结果所示，均未发现裂纹。

4.1　搭接接头焊接评价试验

表2给出了采用ER50-6焊丝对新开发的耐磨钢进行的搭接接头焊接评

价试验检验结果，焊丝直径为1.2 mm。为了充分考虑适用性，分别考虑了夏季、冬季，以及预热80 ℃焊接工况条件。

表2　耐磨钢搭接接头焊接评价试验结果

预热	环境温度/℃	焊接电压/V	焊接电流/A	焊接速度/(mm·s^{-1})	热输入量/(kJ·cm^{-1})	裂纹率/%	
						上板C1	下板C2
无	32.6（夏天）	26.3	265	3.71	18.79	0	
		26.3	265	3.28	21.25	0	
无	-1.4（冬天）	26.3	265	3.95	17.64	0	
		26.3	265	3.93	17.73	0	
有	80 ℃	26.9	218	3.75	15.64	0	
		26.9	218	4.05	14.48	0	

4.2　冷裂纹敏感性焊接试验

Y形坡口焊接冷裂纹敏感性试验被广泛应用于评价耐磨钢焊接性能，并根据评价结果确定是否采用预热工艺。对于19.0 mm厚耐磨钢，采用ER50-6焊丝和二氧化碳气体保护焊接工艺。在实验室分别模拟了夏天、冬季，以及80 ℃预热的焊接评价试验。表3给出了主要焊接参数和检验结果，图7（a）给出了搭接接头焊接试样照片。

表3　Y形坡口焊接冷裂纹敏感性试验焊接参数和检验结果

环境温度/℃	预热温度/℃	焊接电压/V	焊接电流/A	焊接时间/s	热输入/(kJ·cm^{-1})	表面裂纹率C_f	截面的裂纹率C_s	根部裂纹率C_T
32.6	无	26.2	270	13.8	12.2	0	0	0
32.6	无	26.2	270	15.7	13.88	0	0	0
32.6	80	26.3	260	13.5	11.54	0	0	0
32.6	80	26.3	260	14	11.97	0	0	0
-1.4	无	26.9	200	12	8.07	0	0	0
-1.4	无	27	200	13.6	9.18	0	0	0

4.3　矿车组装焊接

根据以上的焊接结果，新开发的耐磨钢展示了优良的焊接性能。考虑到实际矿车运行环境温度可能低于-20 ℃，矿车组装过程中耐磨钢板的对接接头焊接预热温度不低于 80 ℃，参考国内外其他生产企业，预热温度最好控制为不高于 120 ℃。图 8 给出了首钢重汽在冬季焊接和对接焊接接头外观质量照片。对矿山自卸车底板耐磨钢的对接接头焊接进行超声波无损检测，未发现裂纹。图 7（b）给出了冷裂纹敏感焊接试验试样照片。

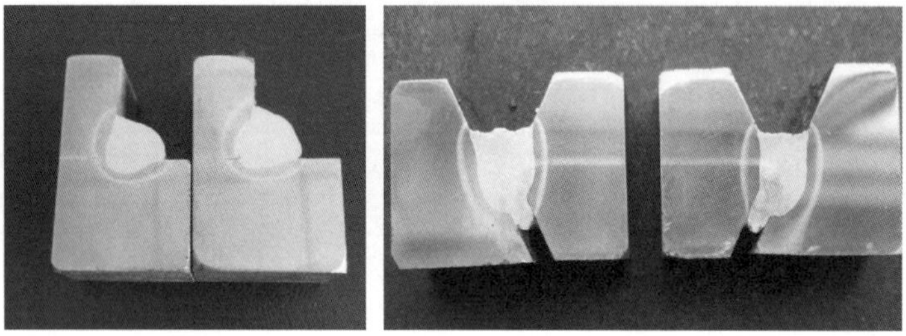

(a) (b)

图 7 焊接试验

（a）搭接焊接接头试样；（b）冷裂纹敏感性试验试样

(a) (b)

图 8 矿车耐磨钢对接接头焊接操作和焊缝

5 运营分析

图 9 给出了新开发的重型矿山自卸车装载和卸载的实地照片。截至目前，矿车已经在铁矿安全运营 3 个月，运输了 23.83 万吨料和矿，总周转里程为 33.2894 万吨·km。与最新的应用普碳钢的矿山自卸车进行对比分析，主要运营结果如下：

（1）矿车车厢质量降低了 5 吨，从 27.0 吨降低为 22.0 吨。减重效果来源于两个方面：一是矿车底板壁厚减薄；二是矿车加强件结构设计优化。

（2）燃油消耗：降低了 0.201%。由于 150 吨矿车整车自重为 105 吨，载荷为150吨，减重对油耗的效果不是太显著。

（3）磨损率：磨损量下降了36.0%。

（4）在实际运行跟踪过程中，发现了几处小裂纹，经分析发现是由于焊接工人未按照焊接操作执行，焊缝未熔合引起的。车厢最薄弱的环节——底板对接接头未发现裂纹。

（a）　　（b）

图9　采用高强耐磨钢制造的150吨重型矿车

6　结论

通过应用高强耐磨钢实现轻量化，同时提高了出勤率，延长了使用寿命，这是当前矿山机械和重型矿车的发展趋势，也降低能源消费和环境污染造成的约束。通过与普碳钢生产制造的矿山自卸车进行对比分析发现，采用NM450和Q690制造的矿车车厢减重5.0吨，车厢底板磨损率下降了36%。

参考文献：

［1］ Hulka K, Kern A, Schriever U. Application of Niobium in Quenched and Tempered High - Strength Steels［J］. Materials Science Forum Vols, 2005, 500 - 501: 519 - 526.

［2］ Hallfeldt T. Possibilities and challenges using advanced high strength steel sheets for automotive applications［C］. International Symposium on Niobium Microalloyed Sheet Steel for Automotive Application, 117 - 128.

作者简介

张永青，中信金属有限公司，高级工程师，从事铌微合金化高强钢的开发、应用和推广，主要负责管线钢、工程机械、高强钢筋和线棒材等。

汽车用GA、Zn-Al-Mg镀层钢板的点焊和腐蚀性能对比研究

方 芳[1] 毕玉梅[2] 钟如涛[1] 庞 涛[1]

1. 武汉钢铁有限公司技术中心，武汉，430080，中国
2. 武汉钢铁有限公司制造部，武汉，430080，中国

【摘 要】对3种不同成分的镀层成分进行点焊和电化学腐蚀性能对比研究。结果显示，当镀液成分分别为0.15% Al－Zn（GA）、2.1% Al－1.3% Mg－Zn（LAMZ）、7.2% Al－1.6% Mg－Zn（HAMZ）时，所得镀层的点焊及电化学腐蚀性能有较大的差距。其中，HAMZ镀层有较高的Al含量，易损坏焊接电极，而LAMZ与GA镀层的焊接窗口接近。3种镀层的极化阻力值由低到高分别为958.2、1 625、3 032 Ω·cm^2，HAMZ的电化学防腐性能最优。

【关键词】GA　Zn－Al－Mg　点焊　电化学

Comparison of spot weldability and electro－chemical properties of auto steel coatedwith GA and Zn－Al－Mg

Fang Fang[1]　Bi Yumei[2]　Zhong Rutao[1]　Pang Tao[1]

1. Research and Development Center，Wuhan Iron and Steel Ltd.，Wuhan，430080，China
2. Manufacturing department，Wuhan Iron and Steel Ltd.，Wuhan，430080，China

Abstract: The spot weldability and electro－chemical properties of three coatings were compared and studied. The results show that，the coatings had relatively large differences in the two properties when the chemical compositions of melted metal were 0.15% Al－Zn（GA）、2.1% Al－1.3% Mg－Zn（LAMZ）、7.2% Al－1.6% Mg－Zn（HAMZ），respectively. As the HAMZ coating contained more Al，the electrode was easily damaged，and the welding window could not be achieved. The welding window of LAMZ and GA were closed to each other. The polarization resistance of the three coatings were 958.2、1625、3032 Ω · cm^2, respectively, in which the electro - chemical corrosion property of HAMZ was better than the other two coating.

Keywords: GA; Zn - Al - Mg; spot weld; electro - chemical

1 引言

随着对钢制品耐腐蚀性能要求的不断提高，镀纯锌已经渐渐不能满足要求，迫切需要开发新的高耐蚀镀层品种。在过去的几十年中，已经在这一领域取得了巨大的进步，主要体现在：将 Al 和 Mg 两种元素引入锌镀层中，形成了 Zn - Al 体系和 Zn - Mg 体系，以镀铝锌和锌铝镁为代表。其他如对锌锰、锌镍、锌铁等体系的研究也相继开展[1]。在 Zn - Al 合金镀层里加入少量的 Mg 元素能增加镀层的光泽度，并且使晶粒得到细化，还能起到强化晶界的作用[2]，提高 Zn - Al 合金镀层的抗腐蚀阻力，Zn - Al 合金镀层的晶界腐蚀也会被抑制，消除杂质元素 Sn 和 Cd 等的不良作用[3]。

近几年国内各大研究院校和大型钢厂均在锌铝镁镀层钢板的研发方面有所建树。本文将针对目前普遍使用的合金化和 Zn - Al - Mg 镀层，进行焊接、防腐性能的对比研究。

2 试验材料和方法

试验钢取样于生产现场所得冷硬态钢带（0.06C - 0.35Mn），剪切成 110 mm × 220 mm 的长方形钢板，保证试样表面清洁，无明显划伤和氧化铁皮。试验钢擦拭表面油污后经超声波清洗，在热浸镀工艺模拟试验机上进行镀锌工艺参数模拟，具体热镀工艺参考文献［4］。镀液具体成分分别为：0.15%Al-Zn（GA）、2.1%Al-1.3%Mg-Zn（LAMZ）、7.2%Al-1.6%Mg-Zn（HAMZ）。

镀后的试样取中间部位剪切成 20 mm × 110 mm 的细条进行点焊性能测试。点焊工艺参数为：中频直流、电极直径 6 mm、最小焊点直径 3.6 mm、焊接压力 2.5 kN、焊接时间 200 ms、保持 200 s。焊点直径≥3.6 mm 时的电流为下限，3 个焊点中两个焊点飞溅时的电流减去 200 A 为上限。

镀后试样取中间部位 20 mm × 20 mm 区域进行电化学性能测试。镀层电化学试验（EIS test）的试验条件为：阻抗谱和动电位极化在 3.5%（质量分数）NaCl 溶液中进行，试验温度（25 ± 1）℃，暴露在大气的静态电解液中。试验前，先将工作电极固定在 3.5% NaCl 电解液中浸泡 15 min，以获得稳定的开路电势。

3 结果与讨论

3.1 镀层点焊性能对比

在相同的点焊工艺参数下，GA 和 LAMZ 镀层的工艺窗口如图 1 所示。其中，GA 镀层的焊接电流范围为 8.6 ~ 10.3 kA，窗口为 1.7 kA。实际生产的 GA 镀层点焊工艺窗口的电流范围为 2.0 ~ 2.5 kA，大生产的 GA 板与实验室制备的 GA 板相比，镀层厚度更为均匀，点焊工艺窗口较宽，但差距不大。而 LAMZ 镀层的焊接电流范围为 12.6 ~ 14 kA，窗口为 1.4 kA，与 GA 点焊窗口（1.7 kA）差距较小。

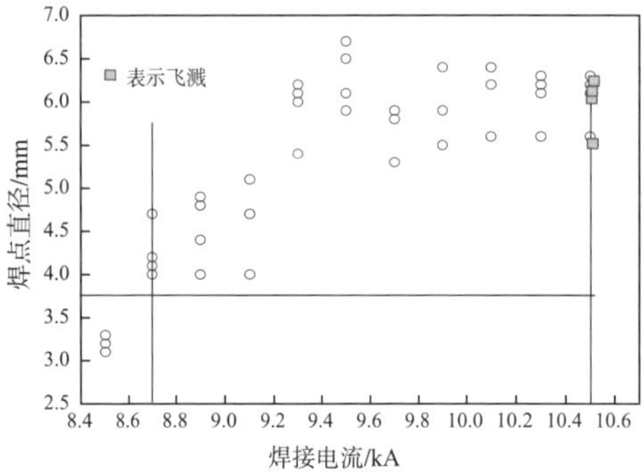

(a)

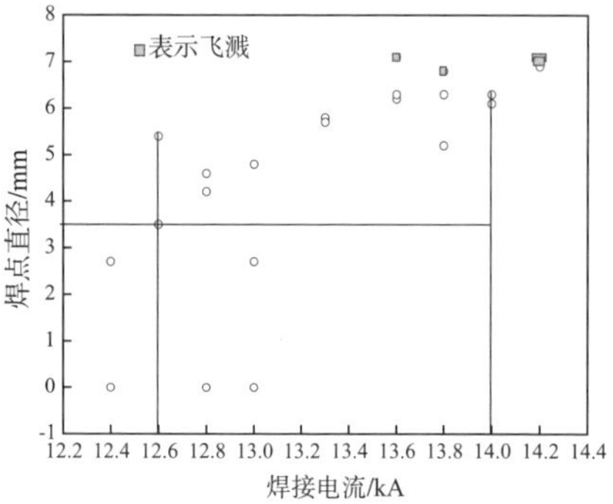

(b)

图 1　GA（a）和 LAMZ（b）镀层点焊工艺窗口

对 HAMZ 镀层进行点焊时，电流在 10.2 kA 时开始出现焊点，10.4 kA 时出现飞溅，11.4 kA 时电极与钢板粘连后损坏。几乎没有焊接工艺窗口，主要原因是 Al 和 Mg 的含量太高，电极损坏主要受 Al 的影响。从焊接角度看，后期应主要考虑降低 Al 的含量。

3.2 镀层电化学腐蚀性能

电化学测试系统由 Solartron 1280C 恒电位仪及 SAI 测试软件组成，参比电极为饱和甘汞电极，辅助电极为铂电极，测试试样面积为 1 cm^2，非工作面用硅橡胶封装，极化测试的扫描电位范围为 −0.20 ~ +0.50 V，扫描速率为 0.5 mV/s；EIS 测量在开路电位下进行，测量频率范围为 10^{-2} ~ 10^4 Hz，施加幅度为 5 mV 的正弦扰动。采用 CorrTest 电化学测试系统分析镀层的阻抗。等效电路为 $R_s(Q_1R_1)(Q_2R_2)$，其中 R_s(Rsol) 为溶液电阻，Q_1(Cdll) 表示双电层电容，R_1(R_e) 表示电荷传荷电阻，Q_2(Ccoat) 表示金属合金镀层电容，

R_2（Rcoat）表示镀层电阻。

在固体电极的阻抗 Nyquist 图的实际测量过程中发现，测出的曲线总是或多或少地偏离半圆的轨迹，而表现为一段实轴以上的圆弧，因此被称为容抗弧，这种现象称为“弥散效应”。一般与电极表面的不均匀性、电极表面吸附层及溶液导电性差有关，反映出电极界面双电层偏离理想电容的性质。

由不同频率下的电化学阻抗数据绘制的各种形式的曲线都属于电化学阻抗谱，最常用的是 Nyquist 图和阻抗 Bode 图。Nyquist 图以阻抗的实部为横轴，以阻抗的虚部为纵轴。Bode 图由两条曲线组成，其中一条是 Bode 模图 - 阻抗的模随频率的变化关系，另一条是 Bode 相图 - 阻抗的相位角随频率的变化关系。同时给出才能完整描述阻抗的特征。

三种镀层的阻抗如图 2 所示。镀层均有两个阻抗弧，具体拟合数值结果见表 1。表中 CPE1 为拟合平衡电位模型中的 Q_1，CPE2 为 Q_2；Y_0 是长相位角原件，n 为弥散指数，是量纲为 1 的参数，值为 0 ~ 1 之间。表 1 中的 R_s 均小于 10 $\Omega \cdot cm^2$，远远低于 R_1 和 R_2，代表测量过程稳定。GA、LAMZ、HAMZ 镀层的 R_2 值（极化阻力）分别为 958.2、1 625、3 032 $\Omega \cdot cm^2$，R_2 值越高，表示其抗电化学腐蚀性越好，拟合后的相对误差在 5% 左右，拟合效果较好。

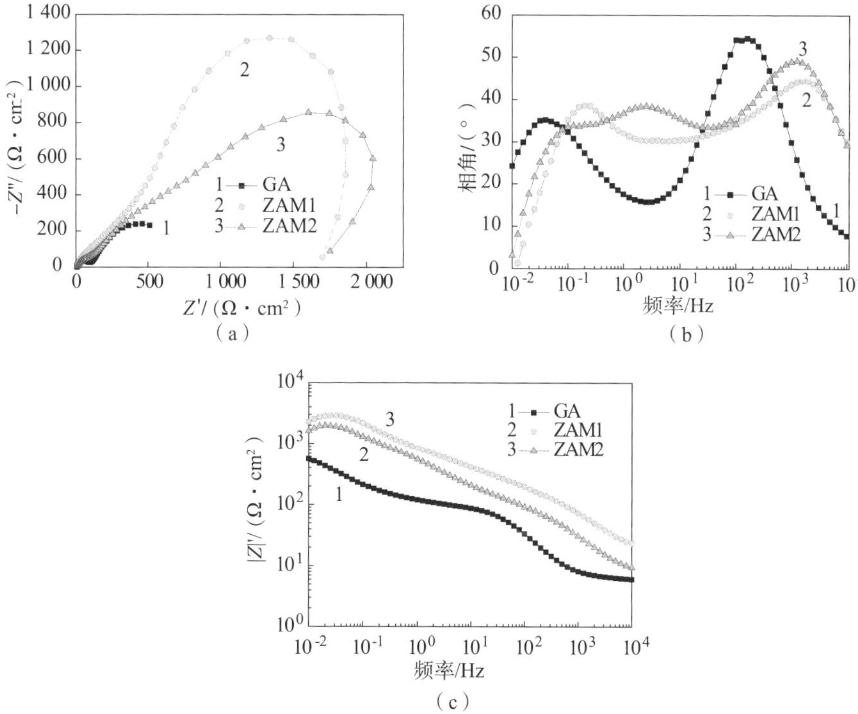

图 2　三种镀层电化学腐蚀结果对比

（a）Nyquist 图；（b）Bode 相角图；（c）Bode 模值图

表1 三种镀层电化学腐蚀拟合信号汇总

拟合信号 - GA	单位	拟合值	绝对误差	相对误差/%
R_s	$\Omega \cdot cm^2$	5.966	0.040 372	0.676 7
CPE1 - T，Y01	$S \cdot s^n \cdot cm^{-2}$	0.000 102 83	3.045 9E - 06	2.962 1
CPE1 - P，n1		0.892 93	0.004 667 4	0.522 71
R_1	$\Omega \cdot cm^2$	85.76	1.027 2	1.197 8
CPE2 - T，Y02	$S \cdot s^n \cdot cm^{-2}$	0.008 163 8	9.693 4E - 05	1.187 4
CPE2 - P，n2		0.645 08	0.009 122 4	1.414 2
R_2	$\Omega \cdot cm^2$	958.2	43.929	4.584 5
拟合信号 - LAMZ	单位	拟合值	绝对误差	相对误差/%
R_s	$\Omega \cdot cm^2$	2.37	1.079 3	45.54
CPE1 - T，Y01	$S \cdot s^n \cdot cm^{-2}$	0.000 251 49	2.829 7E - 05	11.252
CPE1 - P，n1		0.50791	0.015 005	2.954 3
R_1	$\Omega \cdot cm^2$	485.5	47.665	9.817 7
CPE2 - T，Y02	$S \cdot s^n \cdot cm^{-2}$	0.000 918 03	5.904 2E - 05	6.431 4
CPE2 - P，n2		0.865 89	0.037 349	4.313 4
R_2	$\Omega \cdot cm^2$	1625	95.933	5.903 6
拟合信号 - HAMZ	单位	拟合值	绝对误差	相对误差/%
R_s	$\Omega \cdot cm^2$	5.224	0.378 38	7.243 1
CPE1 - T，Y01	$S \cdot s^n \cdot cm^{-2}$	3.339 3E - 05	8.812 5E - 06	26.39
CPE1 - P，n1		0.859 29	0.038 723	4.506 4
R_1	$\Omega \cdot cm^2$	60.28	7.569 2	12.599
CPE2 - T，Y02	$S \cdot s^n \cdot cm^{-2}$	0.000 605 53	1.428E - 05	2.358 3
CPE2 - P，n2		0.542 95	0.013 411	2.47
R_2	$\Omega \cdot cm^2$	3 032	137.58	4.551 1

三种镀层的电化学腐蚀试验所得曲线拟合效果良好。Nyquist 图出现两个阻抗弧，代表所测试样存在两个时间常数。高频段的半弧表征双电层的电荷传递电阻，低频段的半弧表征试样表层形成的腐蚀薄膜。两条阻抗弧较宽且呈低拱形，归功于镀层和腐蚀产物的复杂化学成分。Bode 图显示有两个波峰，代表其为电化学极化控制的腐蚀过程。

极化曲线及对钝化区的拟合数据如图 3 和表 2 所示，可以看出 GA、LAMZ、HAMZ 的腐蚀电位分别为 -0.940 16 V、-1.078 8 V、-1.02 V，锌铝镁镀层的腐蚀电位比合金化镀层（GA）的高。

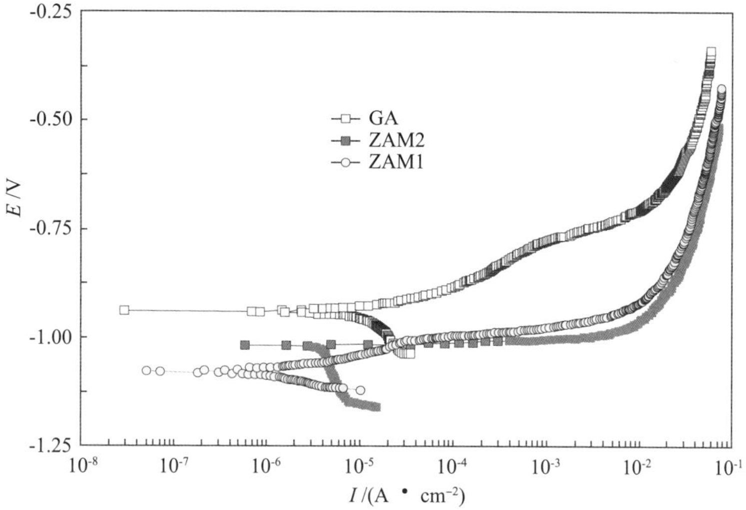

图 3　镀层钢板极化曲线

表 2　极化曲线阴极钝化区直线拟合结果

镀层	B_c/mV	I_o/(A · cm^{-2})	E_o/V
GA	-257.45	1.198 6E-5	-0.940 16
LAMZ	-53.234	8.787 7E-7	-1.078 8
HAMZ	-466.24	3.748 5E-6	-1.02

锌铝镁镀层的极化阻力（R_2）为 GA 镀层的 2 ~4 倍，主要是由锌铝镁镀层表面组织和成分变化所致。Komastsu A[5]的研究结果表明，镀层中镁的加入改变了镀层的组织结构。Evy De Bruycker[6]的研究结果表明，锌铝镁镀层中有 $Zn/Al/MgZn_2$二元共晶组织的存在，由共晶组织和 $MnZn_2$ 组成，综合微观组织和极化曲线（图 3）的结果，锌铝镁镀层表面由丁铝、镁元素及 $MgZn_2$ 的存在，使得纯锌相的面积缩小，由于锌铝镁镀层中铝、镁更易形成化合物，从而避免腐蚀，发生腐蚀的只有锌，因此锌铝镁镀层腐蚀电极有效面积缩小；锌的溶解速度降低，从而减小了腐蚀电流的密度。李峰等的研究结果表明，纯锌镀层（GI）的极化阻力为 520.7 Ω · cm^2。根据表 2 的结果推论，镀层的电化学腐蚀性能由高到低分别为 HAMZ > LAMZ > GA。

锌铝镁镀层的腐蚀电位相当，均大于 GA。合金化镀层的 Al 的质量分数较低，仅为 0.13% 左右，其腐蚀电位与单金属锌的腐蚀电位极为接近。锌铝镁镀层的腐蚀电位则是混合电位，从锌铝镁的镀层表面组织及元素分布来看，这一点很容易理解，腐蚀电位均大于 GA 镀层。

4 结论

（1）根据上述三种镀层的点焊工艺窗口，GA 的电流范围为 8.6～10.3 kA，窗口为 1.7 kA；LAMZ 电流范围为 12.6～14 kA，窗口为 1.4 kA；HAMZ 几乎没有焊接窗口。其中，LAMZ 与 GA 的焊接窗口接近，点焊性能良好，HAMZ 中 Al 含量较高，易损坏焊接电极。

（2）电化学腐蚀性能检测结果显示：R_s 均小于 10 $\Omega \cdot cm^2$，远远低于 R_1 和 R_2，代表测量过程稳定；拟合后的相对误差在5%左右，拟合效果较好；GA、LAMZ、HAMZ 镀层的 R_2 值（极化阻力）分别为 958.2、1625、3032 $\Omega \cdot cm^2$，镀层的电化学腐蚀性能由高到低分别为 HAMZ > LAMZ > GA。

参考文献：

[1] Elvins J, Spittle J A, Sullivan J H, et al. The Effect of Magnesium Additions on the Microstructure and Cut Edge Corrosion Resistance of Zinc Aluminum Alloy Galvanized Steel [J]. Corrosion Science, 2008, 50 (6): 1650 – 1658.

[2] 魏云鹤，于萍，刘秀玉．钢基表面热镀锌镁合金镀层及其耐蚀性能研究 [J]．材料工程，2005，7：40 – 42.

[3] 杨栋，陈建设，韩庆，等．钢丝热镀 Zn – Al – Mg 合金层及其电化学腐蚀行为 [J]．材料保护，2008，41（11）：1 – 4.

[4] 方芳，陈一鸣．气刀吹扫速度和锌液成分对热镀纯锌钢板镀层厚度的影响 [J]．武钢技术，2016，54（3）：29 – 32.

[5] Komastsu A，Izutani H，et al. 溶融 Zn – Al – Mg 系合金めつき鋼板の促進腐食環境にぉける耐食性と防食機構 [J]．鐵と鋼，2008，86（8）：534.

[6] Evy De Bruycker, Bruno C De Cooman. Experimental Study and Microstructure Simulation of Zn – Al – Mg Coatings [C]. Galvatech'04, 6th International Conference on Zinc and Zinc Alloy Coated Sheet Steels. Chicago, USA, 2004, 4 (4/8): 723.

作者简介

方芳，材料学博士，就职于武汉钢铁有限公司技术中心汽车所，金属材料高级工程师，研究兴趣为微合金钢的热/动力学、汽车板产品的开发等，当前研究方向为镀层汽车板产品研发。

弯曲汽车地板纵梁拉延件的回弹特点分析研究

刘贞伟[1]　崔振祥[1]　吴彦骏[1]　莫　云[2]

1. 宝山钢铁股份有限公司，上海，200941

2. 奇瑞汽车股份有限公司，芜湖，241009

【摘　要】本文针对使用宝钢牌号的超高强钢 HC600/980QP－EL 设计与制造的弯曲的汽车地板纵梁零件进行了回弹分析研究。先通过理论与仿真分析预测回弹，然后使用补偿后的模面开模进行试制。与实际情况进行对比分析，通过合理的模型搭建，仿真分析可以准确地预测零件一侧法兰的回弹，但对于另一侧的法兰的预测精度相对较差。这主要是因为零件在 X 向（长度方向）的弯曲导致两侧在拉延过程中的应力应变路径有差异，导致最后的回弹也存在差异，零件弯曲内侧侧壁存在局部剧烈弧形回弹是主要原因，而弧形最大处对应的位置，即是在拉延工序时，与凹模圆角接触的材料部位，此类弯曲的零件拉延时材料流过凹模圆角位置引起的回弹很大，在同类零件的回弹补偿中需要特别控制。

【关键词】回弹 1　超高强钢 2　仿真 3　回弹补偿 4

Springback Control of Floor Rail Member Using AHSS QP980

Liu Zhenwei[1]　Cui Zhenxiang[1]　Wu Yanjun[1]　Mo Yun[2]

1. Baoshan Iron & Steel Co., Ltd., Shanghai 200941 China

2. Chery Automobile Co., Ltd, Wuhu 241000 China

Abstract: This article dealt with a car floor railway member made of steel 980QP. Stamping Process and Died Face were designed at first, FEM simulation was done using program AutoForm afterwards to analyse the forming process and springback. As to springback simulation accuracy, it was good on one side compared to the other side due to lengthwise curved shape which caused residual stress difference between two sides. Sidewall curl formed at the moment die radius touched steel and tried to restore after die opened. It's important to restrain the sidewall curl which usually lead to different springback between two side flange.

Keywords：springback；advanced high strength steel；simulation；springback compensation

1 引言

近年来节能减排的要求日趋严格，使车身轻量化成为研究热点，而采用超高强钢是目前实现车身轻量化最有效路径之一，宝钢全球首发的 QP980 钢种的抗拉强度为1000 MPa，延伸率大于20%，能满足复杂结构件强度和成形性要求，应用前景十分广阔，是目前超高强钢研究的热点。而回弹是制约超高强钢应用的重要的因素之一，通过对工艺参数中的压边力、筋、摩擦系数等进行优化来控制回弹是常用的方法[1]。在模面上进行对应的回弹补偿也是回弹控制中一种非常常用的方法，但是涉及不同形状的零件，各种不同的影响因素互相耦合，导致无论是软件还是理论分析的精度都难以达到令人满意的效果。为了尽量简化相关因素之间的关系，本文选择一种相对简单的弯曲地板纵梁零件进行仿真分析及合理补偿，研究此类零件的回弹特性并寻找最优的分析和回弹控制方法。

2 地板纵梁回弹特点的分析

2.1 仿真过程设置

2.1.1 材料文件制作

采用 AutoForm R5.2 软件对从拉延到整形的全工序进行了仿真模拟。QP980 是新钢种，为了保证仿真结果的精度，此处根据采用钢种的实际性能，利用 AutoForm 软件的材料文件制作功能制作材料文件，通过软件与实际的多次比对，在数据拟合上选择了最优拟合方式，硬化曲线部分采用 APROXIMATION，屈服面采用 BARLAT，成形极限 FLD 采用实测的曲线输入，材料性能在 AutoForm 中制作的材料卡片中具体体现，如图 1 所示。

2.1.2 工艺过程设置

此处的工艺设置采用拉延 + 修边冲孔 + 侧整 + 侧修边冲孔的方式，因此件侧壁部分的回弹需要的补偿量会导致在拉延序出现负角，故增加侧整工序进行回弹的控制。在软件的 PLAN 中的 PROCESS PLAN 中进行设置，具体如图 2 所示。

因为最终的实际零件的回弹状态通过白光扫描设备进行检测，而检测的时候零件处于自由回弹状态，故此处回弹的类型也选择自由回弹，在进行材料有限元网格划分的过程中，单元格的大小自动选定为 0.31 ~ 40 mm，最大

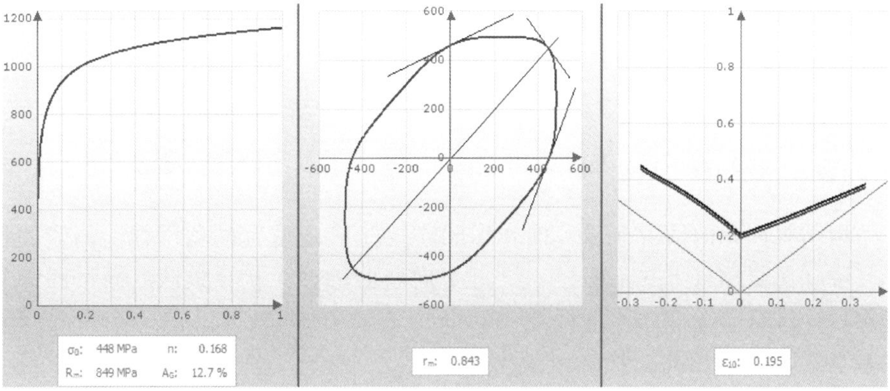

图 1　HC600/980QP 材料性能

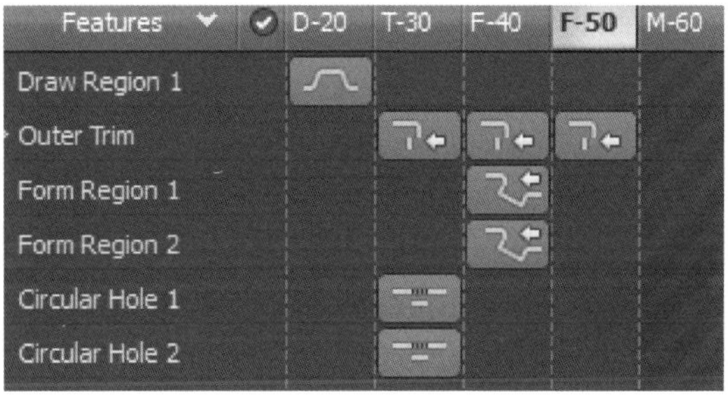

图 2　工序设置

角度 30°。

2.2　仿真结果分析

针对这个零件，采用 AutoForm 软件进行第一轮的仿真分析，得到在自由回弹前提下的回弹仿真数据。从结果来看，凸模 *R* 角位置的回弹造成的尺寸偏差是回弹的主要原因，同时，在两端处于相对自由位置的部分回弹相对严重（见图 3 圈内部分）。因为此零件的安装面主要是法兰边的焊点位置，为了保持回弹尺寸计算规则在仿真计算和实际测量中的一致性。本文以回弹前后法兰边部分测量点的 *Z* 向距离作为评判回弹程度的衡量标准。仿真的具体数据如图 4 和图 5 所示。

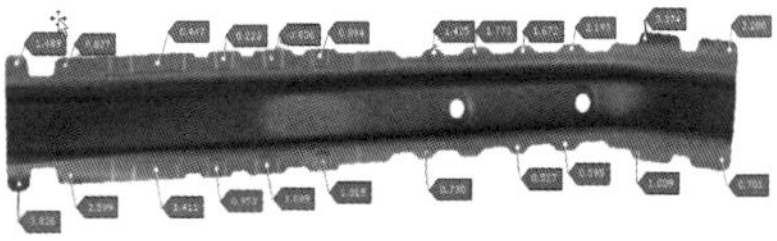

图 3　整体回弹仿真结果

图4 仿真回弹截面 *A*

图5 仿真回弹截面 *B*

以仿真回弹的情况来看，回弹形式主要是圆角位置的角回弹，侧壁的弧形回弹在仿真结果上并不明显。因为 *X* 向弯曲的关系，导致该方向上回弹后的零件两端略有弯曲，同时两端 240 mm 以内的回弹较大（图 3 圈内部分）。两端在 *X* 向略有扭曲。

因为扭曲回弹的补偿较为复杂，为避免补偿过程互相影响，此处先对角回弹进行补偿，待角回弹得到有效控制后，再对扭曲回弹进行补偿[2]。补偿策略以凸模 *R* 角原点为轴线，对侧壁旋转 1°~3°（具体数值在长度方向上根据回弹值进行近似 1∶1 的补偿，同时，在长度方向的补偿比例系数略不同，两侧 240 mm 范围内的补偿系数采用 2∶1 比例进行补偿），补偿的量分别在 OP10 的拉延和 OP30 的侧整进行。补偿中模面的修改与调整可以在 AutoForm 的 DIEFACE 模块的 MODIFY 中实现，调整之后的模面直接参与计算。

通过直接使用补偿后的模面再次进行仿真，并分析回弹，进行 3 轮的优化，最终的尺寸偏差达到了零件目标公差要求的范围，则以此工艺模面为基础进行模面设计与制造，如图 6 所示。

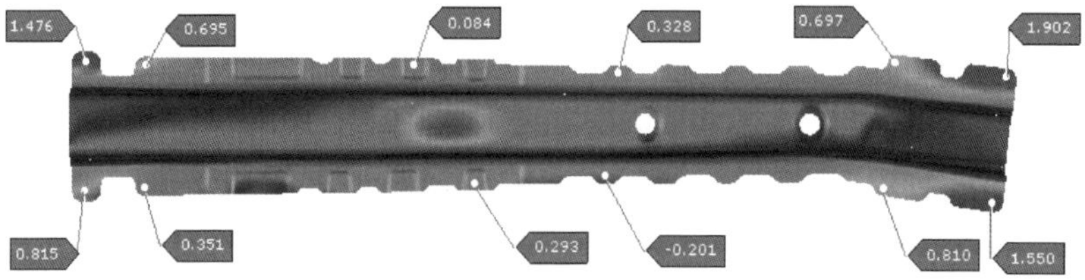

图6 补偿后的回弹

从回弹补偿后所取得的效果来看，端部四个点的补偿效果不明显，甚至出现恶化。但中间部位的测量点补偿效果较好，具体数值见表 1。

表 1 补偿前后的回弹对比（最大偏差 0.5 mm）

项目	P1	P2	P3	P4	P5	P6	P7	P8	P9	P10	P11	P12	合格率/%
补偿前	1.5	0.8	0.8	1.4	3.4	2.2	3.8	2.6	1.0	0.7	1.0	0.7	0.0
补偿后	1.3	0.6	0.1	0.2	0.7	1.9	0.3	0.0	0.3	−0.2	0.7	1.5	50

3 实际零件的回弹分析

按照设计的工序，进行了零件的实际生产，此处采用白光扫描的方法获取零件的实际尺寸与回弹大小，并在 GEOMAIC 软件中进行实际回弹大小的测量。比较产品与实际零件的尺寸偏差，操作过程主要分为两部分：定位、测量。

3.1 定位

在检具测量时，通过定位孔的定位，确保了顶部面与检具的充分贴合。为还原检具测量时的情况，使用 GEOMAGIC 软件中的 N 点进行对齐，其中在定位孔附近选择两个点，以保证此处的贴合，如图 7 所示。

图 7　定位完成后的效果图

3.2 测量

定位完成以后，结合剖面与具体的回弹值确认定位的情况，确保定位孔和面的充分贴合。首先对整个 X 方向的回弹情况进行全面分析与比较，发现此零件补偿后的回弹主要是单侧壁的弧形回弹，这种情况在长度方向有弯曲的零件较为多见。偏差在典型的截面形状如图 8 所示。

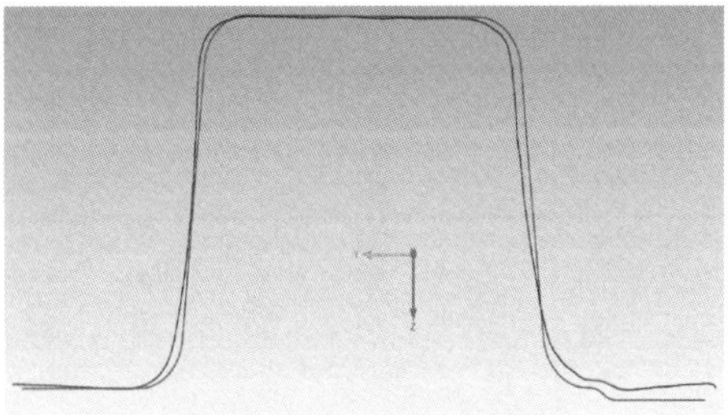

图 8　实际回弹的典型截面

从这个截面来看，无论是凸模圆角或者凹模圆角处的角回弹还是侧壁的弧形回弹，都比较可控。按照图 8 中所示的测量点位置的回弹值进行测量，具体如图 9 所示（此与仿真件为对称件，回弹数据一致）。

按照图 3 中所示的测量点位置的回弹值进行测量，测量检具如图 9 所示，具体测量结果如图 10 所示（此与仿真件为对称件，回弹数据一致）。

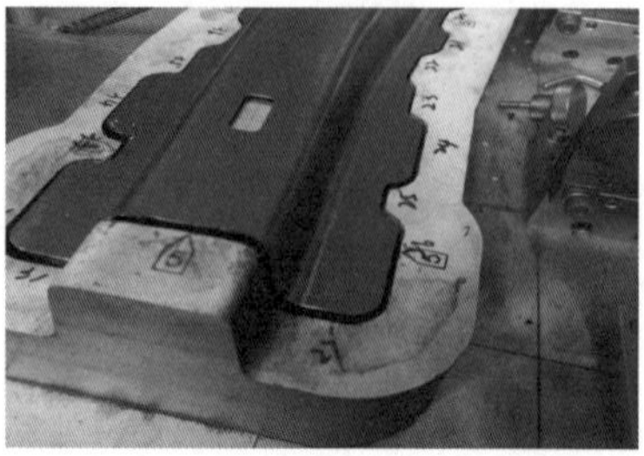

图 9　零件在检测时的状态

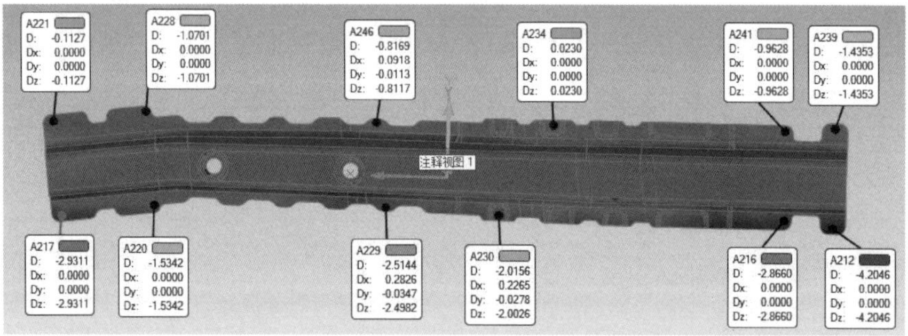

图 10　侧壁的回弹分布

4　仿真与实际回弹结果的对比分析

为了确保仿真阶段和实际白光扫描得出的回弹结果之间的可比性，本文以同样的测量点在仿真分析和实际白光扫描中进行对比。具体结果如图 11 所示。

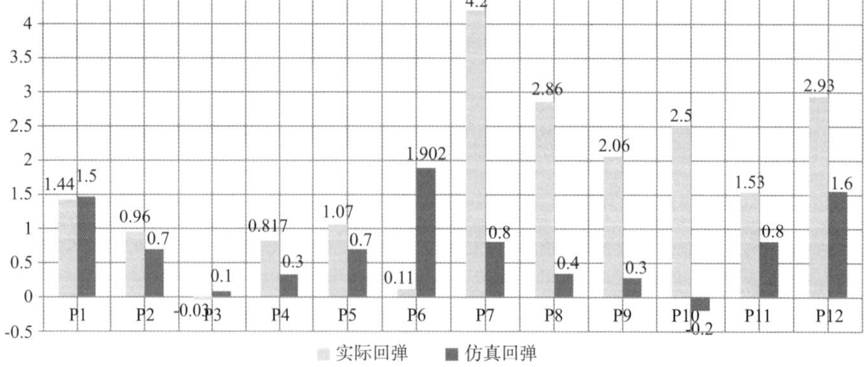

图 11　仿真回弹与实际回弹的对比

根据前文的分析及图示，受到弯曲位置引起的应力变化，内外侧的回弹会有所不同。这一点在仿真阶段并没有准确地预测到，但实际冲压出来后，差异则显现出来，与理论分析一致。“内侧”的回弹较“外侧”的大，因为仿真时并未算出，故也无法在补偿阶段做控制，最终在零件上体现出回弹，需要进一步地调整和控制。仿真计算出的“外侧”回弹预测精度相对较高，尤其是两段之外的中间应力相对稳定位置的预测精度更高，对中后的效果及截面位置如图 12 和图 13 所示。

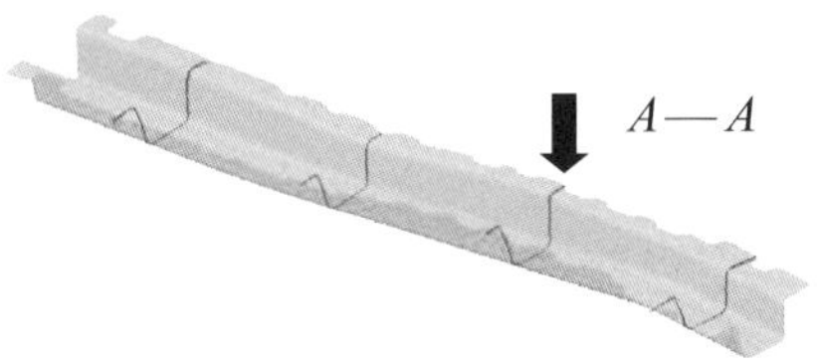

图 12　剖面示意图

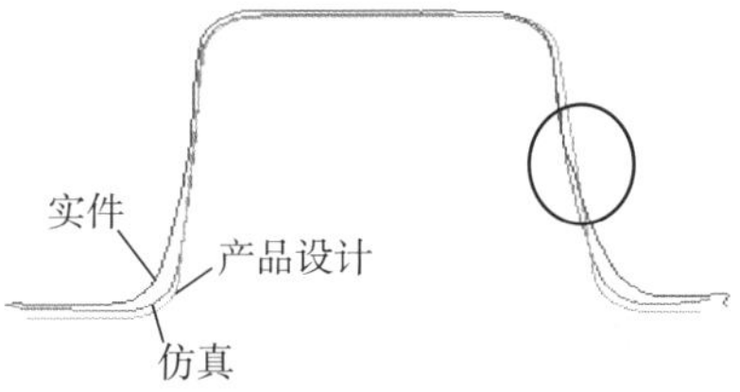

图 13　*A* 截面示意图

为弄清产品、仿真、实际三者之间在 *X* 向弯曲位置之间的差异，将三者在软件中对中后进行分析。

从图 13 可以看出，在弯曲点附近的 *A* 截面上圈住的地方存在弧形弯曲。在软件中可测量出此位置距离法兰圆角的距离大概 45 mm。这个距离有可能是此处材料在拉延工序的流料距离，为了验证这一点，在仿真软件中对流入量进行测量，测量结果如图 14 所示，发现此位置的流入量为 49 mm，与圈内到圆角的距离近似，故可认为在拉延合模时，凹模圆角接触到的材料流入到凹模内部侧壁上之后会有弧形弯曲，导致对应法兰位置的回弹变大，尤其是在零件 *X* 向弯曲“内侧”位置。

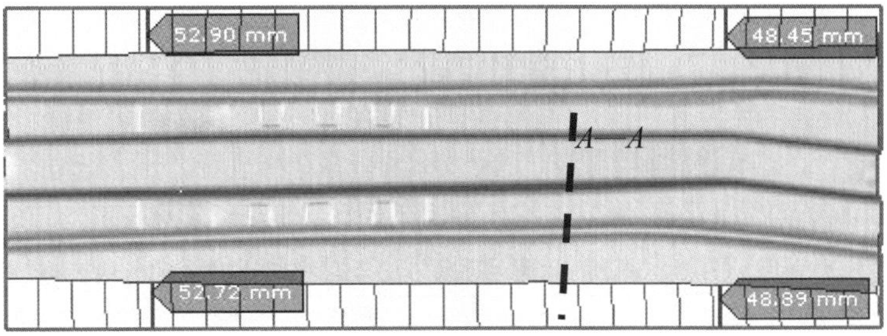

图 14　流入量示意图

5 结论

对于长度方向存在弯曲的地板纵梁零件，通过理论分析和样件试制，发现其弯曲会导致法兰的 Z 向回弹在弯曲内侧大、外侧小。内侧的回弹为外侧回弹的3倍左右，同时零件两端的回弹较大，为中间法兰区域回弹的2倍左右。这种差别的主要原因，是在合模过程中凹模圆角与材料接触时导致料片的弧形弯曲，这种弯曲尤其在 X 向存在压应力的侧壁位置回弹很显著，从而导致对应位置的法兰回弹尺寸超标。

参考文献：

[1] 刘伟，刘红生，刑忠文，曹克利．高强钢板冲压成形回弹规律与工艺参数研究［J］．材料科学与工艺，2010，18（6）：758－761.

[2] 蒋浩民，陈新平，石磊，陈庆欣 先进高强度钢板的成形特性及其应用［J］．塑形工程学报，2009，16（4）.

[3] 孙继军，王才，张卫峰，高强钢制件回弹控制方法［J］．汽车工程师，2013（5）.

作者简介：

刘贞伟，1982年出生，江苏人，宝山钢铁股份有限公司，工程师，研究方向为高强钢的成形技术，liuzhenwei@ baosteel. com，13764297091。

IF钢硬化模型及成形极限曲线试验研究

胡　晓[1,2]　徐栋恺[1,2]　王颖婧[3]　张晓蕾[3]

1. 宝山钢铁股份有限公司研究院，上海，201900

2. 汽车用钢开发与应用技术国家重点实验室（宝钢），上海，201900

3. 一汽－大众汽车有限公司规划部，长春，13000

【摘　要】硬化模型和成形极限曲线的准确性关系到汽车零件冲压仿真分析和安全域度判定的精度，现针对IF钢材料（DC04E＋Z），通过拉伸试验和FLC试验测试，基于AutoForm软件中四种常用的硬化模型和两种FLC模型分别对试验数据拟合对比。结果表明，Approximation硬化模型综合了Hockett－Sherby饱和模型和Swift非饱和模型，对拉伸数据拟合效果最好，Keeler模型相对Arcelor V9模型与FLC试验数据吻合较好。使用AutoForm软件进行冲压仿真时，针对IF钢材料，硬化模型推荐采用Approximation模型输入，FLC模型推荐采用Keeler模型输入。

【关键词】IF钢　硬化模型　成形极限曲线

Experimental Study on Hardening Model and Forming Limit Curve of IF Steel

Hu Xiao[1,2]　Xu Dongkai[1,2]　Wang Yingjing[3]　Zhang Xiaolei[3]

1. Research Institute of Baoshan Iron & Steel Co., LTD, Shanghai 201900, China

2. State Key Laboratory of Development and Application Technology of Automotive Steels (BaoSteel)

3. Planning Department of FAW－Volkswagen Automotive Co. Ltd., Changchun, 13000

Abstract: The accuracy of hardening model and forming limit curve (FLC) is related to the accuracy of auto parts' CAE simulation results and the safety margin. In this paper, The tensile tests of IF steel (DC04E＋Z) were carried out, the experimental data were fitted with four different kinds of hardening models and two kinds of FLC models of AutoForm. The Approximation model combines the Hockett－Sherby saturation model and the Swift unsaturated model. The tensile test data were best fitted by Approximation model. As for the FLC model, the Keeler model is suitable than the Arcelor V9 model. When using AUTOFORM software for stamping simulation, for IF steel material, hardening model is recommended to use Approximation model, FLC model is recommended to use Keeler model.

Keywords: IF steel; hardening model; forming limit curve

1 引言

IF 钢由于具有良好的深冲性能，被广泛应用于汽车覆盖件及复杂冲压件的生产[1,2]。随着汽车厂对冲压有限元仿真手段的认可，进而对仿真分析的精度提出了更高的要求，迫切要求材料供应商提升材料仿真数据卡的精度。材料硬化模型和成形极限曲线（FLC）作为有限元仿真输入的基础数据，直接影响冲压变形计算及塑性失稳判据的精度，所以，建立合适的硬化模型和 FLC 模型对提高板材冲压变形的模拟精度有重要意义[3]。

针对材料硬化模型，相关学者进行了理论和试验研究，对不同硬化模型进行了理论解析并讨论其应用范围，为硬化模型适用性提供了理论参考[4-6]。目前在成形极限预测中应用最为广泛的损伤失稳理论是 Marciniak 和 Kuczynski 提出的凹槽理论，简称 M－K 理论[7]。杜平梅[8]等基于 M－K 理论推导了 5A90 铝锂合金和 TRIP 钢的理论预测 FLC 模型；Li X Q[9]等研究了不同屈服准则对 M－K 成形极限预测模型的影响；余世浩[10]等基于 M－K 模型对 IF 钢的成形极限进行了求解并与试验数据进行了对比。由于成形极限理论预测模型推导烦琐，并且理论预测与试验结果之间仍有一定差距，为了使 FLC 反映材料真实的变形失稳极限且又要减少 FLC 的重复实测工作，有必要基于 FLC 试验数据总结出经验模型。现通过对 IF 钢材料（DC04E＋Z）进行拉伸和 FLC 试验，并基于试验数据建立 IF 钢材料硬化模型和 FLC 经验模型。

2 试验方法

2.1 试验材料及力学性能检测

根据钢铁生产特征，材料性能会存在波动，为了反映材料的均值性能，经过多次取样获得均值性能附近的 DC04E＋Z 材料，厚度为 0.7 mm。

单向拉伸试验在宝钢 INSTRON 电子拉伸试验机上完成，试验方法参照国家标准 GB/T 228—2010。每个方向重复进行 3 次有效试验，应变测量采用红外视频引伸计。每个方向选取重合性较好的两次试验中的一次，作为该方向的最终试验结果，并依据标准测得其屈服强度、抗拉强度、均匀伸长率、断裂伸长率、n 值、r 值及应力－应变曲线。三向拉伸试验测量结果见表1，不同方向的拉伸曲线如图1所示。

表1　拉伸试验结果

牌号	方向/(°)	厚度/mm	屈服强度(0.2%)/MPa	抗拉强度/MPa	均匀延伸率/%	断裂延伸率/%	r (20%)	n (10%～20%)
DC04E＋Z	0	0.7	149	297	25.2	45.6	2.15	0.238
	45		158	304	25	43.8	1.73	0.231
	90		157	298	25	43.3	2.52	0.237

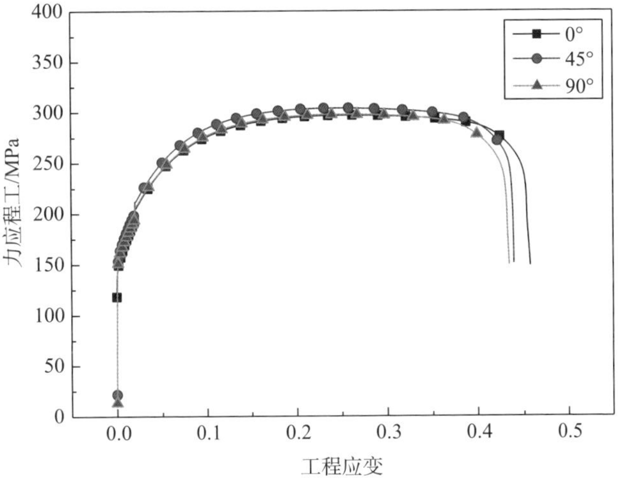

图1　三向拉伸曲线

2.2　FLC试验

FLC试验按照ISO 12004标准进行[11,12]，FLC试样加工成哑铃状，形状如图2所示，试样的宽度方向为轧向，表2所示为FLC试样的加工尺寸，将薄钢板加工成总长170 mm，平行部分长度 a 分别为20、40、60、90、105、115、130、170 mm的FLC试样，每个形状分别剪4片试样，FLC试验时，每个形状进行3次有效试验。

表 2　FLC 试样加工尺寸

mm

尺寸	形状 1	形状 2	形状 3	形状 4	形状 5	形状 6	形状 7	形状 8
a	20	40	60	90	105	115	130	170
b	40	60	80	120	140	160	170	170
c	20	20	20	20	0	0	0	0
d	170	170	170	170	170	170	170	170
R	30	30	30	30	50	50	50	—

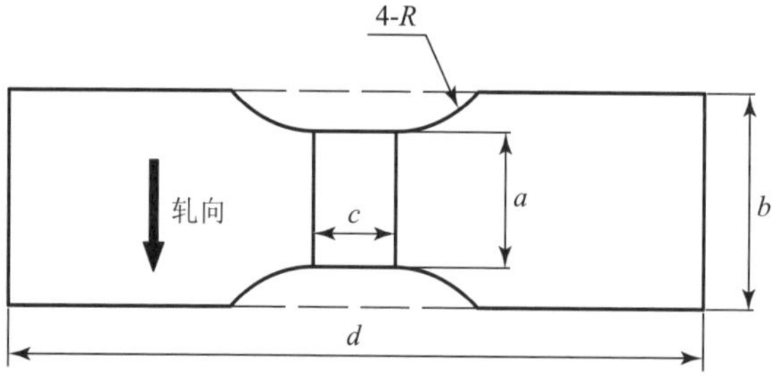

图 2　FLC 试样

FLC 试验设备为 Zwick 的 600 kN 液压成型试验机，如图 3 所示，应变测量基于 Vialux 公司 Autogrid 模块的在线光学应变测量方法，试验时，由顶部的 4 个高速相机从不同角度同时拍摄，可记录从变形开始到出现裂纹的整个过程，并在数据处理阶段根据记录的图像进行应变分析和极限应变的识别。图 4 所示为变形后的 FLC 试样，可以看出法兰区域未进料，破裂区域都发生在试样中部，试验结果有效。IF 钢强度较低，属于软钢材料，当试样宽度较大时，由于润滑方式的问题，极易出现双颈缩现象，裂纹位置会偏离试样中部，认为只要裂纹距离中心位置在 15% 冲头直径内都是有效的。

图 3　FLC 试验设备

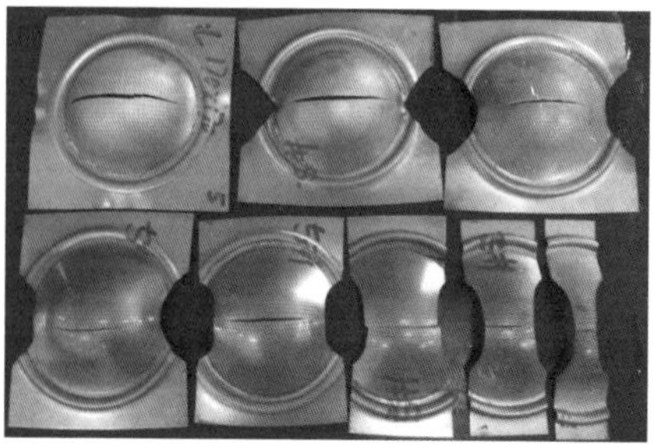

图 4　变形后 FLC 试样

根据上述试验方法，获得 FLC 试验数据，图 5 所示为不同尺寸 FLC 试样的极限应变数据，从左往右 1 ~ 8 号试样平行部分宽度依次为 20、40、60、90、105、115、130、170 mm，其中 1 ~ 4 号试样的极限应变状态处于拉 – 压变形区，5 ~ 8 号试样的极限应变状态处于拉 – 拉变形区，4、5 号试样的极限应变比较接近平面应变状态，可在 4、5 号试样对应的平行部分宽度之间取合适的宽度试样，以使试验数据更逼近平面应变状态。

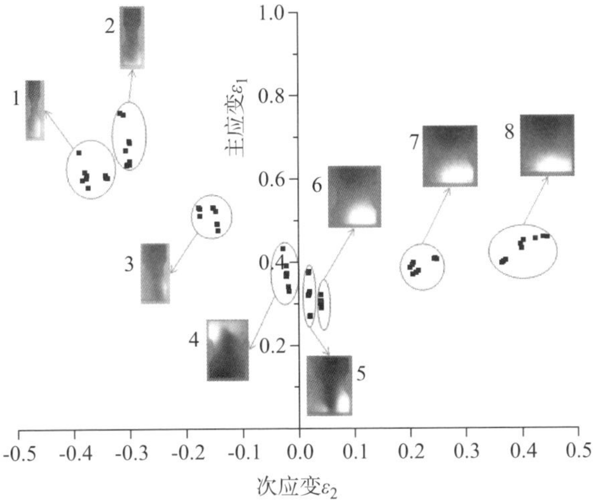

图 5　FLC 试验数据

3　硬化模型拟合

AutoForm 作为一款有限元模拟软件，在汽车钢板冲压仿真中应用非常广泛，本文重点介绍 AutoForm 中比较常用的 Ludwick、Swift、Hockett – Sherby 和 Approximation 四种模型的差异性。

表 3 为 DC04E + Z 材料根据不同硬化模型拟合的参数，其中 Ludwick 和 Swift 模型参数可通过拉伸试验计算数据获得，Approximation 和 Hockett – Sherby 模型参数可将拉伸试验数据导入 AutoForm 软件拟合得到。

表 3　不同硬化模型拟合参数

模型	材料参数							
Ludwick	s_0	n	K	ε_0	m	C		
	149	0.238	530.3					
Swift	s_0	n	K	ε_0	m	C		
				0.0014	0.238	530.3		

续表

模型	材料参数							
Approximation	A	C	m	ε_0	s_{sat}	σ_i	a	p
	0.5	545.7	0.254	0.00451	443	140.2	4.13	0.702
Hockett – Sherby	A	C	m	ε_0	s_{sat}	σ_i	a	p
					443	140.2	4.13	0.702

DC04E + Z 材料的拉伸曲线采用不同硬化模型拟合与试验结果对比，如图 6 所示。从曲线来看，可知 Ludwick 和 Swift 模型属于非饱和性的硬化模型，应力会随着应变的增加一直呈递增趋势，在初始屈服点拟合效果都不是很好。Hockett – sherby 属于饱和性的硬化模型，当应变增加到一定程度后，应力保持不变，其在后端拟合曲线要低于试验结果，拟合效果较差。Approximation 综合了 Hockett – Sherby 饱和模型和 Swift 非饱和模型，从曲线整体拟合效果来看，Approximation 模型拟合效果最好。不同硬化模型拟合误差见表 4，可以看出，Ludwick 模型拟合误差最大，Swift、Hockett – sherby 和 Approximation 模型拟合误差大致相当，Approximation 模型拟合误差最小。综上，针对 IF 钢材料，AutoForm 软件导入硬化曲线时，推荐采用 Approximation 模型拟合。

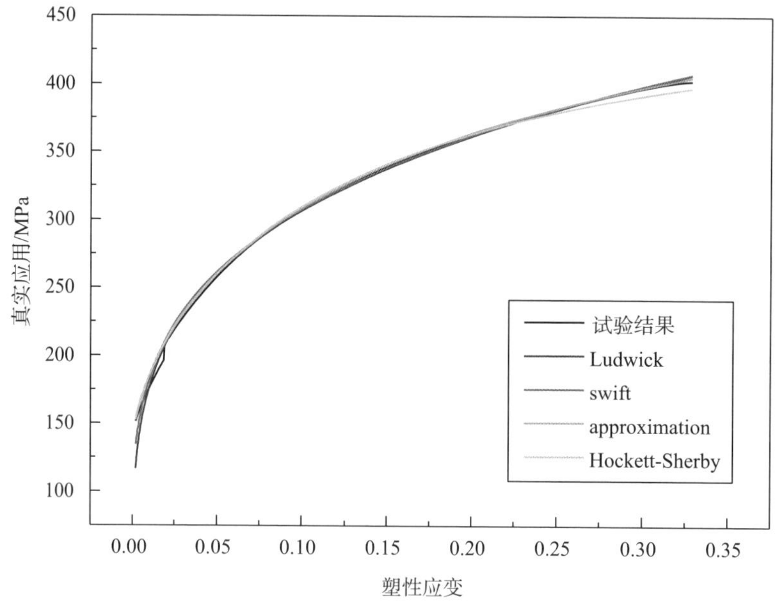

图 6　不同硬化模型拟合结果与试验结果对比

表 4　采用不同硬化模型拟合的误差对比

硬化模型	均方差
Ludwick	7.516 5
Swift	5.718 6
Approximation	5.617 1
Hockett - sherby	5.742 6

4　FLC 模型对比

一般通过 FLC 试验获得极限应变数据后，针对左侧拉 - 压区进行线性拟合，右侧拉 - 拉区进行二次多项式拟合，获得 FLC。根据钢铁生产特征，材料性能会在一定范围内存在波动，FLC 会受材料性能影响，为了减少 FLC 重复实测工作，需要基于 FLC 试验数据总结出经验模型。

AutoForm 软件中 FLC 模块给出了两种 FLC 的经验模型，分别为 Keeler 模型和 Arcelor V9 模型，为了确定哪种模型更接近 IF 钢材料 FLC 试验结果，现将两种模型计算结果与试验测量结果进行对比，如图 7 所示。由图 7 可以看出，Keeler 模型和 Arcelor V9 模型均能穿过 FLC 试验数据带，对于左侧拉 - 压区，Arcelor V9 模型主应变水平相对 Keeler 模型较高，右侧拉 - 拉区两者主应变相差不大，在平面应变区域附近，Arcleor V9 模型有一段水平台阶。总体来

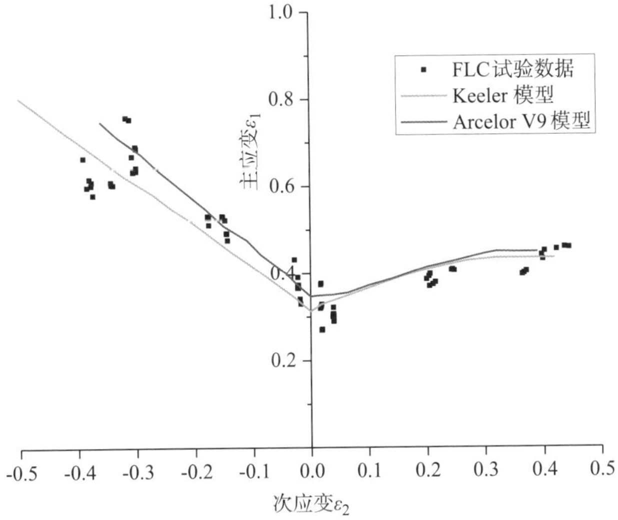

图 7　Keeler 模型与 Arcelor V9 模型对比

看，对于IF钢材料，Keeler模型与FLC试验数据整体趋势更吻合。综上，针对IF钢材料，在没有实测FLC数据时，推荐采用AutoForm软件中的Keeler模型进行输入。

5 总结

（1）基于DC04E+Z材料拉伸试验曲线，采用Ludwick、Swift、Approximation和Hockett-sherby四种常用硬化模型对试验数据进行拟合，Approximation模型与试验数据整体吻合较好，Approximation模型拟合误差最小。

（2）基于DC04E+Z材料FLC试验数据，将Keeler模型和Arcelor V9模型分别与试验结果对比，Arcelor V9模型主应变水平相对Keeler模型较高，Keeler模型与FLC试验数据整体趋势更吻合。

（3）使用AutoForm软件进行冲压仿真时，针对IF钢材料，硬化模型推荐采用Approximation模型输入，FLC模型推荐采用Keeler模型输入。

参考文献：

[1] 李守华，李俊．汽车用高强度IF钢的研究进展［J］．上海金属，2007，29（5）：66-70.

[2] 郝洪艳．基于Autoform的汽车覆盖件拉深成形数值模拟研究［J］．模具工业，2009，35（1）：41-45.

[3] Saxena R K，Dixip P M. Numerical analysis of damage for prediction of fracture initiation in deep drawing［J］. Finite Elem. Anal. Des.，2011，47（9）：1104-1117.

[4] 肖煜中，陈军．金属板料冲压数值模拟中的宏观硬化模型研究现状［J］．塑性工程学报，2009，16（4）：51-58.

[5] 刘维，梅龙，褚兴荣．金属板料高速率拉伸试验及其硬化模型的综述［J］．精密成形工程，2016，8（2）：30-36.

[6] 余海燕．金属薄板应变硬化模型比较分析［J］．锻压技术，2012，37（5）：1-6.

[7] Marciniak Z，Kuczynski K. Limit strain in the processes of stretch-forming sheet metal［J］. International Journal of Mechanical Science，1967，9：609-620.

[8] 杜平梅，郎利辉，刘宝胜，等．基于M-K模型的成形极限预测及参数影响［J］．塑性工程学报，2011，18（5）：84-89.

[9] Li X Q，Song N，Guo G Q. Experimental measurement and theoretical prediction of forming limit curve for aluminum alloy 2B06［J］. Transactions of Non-

ferrous Metals Society of China，2012，22：335－342.
[10] 余世浩，徐巍，梁江艳. 基于M－K模型的IF钢成形极限预测与试验验证［J］. 热加工工艺，2016，45（7）：160－164.
[11] 祝洪川，李荣锋，杜丽影，等. FLC测量中的影响因素研究［J］. 物理测试，2008，26（5）：17－20.
[12] 祝洪川，李荣锋. 成形极限曲线测定GB/T 24171—2009国家标准简介及应用建议［J］. 物理测试，2010，28（6）：42－46.

作者简介

胡晓（1990—），男，硕士，毕业于哈尔滨工业大学材料科学与工程学院，现就职于宝山钢铁股份有限公司中央研究院，助理研究员。主要研究方向为汽车钢板成形及管件液压成形技术。

铌元素对双相钢 DP780 组织的影响

刘宏亮　陈　宇　胡　洋　关　琳　黄　健

本钢板材股份有限公司 产品研究院，辽宁，本溪，117000

【摘　要】为了研究 Nb 对双相钢组织和性能的影响，本研究采用小炉冶炼，制备添加 Nb 和不添加 Nb 的冷轧双相钢，并采用相同工艺生产最终制备出符合标准的 DP780。同时利用拉伸试验机对试样力学性能进行对比分析，借助金相显微镜、扫描电镜及透射电镜等分析测试手段，研究 Nb 对 DP780 组织和性能的影响作用机理。结果表明，添加 Nb 微合金显著改善 DP780 的组织均匀性，具有消除或减轻带状组织的作用，使马氏体组织均匀弥散分布。此外，铁素体组织中分布 20～50 nm 尺寸的细小析出相，从而提高成品的综合性能。力学测试结果表明，Nb 微合金对 DP780 的抗拉强度的影响不明显，具有提高屈服强度的作用，同时可显著提高其伸长率，断后伸长率由 14% 提高到 19%。

【关键词】铌微合金化　析出相　组织　双相钢

Effect of Nb on micro – structure and properties of DP780 Dual – phase steel

Liu Hongliang　Chen Yu　Hu Yang　Guan Lin　Huang Jian

Product research institute, Bengang Steel Plates Co., Ltd.,
Benxi, Liaoning, 117000

Abstract: In order to study the effect of Nb on the micro – structure and properties of dual phase steel, the cold rolled dual phase steels with addition of Nb and without addition of Nb were prepared by smelting furnace, and the same process was used to prepare the DP780. the effect of Nb on the micro – structure and properties of DP780 was studied by means of tensile testing machine, metallographic microscope, scanning electron microscope and transmission electron microscopy. The results show that the addition of Nb micro – alloying significantly improves the homogeneity of DP780 tissue, has the effect of eliminating or mitigating the band structure, and makes the martensite tissue evenly distributed. In addition, the fine precipitates with the size of 20 ~ 50 nm are distributed in the ferrite structure, Thereby improving the overall performance of finished products. The results of mechanical tests show that Nb micro – alloying has no obvious effect on the tensile strength of DP780, and it can improve the yield strength and increase the elongation from 14% to 19%.

Keywords: Nb micro-alloying; precipitated phase; micro-structure; dual phase steel

1 引言

随着汽车尾气排放和乘用车消费量的急剧增长，冲撞安全性的标准逐年严格，提高车体强度、刚度并优化结构势在必行，因此，越来越多的高强钢、超高强钢应用于汽车构件[1]。双相钢 DP（dual phase）是其中最具代表性的钢种之一，DP 钢是 20 世纪 70 年代中期发展起来的一种新材料，因其具有低屈强比、高均匀伸长率及高初始加工硬化性能等特性，成为目前应用最广泛的先进高强钢产品[2,3]。

双相钢组织以铁素体和马氏体为主，其力学性能与马氏体体积分数和形态及铁素体晶粒尺寸和形态等因素密切相关[4,5]。正常生产的双相钢主要通过工艺控制组织，无须添加微合金元素，但众所周知，微合金元素 Nb 具有促进铁素体形成及细化晶粒等特点，本文通对比添加 Nb 微合金与常规产品之间的组织和力学性能，系统研究 Nb 在 DP780 钢中的作用机理，为工业生产合理使用 Nb 微合金提供理论依据。

2 试验材料和试验方法

2.1 试验材料

为了研究 Nb 微合金化作用，设计两组冷轧双相钢 DP780 成分，除 Nb 元素外，其他成分同，具体成分见表 1。试验钢采用实验室 55 kg 真空中频感应炉冶炼，并使用 750 kg 空气锤锻造成尺寸为 25 mm × 80 mm × 150 mm 的坯料，将坯料加热到 1 200 ℃，保温 30 ~ 40 min，热轧至 3.0 mm 厚钢板，终轧温度 850 ~ 880 ℃，经层流冷却到 650 ℃进行卷取，然后空冷至室温。热轧板经酸洗冷轧至 1.4 mm，冷轧压下率约为 53%。然后利用连退热模拟试验机采用相同工艺制备 DP780 连退钢板，并取样进行组织和力学性能分析。

表 1　试验钢的化学成分 %

试样编号	C	Si	Mn	P	S	Nb
1#	0.14	0.33	1.58	0.010	0.004	—
2#	0.14	0.35	1.51	0.008	0.004	0.04

2.2 试验方法

金相试样经4%的硝酸酒精进行浸蚀后，再使用苦味酸进行腐蚀，然后在光学显微镜下，观察金相组织形貌、相比例、晶粒尺寸，并通过扫描电镜对显微组织进行进一步的观察分析，将加Nb钢的试样利用线切割切成600 μm的金属薄片，经过砂纸细细研磨至100 μm后冲孔，电解双喷制备成TEM试样，在TECNAIG200透射电子显微镜下观察Nb的析出情况。

拉伸试验依据GB/T 228—2002《金属材料室温拉伸试验方法》，使用CMT30吨微机控制电子万能试验机测试，屈服强度R_{el}、抗拉强度R_m及延伸率A等指标由设备直接读取。

3 试验结果和分析

对冷轧连退后的钢板进行拉伸检验，检验结果见表2，对比两试样，加Nb试样的屈服强度略高于常规试样，抗拉强度变化不大，但断后伸长率有较大的提高，由原来的14%提高到19%。试验结果表明：加入微合金元素Nb后，断后伸长率显著增加。这与A. Pichle等研究的Nb可以显著细化双相钢的显微组织的结论相符合[6]。

表2 力学性能检验

试样编号	屈服强度/MPa	抗拉强度/MPa	伸长率/%
1#	445	845	14%
2#	468	838	19%

影响双相钢性能的主要因素为马氏体体积分数和铁素体晶粒大小。不添加Nb微合金与添加Nb微合金试样金相组织分别如图1（a）和图1（b）所示。对比发现，两试样组织均为铁素体+马氏体，但组织形态差异较大，其中铁素体的晶粒尺寸、马氏体体积分数见表3。添加Nb微合金后，DP780钢晶粒尺寸明显细小，同时马氏体组织呈细小弥散的分布，如图1（b）所示，而常规DP780试样中马氏体组织成带状分布。

表3 金相组织检验结果

试样编号	组织类型	铁素体晶粒尺寸/μm	马氏体体积分数/%
1#	铁素体+马氏体	9.5	27
2#	铁素体+马氏体	12.6	25

通过扫描电镜对两试样冷轧退火后的组织形貌进行观察，如图2所示。结果表明，加Nb试验钢的铁素体组织明显比不加Nb的要细小，并且马氏体

呈弥散分布。添加 Nb 微合金后，DP780 组织明显细小，且马氏体分布均匀，这必然促进变形过程中铁素体和马氏体协调变形，因此对提高 DP780 钢延伸率有利。

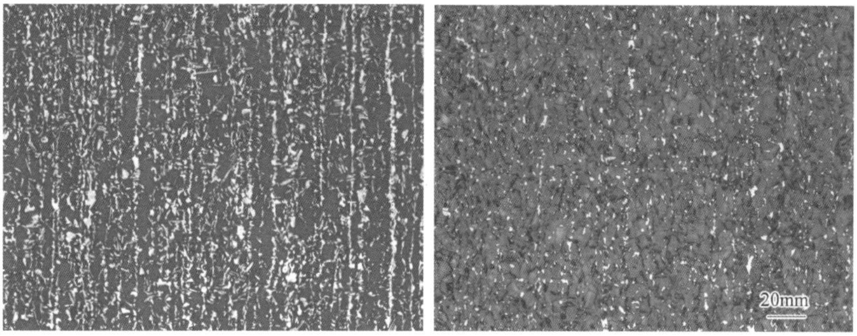

(a) (b)

图 1　Nb 微合金对 DP780 金相组织的影响

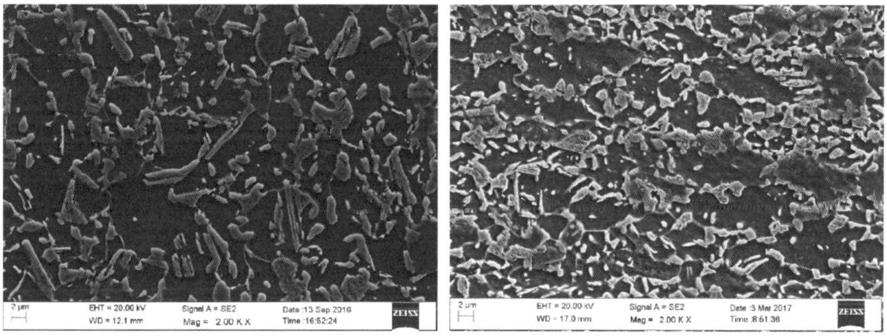

(a) (b)

图 2　Nb 微合金对 DP780 微观组织的影响

为了进一步研究 Nb 对铁素体晶粒的细化作用及析出相的形貌，通过透射电镜对加 Nb 试验钢进一步观察，透射电镜图片如图 3 所示。通过观察发现，

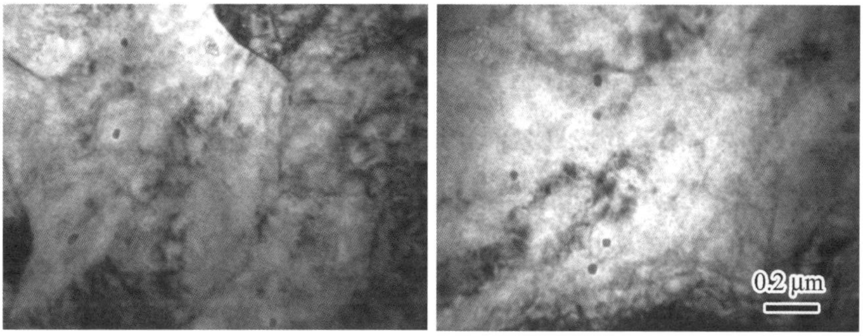

(a) (b)

图 3　DP780 钢中 Nb 析出相分布

这些弥散分布于铁素体相中的颗粒为Nb的析出物。这种析出物均匀分布于铁素体相中，析出物直径分布在20～50 nm的范围，细小且弥散地分布。这些析出相对提高铁素体屈服强度意义重大，因此，添加Nb微合金后，DP780屈服强度有明显提升，但对抗拉强度影响不大。

4 结论

（1）在钢中加入一定量的Nb可以明显提高断后伸长率，断后伸长率由14%提高到19%，但强度基本保持不变。

（2）在钢中加入一定量的Nb可以促进铁素体的形成，细化铁素体的晶粒，形成细小弥散分布的马氏体组织。

（3）钢板中存在纳米级细小弥散分布的颗粒状Nb的析出相，尺寸为20～50 nm，细化了铁素体晶粒尺寸，促进了细小弥散的马氏体组织的形成，从而提高了成品的综合性能。

参考文献：

［1］Furuhara T，Kikumoto K，Saito H. Phase Transformation from Fine－grained Sustenite［J］. ISIJ International，2008，48（8）：1038.

［2］叶洁云，赵征志，张迎晖，等．硅和铬对超高强双相钢组织和性能的影响［J］. 钢铁，2015，50（3）：78.

［3］Deban Shu Bhattacharya. Developments in advanced high strength steels［J］. Iron and Steel Supplement，2005，40：69.

［4］DeArdo A J，Garcia J E，Hua M. A new frontier in microalloying：advanced high strength coated sheet steels［J］. Materials Science Forum，2005，500－501：27.

［5］焦书军，张红，郑建平．冷轧热镀锌双相钢成分设计模型化的研究［J］. 宝钢技术，2003（5）：43.

［6］康永林．现代汽车板工艺以及成形理论与技术［M］. 北京：冶金工业出版社，2009.

作者简介

刘宏亮，本钢板材股份有限公司产品研究院，高级工程师，工学博士，主要从事冷轧先进高强钢的设计和研发工作。

1 000 MPa 级 Nb 微合金化双相钢连续退火工艺研究

刘自权　何　方　李守华　吕超杰

河钢集团邯钢公司，技术中心，河北，邯郸，056015

【摘　要】在现场大生产条件下对 1 000 MPa 级 Nb 微合金化双相钢进行连续退火工艺研究，主要研究了不同连续退火工艺对带钢金相组织和力学性能的影响。结果表明：随着均热温度或缓冷温度升高，马氏体含量增加，抗拉及屈服强度增大；快冷（时效）温度由 300 ℃降低至 250 ℃时，抗拉强度增大。均热温度 850 ℃，缓冷 700 ℃，快冷（时效）温度 250 ℃时，带钢获得最佳力学性能，屈服强度达 660 MPa，抗拉强度为 1050 MPa，延伸率 12% 。

【关键词】连续退火　双相钢　Nb 微合金化

Research of Continuous Annealing Process on 1000 MPa Grade Nb microalloyed Dual Phase Steel

Li Shouhua　Liu Ziquan　He Fang　Lv Chaojie

HBIS Handan Iron & Steel Group CO. , LTD

ProductsInstitute of Technology Center, Hebei Handan 056015

Abstract: ontinuous annealing process of Nb microalloyed dual phase steel with strength level of 1 000 grade MPa was studied under the conditions of live production. As the main task, the influence rule that how different continuous annealing process affect metallographic structure and mechanical property was studied. The result showed that the content of the martensite and the tensile strength and the yield strength grows with the growth of soaking temperature and slow cooling temperature. The tensile strength rised when the fast cooling temperature decreased from 300 ℃ to 250 ℃. The tensile strength of 1 050 MPa, the yield strength of 660 MPa and elongation of 12% were the best mechanical property of the strip steel when the soaking temperature is 850 ℃, the slow cooling temperature is 700 ℃ and the fast cooling temperature is 250 ℃.

Keywords：continuous annealing；dual phase steel；Nb microalloyed

1 引言

随着世界各地对环境保护问题的日益重视和对废气排放的限制，现代汽车工业为适应当今社会的发展潮流，正朝着轻量化，低能耗的方向进行改革，这促进了高强度钢板在汽车工业中的广泛应用。据文献介绍，汽车工艺发达国家使用高强度钢板的数量已达到钢板总重的30%。双相钢（铁素体 + 马氏体）作为一种高强度钢板家族中重要的一员，以其低的屈服强度、高的延伸率、大的形变硬化率、良好的强度与延性匹配等优点，深受汽车生产商的青睐[1]。

冷轧超高强度双相钢一般采用连续退火机组进行生产，其工艺特点为临界区保温、两段式冷却及过时效处理。两段式冷却包括缓冷段与快冷段。缓冷段有利于奥氏体中碳的富集，以稳定奥氏体，同时有利于铁素体的析出与净化；而快冷段则以高于临界冷速使过冷奥氏体形成马氏体。通过控制均热温度、缓冷温度及快冷（时效）温度来控制两相比例，达到调整材料力学性能的目的。过时效则是对淬火而成的马氏体进行回火处理，消除残余应力、降低马氏体硬度，以改善材料综合力学性能[2]。

本文利用邯钢现场大生产环境生产1 000 MPa级Nb微合金化双相钢，并研究不同均热温度、缓冷温度和快冷（时效）温度对带钢性能的影响规律，为之后的大规模稳定生产提供工艺支持。

2 试验材料与方法

2.1 试验材料

试验材料为邯钢邯宝冷轧厂酸轧车间提供的冷硬钢卷，规格1.6 mm×1 250 mm×C。其化学成分见表1。

表1 试验用钢的化学成分 %

化学元素	C	Si	Mn	P	S	Al	Nb
控制范围	≤0.13	≤0.7	≤2.6	≤0.015	≤0.010	≤0.06	≤0.05

表2所示为试验用钢热轧工艺参数。

表 2　试验用钢的热轧工艺

工艺名称	终轧温度/℃	卷取温度/℃
控制范围	890	650

2.2　实验方案

针对退火过程中可能会对材料性能造成较大影响的均热温度、缓冷温度和快冷（时效）温度，采用不同的温度模式探究其对材料的影响规律。

退火完毕后，试样通过拉伸试验机测试力学性能。按照钢材力学性能与工艺性能试验取样规定 GB 2975—82 及金属材料室温拉伸试验方法 GB/T 228.1—2010 对钢带进行力学性能检测。之后沿轧制方向剖开，使用4%的硝酸酒精对试样进行侵蚀，利用光学显微镜观察钢的组织形貌。

2.2.1　不同均热温度

表3所示为采用不同均热温度下进行退火所采用的退火工艺参数。分别采用800℃、830℃、850℃、870℃四种不同的均热温度进行退火，缓冷温度控制在670℃，快冷（时效）温度为300℃。表4所示为不同均热温度下试验用钢的力学性能[3]。

表 3　试验用钢的均热温度　　℃

编号	均热温度	缓冷温度	快冷（时效）温度
1-1	800	670	300
1-2	830		
1-3	850		
1-4	870		

表 4　不同均热温度下试验用钢的力学性能

编号	$R_{p0.2}$/MPa	R_m/MPa	A/%
1-1	570	950	14
1-2	580	960	13.9
1-3	590	990	13.7
1-4	600	995	12.2

2.2.2　不同缓冷温度

表5所示为采用不同均热温度下进行退火所采用的退火工艺参数。分别采用730 ℃、750 ℃、780 ℃三种不同的缓冷温度进行退火，均热温度控制在

850 ℃，快冷（时效）温度为300 ℃。

表5　试验用钢的缓冷温度　　℃

编号	均热温度	缓冷温度	快冷（时效）温度
2－1		670	
2－2	850	700	300
2－3		730	

表6所示为不同均热温度下试验用钢的力学性能。

表6　不同缓冷温度下试验用钢的力学性能

编号	$R_{p0.2}$/MPa	R_m/MPa	A/%
2－1	590	990	13.7
2－2	650	1010	12.4
2－3	670	1130	10

2.2.3　不同快冷（时效）温度

表7所示为采用不同均热温度下进行退火所采用的退火工艺参数。分别采用200 ℃、250 ℃、300 ℃三种不同的均热温度进行退火，均热温度控制在850 ℃，缓冷温度为700 ℃。

表7　试验用钢的快冷（时效）温度　　℃

编号	均热温度	缓冷温度	快冷（时效）温度
3－1			200
3－2	850	700	250
3－3			300

表8所示为不同快冷（时效）温度下试验用钢的力学性能。

表8　不同快冷（时效）温度下试验用钢的力学性能

编号	$R_{p0.2}$/MPa	R_m/MPa	A/%
3－1	660	1070	10.2
3－2	660	1050	12
3－3	650	1010	12.4

3 结果分析

3.1 均热温度的影响

均热温度对试验用钢屈服强度、抗拉强度及延伸率的影响如图1所示。可以发现，随着均热温度由800 ℃逐渐升高至870 ℃，钢材的屈服强度由570 MPa提高至600 MPa、抗拉强度由950 MPa提升至990 MPa，而延伸率则呈相反规律，由14%降为12.2%。这主要是随着均热温度的升高，退火过程中奥氏体转变量增大，随后冷却过程中生成的马氏体硬质相数量增大的缘故。

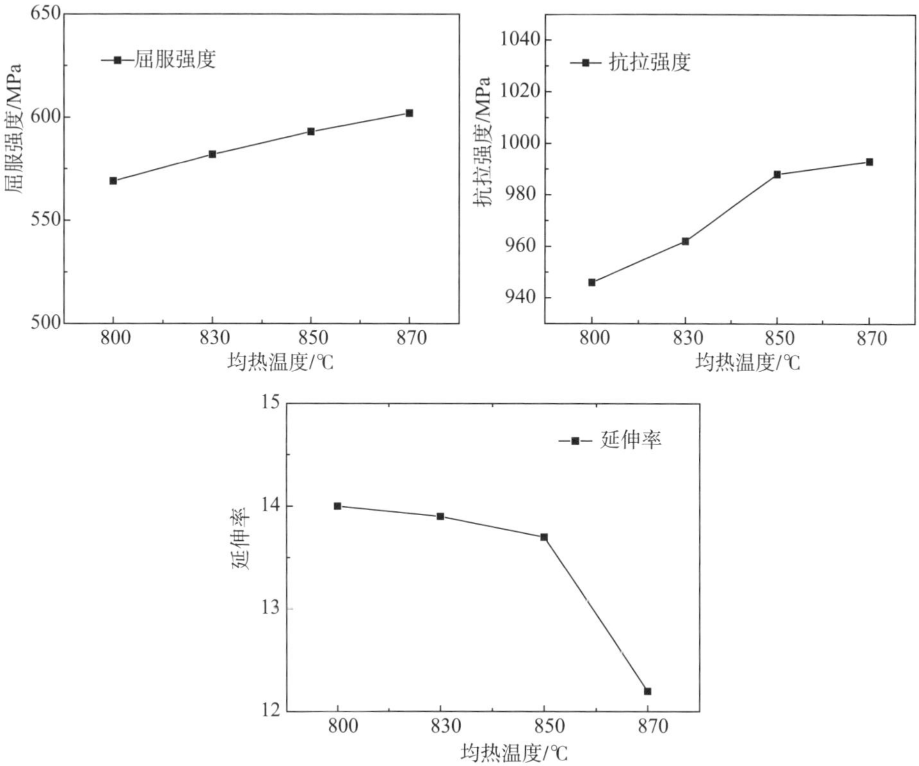

图1 不同均热温度对性能的影响

图2所示为不同温度下的钢材的金相组织，当均热温度为800 ℃时，体晶粒尺寸较大，并连续分布。之后随着均热段温度的逐渐升高，金相中铁素体含量逐渐降低，而马氏体含量逐渐提高。

由上述分析可得知，当均热温度为850 ℃时，各项力学性能及金相组织达到相对良好状态。

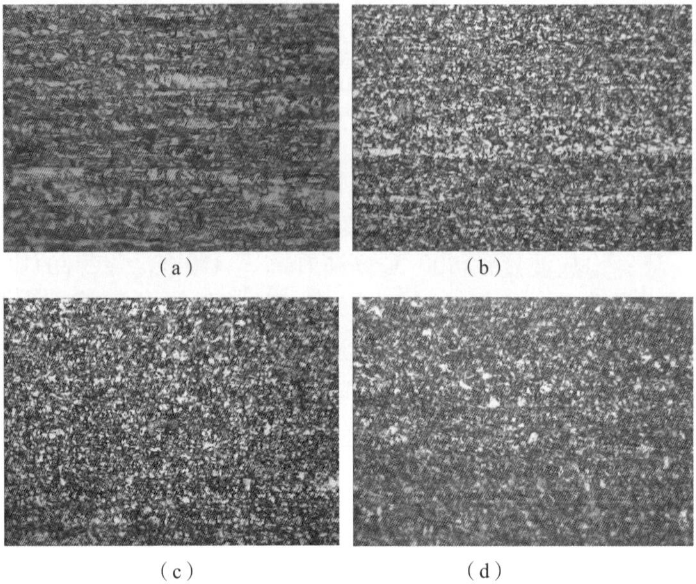

图2 不同均热温度对组织的影响

(a) 800 ℃; (b) -830 ℃; (c) -850 ℃; (d) -870 ℃

3.2 缓冷温度的影响

缓冷温度对试验用钢屈服强度、抗拉强度及延伸率的影响如图3所示。可以发现，随着均热温度由670 ℃逐渐升高至730 ℃，钢材的屈服强度由590 MPa提高至670 MPa、抗拉强度由990 MPa提升至1 130 MPa，而延伸率则呈相反规律，由13.7%降为10.1%。这是由于在相同均热温度下，缓冷温度越高，相当于减小了缓冷时的过冷度，铁素体形核的驱动力降低，形核率减小，奥氏体转变生成铁素体量减少，未转变的奥氏体增多，在随后的快速冷却过程产生马氏体含量增多。

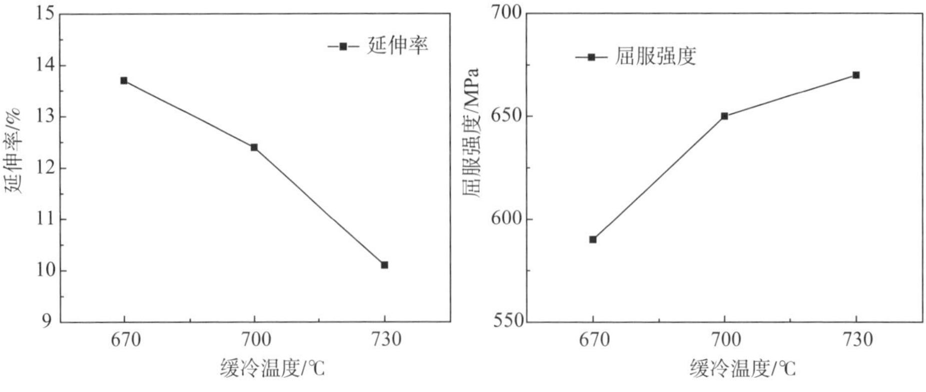

图3 不同缓冷温度对性能的影响

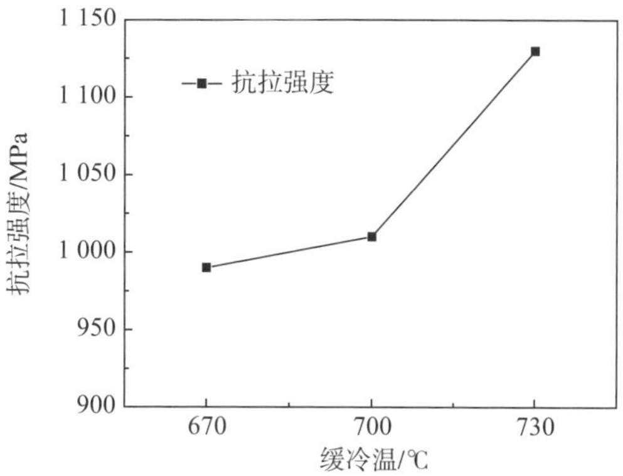

图 3　不同缓冷温度对性能的影响（续）

图 4 示为不同温度下的钢材的金相组织，当缓冷温度为 700 ℃时，铁素体晶粒尺寸较大，并连续分布。之后随着缓冷段温度的逐渐升高，金相中铁素体含量逐渐降低，而马氏体含量逐渐提高。

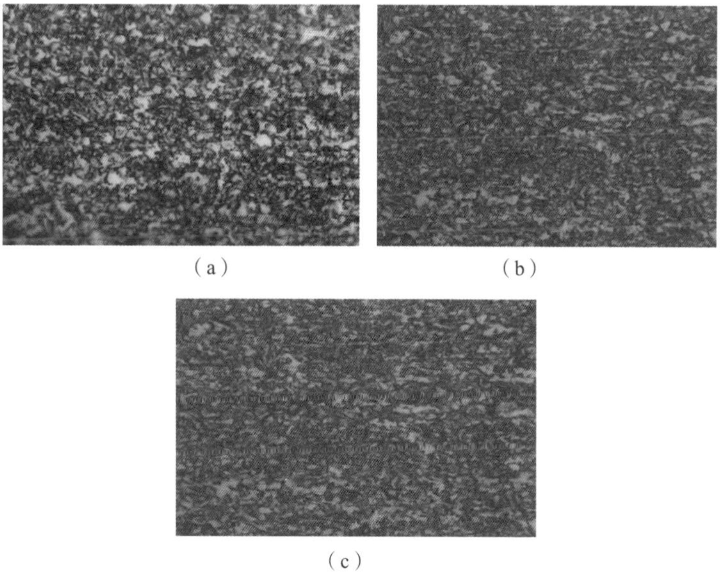

图 4　不同缓冷温度对组织的影响

（a）-670 ℃；（b）-700℃；（c）-730 ℃

由上述分析可得知，当均热温度为 850 ℃保持不变，缓冷温度升至 700 ℃时，各项力学性能及金相组织达到相对良好状态。

3.3 快冷（时效）温度的影响

快冷（时效）温度对试验用钢屈服强度、抗拉强度及延伸率的影响如图5所示。可以发现随着快冷（时效）温度由200 ℃逐渐升高至300 ℃，钢材的屈服强度由660 MPa降低至650 MPa、抗拉强度由1 070 MPa降低至1 010 MPa。而延伸率则呈相反规律，由10.2%升为12.4%。

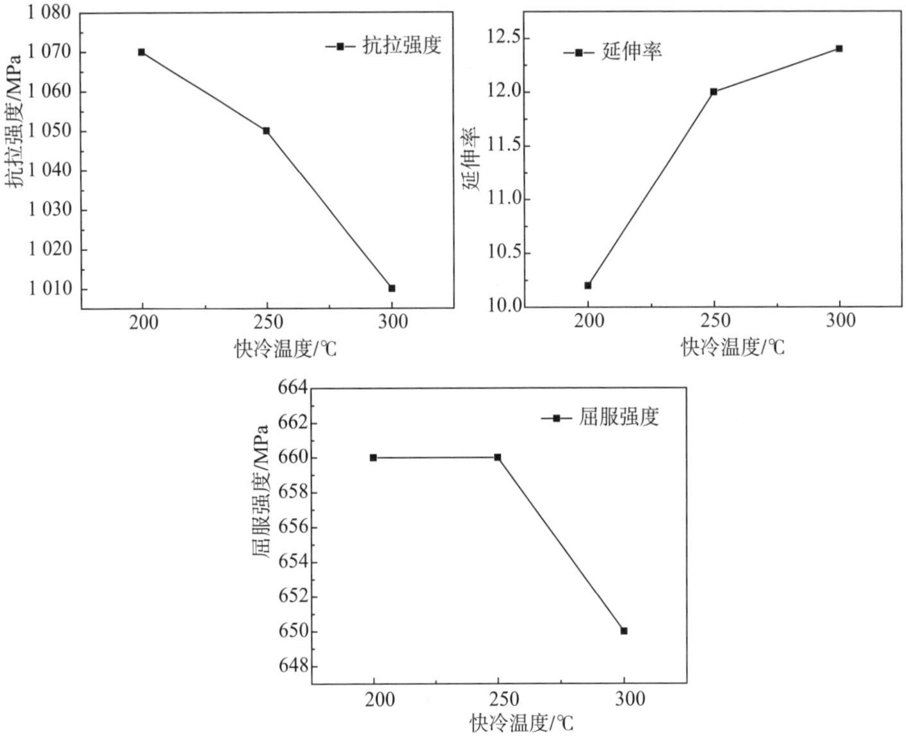

图5　不同快冷（时效）温度对性能的影响

图6所示为不同快冷（时效）温度下的钢材的金相组织，当快冷（时效）温度为250 ℃时，铁素体晶粒尺寸较大，并连续分布。之后随着快冷（时效）段温度的逐渐升高，金相中铁素体含量逐渐降低，而马氏体含量逐渐提高。

4 结论

（1）可以发现，随着均热温度由800 ℃逐渐升高至870 ℃，钢材的屈服强度由570 MPa提高至600 MPa、抗拉强度由950 MPa提升至990 MPa，延伸率由14%降为12.2%。

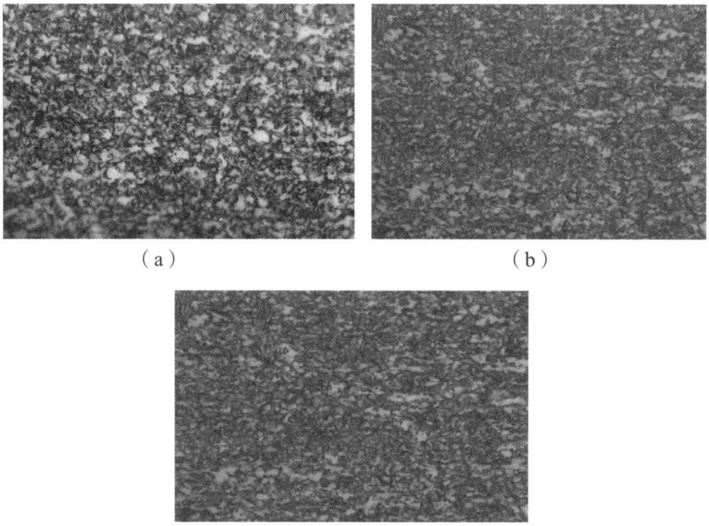

（a） （b） （c）

图6 不同快冷（时效）温度对组织的影响

（a）-200 ℃；（b）-250 ℃；（c）-300 ℃

（2）随着均热温度由670 ℃逐渐升高至730 ℃，钢材的屈服强度由590 MPa提高至670 MPa，抗拉强度由990 MPa提升至1 130 MPa，延伸率由13.7%降为10.1%。

（3）当均热温度为850 ℃，缓冷温度为700 ℃，快冷（时效）温度为250 ℃时，试样性能达到最优，屈服强度为660 MPa，抗拉强度为1 050 MPa，延伸率12%。

参考文献：

[1] 江海涛，唐荻，米振莉．汽车用先进高强度钢的开发及应用进展 [J]．钢铁研究学报，2007.19（8）：1-6.

[2] 刘婧，鹿守理，低碳钢组织与力学性能的关系 [J]．北京科技大学学报，2002，24（2）：208-212.

[3] 张峰，宋仁伯，刘雅政．1000MPa级冷轧双相钢的热处理工艺与性能研究 [J]．热加工工艺，2008，37（4）：42-45.

作者简介

刘自权，河钢邯钢技术中心，工程师，研究领域为轧钢，当前研究方向为先进超高强钢研发及应用推广。

氢致延迟断裂
技术篇

热成形钢抗氢脆性能研究

晋家春　谷海容　曹　煜　刘　飞　崔　磊　张　武

马鞍山钢铁股份有限公司，安徽省马鞍山市，243000

【摘　要】借助中试冶炼、轧制及连退模拟等试验设备获得不同成分的试验用原材料，并通过平板模具淬火试验获得最终的试验钢。利用 JMatPro 软件对不同成分的 CCT 曲线进行了模拟分析，通过对比研究不同成分试验钢的抗氢脆性能、微观组织及析出物状态，分析了成分影响试验钢抗氢脆性能的机理。

【关键词】Nb－V 微合金　热成形钢　氢脆　CCT 曲线

Research on Hydrogen Embrittlement Property of PHS

Jin Jiachun　Gu Hairong　Cao Yu　Liu Fei
Zhan Hua　Cui Lei　Zhang Wu

Maanshan Iron and Steel Co. , Ltd, Maanshan Anhui Province 243000

Abstract: The experimental materials with different composition were obtained by experimental equipments of smelting, rolling in pilot－scale and continuous annealing simulation, then the final test steel was obtained through quenching by plate die. The CCT curves of different test steel were simulated by JMatPro. The effects of the composition on the hydrogen embrittlement resistance were studied by comparing the hydrogen brittleness resistant and the precipitation status. The mechanism of anti－hydrogen brittleness of test steel is pointed out in this paper.

Keywords: Nb－V microalloyed; hot－stamped steel; hydrogen－induced cracking; CCT curves

1　引言

近年来，汽车工业的快速发展、汽车产量和汽车保有量日益增加，伴随着出现了油耗、安全和环保三大问题。汽车轻量化必须保证汽车的安全，目前随着汽车安全法律法规日益严格，既要轻量化，又要保证乘员的安全，因此高强度钢和超高强度钢的应用将会越来越多。

热冲压成形很好地解决了超高强钢冷成形回弹等问题，采用热成形零部件成为实现汽车轻量化和保证汽车安全性能最有效的措施之一，因此热成形零件在汽车领域应用潜力巨大，近几年也得到了迅速发展。目前应用最多的是 Mn－B 系热成形钢，Mn－B 系热成形钢虽然具有很高的强度，但存在冷弯性能不足和氢脆敏感性高等缺点。冷弯性能主要与原材料的自身状态有关，如材料的晶粒尺寸等对其具有较为明显的影响。延迟断裂现象是高强度材料－环境－应力相互作用而发生的氢致开裂（HIC）[1]的一种现象，当钢的抗拉强度达到一定程度时，在实际环境中服役时对氢致开裂（HIC）就变得十分敏感。因此，可以通过细化晶粒来提高材料的韧性，并通过合金化合物的弥散析出形成氢陷阱来提高材料的耐氢脆性能。

本文拟采用 Nb 微合金或 Nb－V 复合微合金化的方法来研究不同含量合金元素的添加对最终成品抗氢脆性能的影响。

2 试验材料制备与试验方法

2.1 试验材料制备

三种试验钢的成分见表 1。试验材料的获得方式为“中试冶炼→中试热轧→中试冷轧→连退模拟→成品”。

表 1 试验钢化学成分及质量分数 %

序号	C	Si	Mn	P	S	Ti	Nb	V	B
1#	0.20～0.25	≤0.5	1.0～1.5	≤0.02	≤0.01	≤0.05	—	—	0.002～0.005
2#	0.20～0.25	≤0.5	1.0～1.5	≤0.02	≤0.01	≤0.05	≤0.05	—	0.002～0.005
3#	0.20～0.25	≤0.5	1.0～1.5	≤0.02	≤0.01	≤0.05	≤0.05	≤0.05	0.002～0.005

2.2 实验方法

用 Multi－VIM－200 真空炉进行中试冶炼，分别按照表 1 成分进行冶炼，每个成分冶炼 1 炉钢；利用 JMatPro 软件对上述三种成分的热成形钢的 CCT 曲线进行模拟分析。在 ϕ500 中试热轧机组进行中试热轧，热轧工艺按照表 2 进行控制，热轧后试验钢厚度为 5 mm；随后在 ϕ350 中试冷轧机组进行中试冷轧，冷轧后试验钢厚度为 1.6 mm；将冷轧得到的试验钢在 Multipas 连退模拟试验机上进行连退模拟试验，连退模拟温度见表 3。连退模拟试验后得到最终的原材料。

表 2　热轧工艺

出炉温度/℃	终轧温度/℃	卷取温度/℃
1 200 ~ 1 250	850 ~ 900	580 ~ 700

表 3　退火工艺

加热温度/℃	加热时间/min	缓冷温度/℃	闪冷温度/℃	过时效温度/℃
750 ~ 800	≥10	580 ~ 650	370 ~ 450	300 ~ 400

将连退模拟后得到的试验钢进行平板模具淬火试验，热成形工艺见表 4。在淬火后的试验钢上进行取样，取样尺寸如图 1 所示。

表 4　热成形工艺

加热温度/℃	加热时间/s	保压时间/s
930	300	10

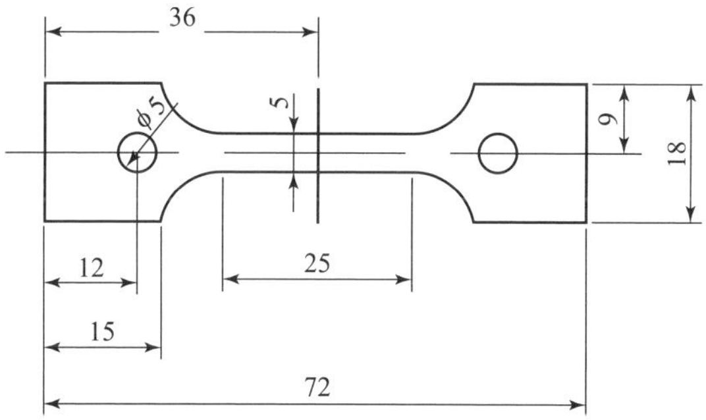

图 1　实验材料尺寸（动态充氢慢拉伸实验）

对取得的不同试验钢材料进行动态充氢慢拉伸试验，试验条件见表 5。

表 5　动态充氢慢拉伸试验条件

拉伸速率/s	溶液	充氢电流密度/mA
5×10^{-6}	3% NaCl + 0.3 g NH_4SCN	

对在平板模具淬火前后的试验钢上切取的 10 mm × 10 mm × 板厚的试样进行研磨、机械抛光和 4% 硝酸酒精浸蚀，在光学显微镜下观察显微组织；对在平板模具淬火后的试验钢上切取的 10 mm × 10 mm × 板厚的试样进行研磨、机

械抛光和苦味酸浸蚀，在光学显微镜下观察并测量原始奥氏体晶粒尺寸；观察并对比动态充氢慢拉伸试验后材料的断口形貌和夹杂物含量；在透射电镜下观察分析不同成分试验钢的析出物形貌。

3 实验结果与讨论

3.1 CCT 曲线对比

利用 JMatPro 软件对热成形钢的 CCT 曲线进行模拟分析，结果如图 2 所示。通过对比不同成分热成形钢的 CCT 曲线可知，相比 1#钢，2#钢的 CCT 曲线左移，3#钢左移更明显。分析原因，主要是由于 Nb、V 元素为强碳化物形成元素，当其含量较多时，能在钢中形成稳定的碳化物，在一般加热温度下不能溶入奥氏体中而以碳化物形式存在，从而降低了过冷奥氏体的稳定性，使 CCT 曲线左移；另外，Nb、V 元素的添加，细化了奥氏体晶粒，单位体积内晶界面积增大，从而使奥氏体分解时形核率增加，降低了奥氏体的稳定性，使得 CCT 曲线左移[2]。

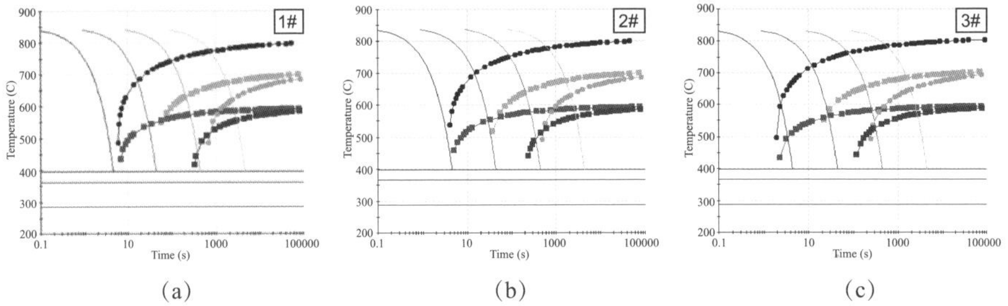

图 2　试验钢的 CCT 曲线

3.2 成分对试验钢晶粒大小的影响

平板模具淬火前，不同成分试验钢退火态组织如图 3 所示，晶粒度级别见表 6。

图 3　试验钢退火态组织

平板模具淬火后，不同成分试验钢的原始奥氏体组织如图 4 所示，尺寸大小见表 6。

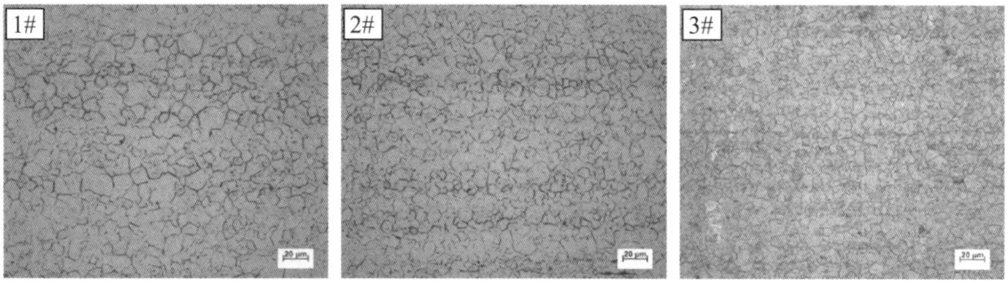

图 4　试验钢淬火后原始奥氏体的晶粒尺寸

表 6　热成形前后显微组织及晶粒度对比

序号	热成形前		热成形后	
	显微组织	晶粒度（级）	显微组织	原始奥氏体晶粒尺寸/μm
1#	铁素体 + 珠光体	11	马氏体	11.35
2#	铁素体 + 珠光体	12	马氏体	8.70
3#	铁素体 + 珠光体	13	马氏体	8.12

通过上述试验结果可以说明，通过合金元素 Nb、V 的添加，原材料的晶粒及淬火后试验钢的原始奥氏体晶粒都得到了明显的细化（图 3、图 4），且 Nb、V 合金元素的复合添加对试验钢晶粒细化的效果相比单 Nb 合金元素的添加要更加明显。这主要是由于 Nb、V 均为易形成碳、氮化物的合金元素。研究认为 Nb 的析出物在钢中呈不规则的颗粒状（见图 5），尺寸一般在 20 ~ 60 nm[3]。根据钢铁材料第二相粒子固溶度积的理论[4]，在某个确定的 C 含量和温度条件下，固溶态的 Nb 含量有限，其余都会以第二相的形式析出。另外，根据 Narita 等的研究，钢中 Nb 的析出物熔点极高，故奥氏体化时，Nb(C,N) 以析出态存在，NbC 和 Nb(C,N) 在奥氏体晶界或位错、变形带等储存能较高处析出，具有较强的溶质拖曳作用，从而起到钉扎晶界的作用[5]，使原始奥氏体晶粒细化。

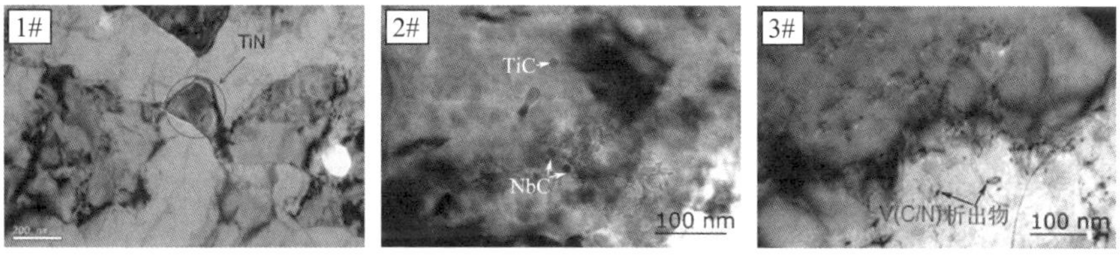

图 5　试验钢的析出物

另外，在平板模具淬火工艺条件下，原材料完全奥氏体化过程中，V(C,N) 可以在晶界、位错线处大量弥散析出，其析出物为球状，球状尺寸更小，非常有效地限制了原始奥氏体晶粒长大，原始奥氏体晶粒大小可控制在 40 μm 以内[6]。

3.3 成分对试验钢抗氢脆性能的影响

运用动态充氢慢拉伸试验方法得到的试验钢在充氢后的应力 - 应变曲线如图 6（b）所示，未充氢空拉状态的应力 - 应变曲线如图 6（a）所示。

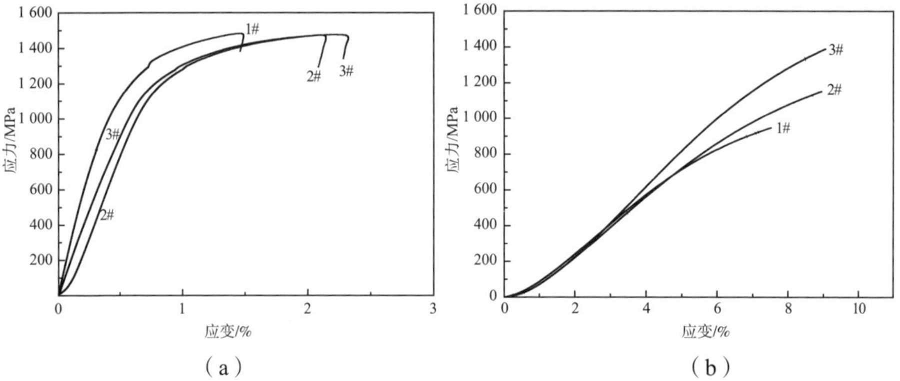

图 6　实验钢应力应变曲线

（a）充氢前；（b）充氢后

从图 6（a）可以看出，未充氢状态下，三种成分的试验钢抗拉强度几乎相同，2#和 3#试验钢的塑性高于 1#试验钢，3#试验钢的塑性略高于 2#试验钢，这主要是由于 Nb、V 微合金化以后，细化了试验钢的显微组织，从而提高了试验钢的塑性，且 Nb/V 符合添加的晶粒细化效果高于单 Nb 添加状态。

从图 6（b）可以看出，在充氢状态下进行慢拉伸试验，2#试验钢的性能优于 1#试验钢，这主要是由于 Nb(C,N) 可以在位错线和晶界上弥散析出，形成有效的氢陷阱，可以有效提高热成形后试验钢的抗氢脆性能。3#试验钢具有最好的抗氢脆性能，这主要是由于 V 元素的析出物尺寸更小、分布更加弥散。拉伸后的端口组织如图 7 所示，充氢试验条件下，1#试样的断口为脆性断口形貌，说明在该试验条件下，试验钢已经失效；2#和 3#试样的断口均为韧性断裂，但 3#试样的断口韧窝更大更深，说明 3#试验钢的韧性更好，这与拉伸试验结果一致。

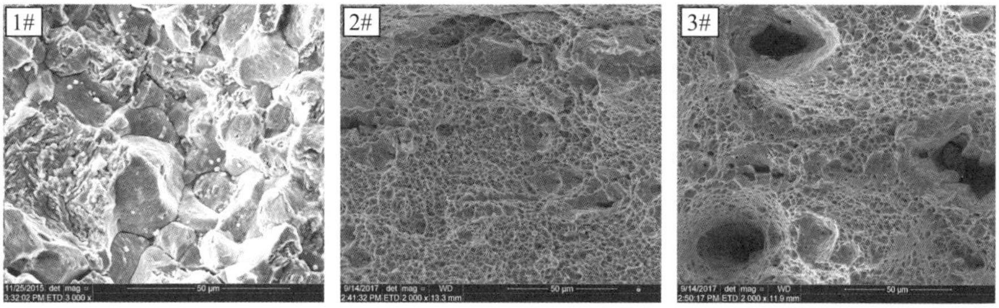

图 7　试验钢充氢拉伸断口组织

4　结论

通过研究试验钢的 CCT 曲线和成分对抗氢脆性能的影响，得到如下结论：

（1）Nb 元素的添加使试验钢的 CCT 曲线左移，Nb、V 元素复合添加后，CCT 曲线左移效果更明显；另外，Nb/V 元素的添加起到了细化晶粒的作用，从而也提高了热成形钢的抗氢脆性能。

（2）热成形钢的氢脆敏感性较高，Nb－V 元素的析出物尺寸小，是非常有效的氢陷阱，且析出物越多，越弥散，材料的耐氢脆性能越好。

参考文献：

[1] Xue H B, Cheng Y F. Characterization of inclusions of X80 pipeline steel and its correlation with hydrogen－induced cracking [J]. Corrosion Science, 2011, 53: 1201－1208.

[2] 崔忠圻，覃耀春. 金属学与热处理 [M]. 北京：机械工业出版社，2008：243.

[3] 陈继平，康永林，冯月雪，等. 铁素体区轧制 Ti＋Nb 超低碳 BH 钢组织性能研究 [C]. 2009 年汽车用钢生产及应用技术国际研讨会论文集，2009：212－216.

[4] 雍岐龙. 钢铁材料中的第二相 [M]. 北京：冶金工业出版社，2006：145.

[5] 陈林恒，康永林，温德智，等. CSP 生产低碳贝氏体高强钢的组织性能特征及强化机理研究 [C]. 2009 年薄板坯连铸连轧国际研讨会论文集，2009：371－376.

[6] 龚维幂，杨才富，张永权，等. 钒氮钢种晶粒细化研究 [J]. 钢铁研究

学报，2006，18：49－53.

作者简介

晋家春，硕士研究生，毕业于东北大学材料成形专业，现就职于马钢技术中心，主要从事于热冲压成形用钢的研发工作。

以原子探针技术表征钢中的氢捕捉行为

陈翊昇

牛津大学材料系 16 Parks Road，Oxford，UK，OX1 3PH

【摘　要】高强度钢的氢脆现象开启了设计纳米氢陷阱以降低氢脆影响的需求。虽然宏观实验上得知这些纳米析出相的氢捕捉能降低氢脆的威胁程度，但由于缺乏适当的氢表征技术而一直没有办法获得完整的解释，因而阻碍了抗氢钢微结构设计的发展。本文介绍了目前可用的氢表征技术，并介绍了原子探针技术（APT）的原理，以及为何 APT 技术是表征纳米氢捕捉行为的最佳工具。本文也回顾了 APT 氢表征过程中的挑战，其中最大挑战为如何在充氢后保留氢在试片中，并描述了对应的关键低温试样转移设备。最后本文回顾了近年来的 APT 氢表征的最新发展，并综述了以 APT 表征氢所能得到的信息。

【关键词】氢捕捉　原子探针　氢脆　纳米析出

Characterization of Hydrogen Trapping in Steel by Atom Probe Tomography

Chen YiSheng

Department of Materials，Oxford University，Oxford，UK，OX1 3PH

Abstract：Hydrogen embrittlement（HE）is a phenomenon that high strength steel is particularly sensitive to. In order to resist HE，specific design of microstructure such as nano – sized precipitates as hydrogen traps has been proposed However，due to the lack of proper technique to characterize the hydrogen in these traps，our understanding of hydrogen trapping is insufficient and thus limits the advance of HE – resistant steel. This article briefly introduces the hydrogen characterization techniques currently available，and centers at atom probe tomography（APT）from its principle to why it is a fine tool for hydrogen study. Additionally，the challenges and their corresponding solutions for using APT to characterize hydrogen in metal are revisited. In particular，the strategic approach for retaining charged hydrogen in sample. Lastly，the latest researches and their critical contribution in APT hydrogen study are reviewed.

Keywords：Hydrogen trapping；Atom Probe Tomography；Hydrogen embrittlement；Nano – precipitate

1 引言

高强度钢对氢脆（Hydrogen Embrittlement）非常敏感，此现象很大程度上限制了高强度钢的应用，又因氢在地球上无所不在，如何应对氢对钢铁材料性质的影响可说是拓展高强度钢应用范围的主要课题之一。自从氢脆现象在1世纪前被发现后，科学家不断在探讨此现象的成因并辅以表征资料来证明，目前最被广为引用的说法为Robertson等人[1]所发现的在铁中氢促进局部塑性变形（Hydrogen - Enhanced Local Plasticity，HELP），但并非所有氢脆的宏观表征皆符合此机制的预测，因此氢脆的完整机制尚未能够完全确定[1]。尽管氢脆的成因未定，但从实验数据上可以得知此现象的发生在微结构当中需有一定浓度的自由氢（free hydrogen），也即如果微结构当中存在氢陷阱（hydrogen trap）而使自由氢小于一定浓度，则氢脆程度可获得改善，因此，在微结构当中引入氢陷阱成为目前抗氢钢设计重要的一环[2]。

在铁素体中，目前已知可用于捕捉氢的微结构陷阱有很多，由于氢是最小的元素，几乎所有造成应变场的特征都多少可以容纳氢而造成捕捉效应，包含空位与位错[2]。然而有些特征的操控性低，难以在材料生产上做调整，则较难应用于实际抗氢微结构设计中。而目前在文献中得到高度关注的为通过界面析出（interphase precipitation）方式在铁素体中析出的纳米析出相（nano - precipitate）[3]，此种析出相的存在能降低氢致延迟断裂的程度[2]，且可通过热处理精确调控密度与尺寸，得到尺寸在5 ~ 20 nm、间距为10 ~ 40 nm的均匀分布析出相，此密度与均匀性对氢气在微结构中自由扩散距离及可吸收的氢含量能起到很大的作用。目前文献中已有系统性的研究指出常见析出相的氢捕捉能由高至低为NbC[4] > TiC[5] > Mo_2C[6] > V_4C_3[7]，且已知有些析出相是利用与母体的界面来捕氢的[8]，有些则是用内部空位[9]，甚至两者皆用[10]。如果能清楚了解这些析出相的捕捉行为，辅以准确的热处理方法来制造出高析出相密度的微结构，则有机会提高材料阻碍氢气自由扩散的能力，此即为抗氢设计的主要目标之一。此外，高析出相密度的目标与阻碍位错移动而提高材料强度的设计想法大致吻合，即这些析出物除了作为氢陷阱以外，还同时具有强化材料的功能，因此如何表征这些纳米相析出物以增加对其的理解被认为是设计出新一代高强度抗氢钢铁材料的关键。

目前可用的定量表征氢捕捉行为技术包括宏观分析整体材料试样的TDS（Thermal Desorption Spectrometry），以及微观尺度技术，如microprint、silver decoration、SKPFM（Scanning Kelvin Probe Microscopy）、SIMS（Secondary Ion

Mass Spectroscopy)、neutron radiography 及原子探针（Atom Probe Tomography, APT)[11]。TDS 在测量陷阱的捕捉能与材料整体的含氢量上的重要性无可取代；而表面技术中，microprint 可在毫米分辨率下观察氢气的表面解吸；silver decoration 与 SKPFM 相比，microprint 多了动态表征的能力。在可提供三维分布信息的技术中，SIMS 的深度分辨率可达数纳米，而在平面分辨上则可达到微米级；neutron radiography 具有约 20 μm 的分辨率且属于非破坏性试验，可反复验证；APT 则拥有这些技术中最优异的原子级空间分辨率。由于氢捕捉与解吸实际上是原子尺度的行为，为了得到较接近本质的信息，在表征氢行为时，以高空间分辨率来进行是至关重要的。此外，如果担任氢陷阱的微结构特征较小，如前述的纳米尺寸的析出物，目前能提供合适的空间分辨率仅有 APT，因此本研究选择 APT 作为分析工具来分析铁素体中纳米析出相的氢捕捉行为。

2 原子探针层析简介

原子探针层析（APT）是一种利用场解吸现象（field desorption）辅以飞行时间质谱仪（time - of - flight spectrometer）来分析试片中原子组成与分布的技术[12,13]。如图 1 所示，在超高真空环境中，将试样以电解抛光（electro - polishing）或聚焦离子束（focused ion beam，FIB）制成针状后，施加一强电场（2 ~ 10 kV）于该试片，则尖端原子的原子会被离子化而飞行至探测器，探测器得到该离子的成分和位置信息后，辅以后端重建计算可得到三维原子分布图。

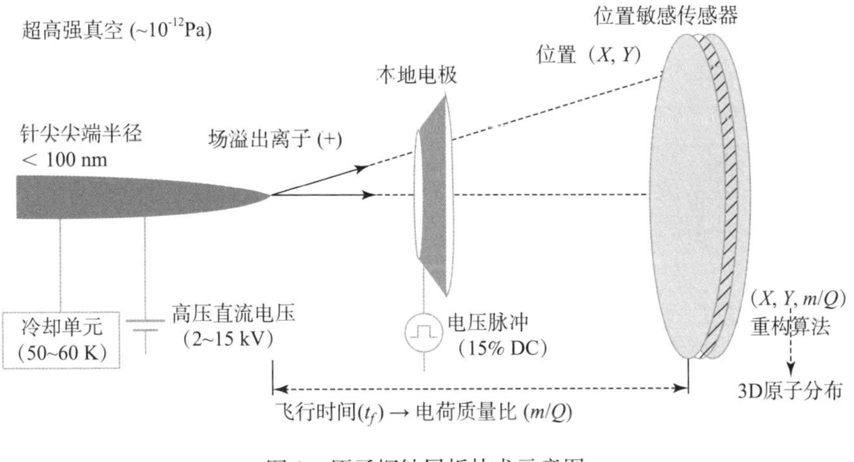

图 1　原子探针层析技术示意图

APT 的原理为施加电压 V 于尖端半径为 R 的针状试片（R 需小于 100 nm），则针尖端的场 F 可表示为 $F=V/(k_fR)$，其中 k_f 为场修正系数，为一定值，由试片的形状及电场的分布状况决定。当电场 F 达到材料尖端原子离子化的阈值，即尖端原子团的电子云被完全拉离该原子时，则该原子即会被此外加电场离子化而随着电场极向飞向另一电极，即为探测器端。如以脉冲方式施加该电场，则可推测该原子离子化的时间点，配合在探测器端接收到的时间，则可计算出该离子的飞行时间而得到该离子的电荷质量比（假定电能完全转移至离子动能）。如探测器使用一系列多信道侦测器（multichannel plate，MCP），则可决定每个离子抵达探测器的位置，最后再通过一套计算程序来假定离子本来在试片中的位置[14]，则可计算得到三维原子分布影像。得到三维原子分布后，可再用其他计算程序来定义析出相，并对析出相的原子成分进行分析[12,13]。

3 以原子探针层析表征钢中的氢

3.1 技术挑战

尽管在 APT 质谱数据中可得到高分辨率的氢的峰值，但因氢气在真空系统中难以完全抽除，此氢峰一般被认为是从真空环境中的背景氢气游离所得，而非来自材料内部[15]。因此，在以 APT 作为分析工具时，若不用氘来代替氢，则难以对材料中的氢含量做定量分析[16,17]。所幸在宏观尺度下，氢与氘在铁素体中的理论扩散行为差异并不大[18]，因此以氘作为氢的替代在实验上尚为可行。

再者，不论氢或氘，它们在铁素体中的扩散速率都极快，若不在捕捉状态下，则难以观测[8]。此外，已知充氢的试片尺度，测试环境都会影响最终氢含量的精度[19]，也即越小的试片越难以保存氢，且一般理解的不可逆的陷阱在适当的条件下亦为可逆[20]，因此，如何在充氢后妥善保存材料中的氢含量直至 APT 的超高真空环境里是近年来技术上最大的挑战。由于氢的解吸与扩散的激活速率皆与温度有重大关系，因此加装低温设备成为保留充氢试片的直观方法。先前通过加装低温设备的 TDS，Koyama 等人[21]证明了低温设备对氢表征的重要性，因此如能将低温功能整合进 APT 系统，则能达到表征氢的目标[22]。

3.2 技术进展

2010 年，日本新日铁住金公司的 Takahashi 等人[8]首次以自行改装的 APT

设备表征铁素体中被 TiC 析出相捕捉的氢（实际上为氘）。他们自行设计了一套气态充氢设备，并加装于该原子探针设备上，再整合一套低温设备让充氢后的试片快速降到液氮低温以保存材料中的氢。但基于商业考虑，Takahashi 的技术在发表后并没有推广至其他研究单位。此外，由于气态充氢设备技术门槛高，要与商用原子探针整合比较困难，因此，德国马普钢铁所的 Haley 等人于 2015 年尝试水解充氢后以 APT 方法分析钢中的氢捕捉，期望这种更高效的充氢方式能够提供更多氢信号[23]。然而这项研究没有使用相关低温设计将氢留在材料内，因此虽得到氘的信号，但多数收集到的氘并没有被留在陷阱里。同年，Gerstl 在苏黎世联邦理工大学（ETH Zürich）成功加装低温设备至商用 APT，验证了水解充氢后把试片制冷的技术可行性[24]；2017 年牛津大学的 Chen 等人成功使用 Gerstl 和 Haley 的设备在纳米析出相陷阱里收集到高浓度的氢，实现了此种陷阱的定量表征[25]。陷阱中高浓度的氢数据可以进行氢气捕捉位置（trapping site）的局部统计分析，如图 2 所示，此分析确认了被捕捉的氢主要分布在析出相的内部，即该析出相是由内部空位来捕捉氢的。此研究提出了内部捕捉或是界面捕捉的具体分析方法，为氢表征技术打开了新的一页。

4 总结与未来研究方向

以 APT 来表征钢铁内的氢捕捉的主要挑战在于：氢在钢铁内的扩散速度、APT 试片的尺度和真空测试环境，有多个甚至互相耦合的综合因素。本文回顾了加装液氮低温设备的 APT 技术进展，通过此附加设备，钢铁试片中充入的氢得以被保留、表征，进而得以在 APT 设备上进行，证明了运用 APT 原子级空间分辨率来分析纳米析出相的氢捕捉行为的可能性。由于目前科学界对各种纳米析出相的氢捕捉行为的理解仍然非常有限，如果能以本文所提出的方法，针对各种常用的析出相（例如捕捉效果最好的 NbC）做完整的研究，则有机会对抗氢钢材的微结构设计做出重大贡献。

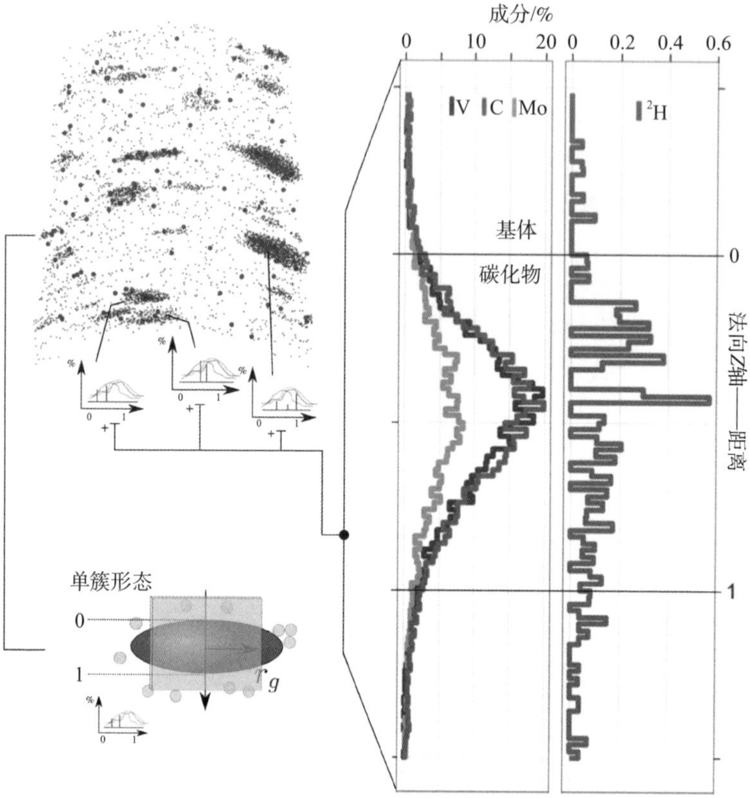

图2 原子探针层析表征氢气的结果

（左上图显示了纳米析出相的确能捕捉氢；左下图解释了右图分析程序的工作原理，将每个析出相的一维原子分布以垂直z轴的方向取出后，先进行析出相尺度的标准化，然后将表征的100多个碳化物叠加，累计出右图的结果，用以显示氢气在析出相周围的分布状况；右图表明了氢气主要被捕捉在析出相内部，而非与基体的界面（0与1的位置））

参考文献：

[1] Robertson I M, et al. Hydrogen Embrittlement Understood [J]. Metallurgical and Materials Transactions B – Process Metallurgy and Materials Processing Science, 2015, 46 (3): 1085 – 1103.

[2] Bhadeshia H K D H. Prevention of Hydrogen Embrittlement in Steels [J]. Isij International, 2016, 56 (1): 24 – 36.

[3] Yen H W, et al. Role of stress – assisted martensite in the design of strong ultrafine – grained duplex steels [J]. Acta Materialia, 2015, 82: 100 – 114.

[4] Wallaert E, et al. Thermal Desorption Spectroscopy Evaluation of the Hydrogen - Trapping Capacity of NbC and NbN Precipitates [J]. Metallurgical and Materials Transactions a - Physical Metallurgy and Materials Science, 2014, 45a (5): 2412 -2420.

[5] Depover T, Verbeken K. The effect of TiC on the hydrogen induced ductility loss and trapping behavior of Fe - C - Ti alloys [J]. Corrosion Science, 2016, 112: 308 -326.

[6] Depover T, Verbeken K. Evaluation of the role of Mo2C in hydrogen induced ductility loss in Q&T Fe - C - Mo alloys [J]. International Journal of Hydrogen Energy, 2016, 41 (32): 14310 -14329.

[7] Depover T, Verbeken K. Evaluation of the effect of V4C3 precipitates on the hydrogen induced mechanical degradation in Fe - C - V alloys [J]. Materials Science and Engineering a - Structural Materials Properties Microstructure and Processing, 2016, 675: 299 -313.

[8] Takahashi J, et al. The first direct observation of hydrogen trapping sites in TiC precipitation - hardening steel through atom probe tomography [J]. Scripta Materialia, 2010, 63 (3): 261 -264.

[9] Malard B, et al. Hydrogen trapping by VC precipitates and structural defects in a high strength Fe - Mn - C steel studied by small - angle neutron scattering [J]. Materials Science and Engineering a - Structural Materials Properties Microstructure and Processing, 2012, 536: 110 -116.

[10] Ohnuma M, et al. Direct observation of hydrogen trapped by NbC in steel using small - angle neutron scattering [J]. Scripta Materialia, 2008, 58 (2): 142 -145.

[11] Koyama M, et al. Recent progress in microstructural hydrogen mapping in steels: quantification, kinetic analysis, and multi - scale characterisation [J]. Materials Science and Technology, 2017: 1 -16.

[12] Gault B. Atom probe microscopy [M]. Springer series in materials science, New York: Springer, 2012.

[13] Larson D J, et al. Local Electrode Atom Probe Tomography: A User's Guide [M]. 1 ed. New York: Springer - Verlag, 2013.

[14] Gault B, et al. Advances in the reconstruction of atom probe tomography data [J]. Ultramicroscopy, 2011, 111 (6): 448 -457.

[15] Sundell G, Thuvander M, Andren H O. Hydrogen analysis in APT: Methods to control adsorption and dissociation of H - 2 [J]. Ultramicroscopy, 2013,

132：285 –289.

[16] Kelly T F，Larson D J. Atom Probe Tomography 2012 [J]. Annual Review of Materials Research，2012，42：1 –31.

[17] Marceau R K W. Atomic – scale analysis of light alloys using atom probe tomography [J]. Materials Science and Technology，2016，32 (3)：209 –219.

[18] Paxton A T，Katzarov I H. Quantum and isotope effects on hydrogen diffusion，trapping and escape in iron [J]. Acta Materialia，2016，103：71 –76.

[19] Suzuki H，Takai K. Summary of Round – robin Tests for Standardizing Hydrogen Analysis Procedures [J]. Isij International，2012，52 (2)：174 –180.

[20] Turnbull A. Perspectives on hydrogen uptake，diffusion and trapping [J]. International Journal of Hydrogen Energy，2015，40 (47)：16961 –16970.

[21] Koyama M，et al. Martensitic transformation – induced hydrogen desorption characterized by utilizing cryogenic thermal desorption spectroscopy during cooling [J]. Scripta Materialia，2016，122：50 –53.

[22] Moody M P，et al. Advances in atom probe tomography instrumentation：Implications for materials research [J]. Mrs Bulletin，2016，41 (1)：40 –45.

[23] Haley D，et al. Atom probe tomography observation of hydrogen in high – Mn steel and silver charged via an electrolytic route [J]. International Journal of Hydrogen Energy，2014，39 (23)：12221 –12229.

[24] Gerstl S S A，Wepf R. Methods in Creating，Transferring，&amp；Measuring Cryogenic Samples for APT [J]. Microscopy and Microanalysis，2015，21 (S3)：517 –518.

[25] Chen Y S，et al. Direct observation of individual hydrogen atoms at trapping sites in a ferritic steel [J]. Science，2017，355 (6330)：1196 –1199.

作者简介

本文作者为英国牛津大学材料博士，博士项目为以原子探针层析技术表征钢铁中的氢气，现于悉尼大学原子探针研究所从事博士后研究。

铌微合金化对热冲压成形钢氢致延迟断裂的影响

Jian Bian　路洪洲　王文军　郭爱民

中信微合金化技术中心，北京，100004

【摘　要】近十年来，热冲压成形钢在汽车车身制造中具有重要的战略意义。然而合金概念传统热成形钢 PHS（22MnB5）原本不是设计用于汽车，因此汽车的碰撞安全性要求没有在钢种设计时被考虑，特别对于氢致延迟断裂问题。前期研究表明，少量的扩散氢浓度可以大大降低钢的性能，如强度下降，伸长率和韧性。本文介绍了一种新的冶金方法，即采用铌微合金化提高传统 PHS 的抗氢脆性能。研究发现，在相同的充氢条件下，含 0.05% Nb 的 22MnB5 的临界断裂应力较传统热成形钢（22MnB5）提高 2 倍以上，表明铌提高了热成形钢的氢致延迟断裂抗力。基于上述结果，宝钢在中国进行含 0.05% Nb 的 22MnB5 工业试制。

【关键词】热冲压成型　氢脆　汽车　铌　微合金化

Impact of Nb microalloying on the hydrogen embrittlement of press hardening steel

Jian Bian　Lu Hongzhou　Wang Wenjun　Guo Aiming

CITIC Microalloying Center，Beijing，100004

Abstract: Over the last decade press hardening steel（PHS） has gained strategic importance in car body manufacturing. However the alloying concept of conventional PHS（22MnB5） was originally not designed for automotive applications and consequently the specific requirements on the crash relevant material properties are not accounted for in the alloy design. One of the critical issues is delayed cracking due to hydrogen embrittlement. Previous investigations clearly demonstrated that already a very small concentration of diffusible hydrogen in PHS could dramatically deteriorate steel properties like strength，elongation and toughness. This paper introduces a new metallurgical approach of improving resistance to hydrogen embrittlement of widely used PHS (22MnB5) by Nb microalloying. In the first step samples of 22MnB5 with 0. 05% Nb and without Nb were processed from hot rolling to final press hardening under the same conditions in the labor. Afterwards, hydrogen charging tests and hydrogen permeation tests were carried out to study hydrogen embrittlement behavior. It was found that the critical fracture stress of 22MnB5 could be increased by more than 2 times with 0. 05% Nb addition in the steel under the same [H] charging conditions leading to significantly higher resistance to [H] embrittlement. The effects of Nb microalloying on the hydrogen embrittlement behavior were investigated and reported in this paper. Based on the labor results Baosteel in China made the industrial trials to produce 22MnB5 with 0. 05% Nb addition for OEMs.

Keywords: Press hardening steel; Hydrogen embrittlement; Automotive; Niobium; Microalloying

1 Hydrogen embrittlement tests and hydrogen permeation tests

In order to study the effects of Nb microalloying on the hydrogen embrittlement behavior of conventional PHS, 2 different steel samples were produced in the lab according to the chemical compositions listed in table 1. The first one represents the conventional PHS(22MnB5). The second one has the same alloying base as 22MnB5 plus addition of 0. 05% Nb.

Table 1 Chemical composition of steel grades %

w/%	C	Si	Mn	S	P	Al	Ti	Cr	B	Nb
22MnB5	0. 23	0. 3	1. 2	0. 01	0. 015	0. 03	0. 025	0. 15	0. 003	0
22MnB5 + Nb	0. 23	0. 3	1. 2	0. 01	0. 015	0. 03	0. 025	0. 15	0. 003	0. 05

Samples were processed in the lab from hot rolling (FT = 880 ℃, CT = 600 ℃), cold rolling to 1. 0mm to final press hardening (reheating 930 ℃/5 min + water quench) under the simulated conditions like the industrial processes. After the sample preparation, hydrogen embrittlement tests under constant load were conducted in the press hardened condition without tempering treatment using the process shown in Fig. 1.

During hydrogen charging tests, samples were placed into the hydrogen charging solution (0. 5 mol/L H_2SO_4 + 0. 25 g/L NH_4SCN) under constant load. The density of hydrogen charging current was varied from 0 ~ 1. 0 A/cm^2. Under the same

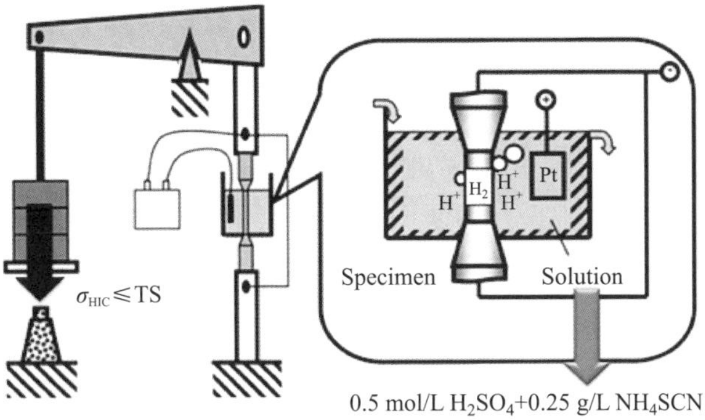

Figure 1 Experimental setup for hydrogen embrittlement tests under constant load.

current density (i) the loading stress was successively reduced starting from initial tensile strength. Each fracture stress with corresponding [H] charging time was documented to obtain the $\sigma-t$ curve (fracture stress vs. charging time curve). The loading stress under which the sample sustained 100 charging hours without fracture is regarded as the critical fracture stress. After hydrogen charging tests the fracture surfaces were examined. The hydrogen embrittlement behavior of different samples was analyzed and the effect of Nb microalloying on the hydrogen embrittlement was evaluated. In order to understand the different embrittlement behavior of PHS with and without Nb, hydrogen permeation tests were conducted according to the procedure illustrated in Fig. 2.

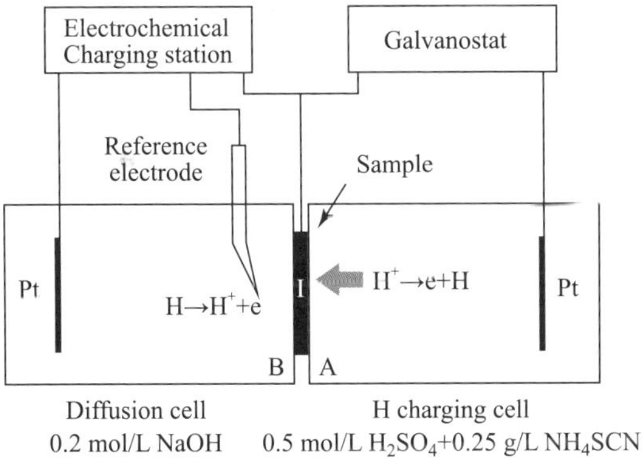

Figure 2 Experimental setup for hydrogen permeation tests

During [H] chargingphase a sample is placed between two cells containing different electrolytes. The sample side facing the charging cell acts as cathode. An electrochemical reaction ($H^+ + e \rightarrow H$) produces atomic hydrogen which subsequently diffuses into the sample. The opposite side of the sample facing the diffusion cell acts as anode. Under the anodic positive poised potential the hydrogen atom diffused from cathode side is ionized with the reaction ($H \rightarrow H^+ + e$); thus anodic current is produced. During [H] charging tests the anodic current (I) and charging time (t) can be measured. Based on these data the coefficient of hydrogen diffusivity D_{ap} and the diffusible hydrogen concentration C_0 penetrated into the sample can be calculated by using following equations[1]:

$$D_{ap} = \frac{L^2}{6t_{0.63}} \tag{1}$$

$$C_0 = 1.31 \times 10 - 6 \frac{I_\infty L}{DS} \tag{2}$$

L—thickness of the sample, cm;

S—surface area of the sample, cm^2;

I—anodic current, mA;

$t_{0.63}$—delayed time (the time when $I/I_\infty = 0.63$).

The hydrogen embrittlement tests and hydrogen permeation test delivered following results about hydrogen embrittlement behavior of different samples.

2 Experimental results

2.1 Hydrogen embrittlement behavior during H charging tests under constant load

Figure 3 shows the fracture behavior of 2 different samples during hydrogen

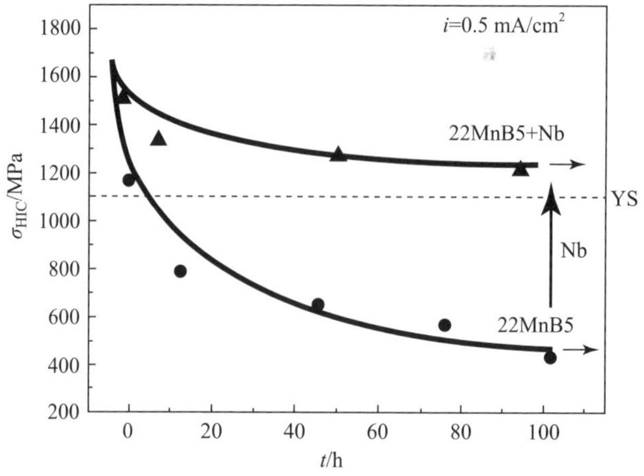

Figure 3 Fracture stress of different steel samples during the hydrogen charging tests under constant load

charging up to 100 hours under variation of load capacity with the charging current density of 0.5 mA/cm^2.

According to Fig. 3 severe [H] embrittlement occurred to conventional 22MnB5 under the same hydrogen charging conditions. The fracture stress (loading capacity or remaining tensile strength) dropped to about 1 000 MPa from the initial strength level within 5 hours of hydrogen charging. This is because in the early stage of [H] charging the loading stress was above the initial yield strength (around 1 100 MPa); thus, the sample was strained while [H] charging. The increased dislocation density through deformation could promote [H] diffusion in the steel on one hand, on the other hand the high strain region in the sample was subject to the lattice distortion which could attract more [H] leading to local [H] segregation. Furthermore, the high strain region could contain micro voids and micro cracks. Consequently [H] segregation to this region could easily cause [H] embrittlement within only a few hours. Due to severe embrittlement, the load capacity of conventional 22MnB5 must be successively reduced below yield strength and after 100 h charging time, the critical fracture stress (remaining strength after 100 h charging) is only about 500 MPa, which is 1 000 MPa less than before H charging.

In comparison, the fracture stress of Nb alloyed 22MnB5 was much higher than conventional 22MnB5 in the entire charging period and remained even above the initial yield strength (YS = 1 100 MPa) after 100 h charging time (Fig. 3). It means that hydrogen charging for Nb alloyed samples was always conducted in the deformed samples which would normally enhance [H] embrittlement sensitivity as discussed above. Despite unfavorable [H] charging conditions, Nb alloyed samples achieved more than 2 times higher critical fracture stress after 100h charging time. This result clearly demonstrates that Nb microalloying can increase the resistance to hydrogen embrittlement of PHS.

The fracture surface of tested samples was investigated by using SEM. Different fracture behavior was observed between 2 different samples, Fig. 4. While the sample of conventional 22MnB5 reveals a typical brittle fracture of so - called intergranular fracture (left picture), the sample of Nb alloyed one demonstrates dominantly a ductile fracture with dimples even after hydrogen charging (right picture). The intergranular fracture occurs due to hydrogen segregation on the grain boundary. The grain boundary of prior austenite can be severely embrittled through hydrogen segregation so that the crack could easily propagate along the grain boundary under very low stress. With Nb addition such brittle fracture could be prevented as shown in the right picture of Fig. 4.

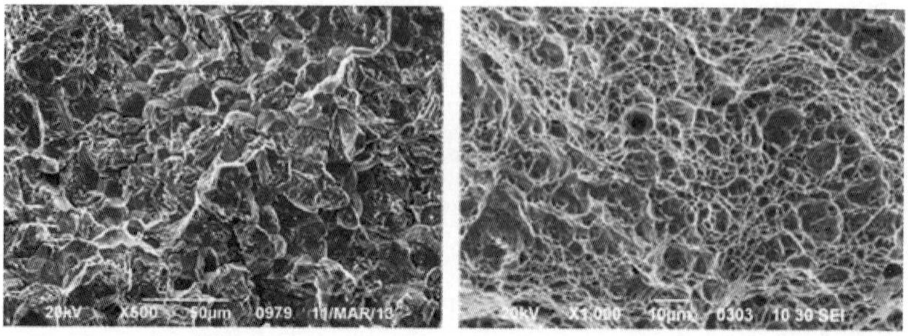

(a) (b)

Figure 4 SEM micrographs of fracture surfaces after hydrogen charging test ($i = 0.5$ mA/cm^2)

(a) 22MnB5; (b) 22MnB5 + Nb

2. 2 Hydrogen diffusion behavior

Fig. 5 shows the hydrogen permeation curves of 2 different samples indicating different hydrogen diffusion behavior during hydrogen permeation tests. Based on the hydrogen permeation curves, the diffusible hydrogen concertation C_0 and coefficient of hydrogen diffusivity D_{ap} of tested samples can be calculated by using equations (1) and (2). The calculated results as well as the results from hydrogen charging tests are summarized in table 2.

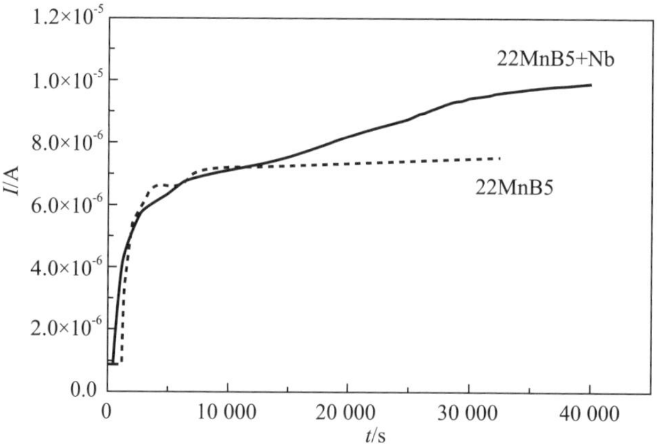

Figure 5 Hydrogen permeation curves of two different test samples (0. 5 mA/cm^2)

Table 2 Major results from hydrogen charging tests and hydrogen permeation tests of tested sampls

tested sample	Diffusible hydrogen concentration C_0/ppm	[H] diffusivity (10^{-7}) / $(cm^2 \cdot s^{-1})$	Critical fracture stress/ MPa
22MnB5	0.4	10.16	550
22MnB5 + Nb	2.1	2.94	1 288

According totable 2, the calculated diffusible hydrogen concentration of 22MnB5 + Nb is much higher than conventional 22MnB5 (2.1 ppm vs. 0.4 ppm). However, the calculated coefficient of hydrogen diffusivity of 22MnB5 + Nb is 3 times lower than conventional 22MnB5 (2.94 vs. 10.16) indicating that hydrogen is much less diffusible in the Nb alloyed samples. This result provides a feasible explanation why samples of 22MnB + Nb achieved much higher resistance against hydrogen embrittlement in the [H] charging tests despite of much higher hydrogen concentration. Since the tested steels were metallurgically processed and H tested under the same conditions, this improvement in hydrogen embrittlement behavior can only be attributed to Nb microalloying because this is the only difference in alloying composition of tested steels. The metallurgical effects of Nb microalloying on PHS were investigated and its impact on hydrogen embrittlement behavior will be explained in the following paragraph.

2.3 Effects of Nb microalloying on PHS and its impact on hydrogen embrittlement behavior

Nb microalloying is widely used to homogenize the steel microstructure and to increase strength through fundamental effects of grain refinement and precipitation of nano – sized niobium carbide (NbC). It was found that with 0.05% Nb addition in 22MnB5 the prior austenite grain structure and martensite substructure can be significantly refined after press hardening under the same conditions. According to the images of inverse pole figure shown in Fig. 6, PAGS is reduced from 11.3 to 5.4 μm through 0.05% Nb addition, furthermore, due to grain refinement the high angle grain boundary (> 15°) is increased from 16% ~ 20.3% as shown in Fig. 7. It is well known that high angle grain boundary can effectively impede crack propagation, thus increase the fracture behaviour of martensitic steels.

Apart from grain refinement, Nb microalloying also leads to precipitation of (Ti, Nb) (N,C) at high temperature as well as nano-sized particles of NbC during cooling and coiling process, Fig. 8. The average particle size of (Ti,Nb)(N,C) is about 160 nm

Figure 6　Inverse pole figure in transverse direction of tested samples (press hardened at 930 ℃/6 min)

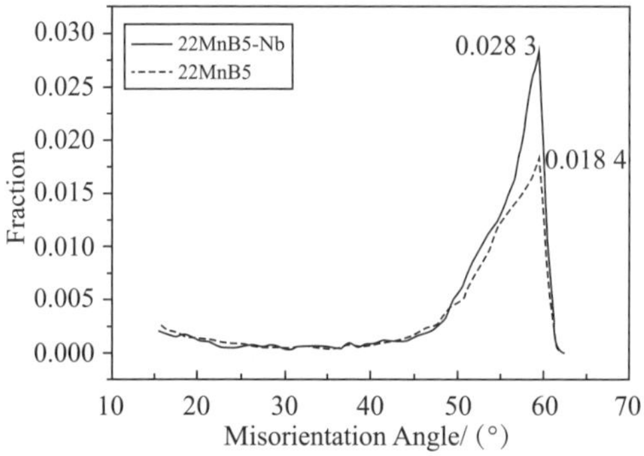

Figure 7　Misorientation angle of grain boundaries of tested samples after press hardening at 930 ℃/6 min

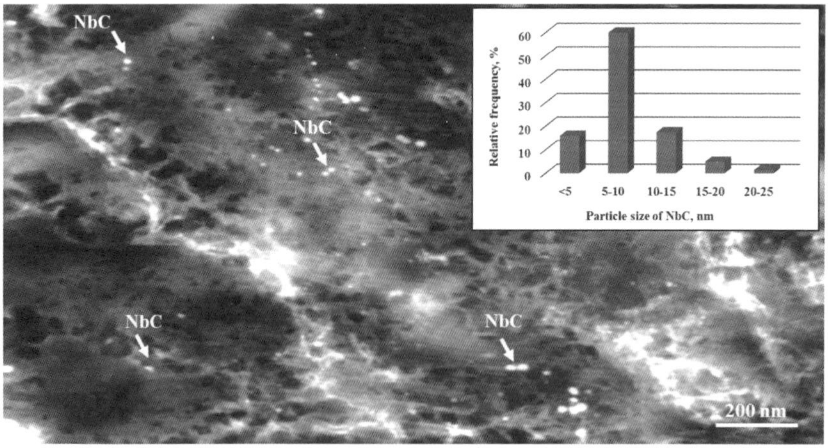

Figure 8　HAADF image of nano－sized particles and particle size distribution of NbC (upper right corner picture) in the Nb alloyed 22MnB5 after press hardening at 930 ℃/6 min

and the particle density is 0.15 number/μm^2. It was found that Nb will co-precipitate with Ti at high temperature leading to change of morphology from cubic to round type of precipitates. Such large particles, especially TiN, will usually serve as stress concentrators deteriorating impact toughness and hydrogen embrittlement behaviour. The particle size of NbC precipitated at lower temperature is less than 25 nm, Fig. 8. The average particle size of NbC is about 8 nm and the particle density is 24 number/μm^2. These nano-sized particles make significant contributions to grain refinement of PHS during reheating process through pinning effect. Finally, the impact of Nb microalloying on the hydrogen embrittlement behaviour will be discussed in the following paragraph.

3 Discussion

The improvement of hydrogen embrittlement behavior of PHS through Nb microalloying can be attributed to two fundamental effects: grain refinement effect and trapping effect which will be explained as follows:

3.1 Grain refinement effect

Previous investigations[2-4] and present research work found that in the hydrogen charging tests under constant load severe hydrogen damage usually occurs on grain boundary of prior austenite or around inclusions due to stress concentration in these areas. The stress gradient in the steel will drive hydrogen diffusion to the stress-concentrated areas leading to local hydrogen segregation. Furthermore, grain boundary of prior austenite is high angle boundary which can attract and trap hydrogen dissolved in steel. Due to the interaction between high local stress and high concentration of diffusible hydrogen, the grain boundary of prior austenite becomes vulnerable to hydrogen contamination. Consequently, intergranular fracture will occur if the critical fracture stress is reached. This critical fracture stress depends on the level of local stress concentration and particularly on the critical content of diffusible hydrogen which is required to trigger the fracture process. Through grain refinement, more grain boundary area will be created in the steel matrix. The results presented in this paper clearly demonstrated that the prior austenite grain size can be reduced by half if 0.05% Nb is added to 22MnB5 without changing other alloying and process conditions. Assuming that the total diffusible hydrogen in the steel is the same, the hydrogen concentration per unit area of grain boundary will be reduced due to more grain boundary area. Consequently, grain refinement will help to deplete the hydrogen concentration and enable it to be below the critical one on the grain boundary, thus avoid intergranular fracture due to grain boundary embrittlement. Another hypothesis for the improvement of hydrogen embrittlement behaviour of PHS through Nb microalloying is based on segregation of Nb on the grain boundary of prior austenite. The segregated Nb on austenite grain boundary can increase the grain boundary cohesion. The strengthened grain boundary has higher resistance to hydrogen embrittlement. It was found in several investigations that the fracture mode of PHS could be changed from intergranular to quasi – clearage fracture due to grain refinement by Nb microalloying after hydrogen charging tests. Finally, the fine – grained martensite substructure transformed from fine – grained austenite provides more high – angle grain boundaries (smaller package) acting as barriers against propagation of hydrogen induced cracks.

3.2 Hydrogen trapping effect

It was found in this work that the hydrogen diffusivity during the hydrogen charging tests can be significantly reduced by more than 3 times through Nb microalloying in PHS. This result is dominantly attributed to trapping effect of niobium precipitates. The trapping effect of Nb precipitates was experimentally verified in tempered martensite by using small – angle neutron scattering. Ohnuma et al[5] found that the intensity of scattering from nano – sized NbC is higher from samples charged with hydrogen than those without hydrogen charging. However, the enhanced scattering intensity from samples charged with hydrogen will disappear after heat treatment due to hydrogen desorption. This observation provides direct evidence for hydrogen trapping by Nb precipitates. The diffusivity of hydrogen in PHS plays a central role regarding hydrogen embrittlement behavior. It was found in the hydrogen pre – charging tests that no hydrogen embrittlement was observed if the pre – charged samples were placed in the air for a few hours and then tensile tested. Due to hydrogen desorption during waiting time in the air the tensile strength of pre – charged samples was almost the same as without hydrogen charging. It indicates that without large residual or applied stress in the steel, hydrogen does not cause any embrittlement to steel. In this case it can be assumed that hydrogen distribution is homogenous and there is no diffusion process of hydrogen in the steel immediately after hydrogen charging (hydrogen is saturated). However, if pre – charged samples were tested immediately or shortly after hydrogen charging, clear embrittlement could be observed due to much lower fracture stress (remaining tensile strength). This is a clear indication that due to applied stress and resulted local stress concertation around microcracks, grain boundary, inclusions and micro voids, the hydrogen diffusion process is activated leading to segregation (pickup) of hydrogen in above mentioned stress – concentrated areas till the critical hydrogen content is reached. Under these circumstances Nb precipitates can trap hydrogen, reduce hydrogen diffusivity, consequently, enable the hydrogen content to remain below the critical one and avoid embrittlement. It was found on the fracture surface of the hydrogen charged samples that beside the brittle fracture area there was also ductile fracture area. It can be assumed that in the brittle fracture area the stress and diffusible hydrogen concentration were much higher than in the ductile fracture area indicating that the interaction between stress and diffusible hydrogen is responsible for the hydrogen embrittlement. During the diffusion process to the stress – concentrated areas (for example, microcrack) the hydrogen atom may come across the particle of NbC several times and each time hydrogen diffusion will slow down to some extent due to trapping effect provided by NbC. Consequently, less hydrogen atoms could reach the final destinations (defects in steel) to cause embrittlement. This process is demonstrated in the following graph schematically, Fig. 9.

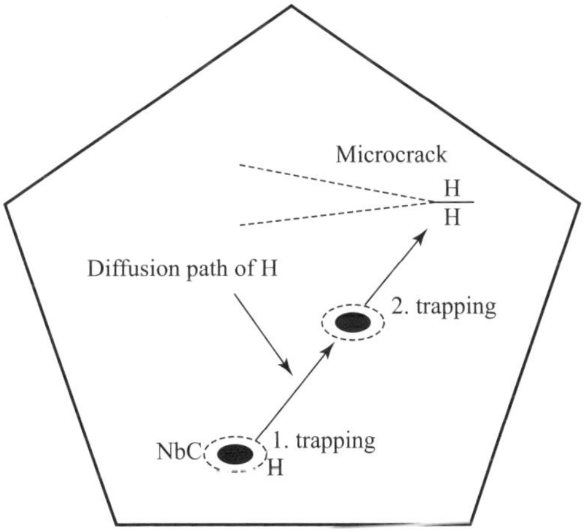

Figure 9 Hydrogen trapping effect through nano – sized NbC (schematically)

The efficiency of hydrogen trapping through Nb precipitates depends on size, density, distribution, coherency, and morphology of precipitated particles which can be adjusted during the hot strip production process. According to the present investigation sufficient hydrogen trapping effect can be achieved with addition of 0.05% Nb in the conventional 22MnB5. Finally, in order to achieve the optimum grain refinement and effective hydrogen trapping through NbC, TMCP should be applied in the hot rolling process if Nb is alloyed in PHS, especially in the high strength PHS above 1 500 MPa because with increasing strength PHS becomes more sensitive to hydrogen embrittlement.

4 Conclusions

Nb microalloying can significantly reduce the sensitivity of current PHS (22MnB5) to hydrogen embrittlement. It was found in this work that with 0.05% Nb addition the critical fracture stress can be increased by more than 2 times under the same hydrogen charging conditions. Hydrogen trapping and grain refinement are two dominant metallurgical effects contributing to this achievement. In order to improve overall crash performance of PHS, it is essential to increase the resistance to fracture, especially under hydrogen influence or under heavy impact at lower temperature. Based on the present and previous investigations reported in following suggestions should be taken into consideration for press hardening steels:

(1) Nb microalloying (0.05%) for grain refinement and precipitation of nano – sized NbC

(2) Tomake clean steel by limiting impurities S, P, and O as much as possible for impact toughness and bendability

(3) To avoid largeTiN precipitates in the martensite matrix (low N), if possible no B and Ti in the steel

(4) To applyTMCP rolling to make Nb more effective in PHS.

Reference

[1] Banerjee K, Chatterjee U K. Hydrogen permeation and hydrogen content under cathodic charging in HSLA 80 and HSLA 100 steels [J]. Scripta Materialia, 2001, 44 (2): 213 –216.

[2] Hikita K, et al. Properties of new TS1800MPa hot stamping steel and components [R]. Materials in Car Body Engineering, 10 –11 May 2012, Bad Nauheim Germany.

[3] Lovicu G, et al. Hydrogen embrittlement of advanced high strength steels for automotive use [R]. Proc. of 2nd Int. Conf. on Super High Strength Steels, Italy, 2010.

[4] Mura J, et al. MBW1900 mit mikrolegierung zur Optimierung der technologischen Eigenschaften nach dem Presshaerten [R]. Tagungsband zum 7. Erlanger Workshop Warmblechumformung 2012, Meisenbach Bamberg 2012.

[5] Ohnuma M, et al. Direct observation of hydrogen trapped by NbC in steel using small - angle neutron scattering [J]. Scripta materialia, 2008, 58 (2): 142 - 145.

作者简介

Jian Bian，工学博士，毕业于东北大学和德国亚深大学，先后供职于德国蒂森克虏伯钢铁公司十余年，并曾在日本 JFE 从事研究工作，2011 年加入巴西矿冶公司，任中信 - CBMM 技术顾问，工作地点在新加坡。主要从事汽车用钢的开发研究及铌微合金化技术研究。

铌和塑性变形对 30MnB5 钢氢致滞后开裂性能影响

范光龙　顾有松　廖庆亮　方有垠　程亚杰　张　跃*

北京科技大学材料科学与工程学院，北京，100083

通讯作者：张跃，E－mail：yuezhang@ ustb. edu. cn

【摘　要】采用 Nb 合金化的方式改善 30MnB5 钢氢致滞后开裂性能，并用恒载荷、阴极充氢等方法结合扫描电镜、透射电镜研究 30MnB5 钢氢致滞后开裂行为。结果表明，30MnB5 钢在加入 0.05% Nb 元素后，钢中形成弥散细小纳米析出物细化晶粒，综合力学性能提高，其氢致滞后开裂性能得到极大改善；当充氢电流密度为 0.5 mA/cm^2 时，氢对实验钢造成可逆氢损伤，加铌后有利于钢内部氢的快速溢出，将实验钢在预充氢后放置 2 h 进行拉伸，加铌钢临界断裂应力恢复接近抗拉强度，而没有加 Nb 的 30MnB5 钢明显恢复慢，且难以恢复到原来的强度；拉伸塑性变形提高高强度钢的氢脆敏感性，压缩塑性变形对高强度钢的氢脆敏感性没有影响。

【关键词】铌合金化　30MnB5 钢　氢致滞后开裂　恒载荷

Effect of Nb and Plastic deformation on Hydrogen Induced Delayed Fracture of 30MnB5 Steel

Fan Guanglong　Gu Yousong　Liao Qingliang
Fang Youyin　Cheng Yajie　Zhang Yue*

School of Science and Engineering，University of Science and Technology Beijing，Beijing 100083，China

Corresponding author：Zhang Yue，Email：yuezhang@ ustb. edu. cn

Abstract：Use the method of Nb Alloying to improve Hydrogen－induced Delay Cracking Behavior of 30MnB5 Steel，And cathodic hydrogen charging，Constant load Tensile and Hydrogen diffusion method was used to study Hydrogen－induced delayed cracking of 30MnB5 steel. The results show that 30MnB5 steel after adding 0.05% Nb element, Form of small particles dispersed nano - grain refinement, Improve the comprehensive mechanical properties, And the hydrogen - induced delayed cracking was greatly improved; When the hydrogen charging current density was 0.5 mA/cm^2, Hydrogen causes reversible hydrogen damage to the steel, After the addition of niobium is conducive to the internal hydrogen rapid spill, The experimental steel after pre - hydrogenation and then stretched after 2 hours, The critical fracture stress of niobium steel is restored to near tensile strength, While the 30MnB5 steel without Nb obviously recovered slowly, and it was difficult to restore to the original strength; Tensile plastic deformation increase hydrogen embrittlement sensitivity of high strength steels, The compressive plastic deformation has no effect on the hydrogen embrittlement susceptibility of high strength steels.

Keywords: Niobium alloying; 30MnB5 steel; Hydrogen induced delayed cracking; Constant load

我们一般认为强度大于 1 000 MPa 的钢为高强度钢，并且随着强度的升高，其氢致滞后开裂性能升高[1]。高强度钢广泛应用于航空、汽车等各个领域，而高强度热冲压钢现已逐步运用于汽车上[2,3]，其强度达到 1 500 MPa 以上，故少量氢就可以使其发生氢致滞后开裂。对高强度钢氢脆敏感性影响的因素有很多，比如钢的温度、热处理工艺等[4,5]。适量合金元素的添加成为提高高强度钢氢致滞后开裂抗力的重要途径[6-8]。铌元素作为强碳化物元素，它的碳化物析出相有着超高的溶解温度，使得铌元素在细化晶粒、提高钢材力学性能等方面有着其他合金元素不可替代的作用，同时，当碳化铌弥散析出时，还可作为高扩散激活能的氢陷阱，对氢脆敏感性有着很大的影响[9,10]。

为提高 PHS1800 级汽车用钢的使用安全性，本文采用铌合金化改善 30MnB5 钢氢致滞后性能，并采用恒载荷、氢渗透等实验方法研究 Nb 含量对 30MnB5 级钢氢致滞后开裂性能及氢在钢的内部的扩散行为，并研究塑性变形对高强度钢氢脆敏感性的影响。

1 实验材料与方法

1.1 实验材料

实验钢的冶炼是采用 50 kg 的真空感应炉，将其浇注成铸锭，然后采用锻造的工艺加工成 30 mm 厚度 ×180 mm 宽度 ×80 mm 长度的板坯，使用控轧控冷的轧制工艺对板坯进行冷轧和热轧，轧制工艺如图 1 所示。先将板坯加热至 1 230 ℃保温 1 h，接着出炉进行热轧，要求在 870 ℃以上温度完成热轧，热轧后的厚度约为4 mm，之后冷却到600 ℃卷取，随炉冷到室温。对钢板进行酸洗，之后进行冷轧，厚度为1.4 mm，最终将轧制好的钢板剪成220 mm×60 mm×1.4 mm的试样。实验钢成分见表1，把30MnB5钢标为D1钢，而把在30MnB5钢基础上加入0.05% Nb元素的实验钢标为D2钢。

表1 实验钢的成分 %

种类	C	Nb	Si	Mn	S	P	Al	Cr	B
D_1	0.3	—	0.3	1.2	≤0.01	≤0.015	0.03	0.15	0.002 5
D_2	0.3	0.05	0.3	1.2	≤0.01	≤0.015	0.03	0.15	0.002 5

将轧制好的钢板进行930 ℃的淬火工艺，采用线切割将经过热处理的钢板加工成图1所示尺寸，厚度为1.3 mm。

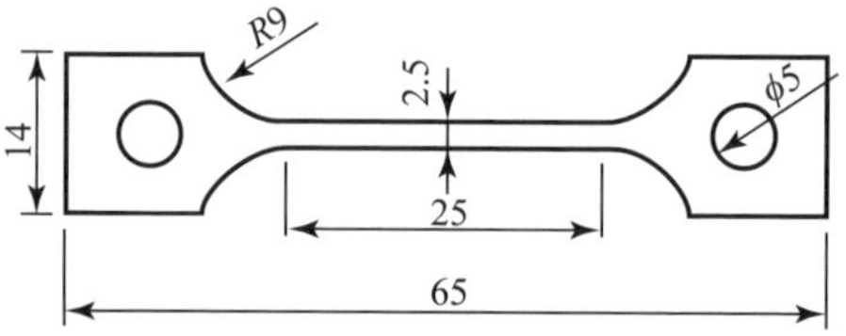

图1 恒载荷拉伸试样

1.2 实验方法

拉伸试样为JIS13B试样，将试样在WDW－50型材料试验机上进行。试样厚度为1.2 mm，宽度为20 mm，通过50 mm标距的引伸计进行拉伸得到热处理后试样的力学性能。将热处理后的试样加工成1.2 mm×10 mm×55 mm的V形缺口冲击试样进行室温冲击试验。

将加工好的试样用砂纸从240#依次打磨至2000#，进行抛光后，分别采用3%的硝酸酒精溶液和苦味酸溶液侵蚀后在光学显微镜下观察其微观组织。恒载荷实验则是在室温下，采用充氢电流密度分别为0 mA/cm^2、0.5 mA/cm^2、1 mA/cm^{2}进行预充氢，充氢溶液为0.25 g/L硫脲和0.5 mol/L硫酸，测量滞后开裂试样断裂时间（t_F）、门槛应力σ_c，得到断裂应力与断裂时间曲线。采用线切割的方法切割断样并在扫描电镜下观察得到断口形貌，并对钢样进行TEM表征和能谱表征，对钢中析出物和析出物的成分进行分析。

2 实验结果与分析

2.1 微观组织与力学性能

如图2所示，图2（a）所示为D1钢的马氏体组织，图2（b）所示为D2

钢的马氏体组织。可以看出两种钢淬火后均得到马氏体组织，呈板条状，故为板条马氏体。加了 Nb 的钢的板条状马氏体束明显更加短，且板条更加细小。

图 2（c）、（d）所示分别为 D1 钢和 D2 钢的原奥氏体组织。通过测量得到 D1 钢的平均晶粒尺寸约为 22.0 μm，D2 钢的平均晶粒尺寸约为 7.2 μm。实验钢在加了 Nb 后，晶粒细化了两三倍，原因是加了 Nb 合金元素后提高了金属的奥氏体化温度，使晶粒需要在较高的温度下进行再结晶。并且 Nb 以细小的纳米碳化物析出，阻碍了晶粒在再结晶过程的长大。

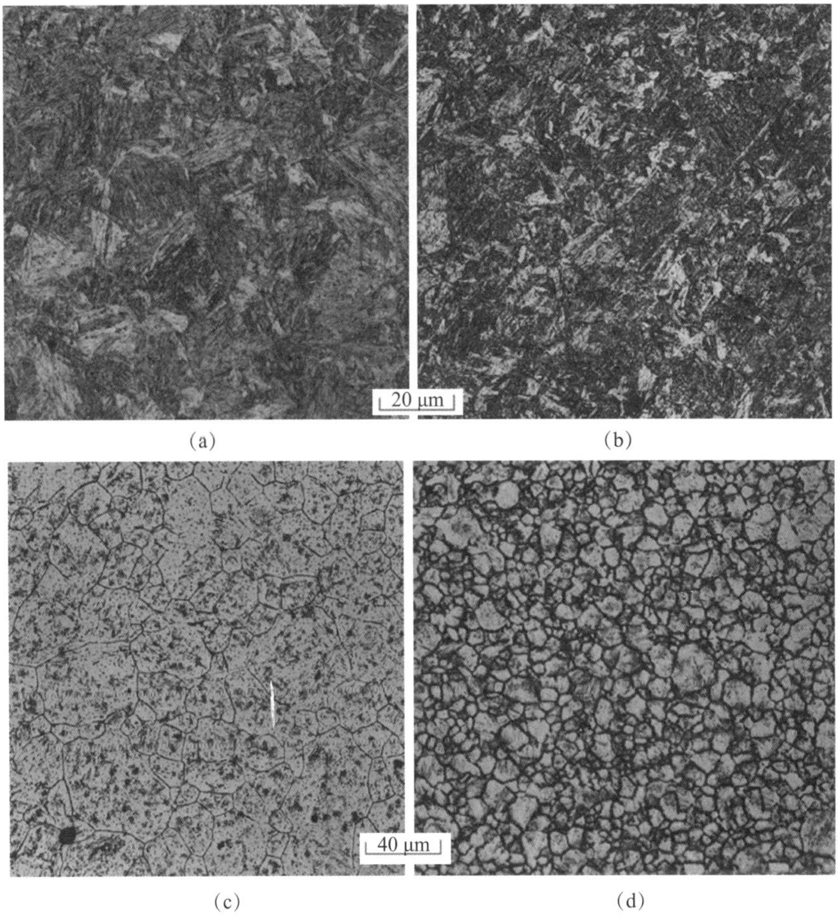

图 2　D1 钢和 D2 钢的微观结构

（a），（c）分别为 D1 钢的马氏体组织和奥氏体组织；

（b），（d）分别为 D2 钢的马氏体组织和奥氏体组织

如图 3 所示，发现没有加 Nb 的 D1 钢多个视场均没有纳米析出物，而加了 Nb 的 D2 钢有着大量的析出物，尺寸在 10 nm 左右。通过能谱分析，D2 钢

中的析出物基本为 Nb 和 Ti 的混合析出物。这种细小弥散的纳米析不但可以阻碍晶粒长大的过程，从而达到细晶的效果，还作为氢陷阱阻碍 H 扩散聚集。研究表明，晶粒细化可以改善高强度钢的氢致滞后开裂性能。[11]

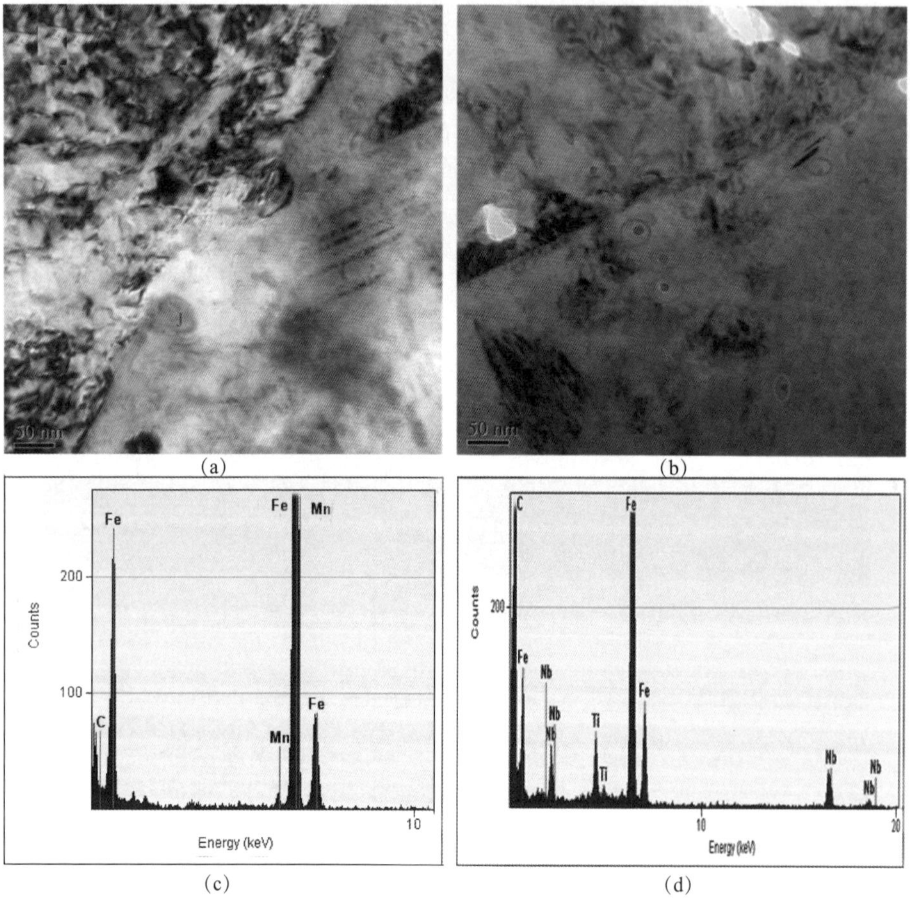

图 3　D1 和 D2 钢的 TEM 图和 EDS 能谱

（a）D1 钢 TEM 表征图；（b）D2 钢的 TEM 表征图；

（c）D1 钢的 EDS 能谱分析；（d）D2 钢的 EDS 能谱分析

从表 2 和表 3 中可以看出，D1 钢的抗拉强度为 1 950.088 MPa，而 D2 钢的抗拉强度为 1 813.902 MPa；D1 的冲击韧性为 31 Ak/J，而 D2 的冲击韧性为 45 Ak/J。也就是说，D1 钢在加入 Nb 之后，强度下降、韧性升高，原因是碳化物析出物的析出形成脱碳作用，从而细化晶粒，使钢的强度下降、韧性升高。并且合金元素的固溶产生固溶强化，使实验钢的强度下降得不是很多。即 Nb 合金化后提高了钢的综合力学性能。

表 2　实验钢的抗拉强度　　MPa

种类	1	2	3	平均
D1	1 907.946	1 991.314	1 951.003	1 950.088
D2	1 800.247	1 830.527	1 810.933	1 813.902

表 3　实验钢的冲击韧性　　$Ak \cdot J^{-1}$

种类	1	2	3	平均
D1	30	34	28	31
D2	44	46	45	45

2.2　预充氢拉伸试验

对实验钢进行 0.5 mA/cm^2 预充氢，时间分别为 10 min、30 min、1 h、5 h、8 h，测得其临界开裂应力如图 4 所示。从图 4（a）可以看出两种钢在预充氢 5 h 时已达到饱和状态，随着预充氢时间的继续延长，临界断裂应力将不再增加。D1 钢的饱和预充氢后的临界断裂应力为 400 MPa，而 D2 钢的饱和预充氢后的临界断裂应力为 1 100 MPa。可见实验钢在加入 Nb 之后，其氢致滞后抗力大大提高了。加入 Nb 后细化了晶粒，提高了实验钢的韧性，从而提高了造成氢损伤的临界氢浓度。大量的纳米析出物和晶界形成氢陷阱，分散进入钢中的氢，阻碍了氢的扩散聚集。

将实验钢预充氢 1 h 后，放置不同时间后得到的曲线如图 4（b）、（c）所

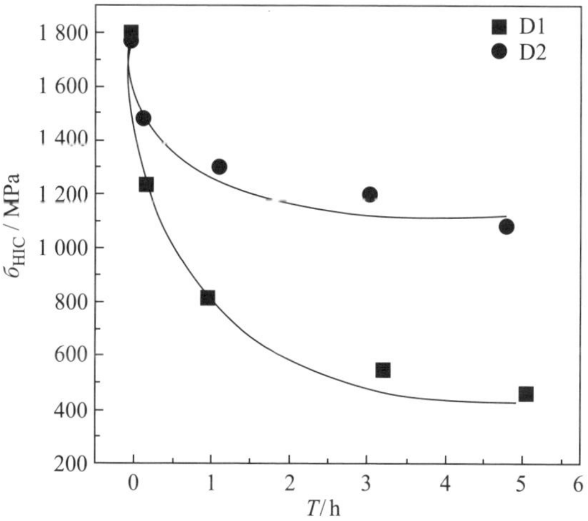

(a)

图 4　实验钢的临界开裂应力

（a）不同预充氢时间的恒载荷拉伸曲线

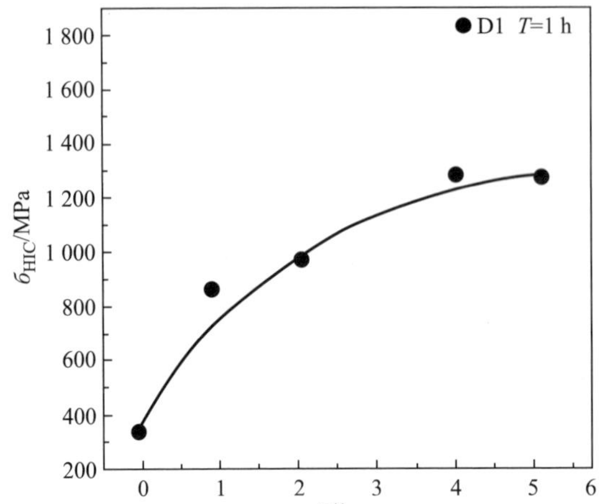

(b)

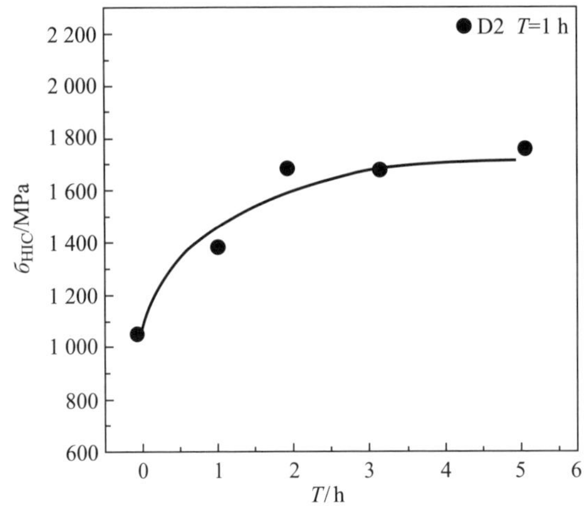

(c)

图4　实验钢的临界开裂应力（续）

（b），（c）分别为 D1 钢和 D2 钢预充氢 1 h 放置不同时间的恒载荷拉伸曲线

示。在预充氢后，随着放置时间的延长，恒载荷拉伸的临界断裂应力逐渐得到恢复，可以看出 D1 钢在放置 5 h 后，强度恢复到 1 300 MPa，放置一天后，其强度仍为 1 300 MPa，难以恢复到原有强度，而 D2 钢在放置 5 h 后，强度恢复到 1 700 MPa，已基本接近抗拉强度。

预充氢后的钢放置不同时间，其强度得到逐步恢复，也就说明氢在钢的内部造成的是可逆氢损伤，钢的滞后断裂是由氢和应力共同作用产生的。氢在钢的内部通过应力的诱导进行富集，应力越大时，其富集得越快，当氢的富集达到钢滞后断裂的临界氢浓度时，则发生断裂，反之则不会发生断裂。当没有外应力时，进入钢内部的氢不会对钢造成损伤。而 D1 钢与 D2 钢在预充氢的放氢过程中，D2 钢可以恢复到抗拉强度左右的强度，而 D1 钢却只能恢复到一个较低的强度。原因是，首先 D2 钢细小晶粒和弥散析出物产生的细晶强化和时效强化使得其韧性升高，其本身产生氢损伤的临界氢浓度较高。再者弥散细小的纳米析出物成为可逆氢陷阱，其聚集的氢更为分散，故在没有外应力的条件下进入钢内部，氢在室温下则向外面溢出，随着氢的向外溢出，其强度逐渐得到恢复，甚至恢复到接近抗拉强度。而 D1 钢内部氢陷阱过少，氢进入钢内部后，在一些较大缺陷内集中聚集，而在预充氢后，放置后，氢溢出，钢内部氢相对较难溢出，故强度恢复在一个较低的强度。而其实际应用就是，当加 Nb 钢材在进行冶炼、加工及表面处理时，稍用一些简单的除氢方式就可以将钢内部的氢除尽，从而避免钢在实际应用中发生氢致滞后开裂。而没有加 Nb 的钢则不然，少量氢即发生严重的强度下降，并且进入钢内部的氢难以消除，强度很难恢复。

2.3 恒载荷拉伸断口分析

对拉伸断口进行 SEM 表征，图 5 所示为 D1 钢在电流密度为 0.5 mA/cm^2 下充氢 1 h 的拉伸断口形貌图，有着很明确的裂纹源区、裂纹扩展区和剪切唇。图 5（a）为裂纹源区，断口形貌以沿晶为主，是氢聚集最多的地方；

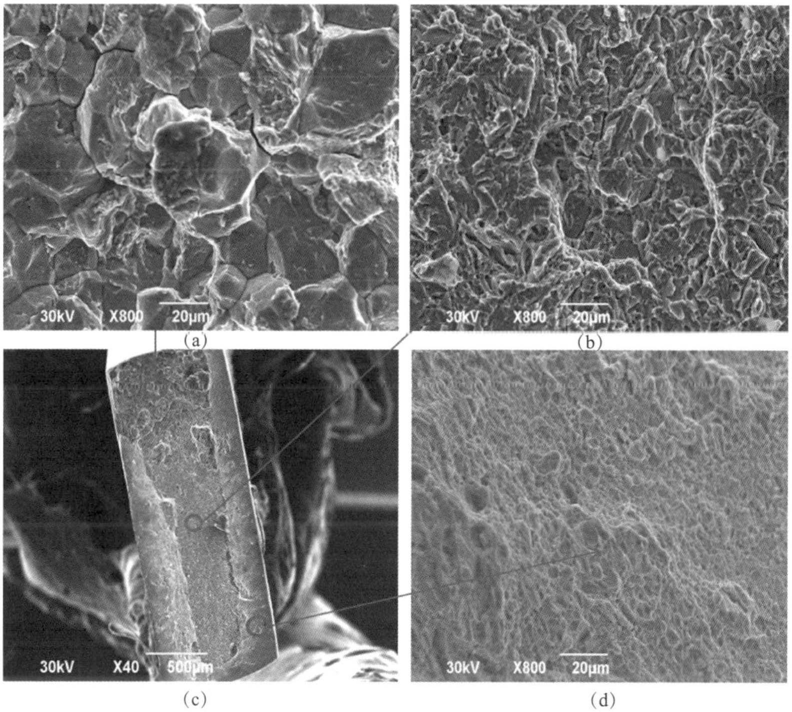

图 5　对拉伸断口的 SEM 表征

（a）（b）（d）分别是裂纹源区、裂纹扩展区、剪切唇；（c）D1 钢断口形貌图

图5（b）为裂纹扩展区，形貌以准解理为主；图5（c）为韧性断裂区，形貌主要以韧窝、剪切唇为主。因为钢的断裂是由氢和应力共同造成的，则钢内部不同程度的氢损伤就是不同氢浓度的分布，有些地方氢浓度高，有些地方氢浓度低。原因是钢内部的缺陷分布或者应力集中，则此处氢浓度含量较高；反之，氢浓度含量较低。

如图6所示，对D2钢进行不同时间的预充氢实验，分别进行10 min、1 h、5 h、8 h充氢，然后立刻进行拉伸实验。由图4（a）可以发现，其强度分别降低到1 600 MPa、1 300 MPa、1 200 MPa、1 180 MPa，而从图6也可以看出，随着预充氢时间的增加，其裂纹源区面积逐渐增大，而在预充氢1 h后，基本达到饱和，强度降低量也减小。原因是，当预充氢10 min时，钢内部的氢含量较少，则需要较大应力来诱导氢聚集，并且使达到临界氢浓度的区域较少，表现为断口形貌裂纹源面积小。而当随着预充氢的时间增加，进入钢内部的氢浓度增加，在较小应力下，氢快速聚集，达到临界氢浓度的区

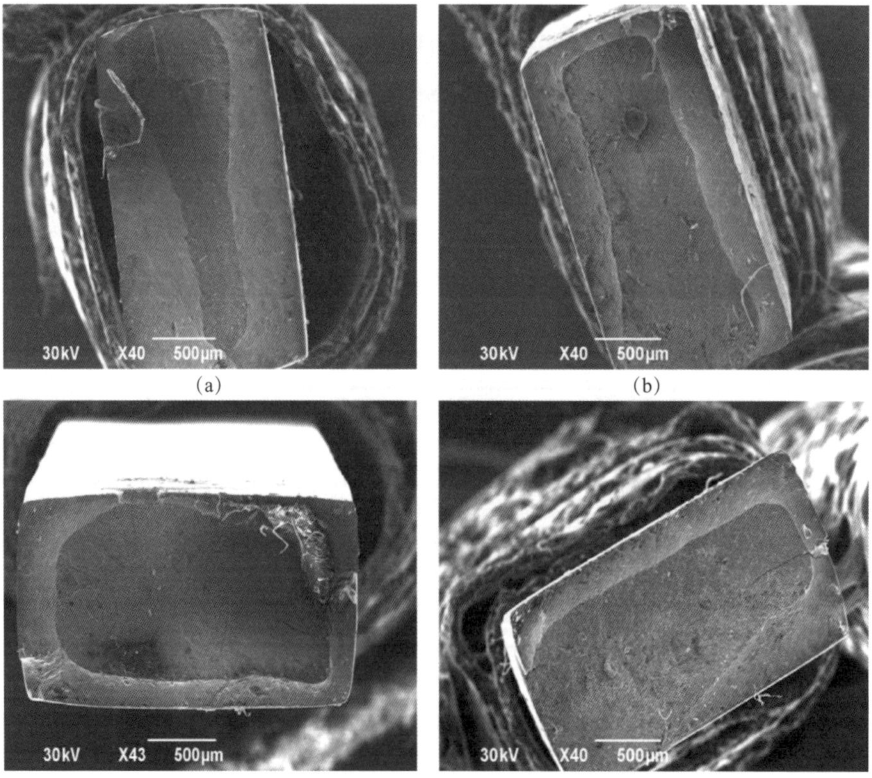

图6 断口形貌

（a）（b）（c）（d）分别为D2钢在充氢10 min、1 h、5 h、8 h后立刻拉断的断口形貌图

域增加，表现为断口形貌裂纹源面积增加。而当预充氢 1 h 后，钢内部的氢含量基本达到饱和，其临界断裂应力基本不再下降，裂纹源区面积也不再增加。

如图 7 所示为两种钢预充氢 1 h 后分别放置 0 h、2 h、24 h 后的断口形貌。从图 7（a）~（c）可以看出，随着放置时间的延长，试验钢断口形貌中的裂纹源区域的面积逐渐减小，而当放置超过 24 h 时，基本呈韧性断裂状态，出现颈缩，与图 4（c）所示曲线完全吻合。放置 0 h、2 h、24 h 后，其临界断裂应力分别为 1 080 MPa、1 600 MPa、1 700 MPa。从图 7（d）~（f）可以看出，放置 0 h、2 h、24 h 后，D1 钢断口形貌中裂纹源区面积也在逐渐较小，而当放置 24 h 后，其断口仍有较大面积的裂纹源区，图 4（b）中放置 0 h、2 h、24 h 后，其临界断裂应力分别为 300 MPa、900 MPa、1 300 MPa，也是相吻合的。也说明 D1 钢中的氢相对 D2 钢更加难以扩散出去。同时也从侧面反映 D2 钢的抗氢致滞后开裂性能要好于 D1 钢的。

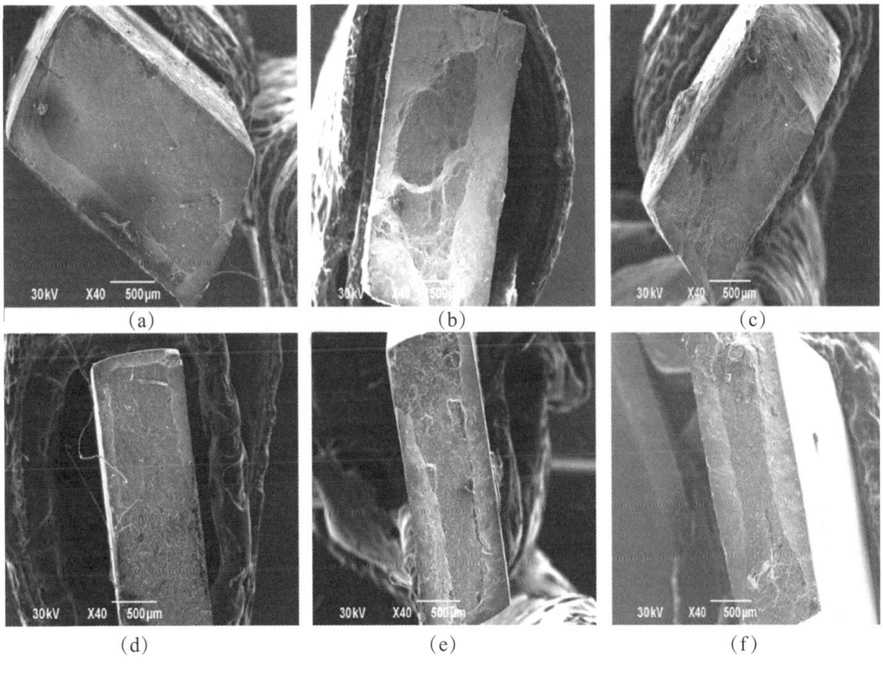

图 7　断口形貌

（a）（b）（c）是 D2 钢在电流密度 0.5 mA/cm^2 下充氢 1 h 后，分别放置 0 h、2 h、24 h 后拉断的断口形貌；（d）（e）（f）是 D1 钢在电流密度 0.5 mA/cm^2 下充氢 1 h 后分别放置 0 h、2 h、24 h 后拉断的断口形貌

将 D2 钢的钢样折成约 145°，如图 8 所示，则在钢的内部一边形成拉伸变形，另一边则形成压缩变形。在电流密度 0.5 mA/cm^2 下充氢 1 h 后放置 1 天，把试样压直成原样进行拉伸。

发现强度并没有发生恢复，即400 MPa就发生断裂，发生不可逆氢致损伤。断口形貌如图9所示，图9（a）中由于拉伸变形与压缩变形不同的作用，产生了不同的效果，呈现出两种完全不同的断口形貌，如图9（b）中c和d所示。图9（c）所示是压缩塑性变形的断口形貌，基本呈现韧窝状的韧性断裂，也就是说，压应力没有促进氢损伤。而图9（d）所示为拉伸塑性变形的断口形貌，可以看出基本是沿晶断口，典型的脆性断裂。

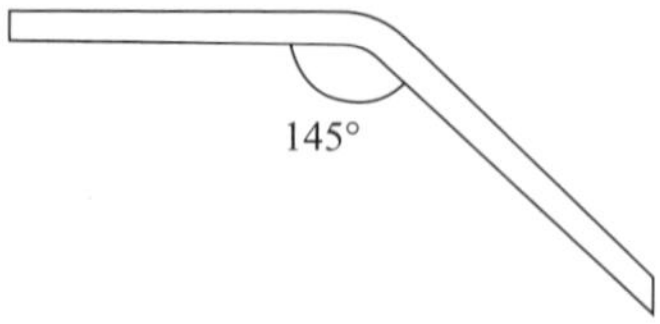

图8　145°弯曲弯试样侧面图

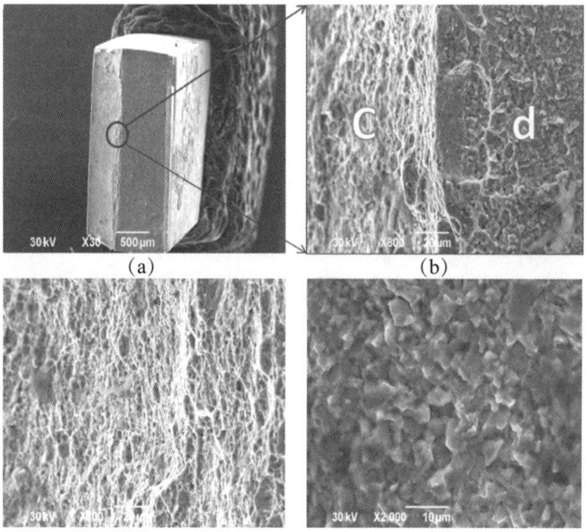

(a) (b) (c) (d)

图9　断口形貌

一方面产生内应力诱导氢聚集，从而使该区域氢浓度超过临界氢浓度含量，形成不可逆损伤。

另一方面，拉伸塑性变形会引起过量空位和空位团[12]。空位等的扩散聚集形成空洞，为氢的聚集提供空缺，促使氢的聚集而形成氢压裂纹。Takai在氢致断裂的研究方面提出了空位的作用远大于氢本身，从而为氢致塑性损失提供了一些直接证据[13]。当钢进行拉伸变形时，钢中的晶粒发生拉伸变形。Jiang[14]指出氢致微孔洞通过影响局部位错反应既可以在滑移带交汇处形核，又可以在位错墙处形核。晶界位错增多，变得更为薄弱。由氢产生的氢压裂纹，则更加容易地沿着晶界扩展，从而形成氢压裂纹。

3 结论

（1）发现30MnB5钢在加入0.05% Nb元素后，极大地改善了其氢致滞后开裂性能。在 $i=0.5\ mA/cm^2$ 下预充氢的临界断裂应力由400 MPa提高到1 100 MPa。原因是加入Nb后，形成细小弥散的析出物，细化了晶粒，原奥氏体晶粒尺寸由22.0 μm降为7.2 μm。不但提高了钢的综合力学性能，而且形成了大量氢陷阱，阻碍氢进行扩散聚集。

（2）30MnB5钢加铌后有利于钢内氢的快速溢出，预充氢放置相同时间强度明显比没加Nb的钢恢复快。没有加Nb钢中的氢大部分聚集在夹杂物中；而加Nb钢中的氢大部分分散在纳米析出物中，纳米析出物对氢的束缚小于夹杂物。

（3）拉伸形变区发生氢压裂纹的不可逆氢损伤，即拉伸变形促进氢致滞后开裂，而压缩变形对高强度钢氢致滞后开裂没有影响。对弯曲试样在 $i=0.5\ mA/cm^2$ 下预充氢后拉伸，发现呈拉伸变形的区域断口呈沿晶断裂，压缩变形区断口形貌为韧窝状。并且试样在 $i=0.5\ mA/cm^2$ 下预充氢放置1天后拉伸，强度没有恢复。

参考文献：

[1] Smialowski M. Hydrogen in Steel [M]. New York: Pergamon Press, 1962: 21.

[2] Ma M T. Advanced high – strength steel and its application in the automotive industry [J]. Steel, 2004, 39 (7): 68.
马鸣图. 先进的高强度钢及其在汽车工业中的应用 [J]. 钢铁, 2004, 39 (7): 68.

[3] Naderi M, Uthaisangsuk V. Numerical and Experimental Investigation into Hot Stamping of Boron Alloyed Heat Treated Steels [J]. Steel Research International, 2008, 79 (2): 77.

[4] Tsay L W, Hu Y F, Chen C. Embrittlement of T – 200 maraging steel in a hydrogen sulfide solution [J]. Corr Sci, 2005, 47: 965.

[5] Kennedy J W, Whittaker J A. Stress – corrosion cracking of high strength steels [J]. Corrosion Science, 1968, 8 (6): 359 – 375.

[6] Tomohiko Omura, Takahiro Kushida. Hydrogen Absorption of High Nb Bearing Steel [J]. Tetsu to Hagane, 2004, 90 (2): 106.

[7] Grobner P J, Sponseller D L, Diesburg D E. Effect of Molybdenum content on

the Sulfide Stress Cracking Resistance of AISI 4130 – Type Steel With 0. 035% Cb [J]. Corrosion, 1979, 35. (6), 240.

[8] Yamazaki S. Effect of V Addition on Delayed Fracture Resistance of High Strength Steel [J]. CAMP – ISIJ, 1996, 9: 1493.

[9] Zhang S, Huang Y, Sun B, et al. Effect ofNb on hydrogen – induced delayed fracture in high strength hot stamping steels [J]. Materials Science and Engineering: A, 2015, 626: 136 – 143.

[10] Zhang S, Huang Y, LiaoQ, et al. Hydrogen diffusion and hydrogen induced delayed cracking of Ultra – high strength steels for hot stamping [J]. Journal of Iron and Steel Research, 2014, 26 (8): 47 – 52.

张施琦，黄运华，廖庆亮，等. 超高强度热冲压用钢中 H 的扩散与氢致滞后开裂行为 [J]. 钢铁研究学报，2014，26 (8): 47 – 52.

[11] Fuchigami H, Minami H, Nagumo M. Effect of grain size on the susceptibility of martensitic steel to hydrogen – related failure [J]. Philosophical magazine letters, 2006, 86 (1): 21 – 29.

[12] Yagodzinskyy Y. Effect of hydrogen on plastic strain localization in single crystals of austenitic stainless steel [J]. Scripta MATERIALIA: 2010, (62): 2010 – 07 – 10.

[13] akai K. Lattice defects dominating hydrogen – related failure of metals [J]. Acta Materialia: 2008, (56): 5158 – 67. 2010 – 07 – 08.

[14] Xing – Gang J. Hydrogen induced void nucleation of 310 stainless steel [J]. Acta Materialia: 1995, (43): 3727 – 32. 2010 – 07 – 05.

基于成形工艺的高强钢氢致延迟断裂敏感性评价方法研究

郭　楠　闵峻英　林建平　濮振谦　赵　强

同济大学机械与能源工程学院，上海，201804

【摘　要】氢致延迟断裂现象已成为第三代高强度钢板推广与应用的重要问题，但对于氢致延迟断裂敏感性，目前仍缺乏一个统一的、普遍认可的评价方法。研究表明，应力应变状态是导致高强钢氢致延迟断裂的主要因素。基于成形工艺的差别给零部件带来不同的应力应变状态，导致其对氢致延迟断裂的敏感性有很大差异。为了找到最适用于评价氢致延迟断裂敏感性的方法，本文研究了Q&P980高强钢零部件弯曲、翻孔和拉深三种典型成形工艺对氢致延迟断裂的敏感性。结果表明，基于弯曲工艺的弯折件对氢致延迟断裂的敏感性最高，并且弯折件角度与试样发生延迟断裂时间有明显的相关关系。该研究为后续深入研究应力应变对高强钢氢致延迟断裂敏感性的影响提供一个合理有效的实验评价方法。

【关键词】高强钢　氢致延迟断裂　成形工艺　弯曲　翻孔　拉深

Study on Evaluation Method of Hydrogen – influenced Delayed Fracture Sensitivity of High Strength Steel Based on Forming Process

Guo Nan　Min Junying　Lin Jianping
Pu Zhenqian　Zhao Qiang

School of Mechanical Engineering, Tongji University, Shanghai, 201804

Abstract: The hydrogen induced delayed fracture phenomenon has become an important issue in the promotion and application of the third generation of high strength steel plate, but it still lacks a generally accepted evaluation method for the hydrogen induced delayed fracture of high strength steel. The research show that the stress – strain state is the main factor leading to the delayed fracture of hydrogen in high strength steel. The difference in the shape of the forming process brings different stress – strain states to the parts, resulting in a large difference in the sensitivity of the hydrogen – induced delayed fracture. In order to find the most suitable method for evaluating the sensitivity of hydrogen induced delayed fracture, the sensitivity of three typical forming processes of Q&P980 high strength steel parts to bending, turning hole and drawing is studied. The results show that the bending element based on bending process has the highest sensitivity to hydrogen induced delayed fracture, and the angle of bending is related to the delay time of specimen delay. This study provides a reasonable and effective experimental method for the further study of the effect of stress and strain on the sensitivity of hydrogen induced delayed fault in high strength steel.

Keywords: High strength steel; Hydrogen induced delayed fracture; Forming; Bending; Hole flanging; Deep drawing.

引言

随着汽车工业的快速发展，超高强钢、先进高强钢逐渐得到广泛应用。然而，当钢的强度超过约 1 200 MPa 时，其氢致延迟断裂敏感会显著提高[1-4]。这一现象不但严重限制了高强钢进一步的广泛应用，而且影响到高强钢零件的正常服役，使其对汽车的安全性造成损害。

目前学术界已经对高强钢的氢致延迟断裂现象展开了一定的研究。X. J. Jin 等人[5]对单拉试样进行“先冷却再回火”的方法进行预处理后充氢并测量材料的机械特性。万荣春等人[6]对超高强度马氏体钢进行不同热处理后制成 U 形弯试样，放在酸液中浸泡，测量开裂时间。S. Takagi 等人[7]采用单拉试样、U 形件和杯形拉深件研究了内部缺陷对高强钢延迟断裂的影响。A. Kuduzović等人[8]采用柱状缺口试样研究了应力对高强钢延迟断裂的影响。米振莉等人[9]采用凸耳试样研究了应力对高强钢延迟断裂的影响。然而，材料内部的应力应变状态对氢致延迟断裂的敏感性影响很大[10,11]，若采用特定的成形工艺，使零部件内部具有特定的应力应变状态，以此来设计氢致延迟断裂敏感性评价试验，可以达到快捷有效地评价高强钢氢致延迟断裂敏感性的目的。而目前的高强钢氢致延迟断裂敏感性评价方法对此并没有系统深入的研究。因此，迫切需要找出冲压成形工艺中对零部件边缘氢致延迟断裂的敏感性最高的工艺，来更方便、准确地评价高强钢的氢致延迟断裂敏感性。

高强钢板不同的成形工艺如剪切冲裁、弯曲、局部成形与翻边、拉深和胀形、旋压旋薄和冷挤压等，给零部件带来了不同的应力应变状态，对高强钢的氢致延迟断裂敏感性造成的影响也不相同。在汽车零部件的实际生产过程中，高强钢零部件导致边缘应力的常用成形工艺主要是弯曲、翻孔和拉深。

因此，本文针对这三种工艺制备不同的试样，采用电化学充氢方法，研究其对氢致延迟断裂敏感性影响的差异性，最终对比得出一种合理有效的高强钢氢致延迟断裂敏感性的评价方法。

1 实验材料与方法

1.1 基于翻孔工艺的试样制取与实验方法

实验选取厚 1.6 mm 无镀层 Q&P980 高强钢板为研究材料，材料的基本力学性能参数见表 1。为避免激光在内孔边缘产生的热影响区对实验结果的影响，故使用电火花线切割技术按照图 1 切割试样，先后使用600#砂纸和 1500#砂纸打磨内径至光亮状态，并使用无水乙醇清洗后晾干。

表 1 Q&P980 的基本力学性能

材料	屈服强度/MPa	抗拉强度/MPa	均匀延伸率/%	断裂延伸率/%
Q&P980	652	1032	16.4	21.1

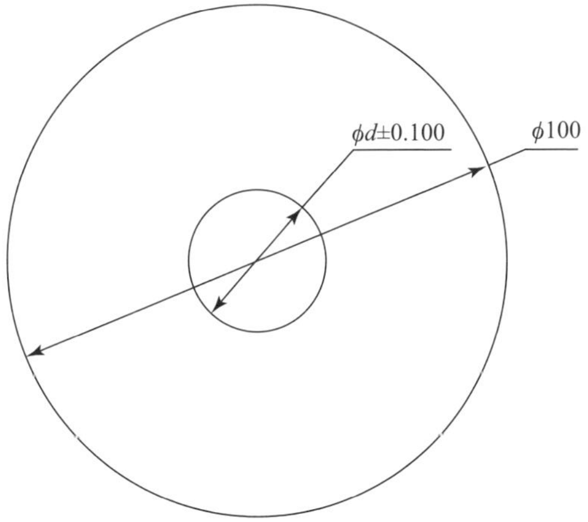

图 1 内径为（d ±0.015）mm 的 Q&P980 翻边件坯料尺寸

根据翻孔模具的凸凹模尺寸，设计坯料外径为 100 mm，内径为 d = 28 mm。为加快翻孔试样断裂进程，需找到接近 Q&P980 极限翻孔系数（如图 2 所示的翻孔发生断裂的临界内径/外径）的坯料内径尺寸。使用直径 50 mm、圆角 5 mm 的凸模和直径 54 mm、圆角 8 mm 的凹模，32 kN 压边力对不同尺寸坯料逐一进行试翻孔。翻孔时，在坯料表面均匀涂抹润滑油，并在坯料与冲头接触的一面垫一层 Teflon 塑料膜（润滑并保证稳定摩擦系数）。

图2 坯料内径分别为28 mm和27 mm的Q&P980高强钢翻孔件

取极限翻孔系数为$K_f=\frac{d_0}{D}=\frac{28}{50}=0.56$的三个试样，使用无水乙醇清洗并晾干后采用与弯折试样同样的方法对试样进行电化学充氢实验。为加快试样的断裂进程，实验采用电化学充氢法将试样放入0.5 mol/L NaOH与2 g/L NaSCN（毒化剂）的混合电解液中。实验原理如图3所示，将惰性材料铂电极（雷磁260型电导电极，电导池常数为0.6 cm^{-1}）作为电解阳极，充氢试样作为电解阴极，在溶液中通入电流密度为10 A/m^2的恒定电流。通过改变充氢时间以获得试样中不同的氢含量。电化学充氢的阴极反应为：

$$H^{+}+e^{-}\rightarrow[H]$$

其中，一部分［H］通过吸附作用进入金属，而大部分［H］结合成H_2，释放到空气中。

电化学充氢的阳极反应为：

$$2OH^{-}-2e^{-}\rightarrow H_2O+[O]$$

［O］结合生成O_2，释放到空气中。

试样在充氢过程中采用直流稳压电源的电流控制方式来保证充氢所需的电流密度相同。采用恒温磁力搅拌器对电解液进行搅拌，以使溶液浓度及温度分布更加均匀，同时使电解液温度维持在25 ℃。采用摄像头拍摄的方式来记录试样的延迟断裂过程，通过Vic－Snap软件设置拍摄速度为4帧/min。在接通电源开始电化学充氢的同时，开启摄像头记录整个电化学充氢过程。试样经一段时间开裂或24 h后仍未开裂，即停止实验。使用过的电解液不再重复使用。

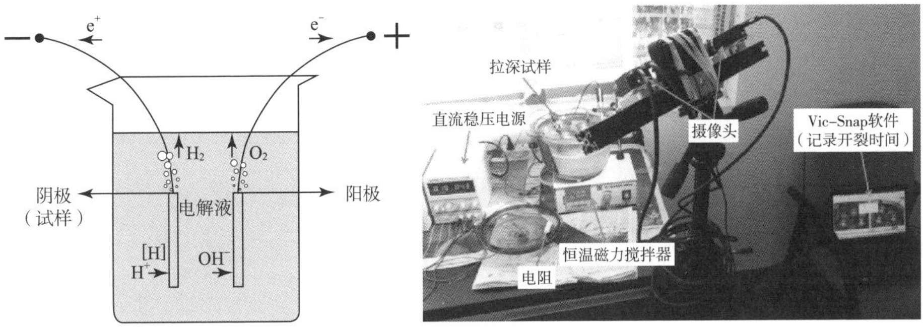

图 3　电化学充氢实验

（a）实验原理；（b）实验装置

1.2　基于拉深工艺的试样制取与实验方法

选取板厚 1.6 mm 的无镀层 Q&P980 高强钢作为研究对象。使用激光切割试样，获取直径为 90 mm 和 80 mm 的圆形坯料各三个。先后使用 600#砂纸和 1500#砂纸打磨坯料内径厚向至光亮，用无水乙醇清洗后晾干。拉深模具采用直径为 50 mm 的凸模和直径为 54 mm 的凹模，32 kN 压边力对坯料进行完全拉深，使其成为冲杯件，如图 4 所示。直径 90 mm 和 80 mm 的试样拉深系数分别为 0.56 和 0.63。杯形拉深试样的杯口为应力集中区域。

图 4　杯形拉深试样

使用无水乙醇清洗冲杯件表面后晾干，采用与翻孔试样同样的方法对试样进行电化学充氢实验。

1.3　基于弯曲工艺的试样制取与实验方法

实验选取厚 1.6 mm 的无镀层 Q&P980 高强钢板为研究材料。按照图 5 所示的试样尺寸进行激光切割，而后使用 600#砂纸和 1500#砂纸打磨光亮并使用无水乙醇清洗后晾干。

弯曲工艺采用弯曲模具制作如图 6 所示的弯折试样。考虑到 Q&P980 的极限相对弯曲半径（板料的弯曲半径与板料厚度之比）为 0.8 左右[10]，因此选取试样的相对弯曲半径为 $r/t=1.0$，该尺寸能够保证弯曲变形处的材料全部进入塑性变形阶段，且弯折试样处于平面应变状态[10]。在 Teflon 塑料膜润滑下将试样弯曲至夹角 28°（回弹后）。为提高弯曲变形处的应力大小而加快断裂进程，使用 304 不锈钢螺栓螺母配合有机玻璃楔块，将试样再预紧至 16°、

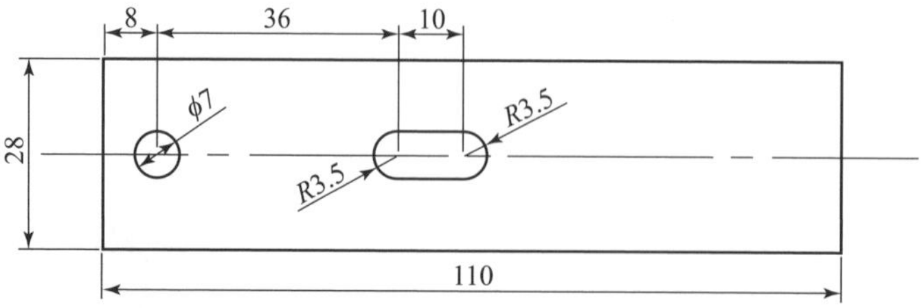

图 5　弯折试样坯料尺寸

18°和20°三个角度，分别标记为A、B、C三组，螺栓预紧结构如图7所示。每组内含三个相同试样，每个试样在弯折并预紧后，检查其弯曲变形处，未发现表面裂纹。试验中所获得的角度均使用精度为0.15°的数显倾角仪进行测量。

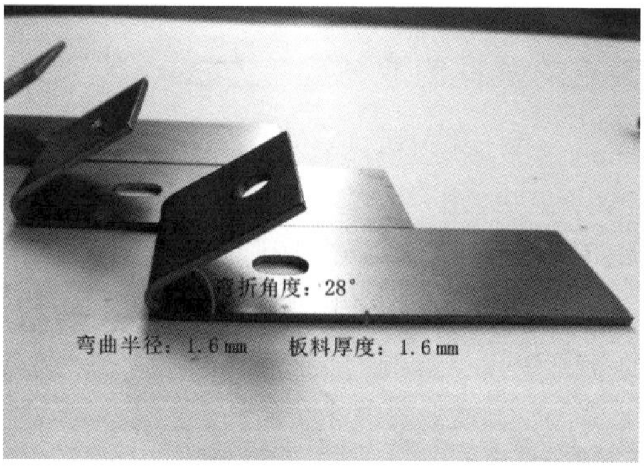

图 6　弯折试样

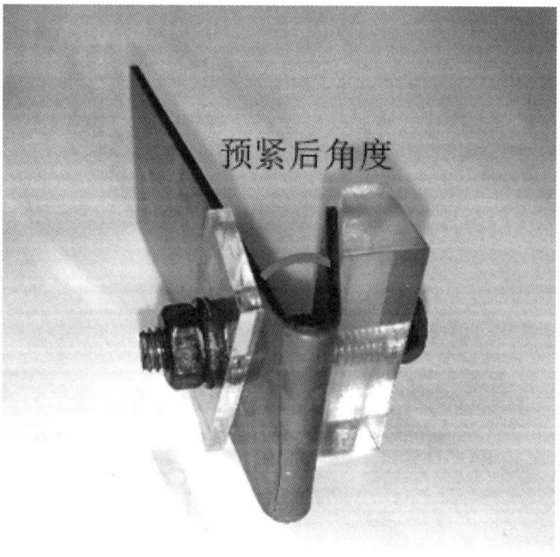

图 7　螺栓预紧结构

使用无水乙醇清洗弯折件表面后晾干，采用与翻孔试样同样的方法对试样进行电化学充氢实验。

2 三种成形工艺延迟开裂结果及对比分析

在电化学充氢实验中，对所有发生开裂的试样，按照时间顺序排列照片，放大观察试样，确定裂纹初始形成时刻（图 8）作为试样的开裂时刻。

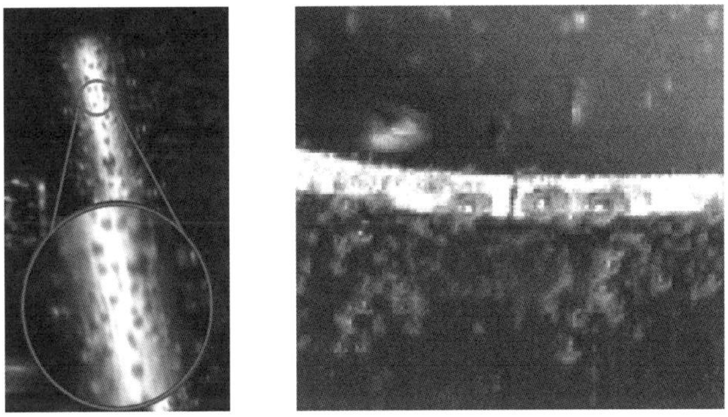

(a)　　(b)

图 8　试样裂纹初始形成时刻

（a）弯折试样；（b）杯形拉深试样

实验发现，翻孔试样在经过 24 h 电化学充氢后，试样仍然完好，均未发生延迟断裂现象；拉深系数为 0.56（对应坯料直径 90 mm）和 0.63（对应坯料直径 80 mm）的两种杯形拉深试样的开裂时间相差很大：前者在 14 min 左右即发生了延迟断裂，而后者在 24 h 内均未发生延迟断裂；预紧角度分别为 16°和 18°的弯折试样在约 10 min 和约 26 min 时即发生了延迟断裂，而预紧角度为 20°的弯折试样在 107 min 后才开裂。将实验结果绘制成如图 9 所示的直方图。

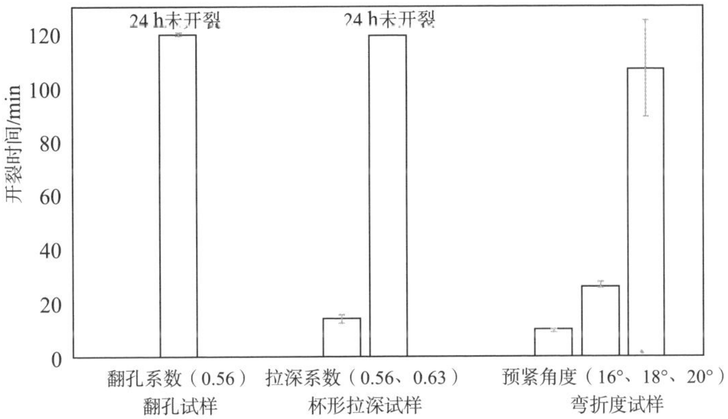

图 9　三种工艺下试样的开裂时间

由图可知，Q&P980高强钢板料即使在极限翻孔系数下的翻孔工艺成形后，经过24 h电化学充氢，仍未发生延迟断裂现象，但在相同实验条件下，拉深系数为0.56的杯形拉深试样和三种弯折角度的弯折试样均发生了延迟断裂，说明翻孔工艺下零件的氢致延迟断裂敏感性相对较低。拉深系数对氢致延迟断裂开裂时间影响巨大，拉深系数的少量增加，即会造成充氢实验时间的显著增加，而在弯曲工艺下，预紧角度为16°的弯折试样在10 min左右即发生了延迟断裂，且随着预紧角度的增大，充氢时间并没有显著增加，因此，弯折试样在评价高强钢氢致延迟断裂敏感性方面相比翻孔试样和杯形拉深试样具有一定的优势。

3 基于弯曲工艺的零件氢致延迟断裂判别方法

本文对弯折试样延迟断裂敏感性的判断标准是以试样进行电化学充氢时开始计时，直到弯折试样发生延迟断裂失效所经过的时间作为表征。

在电化学充氢过程中，如图10所示，裂纹先是从圆角处边缘厚度方向上接近中间位置产生，然后横向扩展到圆角外表面，随着充氢时间的不断延长，裂纹又纵向扩展到宽向另外一个边缘处，直到外表面全部裂穿，但是裂纹却并没有继续向圆角受压的内侧延伸。

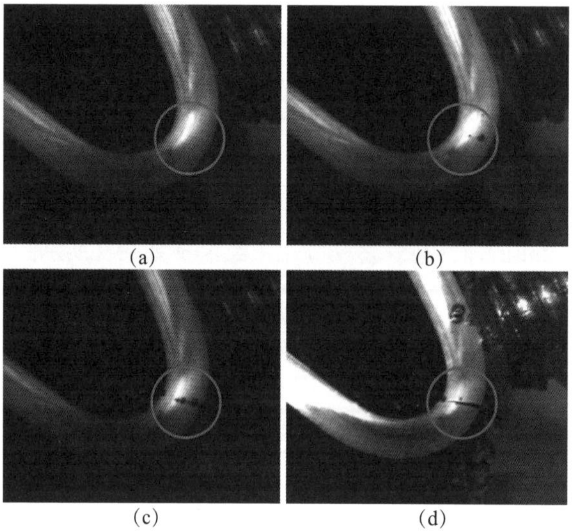

图10 弯折试样电化学充氢中宏观裂纹的产生和扩展过程

根据实验观察可知，裂纹从中间扩展到边缘的时间相比于从充氢开始到裂纹产生所经过的时间小到可以忽略不计，故可认为当裂纹扩展到边缘时，弯折试样即发生延迟断裂失效，以此断裂时间作为判断弯折试样延迟断裂敏感性的标准，断裂时间越短，说明材料的氢致延迟断裂敏感性越高。

根据上节方法制备不同预紧角度的弯折试样，采用与翻孔试样同样的方法进行电化学充氢实验。实验结果制成图 11，从图中可以看到，在相对弯曲半径相同（$r/t=1.0$）的条件下，随着预紧角度越来越小，整条曲线呈下降趋势，即延迟断裂时间越来越短。同时可以看到，整条曲线的下降趋势随着预紧角度的减小而逐渐变缓。

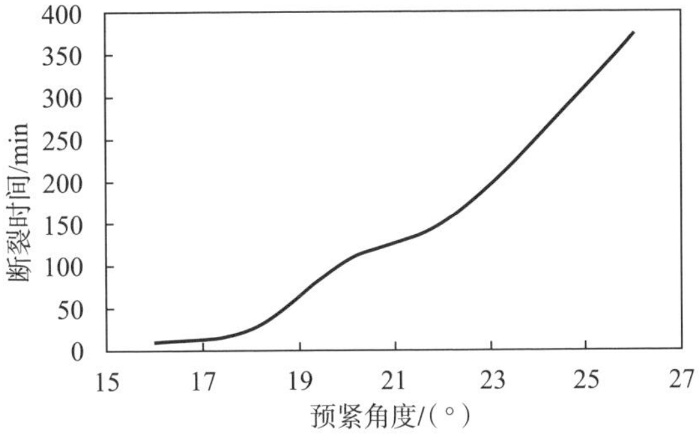

图 11　不同预紧角度的弯折试样延迟断裂时间

导致不同预紧角度对 Q&P980 高强钢弯折试样的抗延迟断裂性能影响的差异与螺栓预紧时弯折试样圆角处承受的拉应力大小有关。圆角外表面应力大小利用 ABAQUS 非线性仿真分析获得，仿真三维模型如图 12 所示。

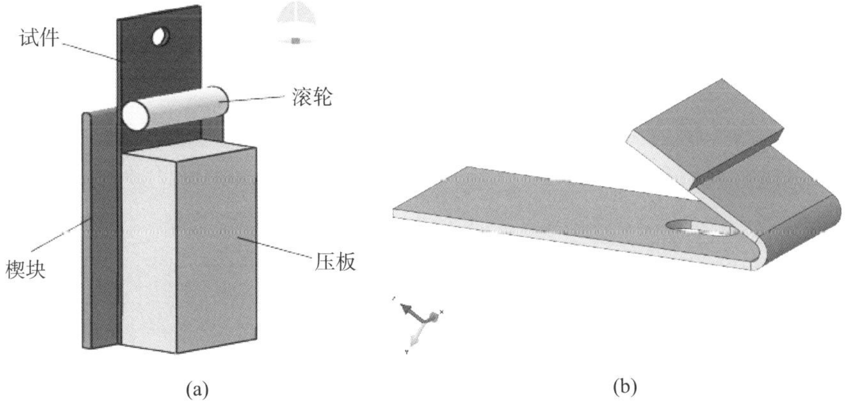

图 12　仿真三维模型

（a）弯折试样弯曲成形模型；（b）螺栓预紧模型

仿真分析可分为两步进行：第一步对长方形板料进行弯曲成形仿真并计算成形后的回弹应力分布情况，结果如图 13（a）所示；第二步可简化为利用一个可旋转的夹块对第一步成形回弹后的弯折试样施加应力，来模拟实际螺栓预紧的过程，结果如图 13（b）所示。

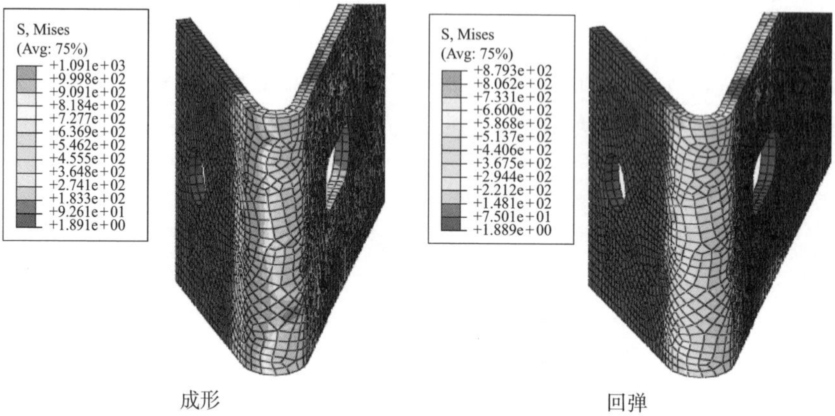

(a)

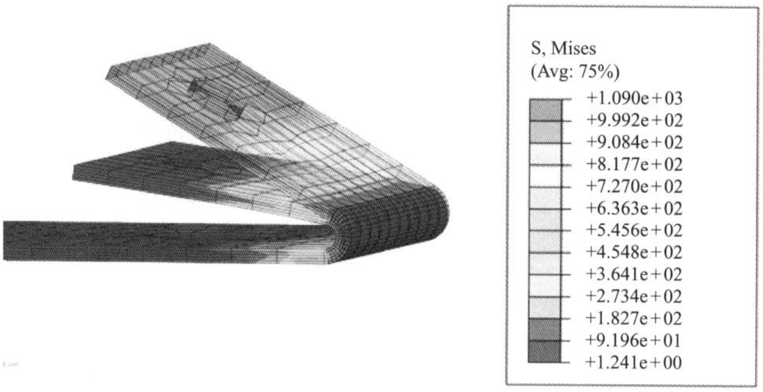

(b)

图 13　仿真结果

（a）弯折试样弯曲成形仿真结果；（b）螺栓预紧仿真结果（预紧角度 16°）

根据上述仿真结果获得不同螺栓预紧角度的弯折试样圆角外表面周向上的最大应力的大小，并将数据绘制成曲线，如图 14 所示。

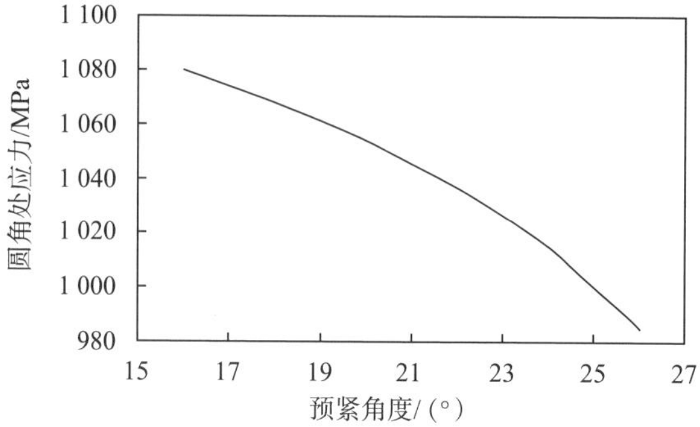

图 14　不同预紧角度下的圆角处应力

根据仿真获得的应力结合实验结果可知，在充氢条件相同的情况下，随着预紧角度的减小，弯折试样圆角外表面的应力逐渐增大，试样延迟断裂敏感性变高。根据位错理论，钢中的氢能够通过晶界、位错和量子力学观点中的隧道进行扩散[12]，并通过应力诱导扩散向应力集中处富集[13]。

4 结论

本文考虑了超高强钢板在汽车零部件的制造中常用的三种成形工艺，即弯曲、翻孔和拉深工艺，分别进行了弯折件、翻孔件及拉深件的电化学充氢实验，对比研究了三种成形工艺对 Q&P980 高强钢氢致延迟断裂敏感性的影响。

（1）在相同的电化学充氢实验条件下，基于弯曲工艺的试样对氢致延迟断裂更敏感，且弯折试样的预紧角度与其延迟断裂时间具有相关关系，具有更高的实验可操作性，因此，弯折试样的电化学充氢法更适合评价高强钢的氢致延迟断裂敏感性。

（2）在弯折试样电化学充氢实验中，采用试样延迟断裂时间来表征实验的延迟断裂敏感性，结合 ABAQUS 仿真分析获得弯折试样圆角处应力，发现减小试样预紧角度，可使试样圆角处应力增大，从而减少试样延迟断裂时间，增大试样的延迟断裂敏感性。

参考文献：

[1] 惠卫军，翁宇庆，董瀚. 高强度紧固件用钢［M］. 北京：冶金工业出版社，2009.

[2] 褚武扬. 氢损伤与滞后断裂［M］. 北京：冶金工业出版社，2000.

[3] 刘军友. 高强度钢板延迟断裂性能和纳米镍磁学性能的研究［D］. 上海交通大学，2007.

[4] 张永健. 超高强度薄板钢的氢致延迟断裂行为研究［D］. 钢铁研究总院，2013.

[5] Jin X J，Li W，Zhu X，Rong Y H，Wang L，Jiao H. Hydrogen embrittlement in AHSS containing metastable austenite. 上海：上海交通大学，2014.

[6] 万荣春，单爱党. 超高强钢组织结构对延迟断裂性能的影响［J］. 热成形工艺，2014，08：217－219.

[7] Takagi S，Toji Y，Yoshino M，Hasegawa K，Wada N，Takai K，Hagihara Y. Hydrogen embrittlement resistance of 1 180 MPa grade automotive steel sheet evaluated by various methods［C］. Belgium：2014.

[8] Kuduzović A, Poletti M C, Sommitsch C, Domankova M, Mitsche S, Kienreich R. Investigations into the delayed fracture susceptibility of 34CrNiMo6 steel, and the opportunities for its application in ultra - high - strength bolts and fasteners [J], Materials Science and Engineering: 2014, 1 (590): 66 - 73.
[9] 米振莉，薛瑶，吴彦欣，江海涛. 基于Dynaform软件的TWIP钢延迟断裂研究 [J]. 金属热处理，2014，06：126 - 129.
[10] 胡世光，陈鹤峥，李东升，王秀凤. 钣料冷压成型的工程解析 [M]. 北京：北京航空航天大学出版社，2009.
[11] Nagumo M, Sekiguchi S, Hayashi H, Takai K. Enhanced susceptibility to delayed fracture in pre - fatigued martensitic steel [J]. Materials Science and Engineering, 2003, 3, 344 (1 - 2): 86 - 91.

作者简介：

郭楠，男，同济大学机械与能源工程学院汽车轻量化实验室在读硕士研究生，研究兴趣：金属断裂，主要从事先进材料成形技术研究。

超高强汽车用钢延迟断裂性能影响因素与评价方法概述

周庆军* 孙中渠 王 利

宝钢股份中央研究院，上海，201900

【摘 要】随着汽车工业的迅猛发展和汽车轻量化的持续推进，汽车用钢的强度不断提高。然而，随着钢材强度的提高，其延迟断裂敏感性也随之增大，氢致延迟断裂已成为阻碍高强钢广泛应用的一个关键因素。本文从材料、应力、环境及加工使用等方面介绍了影响超高强钢氢致延迟断裂性能的因素，并对其评价方法做了简要介绍，为相关领域的研究人员提供参考。

【关键词】超高强汽车用钢 氢 延迟断裂

Introduction of influencing factors and evaluation methods for delayed fracture performance of ultra high strength automotive steel

Zhou Qingjun Sun Zhongqu Wang Li

Research Institute，Baoshan Iron & Steel Co.，Ltd.，Shanghai 201900

Abstract: With the rapid development of automobile industry and the promotion of automobile lightweight，the strength of automobile steel increased greatly. However，with the increase of steel strength，the delayed fracture sensitivity also increases. Hydrogen induced delayed fracture has become a key factor hindering the wide application of high strength steel. In this paper，the factors influencing the delayed fracture susceptibility of ultra high strength automotive steels are discussed from the aspects of material，stress，environment and manufacturing processing of the pars，the evaluation methods

---

* 周庆军，男，博士，教授级高工，主要从事钢铁材料腐蚀与防护技术研究，zhouqingjun@ baosteel. com。

are also briefly introduced.

Keywords：high strength steel sheet；hydrogen；delayed fracture

1 引言

延迟断裂是超高强钢常见的失效形式之一，是材料或构件在氢和应力共同作用下突然发生的断裂失效，这种失效一般没有先兆，并且可以在远低于材料屈服强度的应力下发生[1-3]。汽车工业的迅猛发展和汽车轻量化的持续推进加速了超高强度汽车用钢的研发和应用，汽车用钢的强度不断提高，一些抗拉强度在1 000 MPa以上的超高强钢逐渐在一些汽车零件上得到应用。然而，随着钢的强度升高，其延迟断裂敏感性也随之增大。氢致延迟断裂有可能给汽车和乘客造成严重的安全隐患，从而给车厂和用户造成巨大损失。例如，通用汽车公司曾因车底控制架上高强度螺栓的延迟断裂失效，召回640万辆汽车，造成重大经济损失[4]。目前，延迟断裂性能已经成为制约高强度级别钢种推广应用的一个重要因素，因此日益受到产品研发人员和汽车制造商的高度重视，很多车厂将超高强钢的延迟断裂性能作为材料性能认证项目之一。

本文结合宝钢在超高强汽车用钢氢致延迟断裂方面的研究工作并总结前人的研究成果，对超高强度汽车用钢延迟断裂性能的影响因素及其评价试验方法进行简要介绍。

2 延迟断裂性能影响因素

超高强钢的延迟断裂是在材料、环境和应力三者共同作用下发生的，三个因素缺一不可。因此，材料特性、受力状态和服役环境是影响超高强钢延迟断裂性能的主要因素。但除此之外，高强钢必须经过加工成为零件才能使用，因此，加工成型质量对零件的延迟开裂性能也有着至关重要的影响。

2.1 材料因素

(1) 材料强度的影响。一般来讲，材料的强度越高，其延迟断裂敏感性越大。图1所示为6种不同强度的超高强钢延迟断裂性能与临界氢含量的关系[3]，随着抗拉强度的不断升高（A，B，F < D < C < E），延迟断裂敏感性增大，材料D、C、E在较低的氢浓度下即会发生断裂，且这三种试样的断裂比例随着强度的进一步提高显著升高。一般认为1 000 MPa是一个危险的水平[5]，即抗拉强度低于1 000 MPa时钢材耐延迟开裂的性能相对较好，而当材料强度大于1 000 MPa时，其延迟断裂敏感性较高，需要采用适当的方法进行评价。

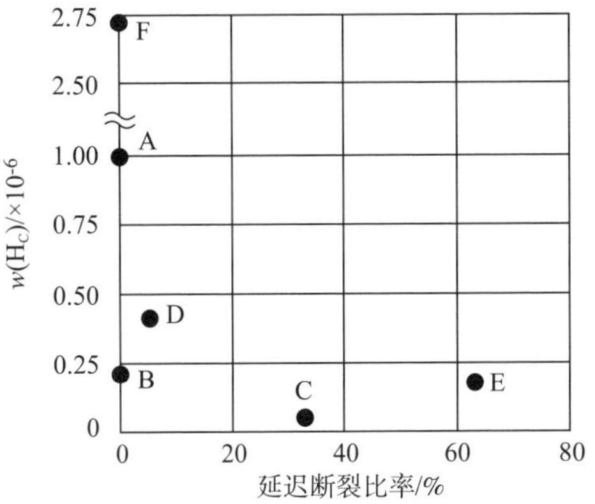

图 1　六种不同强度高强钢试样的延迟断裂比率与临界扩散氢含量之间的关系[3]

抗拉强度：A—1 078 MPa；B—1 303 MPa；C—1 568 MPa；

D—1 537 MPa；E—1 627 MPa；F—1 450 MPa

（2）成分的影响。不同的合金元素会对材料的延迟断裂行为产生不同的影响。如图 2 所示，随着钢中 Mn + 0.5Si + S + P 含量的升高，4340 系列钢材发生氢致延迟断裂的临界应力随之下降[6]。这是由于钢中 C、S、P、Si、Mn 等元素的偏析会促进腐蚀环境下氢的吸收，从而增大材料的氢致延迟断裂敏感性，使材料在较低的应力水平下即发生断裂[7]。另外，Ti、V、Mo、Ni、Nb 等元素可细化晶粒，提高材料的韧性，减少偏析，并且所形成的细小析出

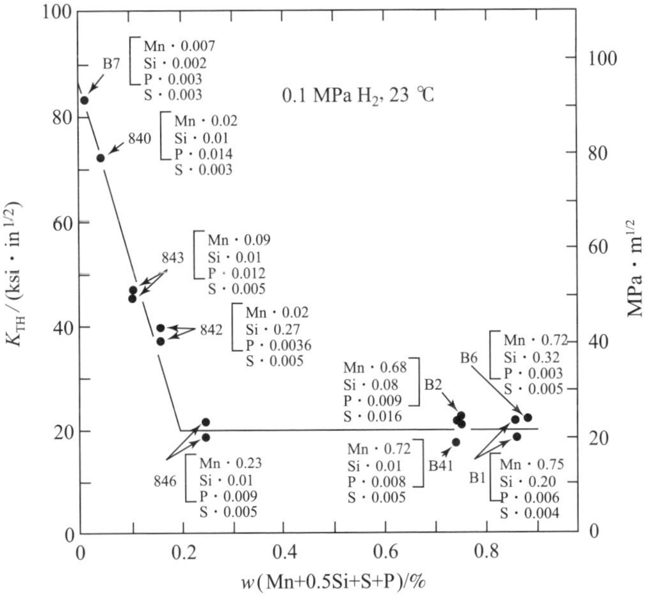

图 2　4340 系列钢发生延迟断裂的临界应力随 Mn + 0.5Si + S + P 含量的变化[6]

物有利于形成氢的捕获陷阱，从而降低材料的延迟断裂敏感性[8]。此外，也有研究指出，Al元素的添加可以显著改善含锰TWIP钢的氢致开裂敏感性[9]。

（3）组织的影响。由于氢在不同组织中的扩散速度和溶解度不同，因此材料的微观组织对延迟断裂敏感性的影响很大。即使是相同的合金成分和抗拉强度，不同微观组织的材料也会表现出不同的延迟断裂敏感性。

从金相组织上讲，相比于奥氏体和全珠光体组织，铁素体－马氏体和单一马氏体组织钢材具有更高的氢致延迟断裂敏感性，如图3所示[10]。相同的应力水平下，加工诱发马氏体的含量越高，延迟断裂敏感性越大；在相同的强度水平下，含Mo的高温回火马氏体组织比普通回火马氏体钢的极限扩散氢含量高，延迟断裂敏感性降低[10]。

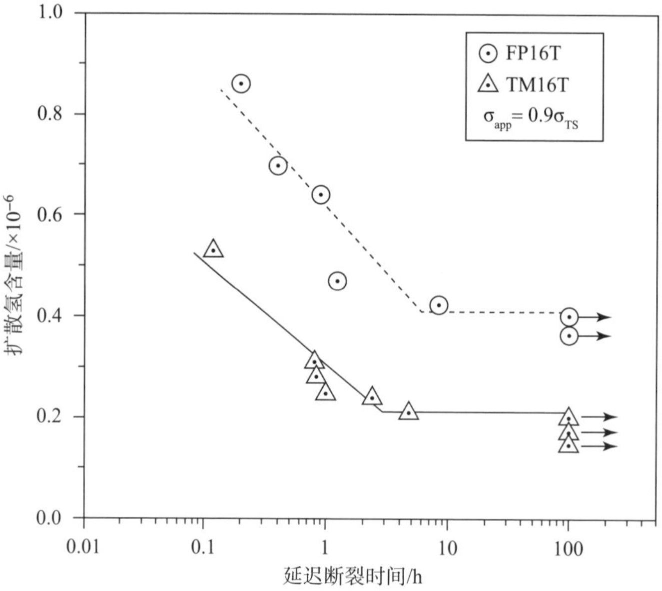

图3 回火马氏体（TM）和珠光体（FP）组织钢材的延迟断裂时间随扩散氢含量的变化[10]

另外，材料微观组织上的不均匀性，如晶界、相界等，由于原子错排和局部应力场的存在，会成为氢的捕获陷阱或氢快速传输的通道，从而影响材料的氢致延迟开裂行为[11]。在面心立方金属中，Σ3(111)孪晶界由于其密排结构的原子排列，将有效阻挡氢原子的传输[11]。此外，降低晶粒尺寸，晶界处吸附的氢含量减少，也有利于改善材料的沿晶界延迟断裂敏感性[10,12]。

2.2 应力的影响

拉伸应力是引发延迟断裂的必要条件之一。一般而言，材料所受应力越大，越容易发生氢致延迟开裂。图4所示为冷轧DP1180双相超高强钢在不同应力水平和0.5 mA/cm² 充氢电流密度下的延迟断裂时间。可以看出，随着施加应力水平的降低，试样的断裂时间不断延长，当应力降低到一定水平后，时间继续延长，试样也不会发生延迟断裂，此应力即为该条件下的延迟断裂门槛应力[13]。

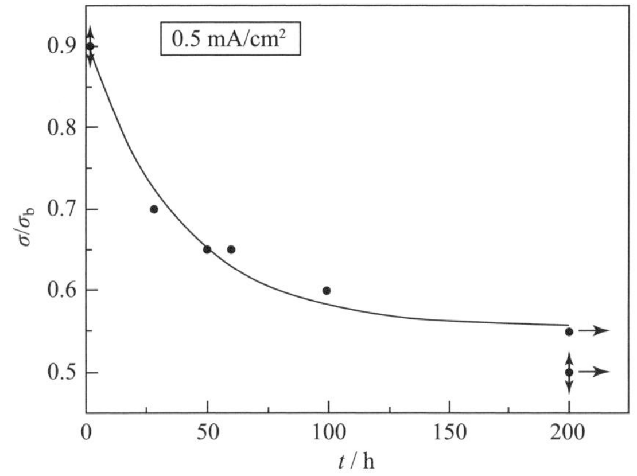

图4　冷轧 DP118 双相钢在不同应力水平和电解充氢条件下的延迟断裂时间

金属构件除了在服役过程中因承受载荷而产生应力外，高强钢材料本身在加工成型过程中也会因变形而产生不同的残余应力。超高强汽车用钢的主要成型工艺有拉伸、折弯、扩孔和翻边等，在这些加工过程中，材料发生应变，必然会造成残余应力的产生。有研究认为[14]，加工过程中产生的残余应力是外加应力和可扩散氢之外的第三大导致高强钢延迟断裂失效行为发生的重要因素，如图 5 所示，氢致延迟断裂行为发生的敏感区处于高外加应力、高应变和高浓度扩散氢含量的重合区。

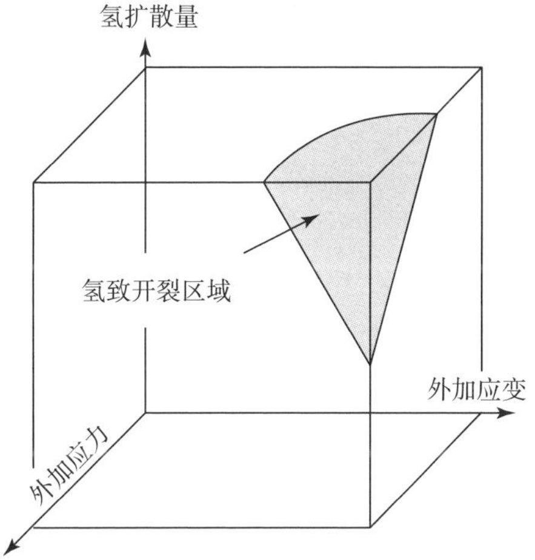

图5　氢致延迟断裂的三大影响因素示意[14]

2.3 环境的影响

在各种致氢环境中，如氢气、H_2S气体和水溶液、水介质、丙酮等有机溶液，氢原子会通过扩散进入钢中，当钢中的氢达到一定浓度时，就可能引发延迟断裂。

根据环境中氢来源的不同，高强钢的氢致延迟断裂行为主要分为以下两类：一种是服役环境渗入的氢（外氢）引起的延迟断裂，如汽车车身受融雪盐的腐蚀吸氢，在潮湿大气、雨水等环境中长期暴露发生腐蚀，由腐蚀反应生成的氢侵入钢中而发生延迟断裂；另一种是酸洗、电镀、焊接等过程中侵入钢中的氢（内氢）引起延迟断裂。以焊接为例，它是一个局部冶炼过程，局部高温可使焊条及药皮中所含的水分分解成氢原子进入金属。这些过程引入的氢含量较高，因此钢材常常在施加应力后的几小时或几天内即发生延迟断裂失效。

2.4 用户加工、成型质量的影响

剪切、冲压、拉伸、折弯、扩孔和翻边是汽车用钢主要的加工和变形方式，与传统高强钢不同，超高强钢在加工使用过程中，不好的加工工艺更容易在零件局部造成划痕、褶皱、微裂纹或开裂等缺陷，这些缺陷位置会成为氢的捕获陷阱或者提供氢原子快速传输的通道，在外力作用下还会在缺陷位置形成应力集中，从而对材料的氢致延迟开裂行为产生较大的影响。图6（a）为某制造商加工成型的超高强钢零件截面局部显微放大照片，由图可以看到钢板在弯曲后表面存在很多微裂纹；图6（b）为该试样在HCl溶液中腐蚀后的照片，可以发现，原有的微裂纹已扩展长大，其原因就是由于材料在盐酸溶液中腐蚀吸氢，氢在微裂纹处富集并在残余应力的作用下导致氢致开裂。

（a）　（b）

图6　高强钢板弯曲成型后表面微裂纹在氢腐蚀后的裂纹扩展照片

（a）试验前；（b）试验后

3 延迟断裂性能评价方法

针对超高强钢的氢致延迟断裂性能，目前尚未形成统一和通用的试验方法和评价标准。由于延迟断裂性能受到材料和加工工艺的影响，因此为保证零件的服役性能，应该分别对材料和零件的抗延迟断裂性能进行评价。

关于材料的延迟断裂性能评价，可以在实验室采用加速试验方法进行评价，常用的试验方法有恒载荷试验方法、恒应变试验方法、慢应变速率拉伸试验、断裂力学试验等[4]。

由于难以模拟零件服役过程中的应力大小和状态，对零件的延迟断裂性能评价较材料更为困难，理想情况是使用实物零部件在实际服役环境中进行试验，但由于试验周期很长，因而极少使用。目前，已有一些车厂和研究机构在实际应用中提出了一些针对零件的加速评价方法，但是其科学性和可靠性还有待进一步验证。

4 结语

超高强汽车用钢的延迟断裂性能越来越受到汽车用钢生产企业、零件加工及汽车制造商的关注。预防延迟断裂需要不断提高材料自身性能，通过优化成分、组织和生产工艺降低钢材的延迟断裂敏感性，还要从用户加工和使用工艺等环节采取措施，将零件或构件的延迟开裂风险降至最低。

由于没有统一的试验方法和评价标准，如何判定材料或零件的抗延迟断裂性能是钢厂和用户普遍关心的问题，也是行业未来工作和研究的重要方向。

参考文献：

[1] Eliaz N, Shachar A, Tal B, et al. Characteristics of hydrogen embrittlement, stress corrosion cracking and tempered martensite embrittlement in high-strength steels [J]. Engineering Failure Analysis, 2002, 9: 167.

[2] Strnadel B. Failure of steels caused by hydrogen induced microcracking [J]. Engineering Fracture Mechanics, 1998, 61: 299.

[3] Yamasaki S, Kubota M, Tarui T. Evaluation method for delayed fracture susceptibility of steels and development of high tensile strength steels with high delayed fracture resistance [R]. Nippon steel technical report, 1999, 80: 50.

[4] 惠卫军，董瀚，翁宇庆. 高强度钢耐延迟断裂性能的评价方法 [J]. 理化检验——物理分册，2001，37：231.

[5] Cornette D, Allely C, Dietsch P, et al. No detrimental impact of car manufacturing process and simulation of vehicle in – service conditions on DP1180 hydrogen embrittlement [C]. Steel & Hydrogen 2014 Conference Proceedings, Lode Duprez, Ghent, 2014. A04: 45 – 56.

[6] Bandyopadhyay N, Kameda J, McMahon Jr C J. Hydrogen – induced cracking in 4340 – type steel: Effects of composition, yield strength and hydrogen pressure [J]. Metallurgical Transactions A, 1983, 14A: 881.

[7] McMahon Jr C J. Hydrogen – induced intergranular fracture of steels [J]. Engineering Fracture Mechanics, 2001, 68: 773.

[8] Zhang C L, Liu Y Z, Jiang C, et al. Effects of Niobium and Vanadium on hydrogen – induced delayed fracture in high strength spring steel [J]. Journal of Iron and Steel Research, International, 2011, 18: 49.

[9] Cuo X F, Schwedt A, Richter S, et al. Effect of Al on delayed fracture in TWIP steels – discussion from the aspects of structure homogeneity, hydrogen traps and corrosion resistance [C]. Steel & Hydrogen 2014 Conference Proceedings, Lode Duprez, Ghent, 2014. B01: 57 – 69.

[10] Kim J S, Lee Y H, Lee D L, et al. Microstructural influences on hydrogen delayed fracture of high strength steels [J]. Materials Science and Engineering A, 2009, 505: 105.

[11] Mrovec M, Stefano D D, Elsässer C. Atomistic insights into H diffusion and trapping [C]. Steel & Hydrogen 2014 Conference Proceedings, Lode Duprez, Ghent, 2014. F02: 340 – 348.

[12] Kimura Y, Sakai Y, Hara T. Hydrogen induced delayed fracture of ultrafine grained 0.6% steel with dispersed oxide particles [J]. Scripta Materialia, 2003, 49: 1111.

[13] 周庆军，黄发．冷轧双相超高强钢氢致延迟断裂门槛应力研究 [J]. 宝钢技术，2016，4：6 – 10

[14] Toji Y, Takagi S, Yoshino M, et al. Evaluation of hydrogen embrittlement for high strength steel sheets [J]. Materials Science Forum, 2010, 638 – 642: 3537.

Ti 和 Mo 对 22MnB5Nb 氢致滞后开裂性能的影响

范光龙　顾有松　廖庆亮　方有垠　程亚杰　张　跃*

北京科技大学材料科学与工程学院，北京，100083

通讯作者：张跃，E－mail：yuezhang@ mater. ustb. edu. cn

【摘　要】以 22MnB5Nb 作为试验对象，并在其基础上去了 Ti 而加了少量的 Mo 来优化其合金成分。采用阴极充氢、恒载荷拉伸、氢扩散试验等方法研究这两种钢的氢致滞后开裂性能。结果表明，优化后的钢比 22MnB5Nb 钢有着更加细小的马氏体组织和原奥氏体晶粒，以及稍低的强度、更高的韧性。相比 22MnB5Nb 钢，优化后的钢中纳米析出物由 Nb、Ti 混合析出变为 Nb、Mo 的析出物，并且变得更加细小、数量更多。优化后的钢相比 22MnB5Nb 钢，有着更低的氢扩散系数、更好的抗氢致滞后开裂性能。

【关键词】Nb 合金化　氢致滞后开裂　氢渗透

Effect of optimization of Nb precipitation phase on Hydrogen－Induced Delayed Fractureof 22MnB5Nb Steel

Fan Guanglong　Gu Yousong　Liao Qingliang
Fang Youyin　Cheng Yajie　Zhang Yue*

School of Science and Engineering，University of Science and Technology Beijing，Beijing 100083，China

Corresponding author：Zhang Yue，Email：yuezhang@ ustb. edu. cn

Abstract：In this paper，two new steel were studied，one is 22MnB5Nb（named as D1），another is defined as followed that Ti was removed and a small amount of Mo was added to optimize the alloy composition，named as D2. Cathodic hydrogen charging，Constant load Tensile and Hydrogen diffusion method was used to study Hydrogen－induced delayed cracking of D1 steel，Also compared with optimized steel. The results show D2 steel have finer martensite and austenite grain, Lower strength, higher toughness. Compared with D1 steel, The nano precipitates of optimized steel steel from the mixed precipitation of Ti and Nb to precipitation of Nb and Mo, And become finer, the number becomes more. Optimized steel has a lower hydrogen diffusion coefficient, better resistance to hydrogen induced delayed cracking.

Keywords: Nb alloying; Hydrogen induced delayed cracking; Hydrogen permeation

当代汽车发展追求轻量化和安全性，轻量化可节能减排，高安全性可减少交通事故的发生或降低交通事故发生的危害性。热成型钢则可以很好地实现轻量化这个目标[1]。但是热成型钢成型与淬火同时进行，得到的是马氏体组织，其有较高的强度和良好的韧性[2]。其高强度和较好的韧性对提高汽车的安全性有很大作用。对抗拉强度小于1 000 MPa 的中低强度钢，氢脆敏感性和强度无关；但对大于1 000 MPa 的高强度钢，氢脆敏感性或氢致滞后断裂敏感性随强度升高而升高[3]。这种热冲压成型钢强度达到1 500 MPa 以上，所以少量的氢就可以使它发生氢致滞后开裂。近年来，采用微合金化的方式已成为提高高强度抗氢致滞后开裂的一种重要途径[4,5,6-8]。研究表明，钢中添加适量Nb 有利于提高其氢致滞后开裂抗力，在22MnB5 钢中，含Nb 量为0.05% 的钢的性能最佳[9,10]。

据此，本文以Nb 含量为0.05% 的22MnB5 钢作为研究对象，为了使加入的Nb 得到充分的利用，对22MnB5Nb 钢进行成分优化，进一步去除钢中的Ti 元素，得到成分优化的钢。采用阴极充氢、恒载荷拉伸、氢渗透等试验研究两种钢的抗氢致滞后开裂性能及机理。

1 试验材料与方法

1.1 试验材料

将试验钢用50 kg 真空感应炉冶炼浇注成铸锭后锻造板坯，然后将板坯加热到1 230 ℃保温1 h，最终热轧至2.8 mm 厚。热轧终轧温度约为880 ℃，冷却到600 ℃左右卷取，炉冷至室温，酸洗后冷轧成厚度为1.2 mm 的冷轧钢板，再将冷轧钢板剪切成220 mm ×60 mm ×1.2 mm 的热处理试样。热处理工艺为加热至温度930 ℃，保温时间为180 s，然后在850 ℃以上进行水淬。试验钢化学成分见表1。把D1 标为D1 钢，D2 钢在D1 钢的基础上去除了Ti 和B，而添加了Mo。

表 1 实验钢的化学成分及质量分数 %

钢	C	Si	Mn	S	P	Al	Ti	Cr	B	Nb	Mo
D1	0.23	0.32	1.2	0.005	0.009	0.047	0.03	0.17	0.002 2	0.05	—
D2	0.23	0.32	1.2	0.005	0.009	0.047	—	0.17	—	0.05	0.01

采用线切割的方式将试样加工成如图 1 所示，图 1（a）所示为恒载荷拉伸样，图 1（b）所示为氢渗透试样。

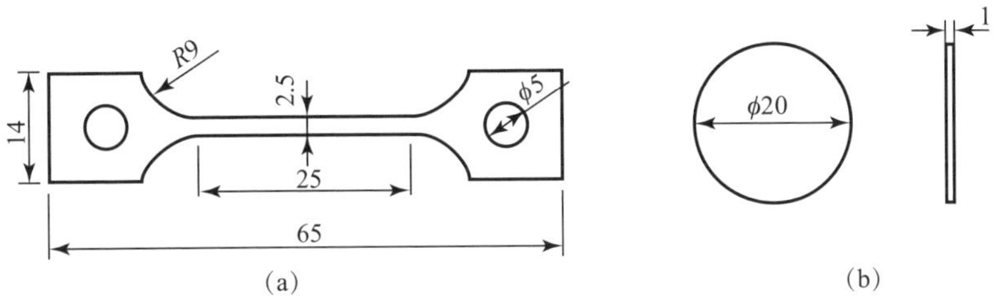

图 1 恒载荷拉伸样（a）和氢渗透试样（b）

1.2 试验方法

拉伸试样为 JIS13B 试样，将试样在 WDW－50 型材料试验机上进行试验。试样厚度为 1.2 mm，宽度为 20 mm，通过 50 mm 标距的引伸计进行拉伸得到热处理后试样的机械性能。对热处理后的试样加工成 1.2 mm × 10 mm × 55 mmV 形缺口冲击试样进行室温冲击试验。

将加工好的试样用砂纸从 240#依次打磨至 2000#，进行抛光后，分别采用 3% 的硝酸酒精溶液和苦味酸溶液侵蚀后在光学显微镜下观察其微观组织。恒载荷试验则是在室温下，采用充氢电流密度分别为 0 mA/cm^2、0.5 mA/cm^2、1 mA/cm^2 下进行动态充氢，充氢溶液为 0.25 g/L 的硫脲和 0.5 mol/L 硫酸，测量滞后开裂试样断裂时间（t_F）、门槛应力 σ_c，得到断裂应力与断裂时间的曲线。H 渗透试验则是在镀镍后置于两电解池之间，充氢槽电解池的溶液为 0.25 g/L 硫脲 +0.5 mol/L H_2SO_4 溶液（硫脲做毒化剂，可以提高电化学充氢效率），扩氢槽电解池溶液为 0.2 mol/L NaOH 溶液，在室温条件下测量阳极电流 I 随时间 t 的变化曲线，得到扩散系数与可扩散浓度。该渗透实验装示意图如图 2 所示。

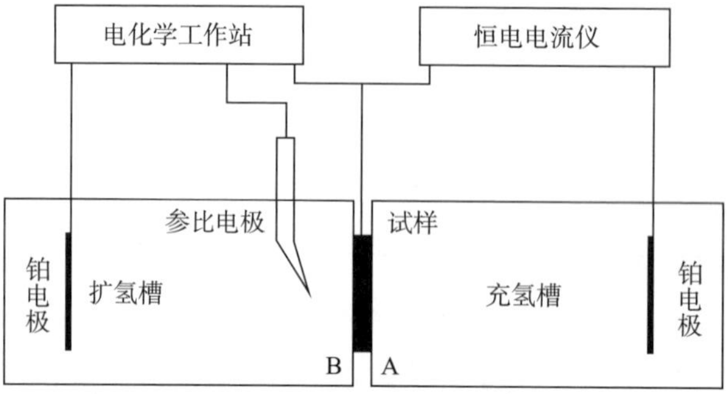

图2 氢渗透试验装置示意图

2 试验结果与分析

2.1 力学性能及微观组织

由表2可以看出D2钢的抗拉强度为1 697.060 MPa，D1钢的抗拉强度为1 730.128 MPa，D2钢抗拉强度略小于D1钢。在去除Ti之后，抗拉强度略有下降。如表3所示，在室温下测试了两种钢的冲击韧性，得到D2钢的冲击功为82 J，D1钢的冲击功为79 J。原因是试验钢去除了Ti之后，Nb得到充分的析出，钢内固溶的合金元素减少。虽然纳米析出物使晶粒细化，可以提高钢的强度和韧性，但是固溶原子的减少，使固溶强化减弱，两者的叠加使试验钢的强度略有下降，韧性增加。

表2 实验钢的抗拉强度 MPa

实验编号	1	2	3	平均
D2	1 678.241	1 713.445	1 698.276	1 697.060
D1	1 720.423	1 740.635	1 729.727	1 730.128

表3 实验钢的冲击功（J－室温） J

实验编号	1	2	3	平均
D2	82	81	82	82
D1	81	76	80	79

图3分别为D1钢和D2钢的微观组织。从图3（a）与图3（b）可以看出，淬火后两种钢得到的组织均为马氏体组织，且均为板条状马氏体；而从图3（e）、图3（f）中明显可以看出，D2中的板条马氏体的宽度与长度均小D1；从图3（c）与图3（d）可以看出，D2钢的原奥氏体组织尺寸远小于D1

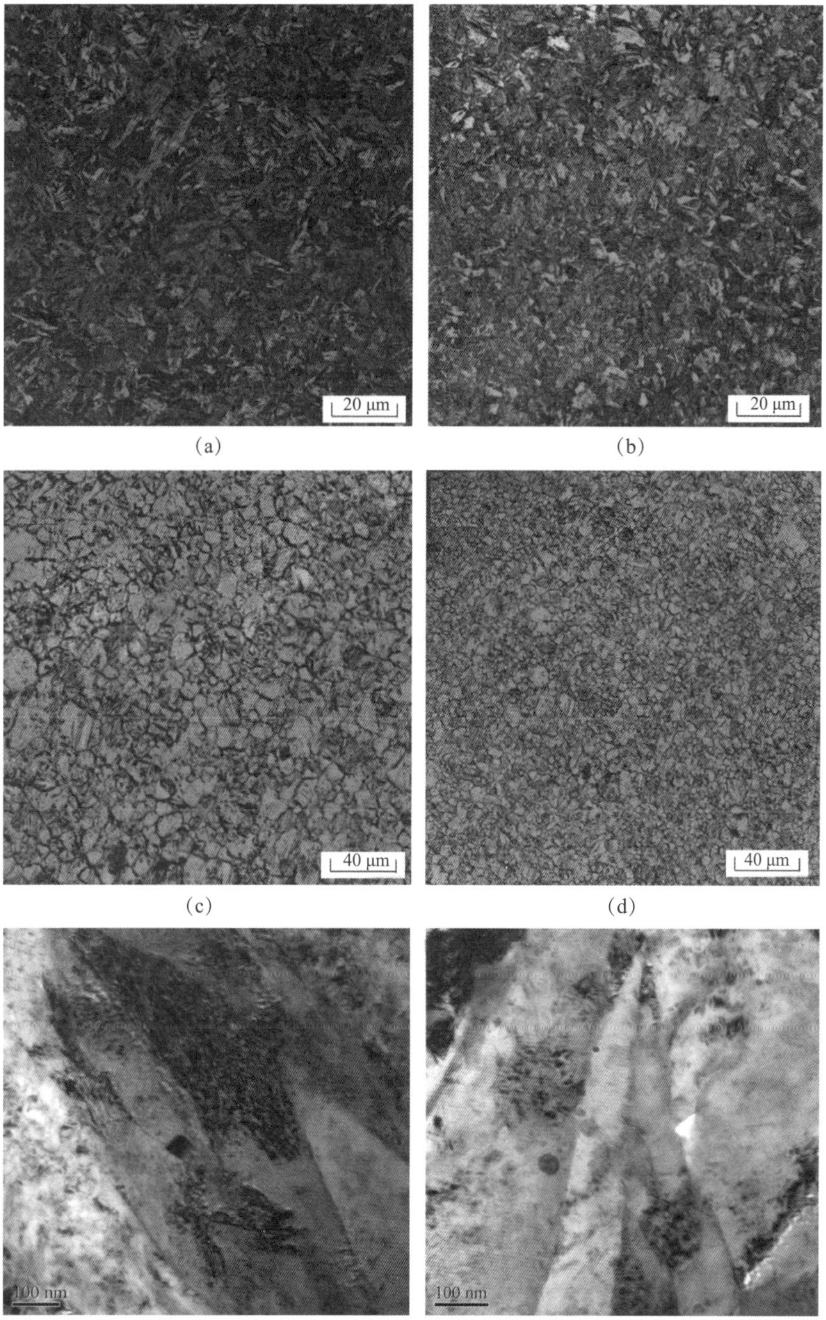

图 3　D1 钢和 D2 钢的微观组织

(a)(b)分别为 D1、D2 钢的马氏体；(c)(d)分别为 D1、D2 钢的奥氏体；
(e)(f)分别为 D1、D2 钢的马氏体板条钢。通过测量，D2 钢的原奥氏体组织尺寸为 4. 17 μm，而 D1 钢为 7. 92 μm。原因是试验钢去除了 Ti 之后，形成更为细小、数量更多的析出物，在奥氏体再结晶的过程中阻碍晶粒的长大，从而细化了晶粒跟组织。而细化的晶粒可以降低高强度钢的氢脆敏感性。[11]

如图 4（a）所示，通过透射电镜对多个不同的视场进行观察，发现 D1 钢大部分析出物较大，且数量少，也有少部分析出物较为细小，平均尺寸约为 30 nm。通过 EDS 能谱分析，大多为 Nb 和 Ti 共同析出的产物，其形状有方形、椭圆形、圆形，其中 Nb 的含量依次减少。而如图 4（b）所示，多个视场观察发现，D2 钢大部分以细小弥散的析出物存在，而存在少量稍大的析出物，平均尺寸小于 10 nm，其形状基本全为圆形，通过对试样进行能谱分析，全为 Nb 的单独析出物 Nb(C,N)。

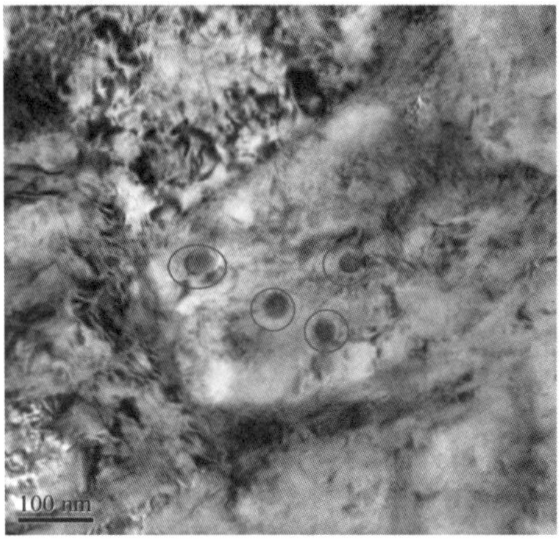

（a）

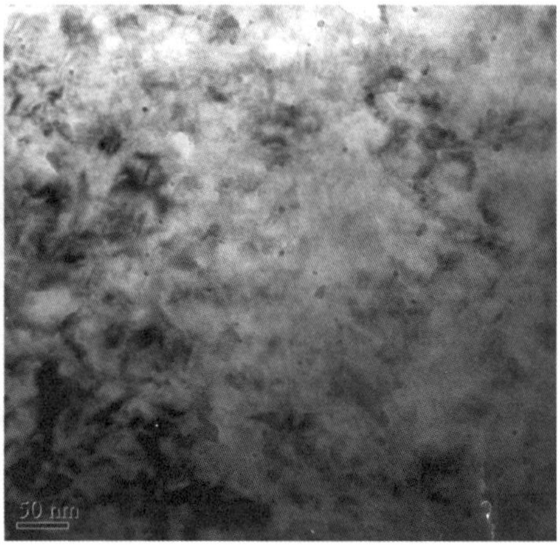

（b）

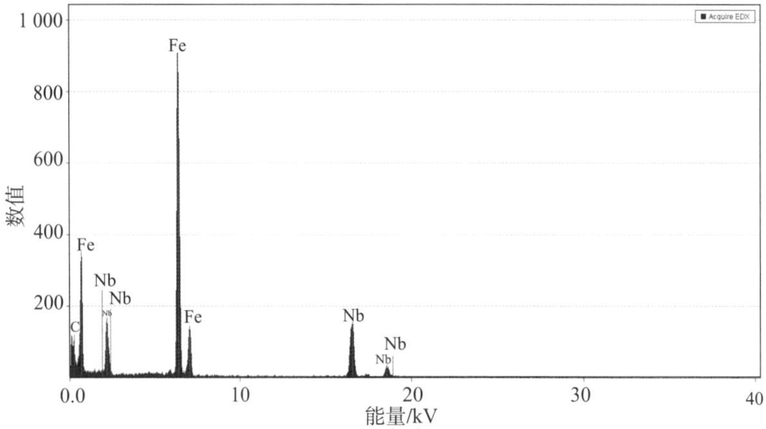

（c）

图 4　D1 和 D2 的 TEM 图和能谱分析

（a）D1 的 TEM 图；（b）D2 的 TEM 图；（c）D1 的能谱分析

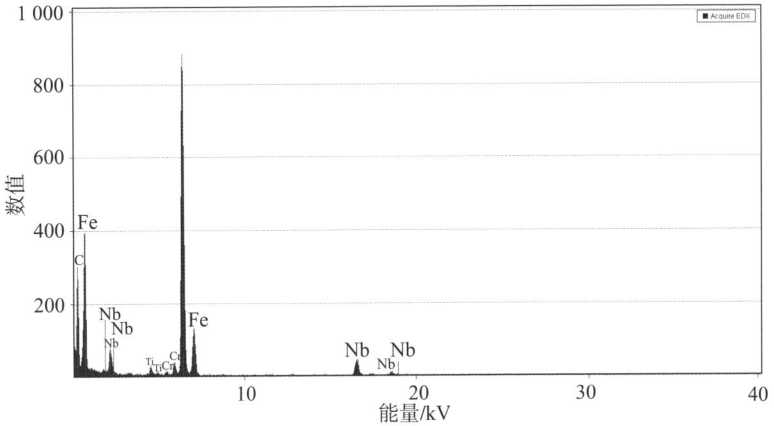

（d）

图 4　D1 和 D2 的 TEM 图和能谱分析（续）

（d）D2 的能谱分析

使用热力学公式[12]对 TiN 和 NbC 的析出温度进行了计算：

$$\lg\{[Nb][C]\}\gamma = 2.96 - 7\ 510/T \tag{1}$$

$$\lg\{[Ti][C]\}\gamma = 2.75 - 7\ 000/T \tag{2}$$

$$\lg\{[Ti][N]\}\gamma = 3.94 - 15\ 190/T \tag{3}$$

通过计算得到 NbC 的析出温度为 1 291.43 ℃，TiC 的析出温度为 1 296.29 ℃，TiN 的析出温度为 1 599.15 ℃。Nb、Ti 都为过渡族元素，有着相似的物理和化学性质，且碳氮化物相结构相似，一般都为 NaCl 型的面心立方结构[13]，因而在热处理过程中存在互溶，导致 Nb 与 Ti 容易共同析出。由于先析出的析出相的界面能低，后析出的析出相便容易在先析出的析出相上面形核。可以看出 TiN 的析出温度远大于 TiC 和 NbC 的析出温度，故 NbC 容易依附在优先析出的 TiN 颗粒上进行形核，从而形成尺寸较大的析出物。因为析出物的长大是由于周围固溶的 Nb 原子扩散聚集长大，D1 钢中较大的析出物周围出现较大区域的贫 Nb 区，使周围难以有 Nb(C,N) 析出，所以使析出物的数量减少。而去除 Ti 元素后，就没有 TiN 存在了，固溶态的 Nb 在稍高过冷度的驱动下大量形核长大，得到大量细小的 Nb(C,N) 析出物。少部分 Mo 与 Nb 复合析出，形成（Nb,Mo)C，在铁素体中具有较高的热稳定性，比 NbC 粒子的熟化速率低，因此具有较高的沉淀强化增量。

2.2　氢扩散系数

图 5 所示分别是两种钢的氢扩散试验曲线，渗透试验样厚度为 1 mm，可以看出 D1 钢的氢原子渗透穿透时间 $t_1 = 2\ 100$ s，D2 钢的氢原子渗透穿透时间 $t_2 = 3\ 400$ s，利用公式（1）[14]可以得到两种钢的氢扩散系数。

$$T_b = L^2/(15.3D) \tag{4}$$

式中，L 为氢渗透试样厚度。

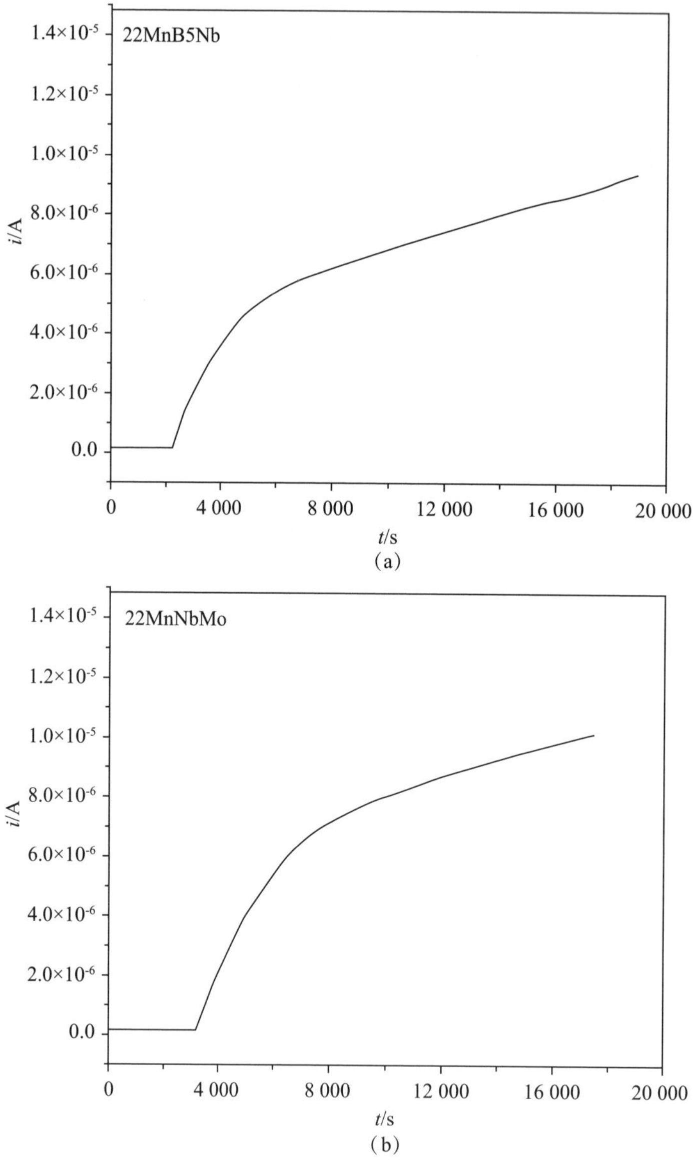

图5　氢渗透试验曲线

通过计算得到两种钢的氢扩散系数，见表4，D1 钢中的氢扩散系数为 $3.113\times10^{-7}\,cm^2/s$，而 D2 钢中的氢扩散系数为 $1.923\times10^{-7}\,cm^2/s$。

表4　两种钢的氢扩散系数

钢号	L/mm	t/s	D/ $(10^{-7}cm^2 \cdot s^{-1})$
D1	1	2 100	3.113
D2	1	3 400	1.923

可以看出经改进过后的钢的氢扩散系数变小了。这是因为在去除了 Ti 之后，大量弥散的析出物不但细化了晶粒，还成为氢陷阱，使进入钢内部的 H 束缚在其周围。晶粒的细化得到大量的晶界，有效的晶界面积也成为氢陷阱，从而使 H 在 D2 钢中更加难以扩散。

2.3　恒载荷拉伸试验

对两种钢进行恒载荷动态充氢试验，结果如图6所示。当充氢电流密度为 $i=0$ mA/cm² 时，D1 钢和 D2 钢的氢致滞后开裂的临界断裂应力分别为 1 500 MPa 和 1 550 MPa，虽然充氢电流密度为 0 mA/cm²，但拉伸应力会破坏钢的表面，形成微裂纹而导致氢致滞后开裂；当充氢电流密度为 $i=0.5$ mA/cm² 时，D1 钢和 D2 钢的氢致滞后开裂的临界断裂应力分别为 1 220 MPa 和 1 350 MPa；当充氢电流密度为 $i=1$ mA/cm² 时，D1 钢和 D2 钢的氢致滞后开裂的临界断裂应力分别为 1 120 MPa 和 1 200 MPa。随着充氢电流密度的升高，氢致滞后开裂的临界断裂应力下降，主要是因为钢表面扩散的氢浓度升高，进入钢中的氢含量增多。而对比两种钢，在任何电流密度下，D2 钢的氢致滞后开裂的临界断裂应力均小于 D1 钢，说明 D2 钢的氢致滞后开裂抗力大于 D1 钢。在低的外载荷下，H 就能促进位错发射、运动，当 H 促进位错发射、运动达到临界状态时，无位错区中的应力集中等于被 H 降低了的原子键合力，从而导致微裂纹的形核、扩展，直至断裂[15]。

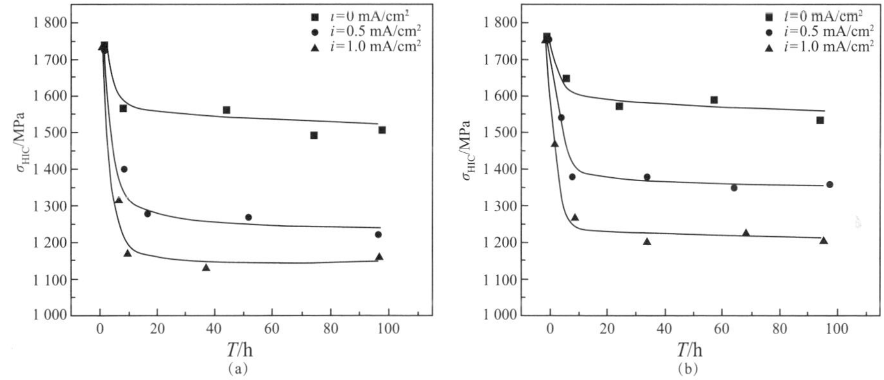

图6　恒载荷动态充氢曲线

对恒载荷动态充氢拉伸试样断口进行SEM表征，如图7所示。图7（a）与图7（b）是D1钢和D2钢在电流密度为 $i=0\ mA/cm^2$ 时的充氢断口形貌，可以看出两者断口形貌都为韧窝状。而D2钢断口的韧窝比D1钢断口的韧窝尺寸更大更深，这就表明D2钢的韧性好于D1钢；图7（c）和图7（d）分别为D1钢和D2钢在充氢电流密度 $i=0.5\ mA/cm^2$ 时的拉伸断口形貌，D1钢裂纹源区断口形貌以沿晶为主，D2钢的断口裂纹源区形貌以准解理为主。图7（e）和图7（f）分别为D1钢和D2钢在充氢电流密度为 $i=1\ mA/cm^2$ 的裂纹源区断口形貌，基本是以沿晶断口为主，D2钢中还有准解理形貌。随着充氢电流密度增加，两种钢的氢脆敏感性均增加，D2钢的抗氢致滞后开裂好于D1钢。断口形貌以沿晶为主，D2钢的断口形貌以韧窝为主。

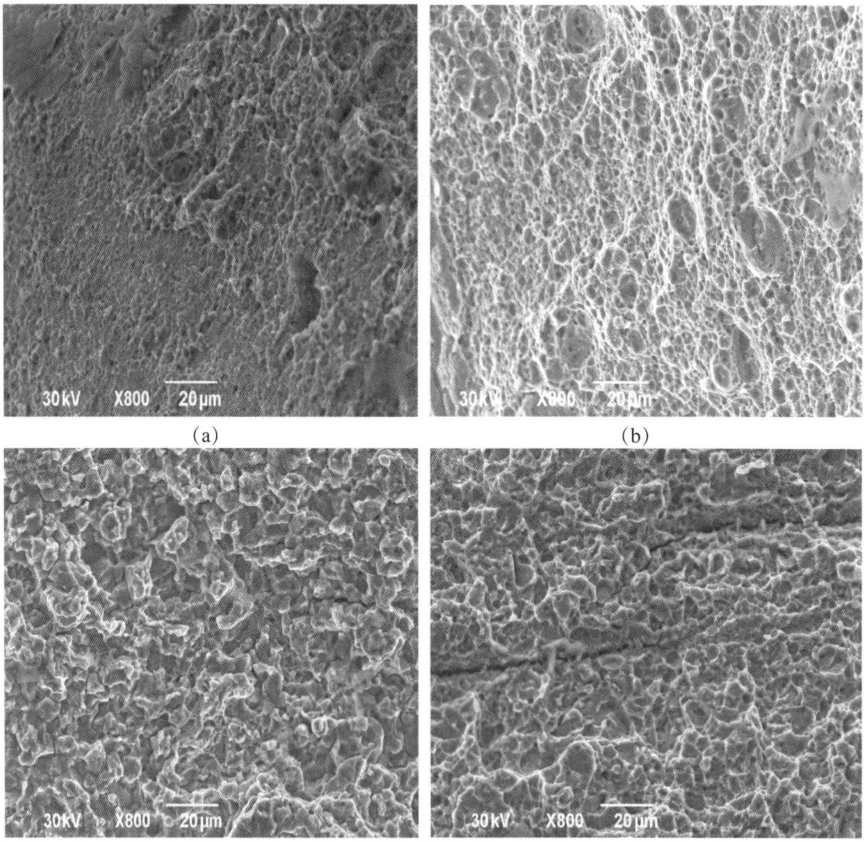

图7　恒载荷动态充氢拉伸试样断口的SEM表征

（a）（c）分别为D1钢在 $0\ mA/cm^2$、$0.5\ mA/cm^2$、$1\ mA/cm^2$ 电流密度充氢的断口形貌图；（b）（d）分别为D2钢在 $0\ mA/cm^2$、$0.5\ mA/cm^2$、$1\ mA/cm^2$ 电流密度充氢的断口形貌图

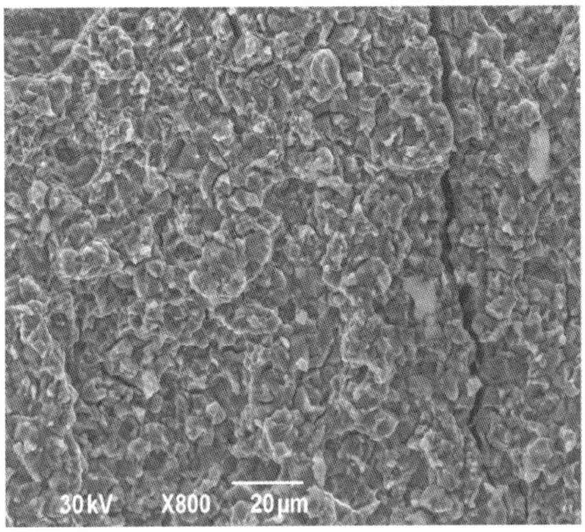

(e)

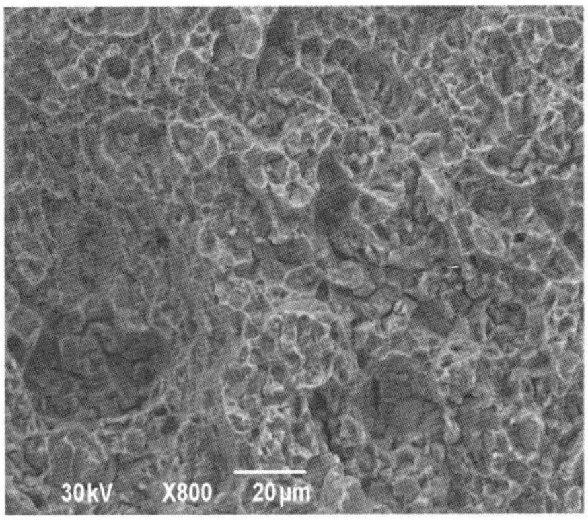

(f)

图 7 恒载荷动态充氢拉伸试样断口的 SEM 表征（续）
（e）D1 钢在 1 mA/cm^2 电流密度充氢的断口形貌图；
（f）D2 钢在 1 mA/cm^2 电流密度充氢的断口形貌图

3 结论

（1）在 22MnB5Nb 钢中去除 Ti 并加 Mo 之后，析出物由 Ti 和 Nb 共同析出变为 Nb 和 Mo 的析出物（Nb, Mo）C，析出物数量变得更多，更加弥散细小，通过多个视场的测量，析出物尺寸由 20 nm 变为 10 nm。

（2）在 22MnB5Nb 钢中去除 Ti 之后，更加细小弥散析出物阻碍钢在热处理过程中再结晶的长大，Mo 大部分以固溶的形式存在，提高奥氏体再结晶温度，得到更加细小的马氏体组织和原奥氏体晶粒，尺寸由 7.92 μm 减小到 4.17 μm，形成更多的氢陷阱，使扩散系数下降。

（3）在 22MnB5Nb 钢中去除 Ti 并加 Mo 之后，晶粒细化、韧性增强、强度下降不大，综合性能提高，更多的晶界与析出物形成更多的氢陷阱，阻碍氢在金属内部的扩散，抗氢致滞后开裂性能提高。当充氢电流密度为 $i = 0.5$ mA/cm^2 时，D1 钢和 D2 钢的氢致滞后开裂的临界断裂应力分别为 1 220 MPa 和 1 350 MPa；当充氢电流密度为 $i = 1$ mA/cm^2 时，S1 钢和 S2 钢的氢致滞后开裂的临界断裂应力分别为 1 120 MPa 和 1 200 MPa。

参考文献：

[1] Ma M T, Shi M F. Advanced high strength steel and it's applications in automobile industry [J]. Iron Steel, 2004, 39 (7): 68.
马鸣图，Shi M F. 先进的高强度钢及其在汽车工业中的应用 [J]. 钢铁，

2004, 39 (7): 68.

[2] Naderi M, Uthaisangsuk V, Prahl U, et al. A numerical and experimental investigation into hot stamping of boron alloyed heat treated steels [J]. Steel Res Int, 2009, 79 (2): 77.

[3] Smialowski M. Hydrogen in Steel [M]. New York: Pergamon Press, 1962.

[4] Mendibide C, Sourmail T. Composition optimization of high - strength steels for sulfide stress cracking resistance improvement [J]. Corr Sci, 2009, 51: 2878.

[5] Ravi K, Ramaswamy V, Namboodhri T K G. Effect of Mo on the resistance to H_2S of high S microalloy steels [J]. Mater Sci Eng A, 1993, 169: 111.

[6] 李金许，王燕斌，褚武扬，等. 合金元素钒对重轨钢氢脆敏感性的影响[J]. 中国腐蚀与防护学报，1998，18 (2)：113 - 118.

[7] 惠卫军，董瀚，王毛球，等. 钛对高强度钢耐延迟断裂性能的影响 [J]. 钢铁研究学报，2002，14 (1)：30 - 33.

[8] 惠卫军，董瀚，王毛球，等. 钒对高强度钢耐延迟断裂性能的影响 [J]. 金属热处理，2002，27 (1)：10 - 12.

[9] Shiqi Zhang. Effect of Nb on hydrogen - induced delayed fracture in high strength hot stamping steels [J]. Materials Science & Engineering A, 2014.

[10] Zhang S, Huang Y, Liao Q, et al. Hydrogen diffusion and hydrogen induced delayed cracking of Ultra - high strength steels for hot stamping [J]. Journal of Iron and Steel Research, 2014, 26 (8): 47 - 52.

张施琦，黄运华，廖庆亮，等. 超高强度热冲压用钢中 H 的扩散与氢致滞后开裂行为 [J]. 钢铁研究学报，2014，26 (8)：47 - 52.

[11] Fuchigami H, Minami H, Nagumo M. Effect of grain size on the susceptibility of martensitic steel to hydrogen - related failure [J]. Philosophical magazine letters, 2006, 86 (1): 21 - 29.

[12] 雍岐龙，孙新军，郑磊，等. 钢铁材料中第二相的作用 [J]. 科技创新导报，2009 (8)：2 - 3.

[13] 马龙，赵增武，李岩，等. 高 Nb 高强度低合金耐候钢中 Nb，Ti 析出相特征 [J]. 金属热处理，2015 (9)：45 - 48，49.

[14] 褚武扬，乔利杰，陈奇志，等. 断裂与环境断裂 [M]. 北京：科学出版社，2000.

[15] 张跃，褚武扬. 金属间化合物脆性微裂纹形核的 TEM 观察 [J]. 中国科学：A 辑，1994，24 (5)：551 - 560.

高强钢氢致延迟断裂研究进展

冯 毅 宋磊峰 马鸣图 赵 岩 张钧萍 孙 岱

中国汽车工程研究院股份有限公司

【摘 要】随着汽车、工程机械、兵器、航空航天、船舶等工业领域的快速发展，降低成本、改性减重、实现节能减排已成为必然的发展趋势，促进各类工业产品的轻量化毫无疑问成为实现上述目标最为重要的技术发展方向之一，而超高强度钢材是实现汽车等工业产品轻量化的重要依托。随着钢材强度级别提升，氢致延迟断裂问题越发突出，已经成为当前国内外汽车制造业亟待解决的关键性技术问题。本文总结归纳了当前国内外在高强钢氢致延迟断裂方面的研究现状，对氢致延迟断裂机理、影响因素、不同钢种氢致延迟断裂特性、基于氢与钢材内部缺陷交互作用的断裂机理、钢材氢致延迟断裂测试评价技术方法、微合金化对于提升超高强度钢抗氢致延迟断裂特性的作用等方向进行了论述。在此基础上对该领域未来发展趋势进行了展望。

【关键词】高强钢 氢致延迟断裂

The Study Status of Hydrogen Induced Delayed Fracture of High Strength Steel

Feng Yi Song Leifeng Ma Mingtu
Zhao Yan Zhang Junping Sun Dai

China Automotive Engineering Research Institute
Limited by Share Ltd，Chongqing，401122

Abstract：With the rapid development of automobile，engineering machinery，aerospace，weapons and ships，reduced costs，improved performance，achieving energy-saving emission reduction have become the inevitable trend in future，and lightweight is no doubt becomes the one of the most important direction of technology development. High strength steel is one of the most important support to realize the lightweight of automobile and other industrial products. With the increase of steel strength level，the hydrogen induced delayed fracture has become more and more prominent，and has become the key technical problem which needs to be solved urgently in the automotive manufacturing industry. This paper summarizes the current research status of hydrogen induced delayed fracture at home and abroad with high strength steel, including hydrogen induced delayed fracture mechanism and the influence factors, hydrogen induced delayed fracture characteristics of different kinds of steels, and fracture mechanism based on the interaction between hydrogen and different kinds of internal defects, the test methods of hydrogen induced delayed fracture of steel, the effect to improve the resistance to hydrogen induced delayed fracture of high strength steel by micro alloying. At last the future development trend in this field is prospected.

Keywords: High strength steel; hydrogen induced delayed fracture

1 引言

随着当前国内外汽车、工程机械、兵器、航空航天、船舶等工业领域的快速发展，降低成本、改性减重、实现节能减排已成为必然的发展趋势，基于此，促进各类工业产品的轻量化毫无疑问成为实现上述目标最为重要的技术发展方向之一。以乘用车行业为例，大量研究表明：对于乘用车质量，每降低10%，整车油耗将下降6%~8%，碳排放量也将下降4%~6%[1]。若能在传统材料基础上显著提升其强度级别，则在保持整车刚强度指标基础上，能大大减少原材料用量，实现产品轻量化。钢铁从其诞生至今，一直以来是国内外汽车领域应用最为广泛的基础性原材料，得益于汽车轻量化的助推作用，从20世纪70年代以来，以固态相变作为强化和增塑机制为代表的各类新型汽车用钢的不断问世，正逐步取代各类传统的高强度低合金（HSLA）钢在汽车工业领域内的应用[1]，强度级别也从传统的300~600 MPa快速提升至1 000~1 800 MPa甚至更高。当前国内外超高强度汽车用钢从微观层面上均可归结为以马氏体、奥氏体、铁素体、贝氏体等组织相为基础，通过彼此间的组配形成不同类别的复相组织，借助相关合金元素对钢材相变过程的影响，实现钢材增强及增塑，使其同时具有优异的强度及塑性特性，代表性钢种有双相钢（DP）、相变诱发塑性钢（TRIP）、孪生诱发塑性钢（TWIP）、淬火-配分钢（Q&P）、贝氏体钢、热成形钢等，这些新钢种系列的不断推陈出新正不断促进整个汽车行业的轻量化发展。

任何一种材料的性能特性均是一种优势与劣势间的紧密结合体，对于钢材而言，随着强度级别的不断提升，也不可避免地带来其他多方面的技术问题，尤其是近年来国内外已充分认识到：原材料本身性能的安全性并不意味着其在实际应用中也是安全的，这其中就涉及钢材的氢致延迟断裂问题。所谓延迟断裂，是材料在静止应力的作用下，经过一定时间后突然发生脆性破坏的一种现象，其是材料、环境和应力相互作用的结果，是氢致材质恶化的一种形态。研究表明：钢材在制备、加工、服役过程中均存在氢渗入可能[2]，导致最终零部件产品存在发生延迟断裂的风险。随着强度提高，钢材延迟断裂敏感性也随之增大，当钢的抗拉强度水平超过约 1 200 MPa 时，对氢致延迟断裂就变得十分敏感，氢致延迟断裂敏感性高已经成为制约各类超高强钢在汽车等工业领域内实现推广应用的一大重要因素。关于钢材的延迟断裂现象研究始于 1875 年，由 Johnson 提出证实氢会导致材料力学性能的显著恶化，并将导致材料产生无预警的脆断。多年来，国内外由于氢致延迟断裂引发的安全事故已屡见不鲜，往往造成严重的生命财产损失，如 20 世纪 80 年代通用汽车公司曾因车底控制架上螺栓的延迟断裂失效，召回 640 万辆汽车，造成重大经济损失。随着超高强度级别钢的发展及其应用领域的不断拓展，延迟断裂现象受到更大程度的关注。以汽车零部件来讲，其产品形状复杂，变形量大，因此整车、零部件制造商及材料供应商对延迟断裂性能更加重视，已逐渐成为原材料性能认证的基本项目之一。日本于 2000 年专门成立了“延迟断裂研究会”，欧洲自 2011 年起每年均召开钢铁与氢（Steel&Hydrogen）专题会。宝钢已将氢致延迟断裂性能评估与改进放在了开发高强度汽车用钢的首要位置[3]。本文将总结当前国内外超高强度钢氢致延迟断裂领域研究现状，并对未来该领域发展趋势进行展望。

2 氢致延迟断裂机理

目前，国内外针对高强钢材料发生氢脆断裂的内在机理进行了大量的研究，产生氢脆现象的原因在于服役环境、应力分布、材料特性三者间的综合作用，其中服役环境决定氢渗入材料基体内部的难度；应力分布决定了氢元素在基体内部的偏聚状态；材料特性决定了氢在材料内部的可扩散能力、扩散路径及与氢元素间的交互机理。尤其对于当前在汽车上实现应用的大多数超高强度钢材而言，其基体多存在高脆硬性组织，如马氏体，存在极高的内应力，往往具有极高的氢致裂纹敏感性，在一定氢环境下易于通过应力诱导氢元素扩散至该处，从而导致材料力学性能降低及发生氢致延迟断裂现象。Lovicu 研究表明[4]：仅需几个 ppm 的氢进入热成形钢等超高强度钢内部，就将导致材料强度的急剧下降。M. Smialowsk 等[5]对 1020 钢进行了研究，得出当钢种的可扩散氢浓度在小于 3 ppm 范围时随浓度增加，钢材的塑性指标显著降低。乔利杰在不同冲氢电流密度环境下利用恒载荷拉伸试验法研究了 X80 钢的氢致延迟开裂性能，结果表明其氢致延迟开裂临界应力门槛值随氢浓度升高而呈线性降低趋势[6]。总体而言，氢脆是否发生主要取决于氢元素在金属中的状态，如吸附、扩散、富集等，并通过其与显微组织发生交互作用，以形成氢压、弱化金属原子键合力、降低表面能或促进局部塑性变形等方式促使材料力学性能显著下降，易导致提前发生脆性断裂。针对氢脆的机理研究，国内外许多学者对此进行了深入的研究探讨，但是截至目前依旧没有完全得出一套成熟的理论，存在多种解释，如氢压理论、氢弱化键理论、氢降低表面能理论、氢促进局部塑性变形理论、氢促进空洞形核理论等。

如图 1 所示，氢压理论核心是当进入金属的氢压等于原子键合力时，使局部地区的原子键断裂而形成微裂纹，其与外力无关，也无须延迟时间，只要当氢浓度很高且导致氢压超过材料屈服强度时，就会诱发局部的塑性变形，形成白点、鼓泡等缺陷，但是采用这种理论还无法很好地解释可逆氢脆、氢致延迟断裂等现象。氢弱化原子间结合力理论（图 2）认为通过应力诱导扩散，原子氢将富集在最大三相应力区，从而使原子键的结合力大大下降，因而在较低的应力下就能发生脆断，但近年来国外有研究者通过试验提出该理论并不成立[7]。如图 3 所示，氢降低表面能理论认为氢吸附在裂纹内表面降低表面能，降低裂纹扩散所需的临界应力，此模型对塑性较好的材料不适用，因为其裂纹扩散的阻力来自裂纹尖端的塑性变形功，表面能贡献很小。氢促进塑性变形理论认为任何断裂过程都是以局部塑性变形为先导的，氢能促进局部塑性变形，从而使材料在较低的应力或应力场度因子（*KIC*）以下就能引起氢致开裂，根据这个理论而导出的氢致延迟开裂力学参数，如门槛应力 σ_{TH} 或门槛 *KIC* 均与临界氢浓度 C_{TH}有关系。如图 4 所示，氢促进空洞形核理论认为氢通过促进局部塑性变形和降低键合力，形成纳米微裂纹，并促进微裂纹形成空洞，氢通过在内部形成氢压提高空洞的稳定性。就近年来国内外相关研究进展而言，目前尚未就氢渗入导致钢材性能恶化的微观机理达成统一，但已逐渐趋向于认为其本质在于材料内部的氢向应力集中的部位扩散聚集，这些应力集中的部位往往缺陷较多，氢扩散到这些缺陷处，除氢本身聚集将产生局部高压力外，还会显著影响位错、空位等缺陷周边的应力场，在外应力、内部残余应力等条件下通过改变基体内部缺陷数量并影响其动力学特性，将促进局部变形，导致延迟断裂发生[8]。

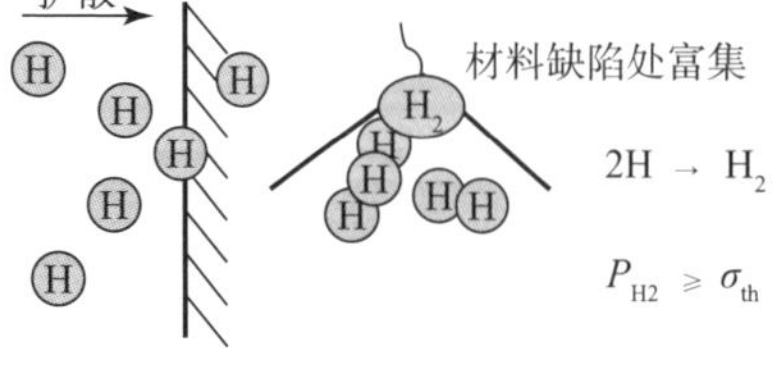

图 1　氢压理论示意图

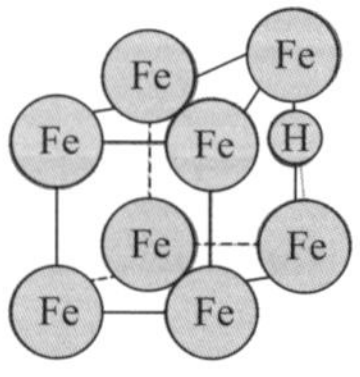

图 2　氢弱化原子间结合力理论示意图

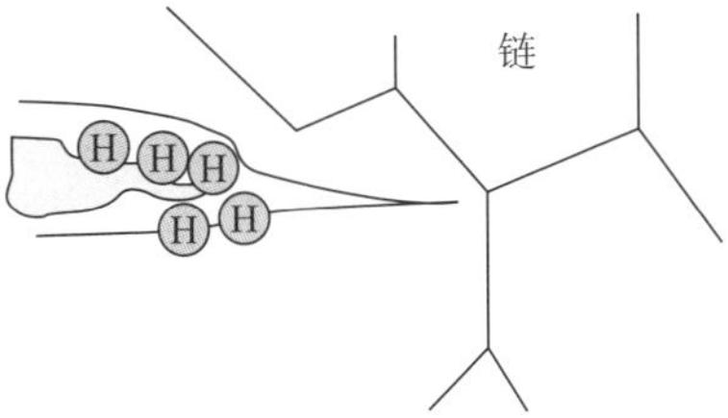

图3　氢降低表面能理论示意图

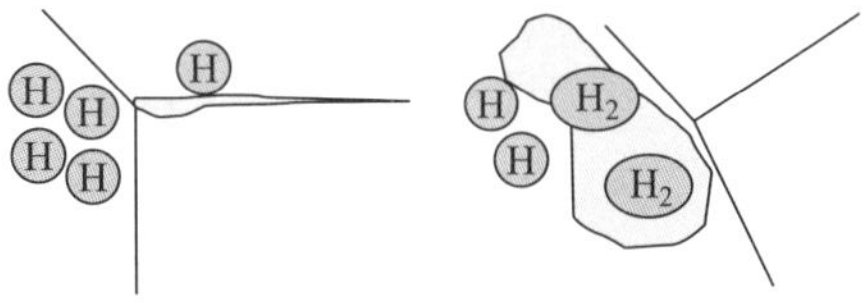

图4　氢促进空洞形核理论示意图

3　氢致延迟断裂影响因素

如前所述，金属材料的延迟断裂行为是在材料、环境和应力三者共同作用下发生的，与材料的特性及受力状态、服役环境密切相关。一般来讲，材料的强度越高，其延迟断裂敏感性越大。宝钢研究了1 000 MPa的马氏体钢、Q&P钢、DP钢的氢脆敏感性，结果表明，三种钢在180°弯曲加载状态下被置于0.1 mol/L盐酸水溶液中浸泡超过300 h后未出现开裂[9]。上海交大对三种1 200 MPa的DP钢、马氏体钢、Q&P钢进行了类似的试验，将三种钢材的不同变形程度的U形弯曲试样置于盐酸水溶液中浸泡120 h，结果显示，预应力为1.5 GPa、2.0 GPa条件下三种钢均出现开裂[10]。该机构同时还针对1500 MPa热成形钢进行了重复性试验，结果表明，施加预应力1.0 GPa、1.5 GPa、2.0 GPa条件下，该钢种仅在2 h内均发生开裂，表现出极强的氢脆敏感性[11]。图5所示为6种不同强度级别的高强螺栓用钢发生延迟断裂的比例与其临界扩散氢含量之间的关系[3]，可以看出图中C、D、E三种1500 MPa以上的钢种发生延迟断裂的比例显著高于A、B、F三种，且对应的临界氢浓度也明显偏低。目前行业普遍认为抗拉强度1 200 MPa是一个危险级别。

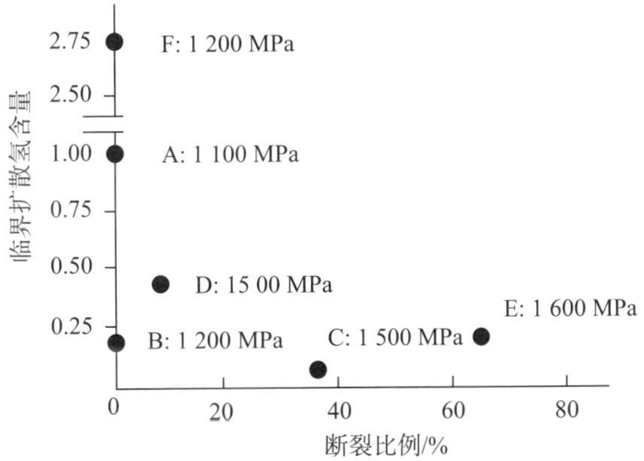

图5　不同强度螺栓用钢延迟断裂比例与临界扩散氢含量[3]

微观组织对钢材的氢脆敏感性也会产生显著影响，由于氢在不同组织中的扩散速度和储存能力不同，因此材料的微观组织对延迟断裂敏感性的影响很大，即使是相同的合金成分和抗拉强度，不同微观组织的材料也会表现出不同的延迟断裂敏感性。一般单一的马氏体组织具有最高的氢脆敏感性，其次是马氏体-铁素体组织，奥氏体及珠光体一般具有最低的氢脆敏感性。在相同应力水平下，加工诱发马氏体组织的含量越高，则出现延迟断裂的趋向性越强。此外，由于钢材微观组织方面的不均匀性，由于原子错排及局部应力场的存在会成为氢元素的捕获陷阱或氢元素的快速传输通道，也能影响钢材的氢脆敏感性[12]。

加工过程是影响钢材氢脆敏感性的又一大因素。尤其对于超高强度钢而言，其从材料到实际产品会经历诸如轧制、弯曲、拉拔等工序，会不可避免地在钢材内部残留一定量的加工缺陷，这些缺陷往往导致该部位处成为应力集中点，也同样会诱发氢元素的富集，并与氢元素之间产生交互作用，从而影响到钢材本身的氢脆敏感性。实践表明[4]，钢材零部件发生延迟断裂往往均产生于高应力与高氢元素富集的重合区（图6）。

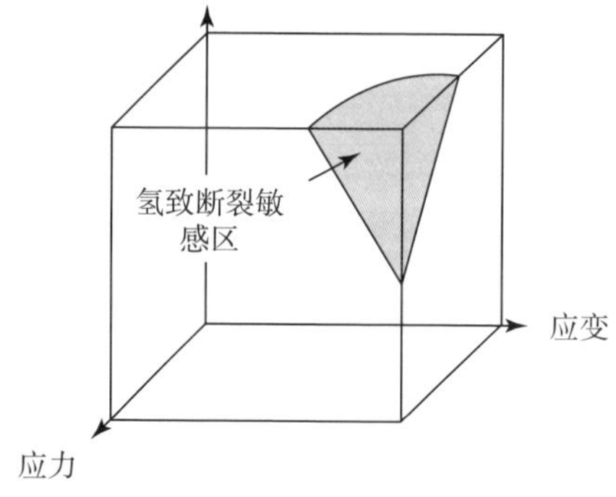

图6　氢致延迟断裂影响因素示意[4]

环境因素可谓是钢材发生氢致延迟断裂的助推剂，根据环境中氢元素来源的不同，主要分为以下两类：一类是由服役环境条件（潮湿大气、酸雨等环境中）长期暴露下渗入的；另一类是在实际产品制造过程中经酸洗、电镀、焊接等工序侵入的。以焊接为例，其为一典型局部冶金过程，局部的高温处理就可使焊条（焊丝）中所包含的水分发生分解产生氢进入钢材中。综上所述，材料、应力、环境三大因素中，应力状态及服役环境往往难以甚至是不可控制的，因此，当前一般趋向于从材料角度入手，降低钢材氢脆敏感性[3,4]。

4 不同钢种的氢致延迟断裂特性

如前所述，氢脆具有组织敏感性特征，尤其是作为强化相的马氏体等非平衡组织引发氢脆的概率远远高于铁素体等平衡组织。由于这些非平衡相往往是构成各类高强度钢尤其是先进高强钢材料（AHSS）的基体组织，因此，针对不同先进高强钢种的氢脆问题均应该得到高度重视[4]。

DP 钢的马氏体组织体积分数一般在 5%～30% 范围，目前国内外 DP 钢主流强度级别看似没有超过 1 200 MPa 这一门槛值，但是依旧不能忽视其内部抗拉强度最高可达 2 000 MPa 的马氏体相。Davies 研究了 DP 钢的氢脆问题[13]，对力学性能相近、成分不同的两种 DP 钢进行电解充氢，并通过拉伸试验发现这两种 DP 钢充氢后的屈服强度几乎不变，而抗拉强度降低，但均匀伸长率仅为未充氢试样的 1/3。通过断口检测，研究者认为这可能是由于解理裂纹在高强度马氏体或铁素体 - 马氏体界面上萌生，然后通过强度较低的铁素体扩展的结果。一种观点认为氢致裂纹易沿 DP 钢的铁素体 - 马氏体相界面萌生，具体原因由相界面自身特点、变形及应力诱发残余奥氏体相变时显微组织与氢的交互作用共同决定，尽管铁素体和马氏体具有相同的晶体结构，两相易形成 Cube - Cube 的取向关系和对应的 $\{001\}\alpha /\!/ \{001\}_M$ 惯习面，但点阵常数的差异必然在相界附近产生一定的畸变能甚至错配位错，其应变场为氢在界面处的富集提供了可能性。同时，塑性形变导致 DP 钢内靠近两相界面附近的铁素体中含有较高密度的可动位错，有利于氢随位错滑移发生迁移，当这些位错以交滑移或攀移的方式绕过马氏体岛并在其周围留下位错环时，伴随迁移的氢可滞留在界面周围，使得马氏体岛周围的氢浓度升高，再加上变形时铁素体和马氏体塑性应变的不相容导致了两相界面的应力集中，更加剧了氢在界面处的富集，从而促进裂纹的萌生。另外，DP 钢中通常会残留少量的奥氏体（一般体积分数小于 5%），外力作用时容易发生形变诱导相变，引起额外的体积膨胀和马氏体岛的形状变化，加重两相界面处的应力集中趋势，这同样对氢在界面处的富集起到一定的促进作用。综上，DP 钢中马氏体导致的氢脆敏感性与铁素体 - 马氏体两相界面密切相关，即渗入到铁素体基体的氢经应力诱导并随位错迁移至两相界面，被界面捕获，导致晶格内聚能降低，或导致晶格滑移特征改变，或由于上述两种因素的综合最终导致了 DP 钢解理断裂的发生[14]。

与 DP 钢不同，TRIP 钢原始组织中的马氏体含量几乎可以忽略，因此其氢脆效应也需另作考虑。Mccoyra 指出[15]由于奥氏体本身塑性好，对氢脆不敏感，并且对氢原子有较高的溶解度和较低的扩散速率，在室温附近可滞留渗入钢铁材料内部的大量氢原子，使TRIP钢在未受力状态下对氢脆几乎不敏感。而随着变形过程中应变诱发相变的开始，脆性马氏体相不断增多，使TRIP钢的抗氢脆性能显著降低，最终导致断裂发生。Ronevich等[16]同样发现充氢TRIP980钢显示出较高的氢脆敏感性，在应力应变曲线中表现为伸长率随充氢量的增加急剧下降。变形过程中发生的应变诱发马氏体相变，一方面会导致氢脆抑制相残余奥氏体大量减少，另一方面也会使对氢脆敏感性极高的马氏体相显著增多，此消彼长；再加上氢在马氏体中的溶解度只有奥氏体中的1/10左右，但扩散系数却高出3~4个数量级，由此导致超出溶解极限的氢能够以极快的速度向马氏体中的晶体缺陷处迁移富集，进而引发局部区域裂纹的提前萌生、扩展并最终引起脆断的发生。因此，应变过程中的TRIP效应是引发TRIP钢高氢脆敏感性的主要原因。

TWIP钢在室温下一般为完全的稳定奥氏体组织，从其显微组织和变形机制可推知该类材料的氢脆敏感性较低，这也得到部分试验结果的支持，如Mittal等观察到预充氢1~6 h对试样的变形曲线和伸长率的影响非常有限[17]。但是Koyama等对Fe18Mn0.6C钢同时进行电解充氢与拉伸试验时发现[18]，在1~10 $A \cdot m^{-2}$范围内，随着电流密度的增加，充氢试样的伸长率和抗拉强度明显下降。其认为造成这一差异的主要原因是氢在TWIP钢中的扩散速率非常低，充氢仅导致氢富集在试样表面若干微米区域，不足以显著恶化试样力学性能；而充氢与应变同时进行，则能借助可动位错对氢的迁移作用有效扩大材料中的氢影响区，并促进吸氢效率的提高，导致充氢前后伸长率显著变化。此外，Koyama等进一步发现充氢TWIP钢试样表层区域的断口主要呈脆性沿晶断裂[18]，而在试样心部则为延性的韧窝断裂。在进一步的研究中发现氢致裂纹在应力作用下优先于晶界及孪晶界起裂，分析认为TWIP钢中晶界本身就是氢的可逆陷阱，利于氢的富集；此外，应变过程中形变孪晶的形成及孪晶间的相互作用导致晶界及孪晶界处较大的应力集中，在应力梯度作用下导致氢向高应力区富集，应力与氢的共同作用最终促进了裂纹的萌生。此外，大量锰元素的存在易造成成分偏析及硫、磷元素在晶界偏聚，进一步弱化了界面强度。综合而言，当前国内外比较认可TWIP钢氢脆主要为氢富集引起晶界及孪晶界强度的降低和形变孪晶生长受阻引起的应力集中作用所致。

淬火-配分钢（Q&P）其实是一种经过热处理，具有TRIP效应的马氏体钢。Lovic较早地关注了该类钢种的氢脆现象[19]，其研究了碳含量为0.23%、残余奥氏体体积分数为15%的某Q&P钢的氢脆特性，结果表明，经冲氢处理后的样品衍生率剧烈降低，抗氢脆能力相比于DP钢、TRIP钢等更为强烈，分析认为这是由于残余奥氏体在拉伸过程中产生的TRIP效应导致的，但这一结论尚待进一步验证。

热成形钢（M）可算是当前各类超高强度钢中氢脆敏感性最显著的一类钢种，其基体组织一般为淬火马氏体、少量的贝氏体及残余奥氏体组织。高温成型条件下基体产生的强烈的固态相变导致的晶格畸变，导致这类钢材内部具有大量的缺陷及极强的热内应力，在一定氢环境条件下极易产生氢脆。

5 钢材氢致延迟断裂机理

如上所述，高强钢材发生氢脆断裂的本质在于在服役载荷及制造残余应力作用下，环境中的氢元素以一定方式进入钢材内部，与诸如位错、空位、晶界、第二相等晶体缺陷之间发生不同的交互作用，从而导致产生不同的效应，诱发钢材发生或不发生氢致失效。其中，溶入钢材内部的氢一般可分为可扩散氢与固溶态氢，大量研究表明[7-10]前者才有效，因此，当前氢脆断裂研究的焦点就在于可扩散氢与各类晶体缺陷间的交互机理。

May L. Martin 等[20]研究了钢中的可扩散氢与位错、空位之间的交互机制（图7），指出在实际钢质零件服役加载过程中，钢材基体中的位错、空位处于不断增殖、运动过程中。进入钢中的氢元素与位错相接触，会降低位错的形核及激活能，在较低应变速率条件下，氢将随位错一并发生移动，且还可促进不同的位错发生交叉滑移，从而可促进钢材的局部塑性变形。此外，扩散氢元素会促进钢材基体中的局部微裂纹尖端钝化，转变为空位，促进空位的萌生、增殖、扩展、聚集成团，且这种由氢元素产生的空位缺陷具有更高的稳定性。在实际服役加载过程中，氢促进位错的增殖，位错带动氢一并发生运动，聚集于晶界处发生堆积，而氢元素在晶界又将促进大量空位形成并合并成空位团簇，极大地增强了晶界处的缺陷程度，增大了应力集中，有利于形成微裂纹。随着服役过程的进行，这些微裂纹就极其可能通过扩展引发零件产品出现早期失效。Afrooz Barnoush 等[21]研究了在真空、氢环境条件下 Fe－3% Si 单晶体的塑性变形过程。如图 8 所示，结果表明，氢进入钢材基体内部后往往沿一定取向进行富集扩散，在一定位向载荷条件下氢致微裂纹也会沿氢元素的富集方向进行扩展而无法通过局部分叉降低甚至消除应变能，从而更加易于引发材料的断裂。Jamey A. Fenske 等[22]研究了钢材氢致断裂条件下的断口形貌。如图 9 所示，可以看出对于钢材而言，其氢致延迟断裂断口形貌显示出显著的解离脆性断裂特征。如图 10 所示，当可扩散氢浓度较高时，其往往还可沿多个晶体取向方向发生富集，从而可开动多个位错系，使断口形貌体现出明显的呈山脉起伏状的撕裂脊特征。Akihide Nagao 等[23]利用带预制缺口的弯曲试样，研究了钢材在非氢及氢环境条件下的弯曲力学性能及试样断口形貌变化。如图 11 所示，结果表明，经过渗氢处理的试样断口形貌也随着氢浓度的增加逐渐由韧性形貌过渡到准解离、解离形貌。T. Doshida等[24]研究者进一步研究了疲劳试样在不同氢环境条件下的疲劳性能变化（图12），结果表明，经冲氢处理后的疲劳试样断口呈现出明显的沿晶断裂特征。近年来国外有研究者开始致力于建立钢材氢脆性微观机理及宏观性能之间的关系模型，力求囊括氢浓度、扩散、温度、加载速率等不同层面的关键参数于一体，从而实现对钢材氢脆性能的准确预测。典型如Jun Song等[25]建立了评价钢材是否发生氢致延迟脆断的关键参数预测模型，实现了对某钢种氢致延迟断裂的预测。Jun Song等还进一步在该模型基础上，提出了可表征不同结构金属材料中氢致延迟断裂裂纹扩展的动力学模型，并以此为依据应用蒙特卡洛模拟法模拟了钢的延迟断裂过程（图13）。

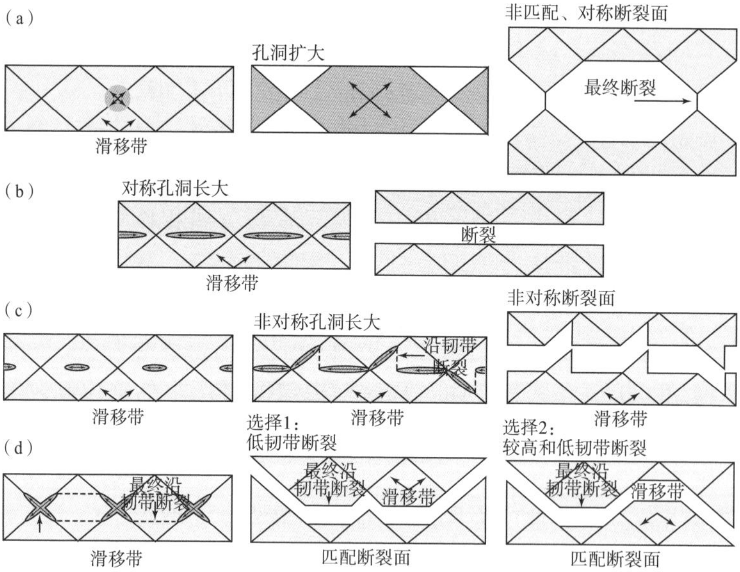

图7 扩散氢与位错、空位间的交互机制[20]

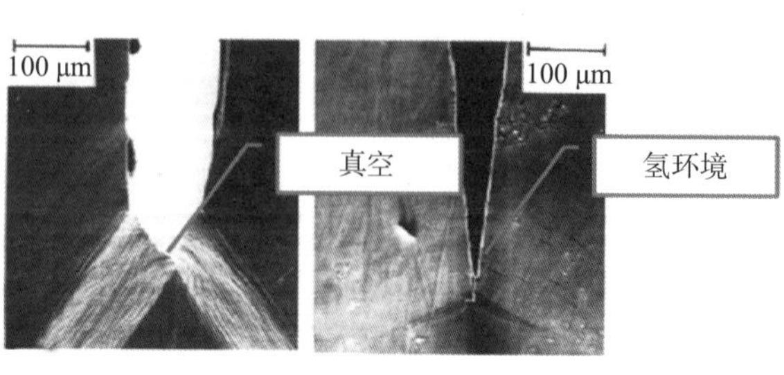

图8 不同环境下 Fe－3% Si 单晶体塑性变形过程[21]

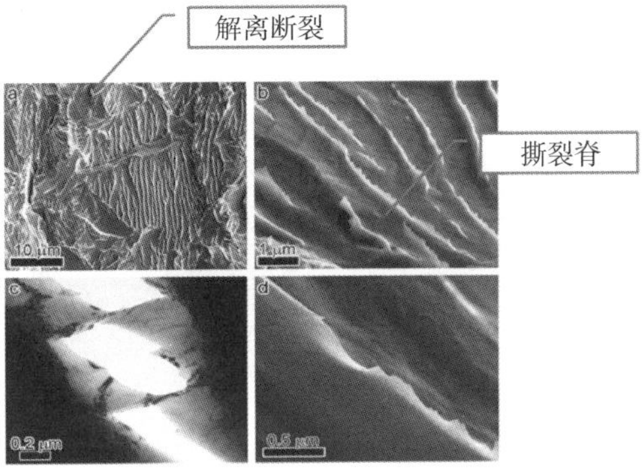

图 9　氢致延迟断裂断口形貌[22]

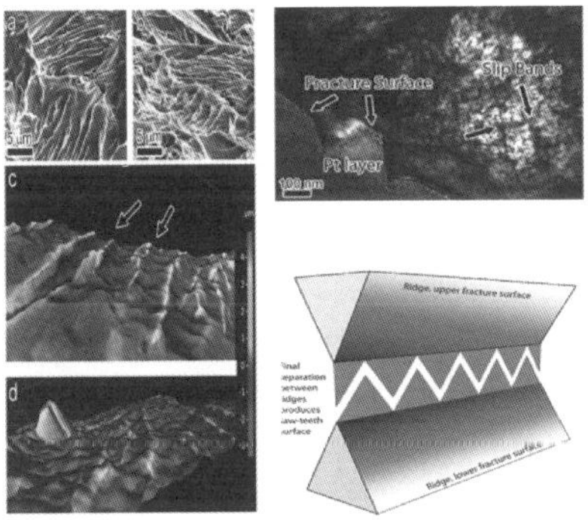

图 10　氢致延迟断裂断口 3D 形貌[22]

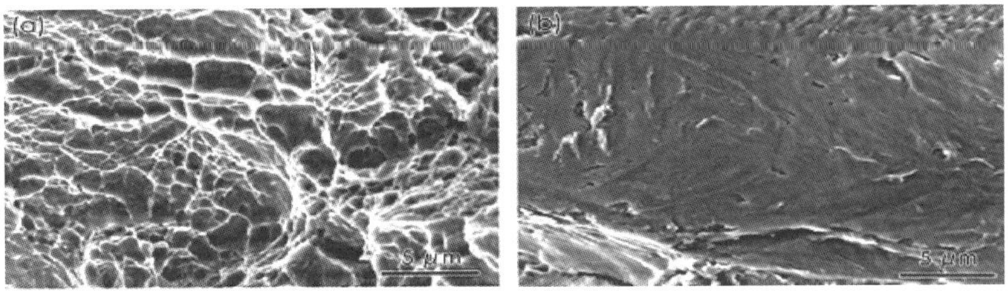

（a）　　　　　　　　　　（b）

图 11　非氢及氢环境条件下钢材弯曲断口变化[23]

（a）未冲氢；（b）冲氢

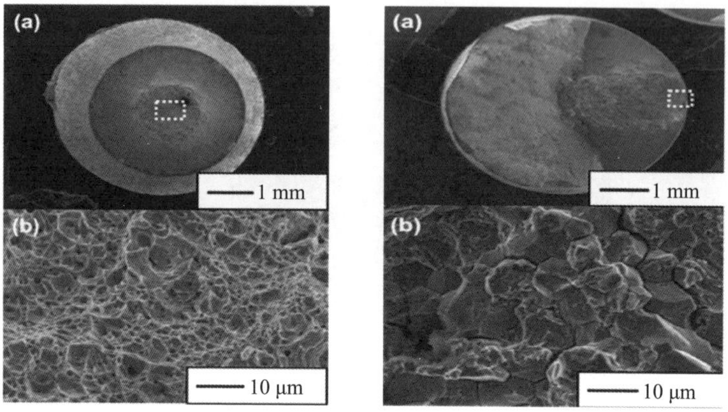

图 12　不同氢环境下疲劳试样的断口形貌对比[24]
（a）未冲氢；（b）冲氢

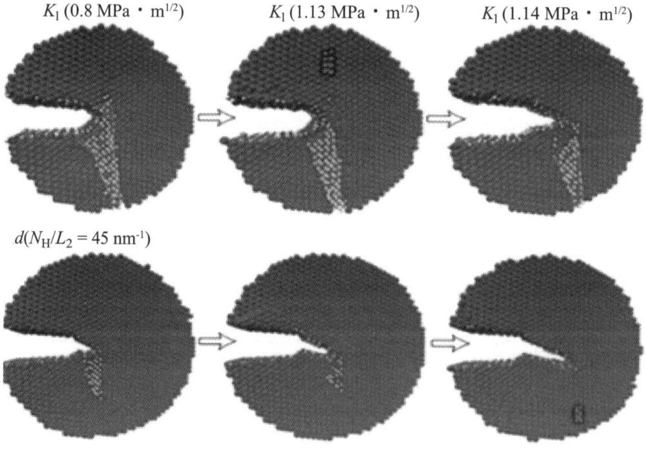

图 13　氢致延迟断裂过程模拟（Molecular）[25]

6 氢致延迟断裂测试评价方法

汽车用超高强度钢氢脆（氢致延迟断裂）试验包括零件试验和材料试验，其中理想的状态是在服役条件下开展零件试验，但试验周期往往很长，因此各种加速试验被广泛采用。当前对超高强度钢零部件氢脆试验的相关研究报道较少，已有部分企业采用了零部件浸泡酸溶液试验，或者预弯曲 + 浸泡试验，试验时间由企业自行决定。针对超高强度钢材料氢脆试验，国内外相关研究或类似标准也较多，各研究者采用的方法也种类繁多，主要有以下几种测试评价技术方法[26]。

（1）恒应力/应变试验是通过机械装置或恒载试验机对样品进行恒定的拉伸或弯曲载荷加载，试样可采用光滑或缺口试样，试验过程中试样采用浸泡或电化学方式充氢。由于恒应力加载断裂一般通过人为确定一个时间，试验结果分散度较大，目前大多采用充氢 + 恒载试验，试验指标采用充氢与未充氢条件下材料的断裂应力差异化分析来评价材料氢脆敏感性，同时观察断裂后断口形貌。

（2）慢应变速率拉伸：近年来也有研究者趋向于采用慢应变速率试验研究超高强度钢的氢脆敏感性。其中 GB/T 15970.7、ISO 7539、ASTM E8M－03 等标准均提及了慢应变速率拉伸，应变速率范围为 $10^{-3} \sim 10^{-7}\ s^{-1}$，一般采用 $10^{-5} s^{-1}$，试样采用光滑或缺口试样，试验过程中同样需要充氢。

（3）准静态拉伸：相对于传统的恒载荷与低应变速率试验，研究者们尝试更高应变速率的试验来评价氢脆敏感性。准静态拉伸的时间较短，样品可考虑预充氢的形式，应变速率在 $10^{-3} s^{-1}$ 的水平，试样可采用光滑或者缺口试样。

（4）断裂力学试验：本试验方法通常采用 WOL 型预制裂纹试样，在含氢介质条件下加载，用断裂力学的方法求出临界应力场强度因子及裂纹扩展速率等断裂力学参量。其优点是真实反映了实际构件难免存在宏观缺陷的情况，节省了裂纹产生的时间，但这种方法只针对断裂裂纹的扩展，不对裂纹的萌生提供任何评价。

（5）冲杯试验：作为一种标准化的氢致开裂评价方法，在欧洲应用得较为广泛。相比于 U 弯试验，冲杯试验中发生氢致开裂的临界应变与临界氢含量更高，也即冲杯试验中材料在更高的应变和可扩散氢含量条件下才会发生氢致开裂（图 14）。目前此试验的一般流程是对钢材进行不同变形量条件下的冲杯试验，利用 XRD 等表征手段获取相应的残余应力大小，再将冲杯样品置于不同氢环境下进行浸泡，观测在指定时间内样品是否出现开裂，若开裂，则对断口进行测评。目前国内诸如中国汽车工程研究院、北京科技大学、香港大学等机构正在开展此类试验研究。

图 14　冲杯试验实例

综上所述，由于高强钢的延迟断裂是钢中的氢引起的，除了受材料因素的影响外，还依存于环境因素和应力因素，而钢中许可的临界氢含量和环境氢的定量化还没有统一，因此目前尚没有统一的延迟断裂试验方法，探索像屈服强度或抗拉强度那样的材料本征特性评价指标就成了未来研究工作的热点之一[26]。

7　微合金化对提升钢材氢致延迟断裂的作用

如前所述，导致高强钢发生氢致延迟断裂的根本原因是钢中的可扩散氢与各类晶体缺陷产生交互引起的。在服役氢环境、外加载模式等因素无法控制的基础上，如何降低钢中的可扩散氢含量就成为防止钢产生氢致延迟断裂的根本，而其关键在于如何在钢基体内部营造出强烈的氢陷阱环境。近年来国内外研究结果表明[1]：营造氢陷阱环境的关键在于合理地控制钢中的第二相粒子及细化晶粒，其中针对第二相，通过促进其尺寸规格纳米化，形成高能氢陷阱；其次通过控制钢中的第二相粒子析出并结合细化晶粒，促进钢中氢元素分布更加弥散化，从而降低可扩散氢含量并防止氢的富集，起到抑制氢致延迟断裂的作用。根据当前国内外研究现状，在原有钢材成分基础上，通过添加 Ti、Mo、Nb、V 等微元素[27]，控制第二相粒子析出，细化晶粒、增大晶界面积，被认为是最为合理有效的技术手段。国内外在此方面均开展了大量的工作。

近年来，针对含 Nb 微合金高强钢的研究正成为国内研究的焦点。已有研究结果表明：通过 Nb 微合金化细化晶粒对提高抗氢致延迟断裂发生的临界应力有益。随着 Nb 含量的提高，钢材抗拉强度也将提升，其抗氢致延迟断裂性能也能得到明显改善。有研究认为，随着 Nb 含量增加，钢材的吸氢量会降低，可能与晶界强化有关，Nb 析出物的尺寸、分布及形态对延迟开裂也有很大影响。此外，由于 NbC 无共格、无应力场，这可能是使高 Nb 含量钢的高温回火吸氢减小的原因，且 NbC 还可作为强的氢捕捉陷阱[1]，可实现将氢固定在其周围，降低氢的扩散系数，防止氢向易萌生裂纹的潜在危险部位富集，降低材料的氢脆敏感性（图 15）。国内有研究者针对传统的 22MnB5 开展了通过 Nb 微合金化提升其临界氢致延迟断裂应力的研究，结果表明：通过添加 5%～8% 的 Nb 元素使钢材临界氢致延迟断裂应力由 500 MPa 提升至 1 000 MPa，取得了良好的改善效果。

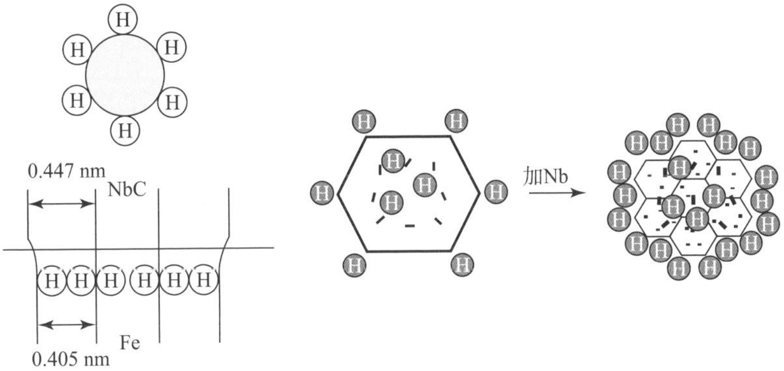

图 15　含 Nb 钢氢陷阱作用机理[1]

除 Nb 外，近年来 V 微合金化高强钢的研究也是国内外研究的焦点。已有研究结果表明：钢中的 V 元素也可与碳结合形成金属化合物粒子，并可作为强有力的氢捕捉陷阱。关于 VC 对氢的捕捉效果，Y. S. Chen 等[28]采用预先低温冻结氢原子，再利用 3 维原子探针结合 X 射线断层扫描等手段，观察 VC 粒子对氢原子的捕捉效果。如图 16 所示，可以看出：氢原子更加趋向于在 VC 粒子聚集区域内富集，这也直接体现了 VC 粒子对氢原子的捕捉能力。攀钢集团研究院针对 TWIP 钢研究了 V 微合金化对其抗氢致延迟断裂性能的改善效果。如图 17 所示，可以看出：与上述类似，在 V 聚集区域内同样发生了氢元素的富集。

近年来，基于 Nb、V 等不同微合金元素各自的优势，国内外也开始致力于采用复合微合金化方式，起到进一步改善钢材氢致延迟断裂性能的作用。

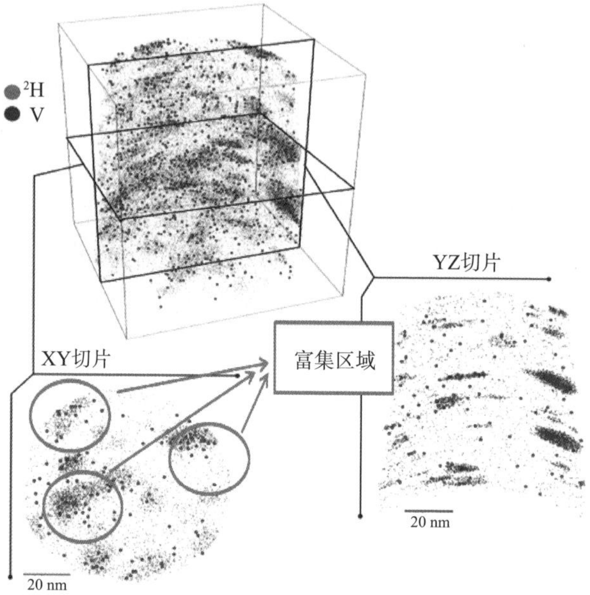

图16　VC第二相粒子对氢原子的捕捉效果[28]

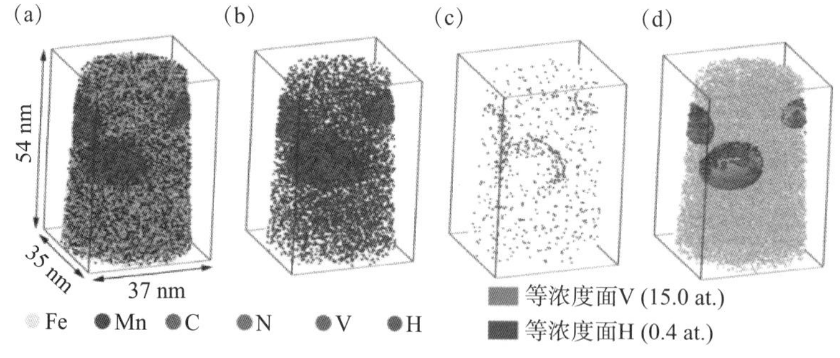

图17　钢中V元素的3D分布示意图

中信金属联合中国汽车工程研究院、马钢等机构开发出了新型0.04% Nb + 0.04% V的复合微合金化热成形用钢，初步的氢脆性能试验结果表明其抗延迟断裂性能明显优于原钢材，取得了显著的成效。但也有研究者以0.24C - 0.10Si - 0.2Mn - 0.5Cr - 0.7Mo为基础成分，设计了添加0.2% V、0.1% V + 0.05% Nb、0.1% Nb三种微合金成分钢种，结果表明，单添加Nb、V对钢材的抗氢致延迟断裂改善效果优于Nb + V复合微合金化成分设计，这可能涉及不同微元素间的协同问题。

此外，通过添加 Al 元素达到改善钢材抗氢致延迟断裂性能也为国内业界所关注，如攀钢研究院曾经研究了含 Al 元素的 TWIP 钢的氢脆性能。如图 18 所示，可以看出，在 TWIP 钢中添加一定量的 Al，可以抑制氢在钢材中的扩散，提升其抗氢致延迟断裂性能。韩国浦项集团也针对 TWIP 钢做了类似的研究，取得了类似效果（图 19）。

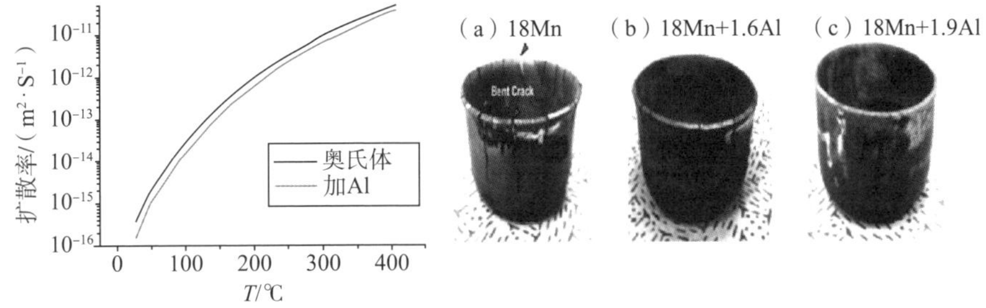

图 18　Al 对 TWIP 钢中氢元素扩散系数的影响

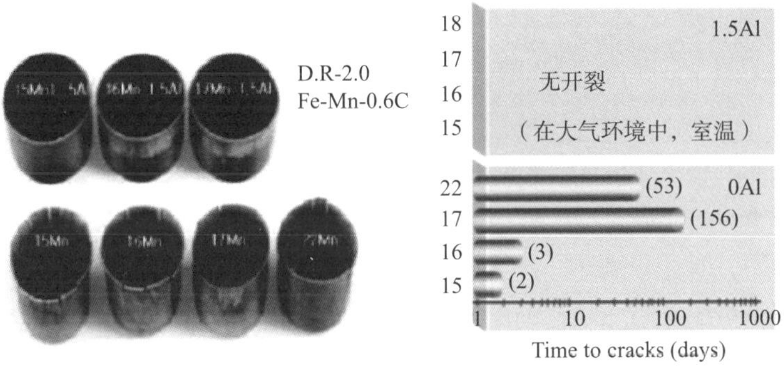

图 19　Al 对 TWIP 钢延迟断裂性能影响

8　总结

综上所述，高强钢的耐氢致延迟开裂性能已经作为一个世界性的难题，受到国内外业界的广泛关注，开展了大量的研究，未来可预计在以下几个方面进一步进行系统的技术攻关研究，以尽快解决这一共性技术难题：

（1）建立囊括环境、应力、氢浓度三者统一的氢脆物理模型；

（2）建立真正能够反映不同的产品服役特性条件下钢材氢脆敏感性的检测技术方法及评价表征参量；

（3）通过系统试验，尽快获取不同类别、强度级别钢种的氢脆临界工艺控制参数窗口；

（4）通过试验评价技术转化，形成合理、可行的钢材氢脆预测手段；

（5）大力发展 Nb、V 等微合金/复合微合金化超高强钢。

参考文献：

[1] 李军，路洪洲，易红亮，郭爱民．乘用车轻量化及微合金化钢板的应用[M]．北京：北京理工大学出版社，2015.

[2] 罗洁，郭正洪，戎咏华．先进高强度钢氢脆的研究进展[J]．机械工程材料，2015，39（8）：1-9.

[3] 黄发，周庆军．高强钢的氢致延迟断裂行为研究进展[J]．宝钢技术，2015，3：11-16.

[4] Lovicu, et al. Proc. of 2nd Int. Conf. on Super High Strength Steels, 2010, Italy.

[5] Smialowsk M. Hydrogen In Steel [M]. Pergamon press, 1962.

[6] Qiao L J, et al. Study of correlation crack growth in a high strength steel [J]. TransMet. Soc, 1966, 236 (9): 513-518.

[7] Robertson I M, Lillig D, Ferreira P J. Effects of hydrogen on materials [C]. Materials Park, OH: ASM International, 2009: 22.

[8] Gangloff R P. Effects of hydrogen on materials [C]. Materials Park, OH: ASM International, 2009: 1.

[9] 周庆军，黄发，王利．抗拉强度 980 MPa 汽车用超高强钢延迟断裂行为研究[C]．第十届中国钢铁年会暨第六届宝钢学术年会论文集，2016，1-7.

[10] 万荣春，付立铭，王学双，韩志勇，单爱党．1 180 MPa 级超高强度汽车薄钢板的延迟断裂性能[J]．金属热处理，2017，42（1）：91-94.

[11] 万荣春，单爱党．超高强钢组织结构对延迟断裂性能的影响[J]．热加工工艺，2014，43（8）：217-219.

[12] Barnoush A, Yang B, Vehoff H. Effect of hydrogen and grain boundaries on dislocation nucleation and multiplication examined with a NI-AFM, vol. 47. Berlin: Springer; 2008. p. 253.

[13] Daviesrg. Hydrogenembrittlement of dual-phase steel [J]. Metallurgical Transactions: A, 1981, 12 (9): 1667-1672.

[14] Loidl M, Kolk O, Veith S., et al. Characterization of hydrogenembrittlement in automotive advanced high strength steels [J]. Metallurgical Transactions,

2011，42（12）：1105－1110.

[15] Mccoyra，Gerberich W. Hydrogenembrittlement studies of TRIP steel [J]. Metallurgical Transactions，1973，4（2）：539－547.

[16] Ronevich，Speerjg，Matlockdk. Hydrogen embrittlement of commercially produced advanced high strength steels [J]. SAE International Journal of Materials & Manufacturing，2010，3（1）：255－267.

[17] Mittal，Prasadrc. Effect of hydrogen on fracture of austenitic Fe－Mn－C steel [J]. ISIJ International，1994，34（2）：211－216.

[18] Koyama M，Akiyama E，Tsuzaki K. Effect of hydro content on the embrittlement in a Fe－Mn－C twinning induced plasticity steel [J]. Corrosion Science，2012，59：277－281.

[19] Lovi G，Bagliani E P，De Sanctis M，et al. Hydrogen embrittlement of a medium carbon Q&P steel [J]. Acta Materialia Inc，2013，6：3－10.

[20] May L Martin，Jamey A. On the formation and nature of quasi－cleavage fracture surfaces in hydrogen embrittled steels [J]. Acta Materialia Inc，2011，59：5555－5561.

[21] Afrooz Barnoush，Horst Vehof. Recent developments in the study of hydrogen embrittlement：Hydrogen effect on dislocation nucleation [J]. Acta Materialia Inc，2011，58：5274－5285.

[22] Jamey A Fenske. International conference on hydrogen effects on materials behavior and corrosion deformation interactions [C]. Moran，WY，USA，2002：449－466.

[23] Akihide Nagao，Cynthia D，Smith C. The role of hydrogen in hydrogen embrittlement fracture of lath martensitic steel [J]. Acta Materialia Inc，2012，60：5182－5189.

[24] Doshida T，Nakamura M. Hydrogen－enhanced lattice defect formation and hydrogen embrittlement of cyclically prestressed tempered martensitic steel [J]. Acta Materialia Inc，2013，61：7755－7766.

[25] Jun Song，W A. Atomic mechanism and prediction of hydrogen embrittlement in iron [J]. Materials Engineering，2013，12：145－151.

[26] 惠卫军，董瀚．高强度钢耐延迟断裂性能的评价方法 [J]．理化检验，2001，37（6）：231－235.

[27] Akihide Nagao，May L. The effect of nanosized（Ti，Mo）C precipitates on hydrogen embrittlement of tempered lath martensitic steel [J]. Acta Materialia Inc，2014，74：244－254.

[28] Chen Y S, Haley D. Direct observation of individual hydrogen atoms at trapping sites in a ferritic steel [J]. Materials and Methods, 2017, 1196 - 1199.

作者简介

冯毅，硕士，中国汽车工程研究院股份有限公司，工程师；专业为材料加工工程，目前主攻汽车用高强钢材料开发与应用研究，涉及高强塑积汽车用钢设计、焊接工艺设计、材料及各类焊缝综合服役性能测试评价技术等方面。

Nb 元素对超高强热成形钢氢致开裂敏感性的影响

陈伟健[1]　赵征志[1]　梁江涛[1]　路洪洲[2]　唐　荻[1]

1. 北京科技大学钢铁共性技术协同创新中心，北京，100083

2. 中信金属有限公司，北京，100004

【摘　要】本研究设计了一种含 Nb 元素的超高强热成形钢，通过电化学动态充氢和慢应变速率拉伸实验研究含 Nb 元素超高强热成形钢的氢致开裂敏感性。用瑞典 SSAB 公司生产的 30MnB5 热成形钢与本实验钢做对比，分别在不同的充氢条件下进行慢应变速率拉伸实验，结果表明：当 Nb 元素加入后，在充氢条件下超高强热成形钢的强度损失和塑性损失大大降低，本实验钢的氢致断裂敏感性明显低于 30MnB5 热成形钢。这主要是因为 Nb 元素加入后，一方面与 C 元素结合形成 NbC 等析出，形成氢陷阱，降低热成形钢氢致敏感性；另一方面，Nb 元素加入后，细化了奥氏体晶粒，改善氢脆。

【关键词】含 Nb 热成形钢　氢致开裂　氢陷阱　细化晶粒

The effect of Nb on the Hydrogen – induced Cracking Sensitivity of the Ultra – high Hot – stamping Steel

Chen Weijian[1]　Zhao Zhengzhi[1]　Liang Jiangtao[1]
Lu Hongzhou[2]　Tang Di[1]

1. Collaborative Innovation Center of steel Technology, University of Science and Technology Beijing, Beijing 100083

2. CITIC metal co., LTD, Beijing 100004

Abstract: In this paper, an ultra – high strength hot – stamping steel containing Nb was designed, the hydrogen – induced cracking sensitivity of Nb – containing ultra – high strength hot – stamping steel was studied by electrochemical dynamic hydrogenation and slow strain rate tensile test. The 30MnB5 steel was produced by the Swedish SSAB company was compared with the tested steel, slow strain rate tension in hydrogen charging conditions, respectively. The experimental results show that when the Nb is added, the hydrogen charging condition of ultra – high strength steel hot stamping strength loss and plastic loss is greatly reduced, the hydrogen induced cracking sensitivity of the tested steel is significantly lower than that of 30MnB5 steel. This is mainly due to the addition of Nb, on the one hand, it combines with C elements to form precipitation of NbC, which forms hydrogen traps and reduces hydrogen induced susceptibility; on the other hand, Nb elements are added to refine austenite grains and improve hydrogen embrittlement.

Keywords: Nb – containing hot – stamping steel; hydrogen – induced cracking; hydrogen trap; refined grain

1 引言

随着对汽车安全性、燃油经济性及碳排放要求的不断提高，汽车轻量化迅速推进，用于制造汽车的钢材强度也不断提高，以达到车身减重、节能降耗的目的[1]。热成形钢的开发及在汽车上的应用是汽车实现轻量化的重要途径[2,3]。热成形钢是指将钢加热到950 ℃后进行保温奥氏体化，冲压模具一次完成淬火和成形两道工序，组织一般为板条马氏体，具有超高的强度和较好的韧性[4,5]。但是随着强度的提高，钢的氢脆敏感性增加，容易产生脆性断裂的危险。

延迟断裂现象是材料 – 环境 – 应力相互作用而发生的一种环境脆化，是氢致材质恶化（氢损伤或氢脆）的一种形态，它是妨碍钢铁材料进一步高强度化的一个主要因素。由于材料内部的氢向应力集中的部位扩散聚集，这些应力集中的部位往往缺陷较多（原子点阵错位、空穴等），氢扩散到这些缺陷处后，氢离子合成氢原子，氢原子进一步合成氢分子，将产生巨大的压力。这个压力与材料内部的残余应力及材料服役状态下所承受的外加应力形成一个合力，当这个合力超过材料的屈服强度时，就会导致断裂发生[6–10]。国际上一些学者也有一些更细微的发现，Oriani 在 1970 年发现氢原子会降低金属键之间的结合力，促进裂纹尖端的扩展，这种理论中一个氢原子足以促进裂纹的扩展，因为氢原子会从一个晶界跳跃到另一个晶界。Birnbaum 和 Sofronis 在 1994 年提出了“氢增强局部塑形理论”，通过内部氢原子附近的位错运动强化实验，结合位错局部滑移理论，揭示了增加局部塑形引起裂纹扩展的机理，导致常见的脆性断裂。Lynch 在 1988 年提出了“吸附诱导位错移动理论”，发现外部氢增强了塑性，增加了裂纹尖端的位错生成率。Nagumo 在 2004 年提出了“氢增强应力诱导空位机制”，与不含氢钢相比，含氢的钢中微空洞的聚合加速了裂纹的扩展，空洞的生长是氢原子导致的更高的空位浓度稳定性造成的。Gahr 和 Birnbaum 在 1978 年提出了“氢化物形成理论”，认为氢化物在抗拉强度区的裂纹尖端形成，在 TEM 下观察到了所谓的容易形成氢化物的ⅣB 和ⅤB 金属团。一旦氢化物形成，导致裂纹扩展，抗拉强度区会向前移动并且在裂纹尖端又会重新形成氢化物。Robertson 和 Birnbaum 在 1986 年用氢环境的 TEM 原位观察位错的开动，发现位错开动与位错类型无关，与金属本来的属性有关，用氢屏蔽模型来解释，在氢气氛围中，位错与弹性障碍之间的相互作用能量减小。Birnbaum 和 Sofronis 于 1994 年在一个含氢的试样的裂纹尖端发现位错导致的裂纹尖端局部塑性，断裂增殖更快，并在断口处发现类似脆性的小平面。

研究表明，当钢的强度水平超过约 1 200 MPa 时，对氢致延迟断裂就变得十分敏感，本文所用的钢强度水平均超过 1 500 MPa，对比研究本实验钢与 30MnB5 钢的氢致开裂敏感性。

2 实验材料及方法

实验钢是用 25 kg 中频真空感应炉冶炼的。将铸锭锻造并加工成规格为 40 mm × 100 mm × 100 mm 的锻坯。将锻坯经 5 道次热轧成厚度为 6 mm 的薄板，钢坯加热温度、开轧温度和终轧温度分别为 1 200 ℃、1 150 ℃和 870 ℃。终轧后空冷至 660 ℃，模拟卷取，热轧至 6 mm，然后酸洗，最终冷轧至 1. 5 mm 厚的钢板。本实验钢和 30MnB5 钢化学成分见表 1。

表 1 实验用钢的化学成分及质量分数 %

编号	C	Si	Mn	P	S	Al	Cr	B	Ti	Nb	N
实验钢	0. 30	1. 46	1. 00	0. 007	0. 004	0. 036	1. 00	0. 002	0. 037	0. 036	0. 003
30MnB5	0. 31	0. 24	1. 31	0. 012	0. 004	0. 038	0. 21	0. 003	0. 036	0	0. 004

实验钢的模拟热成形工艺为：以 10 ℃/s 加热到 950 ℃，在 950 ℃保温 10 min，以 2 ℃/s 的速度冷却至 850 ℃，接下来以 15 ℃/s 的速度冷却至 600 ℃，以 6 ℃/s 的速度冷却至 350 ℃，以 2 ℃/s 的速度冷却至 300 ℃，然后空冷至室温。30MnB5 的模拟热成形工艺为：以 10 ℃/s 加热到 950 ℃，950 ℃保温 10 min，以 2 ℃/s 的速度冷却至 850 ℃，再以 40 ℃/s 的速度冷却至 200 ℃，然后空冷至室温。本实验钢和 30MnB5 钢的临界冷却速度分别为 6 ℃/s 和 15 ℃/s，所以上述热成形工艺完全可以保证对冷却速度的要求。在室温下将进行慢应变速率拉伸试验，在 0. 1 mol/L NaOH 溶液中电化学动态充氢，充氢电流分别为 0 和 0. 5 mA · cm^{-2}。在 ZEISS ULTRA 55 扫描电镜下观察其断

口形貌。准静态拉伸试验在 CMT5105 拉伸试验机上完成，标距为 50 mm。

3 实验结果及分析

3.1 实验钢和 30MnB5 实验钢的组织和力学性能

图 1（a）和（b）所示为本实验钢和 30MnB5 钢的扫描组织照片。从 SEM 图中可以看出，两种钢的组织都为马氏体组织。通过 XRD 测得，本实验钢种有 6.9% 左右的残留奥氏体，而 30MnB5 钢几乎观察不到残留奥氏体。本实验钢在准静态下的力学性能为：屈服强度 1 029 MPa，抗拉强度为 1 796 MPa，总伸长率为 9.5%。对比实验钢 30MnB5 的力学性能为：屈服强度 1 104 Pa，抗拉强度为 1 541 MPa，总伸长率为 6.28%。本实验钢中的 Si、Nb 和 Cr 含量都高于 30MnB5 钢，本实验钢中的 Si 元素在 1.5% 左右时，抑制碳化物析出的作用明显，有利于得到一定含量的残余奥氏体组织，对总伸长率会有明显的贡献。Nb 有利于细化奥氏体晶粒，从而得到均匀细小的马氏体板条，提高马氏体强度，对塑性也有一定的贡献。提高 Cr 含量的主要作用是增加实验的淬透性。图 1（c）和图 1（d）所示为本实验钢的 TEM 照片和能谱，发现实验钢的析出为 TiC、NbC 或复合析出。

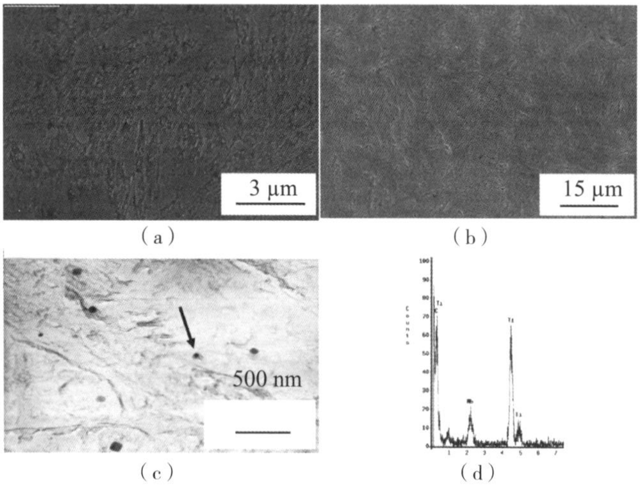

图 1 组织和力学性能

（a）实验钢；（b）30MnB5 钢；（c）实验钢的透射照片；（d）（c）中箭头位置的能谱

3.2 不同充氢电流浓度对强度和塑性的影响

本实验钢和 30MnB5 钢在不同充氢条件下的强度 – 位移曲线如图 2 所示。

本实验钢和30MnB5钢在未充氢和充氢电流密度为0.5 mA·cm^{-2}下的具体充氢实验参数和力学性能见表2。从图2和表2可以看出：本实验钢在未充氢条件下的抗拉强度为1 888 MPa，总伸长率为9.87%，在0.5 mA·cm^{-2}的充氢电流密度条件下的抗拉强度为1 878 MPa，总伸长率为9.71%，强度损失达0.5%，塑性损失为1.6%；30MnB5钢在未充氢条件下的抗拉强度为1 681 MPa，总伸长率为6.53%，在0.5 mA·cm^{-2}的充氢电流密度条件下的抗拉强度为1 255 MPa，总伸长率为2.2%，强度损失达25.3%，塑性损失高达66.3%，分别约为本实验钢的50倍和40倍。从图中可以看出，未充氢试样表现为韧性断裂，并出现明显的颈缩，抗拉强度在1 800 MPa以上；当充氢电流密度为0.5 mA·cm^{-2}时，强度和塑性损失很少，几乎不损失，仍为韧性断裂，有明显的颈缩。而30MnB5钢在充氢后强度和塑性损失都很多，颈缩现象消失。当Nb元素加入后，在充氢条件下超高强热成形钢的强度损失和塑性损失大大降低，本实验钢的氢致断裂敏感性明显低于30MnB5热成形钢。这主要是因为Nb元素加入后，一方面，与C元素结合形成NbC等析出，形成氢陷阱，降低热成形钢氢致敏感性；另一方面，Nb元素加入后，细化了奥氏体晶粒，改善了氢脆。

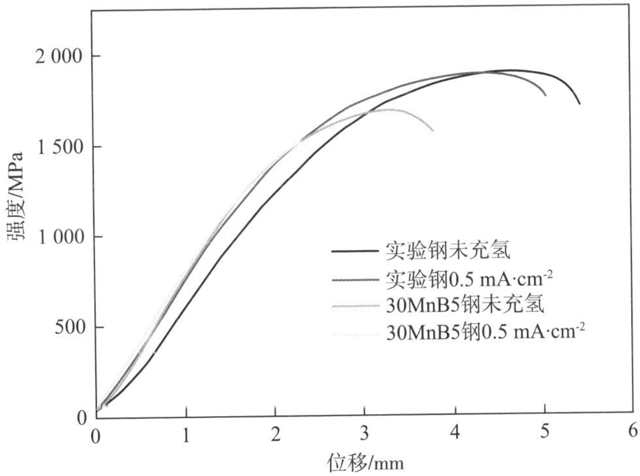

图2　实验钢和30MB5钢在不同充氢条件下的强度–位移曲线

表2　不同钢种的具体充氢试验参数和结果

试样编号	充氢电流密度/(mA·cm^{-2})	应变速率/(mm·min^{-1})	有效长度/mm	抗拉强度/MPa	总伸长率/%	强度损失 $S_{损}$/%	塑性损失 $E_{损}$/%
淬火–空冷	0	0.002	30	1 888 ± 5	9.87 ± 1	—	—
淬火–空冷	0.5		26.5	1 878 ± 5	9.71 ± 1	0.5 ± 1	1.6 ± 1
30MnB5–0	0		30	1 681 ± 5	6.53 ± 1	—	—
30MnB5–1	0.5		25	1 255 ± 5	2.20 ± 1	25.3 ± 1	66.3 ± 1

3.3 不同充氢电流浓度对断裂的影响

图3（a）和图3（b）所示为实验钢在未充氢条件下的断口形貌，从断口特征来看，主要为韧性断裂，由韧窝构成，韧窝的大小分布在1～10 μm之间，且韧窝较深。当充氢电流密度为0.5 mA·cm^{-2}时，局部出现准解理或解理断裂区域，但大部分仍为韧性断口形貌，如图3（c）和图3（d）所示。

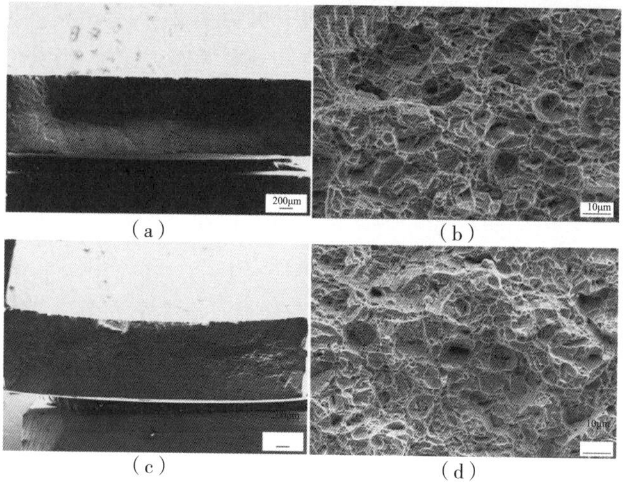

图3　实验钢在不同充氢条件下拉伸后的断口形貌

（a）（b）未充氢；（c）（d）0.5 mA·cm^{-2}

图4所示为30MnB5钢在不同充氢条件下的断口形貌。未充氢试样断口的韧窝形态多样，有等轴状、剪切状和撕裂状等，并且在局部还存在准解理或解理区，还存在一定的分层现象，如图4（a）和图4（b）所示。而充氢试样的断口主要由准解理或解理区构成，局部存在韧窝，分布不均匀，表现为脆性断裂特征，如图4（c）和图4（d）所示。综上所述，本实验钢的氢致断裂敏感性明显低于30MnB5热成形钢。

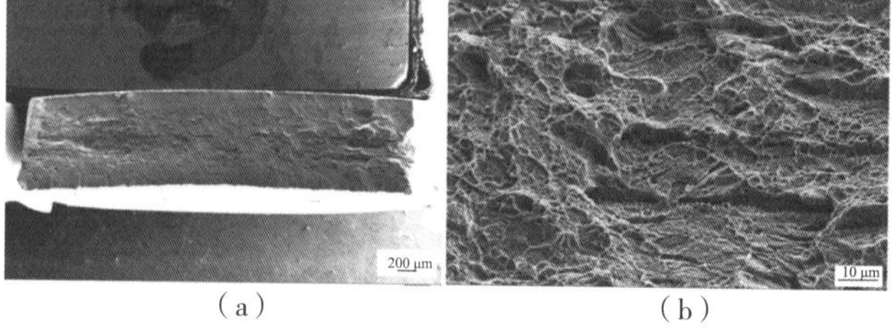

图4　30MnB5钢在不同充氢条件下的断口形貌

（a）（b）未充氢

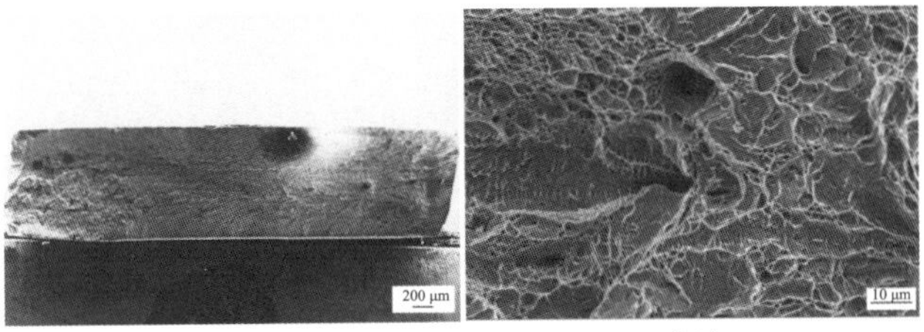

(c) (d)

图 4 30MnB5 钢在不同充氢条件下的断口形貌（续）

(c)(d) 0.5 mA · cm^{-2}

4 结论

(1) 实验钢和 30MnB5 钢在热成形模拟后的组织都为马氏体组织，保证了热成形件超高强度的需求。

(2) 从慢应变速率拉伸试验结果可以看出，充氢后含 Nb 元素超高强热成形钢的强度损失和塑性损失都大大低于不含 Nb 元素的 30MnB5 热成形钢，这与实验钢种 NbC 等的析出有关。

(3) 从拉伸后的断口看出，含 Nb 热成形钢的断口主要由韧窝组成，而充氢后 30MnB5 钢的断口主要由解理组成，这是造成强度和塑性损失的主要原因。

参考文献：

[1] Wang Li, Jin Xinyan, Zhong Yong. Development of hot - dip galvanized AHHS in Baosteel [C]. 9 th international conference on zinc and zinc alloy coated steel, 2013: 49 - 54.

[2] 马鸣图, Shi M F. 先进的高强度钢及其在汽车工业中的应用 [J]. 钢铁, 2004, (07): 68 - 72.

[3] 张杰，江社明，张启富，刘常升，滕华湘. 加热工艺对热成形钢表面纯锌镀层组织和表面氧化物的影响 [J]. 腐蚀与防护, 2014, 35 (05): 450 - 453.

[4] 程亚杰，孙斌堂，廖庆亮，范光龙，张跃. 开轧温度对铌微合金化热成型钢氢致延迟开裂性能的影响 [J/OL]. 工程科学学报, 2016, 38 (10): 1423 - 1428.

[5] Naderi M, Uthaisangsuk V, Prahl U, et al. A Numerical and Experimental Investigation into Hot Stamping of Boron Alloyed Heat Treated Steels [J].

Steel Research International, 2008, 79 (2): 77 - 84.
[6] 褚武扬. 氢损伤与滞后断裂 [M]. 北京：冶金工业出版社，2000：149.
[7] 惠卫军，翁宇庆，董瀚. 高强度紧固件用钢 [M]. 北京：冶金工业出版社，2009.
[8] 李阳，张永健，惠卫军，王毛球，董瀚. 高强度钢42CrMoVNb的氢致延迟断裂行为 [J]. 钢铁研究学报，2011，23 (12)：35 - 39，59.
[9] 韩舒展，惠卫军，刘荣佩，邵成伟. 回火温度对30CrMnSiA钢氢致延迟断裂行为的影响 [J]. 材料热处理学报，2014，35 (07)：114 - 119.
[10] 惠卫军，董瀚，王毛球，陈思联，翁宇庆. 耐延迟断裂性能优良的高强度螺栓钢 [J]. 机械工程材料，2001，(03)：28 - 31，42.

作者简介

赵征志，男，北京科技大学钢铁共性技术协同创新中心，博士生导师，研究员，主要从事汽车用先进高强钢开发等研究，已发表论文200余篇，联系电话：13661135191，E - mail：zhaozhzhi@ustb. edu. cn。

沉淀强化马氏体钢中的氢陷阱

韦富高

日本冶金工业株式会社技术中心，Kawasaki，210－8558，日本

Abstract：In order to study the potential concurrent beneficial effect of strengthening precipitates on resistance to hydrogen embrittlement in high strength martensitic steels nano－precipitates of alloy carbides TiC，NbC and VC which have the same NaCl－type crystal structure in tempered martensite have been characterized quantitatively by means of high－resolution transmission electron microscope（HRTEM）and correlated to the hydrogen trapping property. The hydrogen trapping property including amount of absorbed hydrogen and the activation energy for hydrogen release from the precipitate has been evaluated by thermal desorption spectrometry（TDS）. Examination of whether the amount of hydrogen absorbed by the TiC particles depends on their surface area or volume indicate that the coherent and semi－coherent TiC particles trap hydrogen at the precipitate/matrix interface at ambient temperature while the incoherent TiC particles trap hydrogen inside themselves only at high temperatures. Coherent and semi－coherent NbC and VC particles also demonstrate a surface area dependence of hydrogen trapping capacity with NbC ＞ TiC ≫ VC. Contrary to TiC，incoherent NbC and VC particles are unable to trap hydrogen. Small－angle neutron scattering study confirmed the presence of hydrogen trapped on the coherent NbC/matrix interface.

Keywords：Hydrogen trapping；Nano－sized carbide；Thermal desorption spectrometry

References

[1] Wei F G，Tsuzaki K. Quantitative Analysis on Hydrogen Trapping of TiC Particles in Steel［J］. Metall. Mater. Trans. A，2006，37A（2）：331－353.

[2] Wei F G，Hara T，Tsuzaki K. Precise determination of the activation energy for desorption of hydrogen in two Ti－added steels by a single thermal－desorption spectrum［J］. Metall. Mater. Trans. B，2004，35B（3）：587－597.

[3] Wei F G，Enomoto M，Tsuzaki K. Applicability of the Kissinger's formula and comparison with the McNabb－Foster model in simulation of thermal desorption spectrum［J］. Comput. Mater. Sci.，2012，51（1）：322－330.

[4] Wei F G，Tsuzaki K. Crystallography of［011］/54.7° lath boundary and cementite in tempered 0.2C steel［J］. Acta Mater.，2005，53（8）：2419－

2429.

[5] Wei F G, Tsuzaki K. Response of hydrogen trapping capability to microstructural change in tempered Fe - 0. 2C martensite [J]. Scr. Mater. , 2005, 52 (6): 467 - 472.

[6] Wei F G, Hara T, Tsuzaki K. High - resolution transmission electron microscopy study of crystallography and morphology of TiC precipitates in tempered steel [J]. Phil. Mag. , 2004, 84 (17): 1735 - 1751.

[7] Ohnuma M, Suzuki J, Wei F G, Tsuzaki K. Direct observation of hydrogen trapped by NbC in steel using small - angle neutron scattering [J]. Scr. Mater. , 2008, 58 (2): 142 - 145.

[8] Wei F G, Hara T, Tsuzaki K. Nano - precipitates design with hydrogen trapping character in high strength steels [C]. Effects of Hydrogen on Materials, Proceedings of the 2008 International Hydrogen Conference, Brian Somerday, Pertros Sofronis, Russell Jones, editors. ASM International, 2009: 448 - 455.

[9] Wei F G, Tsuzaki K. Hydrogen trapping character of nano - sized NbC precipitates in tempered martensite [C]. Effects of Hydrogen on Materials, Proceedings of the 2008 International Hydrogen Conference, Brian Somerday, Pertros Sofronis, Russell Jones, editors. ASM International, 2009: 456 - 463.

Fu - Gao Wei

F. G. Wei received his doctoral degree at Tokyo Institute of Technology and now is the general manager of Technical Research Center, Nippon Yakin Kogyo Co. , Ltd. , Japan. His research interests include R&D of stainless steel and Ni - base alloy; transmission electron microscopy; relation between property and microstructure of metallic materials; hydrogen embrittlement; corrosion; welding of stainless steel and Ni - base alloy; thermodynamic calculation, etc.

高强钢氢致延迟断裂行为及其影响机理

刘自权　何　方　李守华

河钢集团邯钢公司技术中心，河北邯郸，056015

【摘　要】本文阐述了高强钢氢致延迟断裂行为及其相关机理，从高强钢中的氢与延迟断裂行为、氢的存在形式、氢在金属中的扩散与富集、延迟断裂机理等方面详细介绍氢致延迟断裂的相关机理研究，分析屈服强度、微观组织、合金元素等因素对高强钢氢致延迟断裂的影响。在实验室评价材料的耐延迟断裂性能往往采用加速型实验进行相对评价，主要包括以下几种方法：恒载荷和恒应变（拉伸、弯曲）试验；慢应变速率（拉伸）试验（SSRT）；断裂力学试验。高强钢氢致延迟断裂防止措施主要有细化晶粒、减少晶界偏析、提高回火抗力、提高缺口韧性、减少钢表面侵入的氢量、使侵入的氢无害化等。

【关键词】高强钢　氢致延迟断裂　防止措施

The Hydrogen Delayed Fracture Behaviour of High Strength Steel and Its Influence Mechanism

Liu Ziquan　He Fang　Li Shouhua

Handan iron and steel corporation technology center of HBIS GROUP, Hebei Handan, 056015

Abstract: This paper describes hydrogen delayed fracture behaviour of high strength steel and its influence mechanism, From the hydrogen and delayed fracture behavior in high strength steel, the presence of hydrogen, the diffusion and enrichment of hydrogen in metals, the mechanism of delayed fracture to introduce the related mechanism of hydrogen induced delayed fracture in detail, to analysis the effect of yield strength, microstructure and alloying element on the delayed fracture of hydrogen in high strength steel. To evaluate the delay fracture performance of the material often used to accelerate the model experiment for relative evaluation in the laboratory, it mainly includes the following methods: Constant load and constant strain (stretch bend) test; Slow strain rate (tensile) test (SSRT) and the fracture mechanics test. The prevention measures of hydrogen induced delay fracture in High strength steel are mainly included fine grains, reducing grain boundary segregation, increasing the force resistance, improving the notch toughness, reducing the amount of hydrogen in the surface of the steel, and making the invading hydrogen harmless.

Keywords: high strength steel; hydrogen induced delayed fracture; prevention measures

1 引言

在钢铁材料高强度化的同时，通常还要求其具有良好的塑韧性、优异的疲劳性能、断裂韧性和抗应力腐蚀性能等。然而，阻碍高强度钢及超高强度钢发展的一个重要问题是钢的强度提高后带来的延迟断裂问题。高强度钢的延迟断裂多以氢致延迟断裂为主，其主要机理是：氢渗入金属晶格内，造成晶格歪曲，产生晶体滑移，使金属韧性遭到破坏、抗拉强度降低而变脆等力学性能下降。氢能使所有的金属发生不同程度的氢脆。如工程构件中广泛作为结构材料使用的高强度马氏体钢，其回火马氏体组织具有良好的强度和韧性配合。然而，马氏体在大气环境中服役的过程中容易发生氢致延迟断裂，并且随着强度的提高，氢致延迟断裂敏感性增大。当超过1 200 MPa后，随着抗拉强度的提高，马氏体钢的延迟断裂性能急剧下降。近年来，随着汽车、桥梁等结构高强度化发展的需要，马氏体钢的强度也被提高，近几十年来从1 000 MPa提高到了1 500 MPa，甚至2 000 MPa。由于氢含量控制难度大，虽然执行严格的制备加工标准来减少氢的吸入，但零部件的氢含量仍然超标，导致存在严重的安全隐患。

2 氢致延迟断裂的相关机理研究

2.1 高强钢中的氢与延迟断裂行为

高强钢在冶炼、加工及使用过程中经常会有氢进入材料中。在一般情况下，进入钢中的氢是极其有害的。对于很多材料，即使进入极微量的氢，通过扩散和富集也会引起延迟断裂。因此，氢在金属中的扩散和富集，是延迟断裂过程的前提和桥梁[1]。

高强钢的延迟断裂是金属氢脆现象的一种形势。从氢的来源上可以将氢脆分为环境氢脆和内部氢脆两类[2]。环境氢脆一般是由于材料长期暴露的过程中发生腐蚀，由腐蚀反应生成的氢侵入钢中而引起的，如桥梁等使用的螺栓，在潮湿空气、雨水等腐蚀环境中长期暴露而发生延迟断裂；内部氢脆是由于零部件在制造过程如热处理、酸洗、电镀过程中侵入钢中的氢在应力的作用下向应力源集中而引起的[3]，如电镀螺栓在加载后经过较短时间后发生延迟断裂。

2.2 氢的存在形式

研究表明，氢可以有以下四种状态存在于金属中：①以原子状态，准确地说是以离子状态（H^-、H、H^+）存在于金属晶体点阵的间隙中；②以分子状态存在于金属内的孔洞、裂隙或气泡中；③氢原子与金属原子相互作用形成气化物；④氢与金属中的第二相之间发生化学反应，生成含氢的气体存在于金属中[2]。

2.3 氢在金属中的扩散和富集

钢的氢致延迟断裂是通过氢的扩散，并在最大的应力集中区富集引起的。因此，氢在钢中扩散的程度直接影响到钢的延迟断裂敏感性。一般来说，氢在钢中的分布是不均匀的。由于氢在钢中能以某种方式迁移[4-6]，可能导致在局部地区（例如裂纹的前沿、微孔洞、晶界、夹杂物处等）的氢含量很高，足以造成钢的延迟断裂。

氢原子体积较小，常处在晶格的间隙位置，在加热、浓度或应力梯度下很容易被激活，并以扩散方式迁移。氢在钢中的扩散距离和扩散时间之间也存在相应关系。氢在钢中的扩散距离与扩散系数及扩散时间成正比，扩散系数越高，扩散时间越长，扩散的距离也越大。在钢中应力场与氢的应变场发生的交互作用下，钢中的氢发生应力诱导扩散。通过应力诱导扩散，氢向高应力区富集，经过足够长的时间后，氢浓度分布将达到稳定值。

2.4 高强钢的延迟断裂机理

关于氢在高强度钢延迟断裂过程中的作用，已提出了多种理论。然而，到目前为止还没有一种理论能够圆满地解释各种氢致延迟断裂现象。对于氢致延迟断裂的机理，还需从微观断裂过程、氢致裂纹的形成和扩展等方面进行继续深入的研究。

2.4.1 氢压理论

当溶解在金属中的 H 进入某些缺陷（如碳化物或第二相界面、位错）处，就会复合成 H_2。随着进入该缺陷的氢浓度增加，氢压增大。当局部氢压足够大时，就会引发局部地区的原子键断裂而形成微裂纹。此过程无须外加应力，也无滞后时间。

氢压理论可以很好地解释各种不可逆的氢损伤，如钢中的白点、焊接冷裂纹，以及充氢时产生的微裂纹和氢鼓泡等。但无法解释如氢致延迟断裂、氢致可逆塑性损失等可逆氢损伤。

2.4.2 氢降低键合力（弱键）理论

当局部应力集中等于原子键合力时，原子键就被破裂，从而形成微裂纹。普遍认为，固溶的氢原子能降低材料原子的键合力，从而使氢致微裂纹形核所需的局部应力集中程度随之降低，导致造成局部应力集中所需的临界外加应力或者临界应力强度因子都相应降低。

然而，迄今为止，仍缺乏直接的实验证明氢能否使原子键合力大幅降低，对于氢降低原子键合力是否是氢致开裂的决定性因素目前也存在争议。但无可非议的是，只要氢能降低键合力，就能促进裂纹的形核和扩展。此外，弱键理论假设裂纹形核与扩展完全是原子键被正应力拉断的结果，而没有考虑塑性变形功的影响。对于金属材料来说，只有首先发生局部塑性变形，局部应力集中才有可能等于被氢降低了的原子键合力。

目前，氢降低原子键合力理论需要解决如下问题：氢降低原子键合力如何用实验直接证明；键合力随氢浓度下降的定量表达；氢降低键合力和氢促进局部塑性变形是否有关。

2.4.3 氢降低表面能理论

该理论认为，氢吸附在金属表面或任何一个可以当作表面的内部缺陷（如裂纹、空穴等），使金属表面的化学位发生变化，导致其表面能降低，从而使裂纹易于形核和扩展。然而研究表明，表面吸附气体（如 H_2、SO_2、CO_2、CO、O_2 等）均能使表面能下降。但材料吸附 SO_2、CO、O_2 等并不发生延迟断裂。由此可知，吸附虽然能降低表面能，但并不一定引起延迟断裂。

2.4.4 氢促进塑性变形理论

该理论考虑了氢促进局部塑性变形、氢降低原子键合力及氢压的作用。可以解释为何从微观上看氢能促进局部塑性变形，但从宏观上看却是氢脆（门槛值下降，断裂应变或延伸率下降，有时断口形貌也由韧变脆）。因为只有材料中可扩散的氢浓度达到临界值，才能使氢的各种影响变得明显，因此，根据氢促进塑性变形理论导出的氢致延迟断裂力学参数，如门槛应力或门槛应力强度因子等，均和氢浓度有关，从而可定性解释试样中可扩散氢浓度、氢陷阱、温度及形变速率对氢脆敏感性的影响。但要使该理论定量化，还有很多工作要做。

3　高强钢氢致延迟断裂的影响因素

3.1　屈服强度对氢致延迟断裂的影响

许多研究工作表明，随着材料屈服强度的提高，应力腐蚀临界应力场强度因子 KISCC 下降，裂纹扩展速率增加或延迟断裂时间减少，因而决定应力腐蚀抗力或延迟断裂抗力的主要因素是钢的屈服强度水平。然而，一些研究结果对此提出了异议。此外，研究表明，当强度高于某一级别后，强度的影响就不明显[7,8]。因此，还难以认为屈服强度对延迟断裂抗力具有决定性作用，还需要从微观的角度进一步探讨。

3.2　微观组织对氢致延迟断裂的影响

具有不同微观组织的钢具有不同的延迟断裂敏感性。一般来说，奥氏体、珠光体的延迟断裂敏感性比马氏体的小，而在珠光体组织中，渗碳体的形状对延迟断裂敏感性有重要影响，马氏体组织中含碳高的比含碳低的更容易脆化[9]。一般而言，晶界上析出的渗碳体特别是薄膜状渗碳体会增大延迟断裂敏感性。

奥氏体对提高延迟断裂抗力具有良好的作用。随着钢中奥氏体含量的增加，裂纹扩展的门槛值增大。奥氏体薄膜在马氏体束周围形成，可以减小氢致裂纹扩展速率。除奥氏体含量外，奥氏体的稳定性也是很重要的，应力诱导形变后，奥氏体转变为马氏体，而马氏体的氢致延迟断裂敏感性较高，且奥氏体和马氏体的界面是裂纹形核的重要位置，因此，奥氏体的稳定性降低对材料的耐延迟断裂性能不利。

3.3　合金元素

碳明显提高钢的延迟断裂敏感性，特别是对高强度钢的影响更为明显。提高钢中的碳含量能显著增加晶界碳化物的数量，这是碳含量增加导致钢的延迟断裂敏感性增加的一个主要原因[10]。硅能降低氢的扩散系数，从而降低氢致裂纹的扩展速率。通常认为，锰能提高高强度钢的延迟断裂敏感性；铬能增加钢的氢致延迟断裂敏感性，尤其在低含量时更为明显。

4　高强钢氢致延迟断裂的评价方法

高强度钢的延迟断裂受许多因素的影响，目前尚无通用的评价标准。延迟断裂的试验方法有使用试样的，也有使用实物零件的。理想的情况是使用实物零件在实际使用环境中进行试验，但试验周期往往很长，因此，在实验室评价材料的耐延迟断裂性能往往采用加速型实验来进行相对评价。由于实验目的不同，不同的研究者提出了各种各样的加速型试验方法，这些方法大体上可分为以下几类[11]：

（1）恒载荷和恒应变（拉伸、弯曲）试验，得到延迟断裂临界应力（门槛值或一定时间下的断裂应力）或断裂时间。

（2）慢应变速率（拉伸）试验（SSRT），得到断裂应力和塑性参量。慢应变速率试验具有试验速度快、可在实际介质中试验、试验包括了延迟断裂全过程等优点。但是，慢应变速率试验条件仍与实际条件存在差别，其往往比实际条件更为苛刻，因此，试验结果还要与其他实验数据相结合，才能获得更为准确的结论。

（3）断裂力学试验，用预制疲劳裂纹的试样得到临界应力场强度因子或KISCC及裂纹扩展速率等断裂力学参量。其优点是真实反映了实际构件难免存在宏观缺陷的情况，节省了裂纹产生的时间，但这种方法只针对裂纹的扩展，不对裂纹的萌生提供任何评价。

5 防止高强钢氢致延迟断裂的措施

（1）细化晶粒：高强度钢延迟断裂的初期，裂纹往往沿原奥氏体晶界萌生和扩展。延迟断裂抗力与沿晶断裂倾向性密切相关，随着沿晶断裂倾向降低，延迟断裂抗力显著上升。因此，可以通过加入 Al、Ti、Nb、V 等元素，生成弥散析出的碳氮化物以细化奥氏体晶粒，在提高强度的同时，还可以改善韧性。

（2）减少晶界偏析：降低磷、硫等杂质元素的含量，可降低其在原奥氏体晶界的偏聚，提高晶界结合力，延缓延迟断裂裂纹的萌生，从而改善高强度钢的耐延迟断裂性能。为此，一方面，可以添加杂质元素的捕获剂，将其捕获在晶内，抑制其晶界偏聚；另一方面，可以去除 Mn、Si 等促进磷偏聚的元素[3]。

（3）提高回火抗力：加入抗回火软化能力强的元素，如钼、钒等，从而可以在保持强度不变的情况下，提高钢的回火温度。随着回火温度的提高，晶界上的碳化物聚集、粗化，使总体的晶界强度得到提高；同时，晶粒内部碳化物的大量析出，将一部分氢捕集在晶粒内部，以避开容易引起晶界脆化的回火温度区域[12]。

（4）提高缺口韧性：通过调整合金元素，如添加镍含量、降低锰含量等方法，可以获得较高的缺口韧性，抑制延迟断裂的发生。

（5）减少钢表面侵入的氢量：金属表面的腐蚀坑会促进空气中的氢侵入其内部，从而增加其延迟断裂敏感性。通过添加抑制腐蚀坑生成的合金元素如钼元素，可以减少钢表面氢的侵入量。

（6）使侵入的氢无害化：加入适量的微合金元素 Nb、V、Ti 等，形成细小的碳氮化物，可以作为氢的陷阱，抑制氢的扩散，使钢中的氢均匀分布[13]。此外，下贝氏体组织在原奥氏体晶界上没有碳化物析出，并且有效晶粒尺寸小，具有良好的耐延迟断裂性能，因此，通过等温处理获得下贝氏体组织及适量马氏体、残余奥氏体的复相组织，利用马氏体组织的高强度和贝氏体、奥氏体组织的良好延迟断裂抗力，来实现高强度下的良好耐延迟断裂性能；通过形变热处理、磁场、感应热处理等方法，获得晶界碳化物较少的微细马氏体组织，也可以获得良好的耐延迟断裂性能。

参考文献：

[1] 姚大千，胡壮麒，师昌绪．金属中氢陷阱捕集行为研究的进展 [J]．机械工程材料，1989 (1)：1－4.

[2] 褚武扬．氢损伤与滞后断裂 [M]．北京：冶金工业出版社，2000.

[3] 惠卫军，翁宇庆，董翰．高强度紧固件用钢 [M]．北京：冶金工业出版社，2009.

[4] 褚武扬，乔利杰，陈奇志，等．断裂与环境断裂 [M]．北京：科学出版社，2000.

[5] 郑文龙，于青．钢的环境敏感断裂 [M]．北京：化学工业出版社，1988.

[6] 黄克智，肖纪美．材料的损伤断裂机理和宏微观力学理论 [M]．北京：清华大学出版社，1999.

[7] 褚武扬，李世琼，肖纪美，等．高强度钢水介质应力腐蚀研究 [J]．金属学报，1980，16 (2)：179－189.

[8] Chu W Y, Liu T H, Hsiao C M, et al. Mechanism of Stress Corroison Cracking of Low Alloy Steel in Water [J]. Corrosion, 1981, 37 (6): 320－327.

[9] 李仁顺，金属的延迟断裂及防护 [M]．哈尔滨：哈尔滨工业大学出版社，1992.

[10] Li G F, Wu R G, Lei T C. Carbide－Matrix Interface Mechanism of Stress Corrosion Cracking Behavior of High－Strength CrMoStreel [J]. Metll Trans A, 1992, 23A (10): 2879－2885.

[11] 张永健．超高强度薄板钢的氢致延迟断裂行为研究 [D]．北京：钢铁研究总院，2013.

[12] 李光福，吴忍畊，雷廷权. 回火温度对42CrMo高强度钢应力腐蚀断裂行为的影响［J］. 中国腐蚀与防护学报，1991，11（1）：27－33.
[13] 惠卫军，董瀚，翁宇庆，等. 钛对高强度钢耐延迟断裂性能的影响［J］. 钢铁研究学报，2002，14（1）：30－33.

作者简介

刘自权，河钢邯钢技术中心，工程师，研究领域为轧钢，当前研究方向为先进超高强钢研发及应用推广。

发动机球墨铸铁曲轴失效分析

陈云霞　杨当友　张小荣

奇瑞汽车股份有限公司　试验和整车技术工程院，芜湖，241009

【摘　要】通过硬度、金相和断口分析等方法，对发动机球墨铸铁曲轴断裂原因进行了分析。结果表明：由于曲轴铸造球化率低，连杆颈 *R* 角尺寸小，产生应力集中，出现了起源于 *R* 角的早期疲劳断裂。据此提出了铸造采取适当控制球化剂加入量和球化温度等措施，确保球化率合格；机加工刀具适当修正，过渡圆角 *R* 尺寸确保合格，从而保证了曲轴产品质量。

【关键词】曲轴　球墨铸铁　球化率　疲劳断裂

Analysis on failure of engine crankshaft Spheroidal Graphite Cast Iron

Chen Yunxia　Yang Dangyou　Zhang Xiaorong

Vehicle Engineering and Engineering Laboratories,
Chery Automobile CO., LTD, WuHu 241009

Abstract: Based on the hardness, microstructure and fracture analysis, we performed the analysis of the crankshaft which is made of Spheroidal Graphite Cast Iron. It is occurred the early fatigue fracture originated in the *R*－angle, which induced by the low spheroidizing rate of crankshaft and the stress concentration come from the smaller dimension of the connecting rod. To ensuring the product quality, we should get high spheroidizing rate through control the aptitude nodulizer quantity and the spheroidizing temperature, and also the *R*－angle is up to standard through adjust the tooling.

Keywords: Crankshaft; Spheroidal Graphite Cast Iron; Spheroidizing rate; fatigue fracture.

1　引言

曲轴是发动机最重要运动件之一，作用是把活塞、连杆传来的气体力转变为扭矩，用以驱动汽车的传动系统和发动机的配气机构及其他辅助装置。

在周期性变化的气体力、惯性力及其力矩共同作用下工作，承受弯曲和扭转交变载荷。因此，曲轴应该有足够的抗弯曲、抗扭转疲劳强度和刚度；轴颈应该有足够大的承压表面和耐磨性。

曲轴选用材料一般有中碳钢、合金钢（包括非调制钢）、球墨铸铁等；由于球墨铸铁成本低、毛坯易成型、耐磨性好、噪声小等优点，鉴于汽油发动机曲轴工作条件，曲轴材料选用GB/T 1348—2009《球墨铸铁件》中QT700-2牌号。为确保曲轴质量，在满足GB/T 1348—2009要求基础上，根据曲轴工况对硬度和金相组织图纸提出了技术要求：①硬度240~300 HBW；②金相组织：球化级别1~2级（球化率≥90%），球径大小5~8级，珠光体数量≥珠85，磷共晶数量≤0.5%，渗碳体数量≤1%。

某款发动机曲轴在设计开发阶段，进行400 h可靠性试验，运行301 h出现了断裂。为查找该曲轴断裂失效的原因，笔者对其进行了失效原因分析，查明了此次断裂失效的根本原因，进而提出相应的解决措施，预防同类失效再次发生，确保曲轴产品质量。

2 理化检验

2.1 断口分析

2.1.1 宏观断口分析

断裂的曲轴如图1所示，断裂位置在曲轴第一连杆颈至第一主轴颈相连接的曲拐过渡区域，如图1中箭头标注所示；断裂处局部图如图2所示，断裂起源于第一连杆颈*R*角处，如图2中标注所示。断口表面较光滑，且以断裂源为中心，在断面上呈现明显的疲劳条纹扩展痕迹的贝纹线，如图3中箭头标注所示，疲劳面积约占整个断面90%，瞬断区小且断面倾斜。

图1 曲轴宏观形貌

图2 断裂处宏观形貌

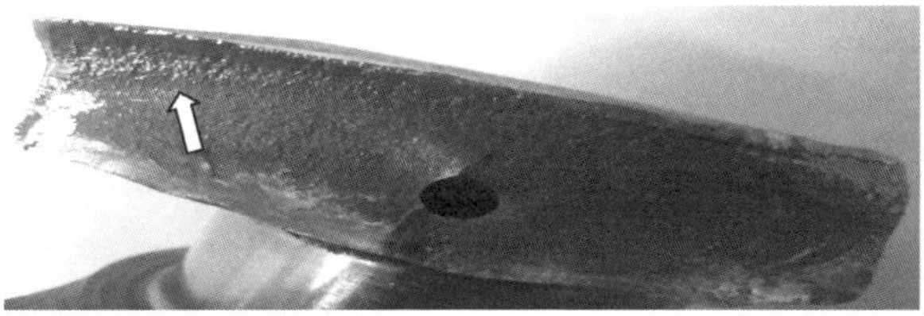

图3　曲轴断口宏观形貌

2.1.2　微观断口分析

将断口经丙酮超声波清洗后置于 FEI 的 Inspect S 扫描电子显微镜下，对曲轴断口，尤其是断裂源附近的微观形貌进行了观察，断裂起源处未发现铸造疏松等缺陷，如图 4 箭头所示；断面上裂纹扩展区有疲劳辉纹，如图 5 所示。

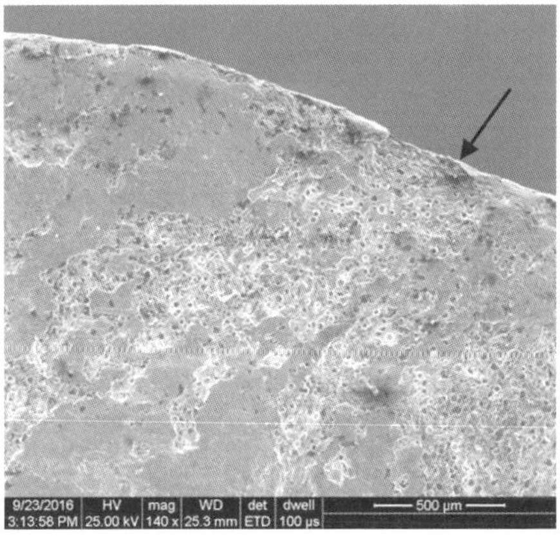

图4　断口微观形貌

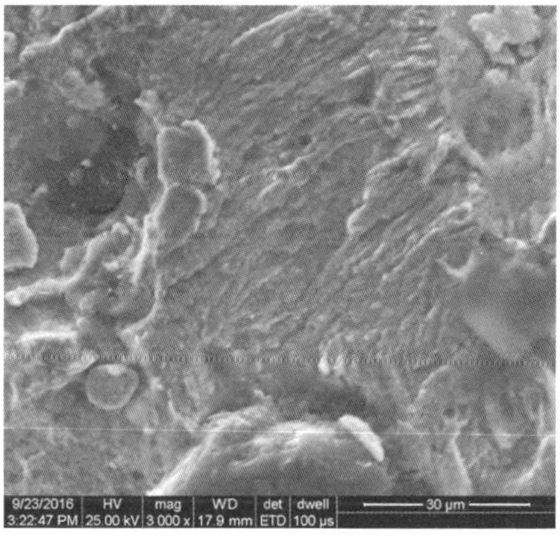

图5　疲劳辉纹

综合曲轴断口宏观、微观分析结果，根据断面上裂纹扩展特征，分析认为曲轴发生的是弯曲力导致的疲劳断裂，断裂起源处未发现铸造疏松等缺陷。

2.2　化学成分

由于曲轴是发动机上非常重要的零部件，按照 GB/T 1348—2009《球墨铸铁件》标准中第 6 条规定[1]，经供需双方协商，对该件在断口附近取样做化学成分测试，其结果见表 1。

表1 试验材料的化学成分 %

元素	C	Si	Mn	P	S	Mg	备注
协商要求值	3.5 ~ 4.05	1.90 ~ 2.50	0.30 ~ 0.80	≤0.08	≤0.03	0.02 ~ 0.09	—
实测值	3.62	2.20	0.67	0.02	0.001	0.01	—

2.3 曲轴的硬度

对该件在断口附近取样做硬度测试，实测硬度为269 HBW、266 HBW。

2.4 金相分析

在断口处取样，经过制样抛光后，用ZEISS AXIO Imager. A 1m型金相显微镜，在100倍下按照GB/T 9441—2009《球墨铸铁金相检验》标准评定如下：石墨呈聚集分布的蠕虫状和片状及球状、团絮状，球化率50%（球化分级相当于6级），如图6所示；石墨球径大小相当于6级[2]。

将抛光后试样，经4%硝酸酒精腐蚀，在100倍下按GB/T 9441—2009《球墨铸铁金相检验》标准进行评定：珠光体数量相当于标准中的珠95A级别（>90%珠光体，A组参考图），渗碳体数量相当于标准中的碳1级别（1%的碳化物数量），磷共晶数量相当于标准中的磷0.5级别（≈0.5%磷共晶数量），如图7所示。

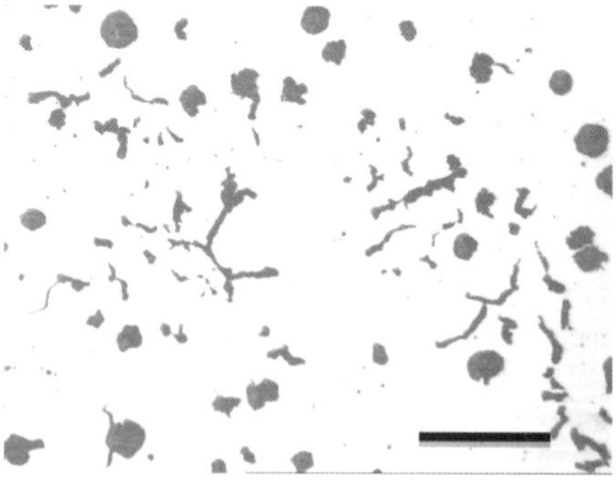

图6 石墨

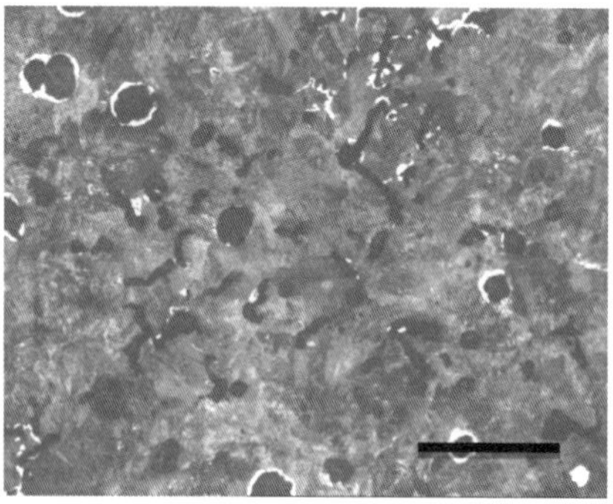

图7 显微组织

2.5 尺寸测量

曲轴主轴颈直径设计要求是ϕ41.984 ~ 42.000 mm，实际测量为ϕ41.989 mm；曲轴连杆颈直径设计要求是ϕ36.984 ~ 37.000 mm，实际测量为ϕ36.987 mm；曲轴第一连杆颈过渡圆角R大小设计要求2.5 mm，实际测量R尺寸为2.0 mm。

3 结果分析与讨论

综合曲轴理化分析结果可知：断裂曲轴化学成分 Mg 含量低，不符合技术要求，其余元素符合技术要求；硬度符合技术要求；金相组织由于球化率低于90%，不符合技术要求。

断裂曲轴金相组织由于球化率低，存在蠕虫状和片状石墨，其所在之处，像孔洞一样，缩小了球墨铸铁曲轴的实际工作面积；此外，在石墨边缘还形成切口，造成应力集中，这就使曲轴强度和耐疲劳性能等下降，是造成此次曲轴早期疲劳断裂的根本原因。

从尺寸测量数值可以看出：曲轴主轴颈直径、连杆颈直径尺寸符合设计技术要求；曲轴第一连杆颈过渡圆角 R 实际测量尺寸为 2.0 mm，不符合图纸技术要求。R 尺寸小，产生应力集中，容易造成曲轴发生早期疲劳断裂。

4 改进措施

4.1 石墨球化率低改进

针对曲轴球化率低，不符合技术要求的原因分析及改进措施和验证如下。

在球墨铸铁生产过程中，造成球化率低的原因很多，主要有：①球化剂加入量不足或过多，②球化处理温度过高，③孕育处理不当，④铁水化学成分不合格（例如碳当量过高或过低，硫含量或干扰元素含量太高），⑤稀土镁球化剂制备不当，⑥还有一个重要原因是铁水经过球化处理后，停留时间过长，铁水中镁和稀土的残留量随着时间的延长而逐渐减少，到一定时间后，球化剂残留量已不足以保证铁水中石墨完全球化，造成球化率低（本次化学成分检测结果也显示球化剂 Mg 残留含量也低于技术要求）。其过程是铁水表面的 MgS 与空气中 O_2 作用（$2MgS + O_2 = 2MgO + 2S$），烟状 MgO 进入空气而 S 又回到铁水，再与 Mg 作用生成 MgS，又浮至铁水表面，再与空气中 O_2 发生作用，如此循环往复，使铁水中的镁不断被氧化去除[3]。

根据上述原因，结合曲轴铸造实际情况进行以下改进和控制：①适当控制球化剂加入量和球化温度，提高原材料质量，并进行清洁；②缩短铁水的停留时间：从球化处理完成到浇注完毕，应在 5 ~ 8 min 结束；③提高炉前孕育效果（如采取二次孕育）；④加强覆盖与扒渣：球化处理后加稀渣剂（例如珍珠岩）覆盖，并采取多次扒渣措施。

对改进后曲轴检查结果为：硬度实测为 271 HBW、276 HBW，符合技术要求；金相组织：石墨球化率90%（球化级别2级），球径大小6级，如图8所示；珠光体数量相当于珠95A，未发现渗碳体、磷共晶，如图9所示。从铸造改进后曲轴检查结果看，硬度和金相组织符合技术要求。

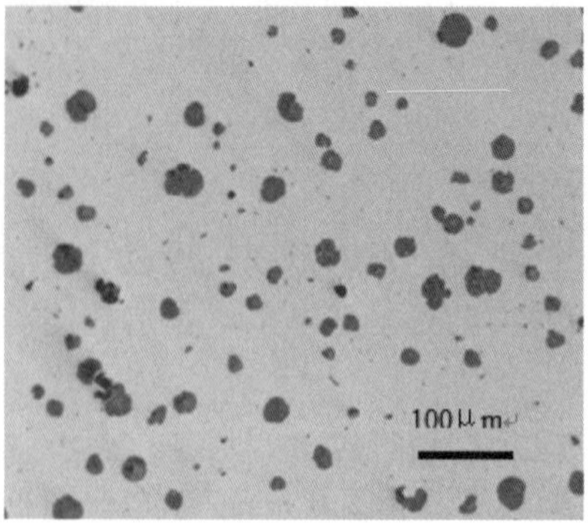

图8 石墨

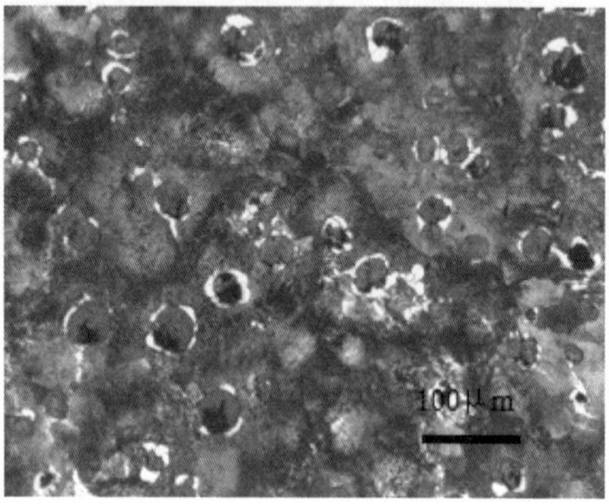

图9 显微组织

4.2 裂源处 *R* 尺寸修正

曲轴第一连杆颈过渡圆角 R 实际测量尺寸为2.0 mm，不符合图纸技术要求，进行刀具修正：对曲轴车削机加工刀具 R 尺寸先修正，待合格后，再使用后续磨削刀具适当修正，一直修到第一连杆颈过渡圆角 R 实际测量值为2.5 mm 为止。

经上述改进后，发动机再次进行台架400 h 可靠性试验，顺利通过，未发生曲轴断裂。

5 结束语

分析结果证明，造成此次曲轴断裂根本原因是由于球化率低（存在蠕虫状和片状石墨）；过渡圆角 R 角尺寸小，存在产生应力集中，是此次断裂的次要原因。最终表现为曲轴起源于 R 角的早期疲劳断裂。

对曲轴铸造采取适当控制球化剂加入量和球化温度等措施，从改进检查结果看，曲轴硬度和金相组织达到了技术要求；同时，对曲轴机加工刀具和后续磨削刀具进行适当修正，过渡圆角 R 尺寸为2.5 mm，达到技术要求。措施验证有效，确保了后期曲轴产品质量。

参考文献：

[1] GB/T 1348—2009. 球墨铸铁件 [S]. 北京：中国标准出版社出版，2009.

［2］ GB/T 9441—2009 球墨铸铁金相检验［S］. 北京：中国标准出版社出版，2010.
［3］ 张伯明，等. 铸造手册［M］. 北京：机械工业出版社，2004：297－413.

作者简介

基金项目：国家科技支撑计划（2011BAG03B04）。

作者简介：陈云霞，女，高级工程师，硕士，主要从事金属材料研究等工作。